指挥控制系列丛书

指挥控制技术

朱 承 朱先强 雷洪涛 张维明 著

电子工业出版社
Publishing House of Electronics Industry
北京·BEIJING

内 容 简 介

指挥控制（C2）的成效是战争胜负的决定因素。在战争中，任何一项其他活动的重要程度都无法与指挥控制相提并论。同时，指挥控制在应急管理、反恐维稳等社会治理领域具有越来越重要的作用。因此，指挥控制技术一直是军事、管理等领域最活跃的研究内容之一。本书对指挥控制技术进行了系统性梳理与介绍，涵盖态势认知、决策规划、行动控制等三个方面，具体包括态势建模、态势分析、目标选择、任务规划、战场管理、监控与协同等技术。

本书不仅可供指挥控制领域的研究工作者借鉴，还可供指挥控制相关专业的师生和从业人员学习与参考。

图书在版编目（CIP）数据

指挥控制技术 / 朱承等著. —北京：电子工业出版社，2024.2
（指挥控制系列丛书）
ISBN 978-7-121-47201-5

Ⅰ. ①指… Ⅱ. ①朱… Ⅲ. ①指挥控制 Ⅳ. ①E141.1

中国国家版本馆 CIP 数据核字（2024）第 032129 号

责任编辑：李树林　　文字编辑：底　波
印　　刷：河北虎彩印刷有限公司
装　　订：河北虎彩印刷有限公司
出版发行：电子工业出版社
　　　　　北京市海淀区万寿路 173 信箱　邮编：100036
开　　本：787×1092　1/16　印张：21　字数：537.6 千字
版　　次：2024 年 2 月第 1 版
印　　次：2025 年 7 月第 3 次印刷
定　　价：108.00 元

丛书序

战争的历史就是指挥控制的历史。在《孙子兵法》中，指挥的艺术占据了主要的地位，克劳塞维茨的《战争论》在很大程度上也是阐述如何进行指挥控制的著作，而任务式指挥思想也源自克劳塞维茨。中西方"兵圣"都高度关注指挥控制也恰恰说明了指挥控制在战争中不可或缺的核心作用。

指挥控制（C2）的成效是战争胜负的决定因素，联合作战、全域作战的重心在于指挥控制，取得体系优势的关键也在于指挥控制。在战争中，任何一项其他活动的重要程度都无法与指挥控制相提并论。

指挥控制不是一成不变的，政治、经济、科技和战争规模等都在牵引着指挥控制的发展演变，特别是科技的发展加速了这种演变，拓展了演变的广度与深度。同时，指挥控制在应急管理、反恐维稳等社会治理领域也具有越来越重要的作用，对其研究也得到了更加广泛的关注与重视。

恩格斯指出："一旦技术上的进步可以用于军事目的，并且已经用于军事目的，它们便立刻几乎强制地，而且往往是违反指挥官的意志而引起作战方式的改变，甚至变革。"武器和科技的发展带来作战方式的变化，由此深刻地影响着指挥控制的演变甚至变革。与此同时，指挥控制的发展也影响着战争形态的变化，催发各种新型指挥控制组织形态。由于士兵的文化水平越来越高，其独立性也越来越强，因此，军队不仅必须改进训练方法，增强士兵的主动性和创造性，也要搞好相互间的协调，由此演化出新的组织形态。

影响战争与战争指挥控制的主要因素是人类组织形态的演化以及科学技术的催化作用，这种演化呈现出清晰的脉络，从中心化组织形成中心化指挥控制，到一线自主协同形成边缘指挥控制，呈现出"集中—分布—自组—敏捷"的演化过程。人类组织形态最开始以中心化为主，是集权的、层级制的、金字塔形的，马克思·韦伯将之归结为官僚制模型。这是一种严密、高效、精确的组织体系，指挥单元和行动单元严格分开，上下级之间形成指挥命令的层级关系，上级负责政策制定，有指挥、监督、命令之权；下级则必须依据官僚规则如实地执行上级命令。这种由中心化组织演化而来的中心化指挥控制也是一种自顶向下的指挥控制方式，它在解决静止性问题，以及不确定性较少的问题时得心应手，并长期受指挥员娴熟运用，成为一种范式。随着战争形态的改变、不确定环境的显现和去中心化趋势的加强，中心化指挥控制范式的不足逐渐显现，去中心化的一线自主协同边缘指挥控制弥补了中心化指挥控制的不足。这种指挥控制方式是典型的自组织，也是一种自下而上的指挥控制方式，呈现出自任务、自组织、自行动、自适应等特征。未来战争的规模可能进一步缩小，战场环境充斥着不确定性和偶然性，单纯地依靠他组织或自组织显然难以做到进退裕如，这就需要有更加敏捷的指挥控制方式，我们不妨称之为"中心+边缘"的指挥控制。适合中心化指挥控制的就用中心化指挥控制，适合边缘指挥控制的就用边缘指挥控制，两者各得其所、各美其美。

指挥控制的发展离不开指挥控制理论方法的创新，指挥控制理论方法是多学科交叉的，社会科学、自然科学、数学在指挥控制理论发展中都发挥着重要的作用。机械化时代采用预测、统计、运筹等数学方法，主要还是还原论的方法；信息与智能化时代更注重系统、体系的科学方法，也更加注重整体论。我们要善于引导指挥控制理论方法广泛吸收和应用现代科学技术（也包括社会科学）的最新成果，构建不同尺度的指挥控制，避免一把尺子量到底。一方面，应该像现在鼓励人们研究自然科学那样，提倡从哲学、经济学、历史学和社会学等各个角度，从体系等更加宽广的视野和维度深入研究指挥控制理论方法，拓展指挥控制研究的范畴；另一方面，继续采用预测、统计、运筹等数学方法，加深微观尺度的指挥控制研究。

数字化、智能化给今天的指挥控制带来机遇和挑战。当前人工智能技术的迅速兴起，催生了以智能无人为代表的新域新质作战力量，改变了装备与战争形态，指挥控制的主体客体、要素结构、技术手段、系统形态等面临根本性的变化，整个领域正在经历一场深刻的变革。指挥控制理论方法创新必须敢于直面数字化、智能化的挑战，同时又要善于抓住数字化、智能化带来的契机，必须着手研究更好的数字化、智能化方法，努力探索指挥控制领域新的数字化、智能化分析方法和手段，促进指挥控制基础理论与方法不断推陈出新。

为了总结并创新指挥控制的理论、方法与技术，服务指挥控制领域的发展，信息系统工程全国重点实验室（以下简称实验室）作为我国指挥控制领域国家级创新平台，联合国内相关优势单位，牵头组织、策划、撰写了"指挥控制系列丛书"（以下简称丛书）。

丛书涉及指挥控制的原理、方法、技术、系统等方面。其中，原理层面主要介绍指挥控制的基本原理，包括理论基础、领域模式、组织设计、过程模型等；方法层面主要介绍指挥控制的基本方法，包括架构设计方法、综合集成方法等；技术层面主要介绍指挥控制的技术体系，涵盖态势认知、决策规划、行动控制等三类技术，以及智能化指挥控制、数据与知识驱动的指挥控制等新技术；系统层面主要介绍联合及各军兵种的典型指挥控制系统。

丛书力求包含目前最新的研究成果，体现实验室作为指挥控制领域国家级创新平台的水平，作者均为长期奋战在指挥控制理论研究与工程实践一线的专家、学者，在相关领域积累了丰富的经验和成果。我们希望通过此套丛书的出版，为推动我国指挥控制领域的理论方法创新、前沿技术探索和工程建设实践做出贡献。

丛书的出版，是实验室系统性梳理指挥控制领域理论方法与技术的重要探索，不仅得到了国防科技大学系统工程学院、中国电子科技集团公司第二十八研究所、中国航天科工集团公司第四研究院十七所等单位的大力支持，还得到了中国指挥与控制学会的指导帮助，在此表示衷心感谢。由于自身能力和水平所限，丛书中错误、疏漏在所难免，恳请广大读者提出宝贵的意见和建议，以利于我们继续深入研究。

信息系统工程全国重点实验室主任

张维明

序

夺取战争胜利的关键，不仅在于兵力规模和武器装备，更在于通过指挥控制有机融合各类作战资源，实现按需聚能释能，产生功能涌现和效能跃升，形成多域对单域、高维对低维、整体对个体的优势。因此，联合作战、全域作战的重心在于指挥控制，取得体系优势的关键也在于指挥控制，世界各军事强国无不重视指挥控制技术和系统的研发。例如，美国国防部把联合全域指挥控制（JADC2）作为推进高端战争准备的战略抓手，积极推进"先进作战管理系统""超越计划"等新系统研发；俄罗斯建立了国防指挥中心，可对俄武装力量的所有军事单元进行统一指挥；等等。

指挥控制作为指挥员及其指挥机关对部队作战或其行动进行掌握和制约的活动，其科学内涵具有军事科学、社会科学的鲜明属性。同时，指挥控制的实施涉及通信、网络、计算、决策、控制等多类学科中的技术，因此指挥控制又具有跨领域、跨学科的突出特点。随着智能化技术的迅速兴起，指挥控制的主体客体、要素结构、技术手段、系统形态等都在发生了根本性的变化，整个领域正在经历一场深刻变革。在此情况下，人们对指挥控制技术的整体认识还不够清晰，对其技术体系缺乏普遍共识，指挥控制技术往往与指挥控制系统的技术混为一谈，不利于指挥控制技术的发展和实施。

本书从指挥控制的问题源头出发，以技术科学的视角对指挥控制技术进行了系统化的梳理。书中界定的指挥控制技术，是指可支撑指挥控制的活动，具备通用性、代表性的技术及其集合，并根据指挥控制的核心功能分为态势认知、决策规划、行动控制三类技术。

态势认知，对应指挥员对战场态势的认识活动过程。从军队的组织结构看，信息搜集一般由各类情报部门负责，而指挥员的职责在于对搜集到的数据进行分析判断，形成正确的认知。态势认知的前提是建立关于态势的表征，即首先建立态势模型，然后基于模型对态势进行分析研判。因此，本书将态势认知技术分为态势建模技术、态势分析技术，其中态势建模技术围绕敌、我、环境等要素展开，态势分析技术则突出了对敌方行为、威胁和意图的分析。

决策规划，对应指挥员根据态势认知的结果进行决策、制订行动计划的过程。其中突出"规划"，因为制订计划是指挥员与指挥机构的重要职能，是从决策到行动的重要桥梁。作战任务往往针对交战目标，目标选择的结果为任务分配与方案生成提供输入，因此本书将决策规划技术分为目标选择技术、任务规划技术，其中目标选择技术围绕目标体系展开，任务规划技术则围绕方案生成展开。

行动控制，对应指挥员对作战力量进行组织和调控的过程。指挥员的职责不是执行行动，而是对行动的监控与协调。行动控制的前提是有效的战场管理，落脚点则是对作战力量进行调控，使之符合预期并形成合力。因此，本书将行动控制技术分为战场管理技术、监控与协同技术，其中战场管理技术围绕数字化战场展开，监控与协同技术则围绕计划执行过程的监控与调整展开。

本书在技术体系上围绕指挥控制的核心功能进行编写，体现了学科特点并突出了通用性和代表性；在具体内容组织上围绕指挥控制领域的关键问题展开，体现了智能化时代新技术的发展变化。本书作者及其所在团队长期从事指挥控制理论研究与实践，从而积累了丰富的经验和成果，并将其融入书中。总之，本书是对指挥控制技术进行系统性梳理的很好尝试。

人工智能技术的飞速发展，催生了以智能无人为代表的新域新质作战力量，改变了装备与战争形态，智能化战争已拉开了序幕。指挥控制作为作战体系的核心，必将在军事智能化的进程中扮演至关重要的角色，指挥控制技术也将全面向智能化转型发展。期待我国指挥控制领域在智能化时代实现跨越式发展，为实现强军目标提供关键支撑。

中国工程院院士

中国指挥与控制学会理事长

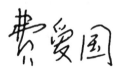

前　言

指挥控制（C2）的成效是战争胜负的决定因素。在战争中，任何一项其他活动的重要程度都无法与指挥控制相提并论。同时，指挥控制在应急管理、反恐维稳等社会治理领域具有越来越重要的作用，对其技术的研究也得到了更加广泛的关注与重视。因此，指挥控制技术一直是军事技术研究中最活跃的内容之一。

指挥控制技术具有鲜明的跨领域、跨学科的特点，涉及通信、网络、计算机、控制、数学、人工智能等多个学科，以及军队指挥、组织管理等多个领域。这使得大量技术都可以被认为与指挥控制相关，而对那些属于指挥控制最本质、最核心的技术，却缺乏普遍共识，甚至在很多情况下，指挥控制技术与指挥控制系统的技术被混为一谈，导致了对指挥控制技术的整体认识不清晰，阻碍了指挥控制领域的发展。

自 20 世纪 90 年代以来，新一轮以信息化为标志的军事变革掀起了以消除各军兵种"烟囱系统"、建立 C2 要素之间的"互联、互通、互操作"为目的的指挥控制系统发展高潮。C2 迅速从单纯的 C2 演化到 C3I、C4I、C4ISR 等，技术元素与功能形式越来越多，结构与过程越来越复杂，涉及的人、信息与结构及其对象等指挥控制要素都发生了深刻变化。智能技术的迅速兴起又给指挥控制注入了新的发展动力，以智能化为特征的指挥控制系统成为未来发展的重点，整个领域面临着一场深刻的变革。

因此，从问题源头出发，以技术科学的视角对指挥控制技术进行系统化的梳理，对于理解与认识信息化、智能化给指挥控制技术带来的深刻变化，服务新型指挥控制系统建设具有重要意义。

作者及所在团队从 21 世纪初开始，在教育部"指控组织设计与优化"创新团队、国家自然科学基金、863 等项目的支持下，开展了与指挥控制理论方法的研究，通过承担指挥控制系统的研制任务，进行了相关技术的探索与实践。本书是作者及所在团队多年的研究与实践积累，结合目前正在开展的新一代智能化、轻量级新型指挥控制系统的探索，思考、总结与提炼的成果。本书也是从技术科学的视角，以新的使命与任务为出发点，对指挥控制技术进行系统性梳理的努力与尝试。

全书共 7 章。第 1 章为绪论，介绍了指挥控制的基本概念、理论基础、技术分类、演化与发展等内容。第 2 章和第 3 章对应态势认知技术：第 2 章介绍了态势建模技术，包括目标态势建模、战场环境建模等技术；第 3 章介绍了态势分析技术，包括行为分析、威胁估计、意图推断等技术。第 4 章和第 5 章对应决策规划技术：第 4 章介绍了目标选择技术，包括目标价值评估、目标体系级联失效评估、目标优化选择等技术；第 5 章介绍了任务规划技术，包括任务分配、资源规划调度、部署方案规划、行动路线规划等技术。第 6 章和第 7 章对应行动控制技术：第 6 章介绍了战场管理技术，包括战场信息资源管理、作战域管理、数字战场等技术；第 7 章介绍了监控与协同技术，包括计划监控、行动协同等技术。

由于指挥控制问题的复杂性，其技术体系及内涵目前仍未形成共识。虽然本书历经近两年时间的反复修改，但作者仍然认为本书还是探索之作，在指挥控制技术的诸多方面还有待进一步完善，加上作者本身的能力和水平所限，其中错误、疏漏在所难免，恳请广大读者提出宝贵的意见和建议，以利于作者继续研究。

本书由朱承、张维明整体策划，朱承撰写了第 1 章并对全书进行统稿，丁兆云、刘斌撰写了第 2 章，周鋆撰写了第 3 章，朱先强撰写了第 4 章，王建江、王文浩、汤罗浩撰写了第 5 章，朱先强、刘毅撰写了第 6 章，雷洪涛撰写了第 7 章。感谢实验室团队的张胜、刘进等老师，以及冯清泉、徐翔、张航、孙立健、龚少辉、杨昊、王云飞、刘蔚柯、李尚森、黄雪芹、郭园园、王琛、年爱欣、王菲、曹得琪、李凯等同学，他们参与了资料收集与书稿整理工作。

作 者

目　录

第 1 章　绪论 ………………………………………………………………… 1

　　1.1　基本概念 …………………………………………………………… 1

　　　　1.1.1　指挥控制 ……………………………………………………… 1

　　　　1.1.2　指挥控制技术 ………………………………………………… 7

　　1.2　理论基础 …………………………………………………………… 8

　　　　1.2.1　系统理论 ……………………………………………………… 10

　　　　1.2.2　组织管理理论 ………………………………………………… 11

　　　　1.2.3　数据科学 ……………………………………………………… 12

　　　　1.2.4　运筹学 ………………………………………………………… 13

　　1.3　技术分类 …………………………………………………………… 15

　　　　1.3.1　态势认知 ……………………………………………………… 15

　　　　1.3.2　决策规划 ……………………………………………………… 21

　　　　1.3.3　行动控制 ……………………………………………………… 27

　　1.4　演化与发展 ………………………………………………………… 34

　　　　1.4.1　冷兵器战争时期 ……………………………………………… 35

　　　　1.4.2　热兵器战争时期 ……………………………………………… 36

　　　　1.4.3　机械化战争时期 ……………………………………………… 37

　　　　1.4.4　信息化战争时期 ……………………………………………… 38

　　　　1.4.5　智能化战争时期 ……………………………………………… 41

　　参考文献 ………………………………………………………………… 42

第 2 章　态势建模技术 ……………………………………………………… 43

　　2.1　概述 ………………………………………………………………… 43

　　2.2　目标态势建模技术 ………………………………………………… 46

　　　　2.2.1　目标及目标体系 ……………………………………………… 46

　　　　2.2.2　目标实体关系建模技术 ……………………………………… 51

　　　　2.2.3　目标行为建模技术 …………………………………………… 62

　　　　2.2.4　目标能力建模技术 …………………………………………… 69

　　　　2.2.5　威胁建模技术 ………………………………………………… 73

2.3 战场环境建模技术 ···································· 74

    2.3.1 物理环境建模技术 ···························· 74

    2.3.2 信息环境建模技术 ···························· 80

    2.3.3 社会环境建模技术 ···························· 85

参考文献 ··· 85

第3章 态势分析技术 ······································ 88

3.1 概述 ··· 88

3.2 行为分析技术 ······································· 91

    3.2.1 异常行为检测技术 ···························· 91

    3.2.2 行为演化预测技术 ··························· 102

3.3 威胁估计技术 ······································ 109

    3.3.1 基于综合分析的威胁估计技术 ················· 110

    3.3.2 基于贝叶斯网络的威胁估计技术 ··············· 112

3.4 意图推断技术 ······································ 114

    3.4.1 意图推断模型 ······························· 114

    3.4.2 意图推断算法 ······························· 117

    3.4.3 意图推断案例 ······························· 119

参考文献 ·· 121

第4章 目标选择技术 ····································· 123

4.1 概述 ·· 123

    4.1.1 联合作战目标作业过程 ······················ 123

    4.1.2 目标选择相关技术 ·························· 125

4.2 目标价值评估技术 ································· 129

    4.2.1 目标个体价值评估 ·························· 129

    4.2.2 目标网络价值评估 ·························· 135

4.3 目标体系级联失效分析技术 ························ 147

    4.3.1 目标体系级联失效过程 ····················· 147

    4.3.2 目标体系级联失效模型 ····················· 148

    4.3.3 目标体系级联失效分析案例 ················· 156

4.4 目标优化选择技术 ································· 157

    4.4.1 基于网络阻断的目标优选模型 ··············· 158

    4.4.2 网络阻断求解算法 ························· 161

    4.4.3 典型案例 ·································· 166

参考文献 ·· 168

第5章　任务规划技术 ·· 170

5.1　概述 ··· 170

5.2　任务分配技术 ··· 175

   5.2.1　任务描述与建模 ······································· 175

   5.2.2　集中式任务分配技术 ·································· 180

   5.2.3　分布式任务分配技术 ·································· 189

5.3　资源规划调度技术 ··· 195

   5.3.1　基于网络计划图的调度技术 ······················· 195

   5.3.2　基于 RCPSP 的调度技术 ···························· 199

5.4　部署方案规划技术 ··· 205

   5.4.1　基于连续（网格）选址模型的技术 ················ 206

   5.4.2　基于离散选址模型的技术 ··························· 210

5.5　行动路线规划技术 ··· 213

   5.5.1　基于图的路径规划技术 ······························ 213

   5.5.2　基于网格的路径规划技术 ··························· 221

5.6　方案推演评估技术 ··· 226

   5.6.1　仿真模型构建技术 ····································· 226

   5.6.2　实验分析与评估技术 ·································· 233

   参考文献 ··· 239

第6章　战场管理技术 ·· 242

6.1　概述 ··· 242

6.2　战场信息资源管理技术 ······································ 245

   6.2.1　战场信息资源组织治理 ······························ 245

   6.2.2　战场信息资源处理管控 ······························ 249

   6.2.3　战场信息资源分发共享 ······························ 253

6.3　作战域管理技术 ·· 256

   6.3.1　空域管理技术 ··· 256

   6.3.2　频谱管理技术 ··· 263

   6.3.3　网络域管理技术 ·· 266

6.4　数字战场技术 ··· 268

   6.4.1　数字战场环境技术 ····································· 268

   6.4.2　计算机兵力生成技术 ·································· 271

   6.4.3　基于数字战场的平行控制技术 ···················· 272

   参考文献 ··· 274

第 7 章 监控与协同技术 ························ 277

7.1 概述 ························ 277

7.2 计划监控技术 ························ 281

7.2.1 偏差识别技术 ························ 281

7.2.2 关键链分析技术 ························ 284

7.2.3 偏差处理技术 ························ 291

7.3 行动协同技术 ························ 300

7.3.1 预先计划协同技术 ························ 301

7.3.2 临机自主协同技术 ························ 316

参考文献 ························ 322

第1章

绪　　论

指挥控制（Command and Control，C2）的成效是战争胜负的决定因素。在战争中，任何一项其他活动的重要程度都无法与其相提并论。同时，指挥控制在应急管理、反恐维稳等社会治理领域也具有越来越重要的作用。因此，指挥控制技术一直是军事、管理等领域最活跃的研究内容之一，得到了广泛的关注与重视。指挥控制技术具有鲜明的跨学科、跨领域的特点，涉及通信、网络、计算机、控制、数学、人工智能等多个学科，以及军队指挥、组织管理等多个领域。这个特点使得大量技术都可以被认为与指挥控制相关，而对于哪些属于指挥控制最本质、最核心的技术，却缺乏普遍共识，甚至在很多情况下被与指挥控制系统的实现技术混为一谈。本章介绍指挥控制的基本概念，提出指挥控制技术的理论基础和技术分类，并对相关技术进行概述。

1.1　基本概念

本节介绍指挥控制、指挥控制技术及相关术语的概念及定义。

1.1.1　指挥控制

指挥控制是我们今天再熟悉不过的军事术语。其不仅代表了军事中的核心活动，也广泛体现在生产、管理以及日常生活中。例如，军队中有各级各类的指挥所，企业有用于生产的指挥调度系统，政府有应急指挥中心。在日常生活中，教练指挥比赛、交警指挥交通、指挥家指挥演奏等，因此可以说，人类的群体性活动都离不开指挥控制。

作为实现并承载指挥控制技术的平台，各种指控系统不仅是计算机、网络、人工智能等先进技术应用的产物，也直接推动着技术的发展与革新。例如，历史上第一套基于计算机的指挥控制系统——赛其系统（Semi-Automatic Ground Environment，SAGE），是美军为了实现对苏联远程轰炸机的早期预警与拦截而研制的，它首次将雷达与计算机通过电话线进行连接，导致了计算机广域网的出现，并催生了互联网的前身——APRNET。

1. 概念内涵

"指挥"意为上级对下级行使权利，对行动进行组织领导。指挥是系统的原动力，基础是法定或个人的威信，核心是决策、判断以及行动（作战）构想，前提是信息交互，形式既包括艺术，也涉及科学[1]。

"控制"一词在辞书上解释为驾驭、支配、掌握，使不超出范围。从自动控制的角度看，负反馈是实现控制过程的前提；从控制论的角度看，"可能性空间"是其最基本的概念。控制归根结底，是一个在事物可能性空间中进行有方向的选择的过程[2]。

指挥控制术语的出现体现了"指挥"和"控制"的结合，一方面体现了战争对战场硬件设施和技术的依赖性越来越强，另一方面也体现了由于战争活动中所涉及要素的复杂性增强，以至于对战场的集中控制成为必须。因此，指挥控制是"战争机器"精确、快速、高效运作的需要，也是科学技术，特别是工业革命以来的科学技术在军事领域运用的产物。

对于两者的关系，我们有如下理解。从时序看，"指挥"必须为将要完成之事明确方向，并塑造系统的特征和本质，以便认识和塑造将要完成之事；而"控制"必须对正在完成之事进行清晰和准确的评估，并对过程进行修正。从特征看，"指挥"解决的是作战当中诸如谋划、决策等重大问题，是一种创造性很强的活动，因此具有更多的灵活性、策略性、艺术性。"控制"是把决心变为现实、逐步实现作战目标的具体措施和过程，具有创造性，但更富事务性、规范性、程序性和可操作性。

因此，有个形象的比喻：如果将兵力比作马，那么指挥就可以比作骑手，而控制可以比作挽具。

2. 术语演化

指挥控制术语及概念经过了漫长的演化过程。

在古汉语中，"挥"通"麾"，"麾"是最早描述军事指挥职能的术语，可以说是"指挥"术语的起源。"麾"，其本义是供统帅指挥部队用的旌旗（如《南史·梁本纪》中："望麾而进，听鼓而动。"），其延伸意义为指挥。用指挥的工具术语来描述指挥的职能，这也是社会文明发展程度的限制所致，在今天，我们断然不会用电话来替代军事指挥内涵的表达。"麾"作为指挥术语的使用最早见著于文献《尚书·周书·牧誓》："王左杖黄钺，右秉白旄以麾。"

在《尉缭子·武议第八》中阐述将帅职责："将专主旗鼓耳。临难决疑，挥兵指刃，此将事也，一剑之任，非将事也。""指挥"是否源于"挥兵指刃"？这一问题有待考证，但从形式与内容上，都算较为接近的术语称谓。在内涵上，也是最早明确将帅指挥的职责，即发号施令，临危决策，指挥军队的作战行动，直接拿起兵器与敌人格斗的事不是将帅的事情，而是士兵的事情。

"指挥"的英文术语——"Command"源于中世纪晚期（1250－1300 年）十字军三次东征的后期，在"Command"广泛使用前与这一术语近似或者说替代术语为"coma(u)nden"，而更为早期的近似术语为"com(m)a(u)nder"，其使用时间从诺曼人征服英国持续至中世纪。

"Command"在形成之初并非现代意义上的指挥，而是与指挥个体密不可分的管理艺术，其拓展的解释也仅限于指挥个体及非正式管理团队（现代司令部的雏形）的行为。

与"指挥"源远流长的演化历史相比，"控制"就是襁褓中的新生儿。"控制"在军事领域的出现可考证的最早文献是约米尼（Jomini）的《战争艺术》（1838 年），在该书的第二章的标题是"Control of Operations"。科学意义上的"控制"源于维纳的控制论，自维纳的《控制论》问世以来，控制论的思想和方法就开始渗透到几乎所有的自然科学和社会科学领域。

现代意义上的指挥控制概念在第二次世界大战（二战）后逐步产生。在麦克阿瑟的回忆录中记录了杜鲁门总统对麦克阿瑟将军的授权时使用了 C2（take command and control of the forces，指挥和控制部队）。20 世纪 80 年代后期，Boyd 建立了到目前为止在指挥控制领域占有统治地位的理论模型——OODA，即观察–判断–决定–行动（Observe-Orient-Decide-Act，OODA）。当 OODA 循环建立的指挥控制理论模型得到广泛认可后，美军先后写入各军兵种作战条令，最先写入作战条令的是美海军（1991 年），随后是美空军（1999 年）和美陆军（2003 年）及其他国防力量。

对于"指挥"演化为"指挥控制"的解释存在多种争论：一是认为从二战开始，战场分工为对人的指挥和对机器的控制，从而导致了战场"指挥"与"控制"职能兼顾需求，这种观点的立足点是人类战争对战场硬件设施和技术的依赖性越来越强；另一种解释是由于战争态势的复杂性达到一定的程度，以至于对战场必须实施集中控制，由此导致"控制"与"指挥"必须并驾齐驱才能掌控战场。

综上所述，指挥控制概念形成于二战时期，是机械化战争指挥系统精确、快速、高效运作的需要，也是工业时代科学技术进步在军事领域运用的产物，尤其是控制论作为一门科学的诞生，直接导致了指挥控制技术的萌芽。

3. 相关定义

《美联合参谋手册》（JCS Pub.1，军事相关术语词典）将"指挥"定义为：指挥是部队现役指挥官对部属（军衔上较之级别低的或配属人员）合法行使职权，指挥包括权力和职责，即有效使用可获取的资源，部署计划、组织、指导、协调和控制部队完成所赋予使命的职责和权力，同时，还包括确保所属人员的健康和福利、维持部队士气与纪律的职责。C2 定义为：经授权的指挥官在执行使命过程中对配属部队行使职权，实施指导。其职责包括了部队的士气鼓舞、领导、组织、管理与控制，内涵包括：

- 指挥官对部属行使职权；
- 对象不仅是部属人员，还包括系统、设施与程序等；
- 行为不仅限于决策环内的决策和命令发布，还包括态势评估、计划和信息收集；
- 职责还包括确保所属人员的健康和福利、维持部队士气与纪律。

北约关于 C2 的定义（NATO，1988）：指挥是赋予指挥官指导、协调和控制部队的权威。控制是指挥官对所属部队或配属部队行使其指挥权威。指挥控制是经授权的指挥官对所分配的兵力行使其指挥与指导权力以完成赋予的使命，指挥控制的职能通过人、装备、通信、设施与程序来执行，这些都是指挥官在计划、指导、协调和控制兵力以完成其使命过程中所运用的要素。持续获取、融合、审查、描述、分析和评估态势信息，发布计划，分配任务，规划行动，组织协调兵力行动，为部属作战行动提供指挥控制准备，监督和协助下级部属、参谋和兵力，直接领导部队完成作战使命。指挥控制在不同层次上有不同的内涵，在部队层面，确定兵力编成的目的，兵力配置的优先次序，并最终确定其能力；在使命任务层面，根据作战意图或具体的使命/目标确定具体的人员、系统、设施以及这些要素之间的相互关系。

《中国大百科全书·军队指挥分册》认为，指挥是"军队指挥员及其指挥机关对所属部队的作战行动和其他活动的组织领导活动"。而《中国人民解放军军语》则认为，指挥是"军队指挥员及其指挥机关，对所属部队的作战和其他军事行动的特殊的组织领导活动"。

《中国人民解放军军语》（1997年版）把"控制"具体化为两层意思：

- 在一定区域内，以兵力或火力限制敌人活动的战斗行动；
- 掌握、操纵。

第二层含义往往是针对武器的使用。在大多数关于"指挥"基础概念研究的文献中，"控制"都认为是"指挥"的一部分。

新版的《中国人民解放军军语》给出了"指挥控制"的定义：指挥员及其指挥机关对部队作战或其行动掌握和制约的活动。对该概念的解释可以参考文献[3]。

虽然指挥控制术语起源于军事，但其概念、方法被广泛应用于应急指挥、生产管理、空中交通管制等众多领域。《指挥控制的新构想：企业的未来》（*C2 Re-envisioned: The Future of the Enterprise*）一书中对广义指挥控制的定义为："指挥控制由组织、技术的属性组成，企业借此安排使用人力、物力和信息资源，以解决问题、完成任务。"[4]《2015－2016指挥与控制学科发展报告》对广义C2的定义为："指挥与控制是指为完成事先指定的任务，综合运用多种技术和一系列信息过程，对群体性社会活动进行快速协调、调度、管理或治理。"

4. 过程模型

指挥控制的过程模型广为人知的是OODA模型，简言之是指从"观察"到"行动"，也是从"数据"到"决策"的过程。

1987年，美国空军上校约翰·博伊德在分析朝鲜战争中美军飞行员的胜率时，提出了一种描述空战指挥控制过程的OODA环，并将OODA环的概念应用于理解空空作战。

OODA环将整个指挥控制过程视为包含四个分离而又不独立的阶段的循环，如图1-1所示。

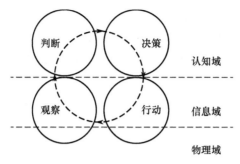

图 1-1　OODA 环

（1）观察（Observe）：采取一切可能的方式获取战场空间中的信息。

（2）判断（Orient）：利用知识和经验来理解获取的信息，形成态势感知。

（3）决策（Decide）：根据任务目标和作战原则，选择行动方案。

（4）行动（Act）：实施具体行动。

博伊德提出 OODA 环的独特之处在于对"节奏"的强调，即 OODA 过程的循环时间。博伊德认为，要获取战场的主动权就必须在指挥控制上比敌人有更快的节奏，介入到敌人的 OODA 循环中，扰乱敌人的指挥控制过程。事实上，对抗竞争环境中每一个个体都拥有自己的 OODA 循环，这些 OODA 循环都遵循相似的过程，即对环境的观察→对态势的判断→根据判断做出决策→根据决策做出行动。在任何冲突中，谁能让 OODA 循环更快，并确保其一致性和有效性，谁就能维持战场行动更快的节奏，因而能获取 OODA 每一个循环的优势。与优势一方相反，劣势一方将陷入反应越来越慢和滞后的困境。伴随每一次 OODA 循环，战场态势由于交战双方的持续对抗而不断动态变化，劣势方会因为节奏缓慢而越来越跟不上实时态势的发展，从而导致指挥控制自身的恶化，不得不面对作战的颓势。

1996 年，博伊德对 OODA 环进行了修订，以增强其普遍适用性，如图 1-2 所示。

修订的 OODA 环对观察、决策、行动等环节有如下解释。

观察：通过与环境的交互、感知，获取环境信息的过程。观察还接受来自判断过程的指导与控制，并接受来自决策与行动的反馈。

决策：设想各种战场环境态势及可能的应对措施，并进行选择。决策接受来自判断的前馈，并为观察过程提供反馈。

行动：执行决策的结果，通过与环境的交互，测试决策的效果。行动接受来自判断过程的指导与控制，行动过程为观察提供反馈。

在修订的 OODA 环中，博伊德认为"判断"是作战主体形成的对现实世界的映像、感觉、观点和见解，是指挥控制过程的重点，影响"观察""决策""行动"三个过程。作战主体的"判断"受到外部信息、文化传统、以前经验及已知环境条件等多重因素的影响。"观察"和"行动"主要是技术手段,但"判断"和"决策"是心理过程。博伊德指出,"判断"的形成和改变是最容易受到外界影响的。因此,修订的 OODA 环考虑了战场上人和心理的作用,注重考虑在闭合系统下对环境态势的判断和相应决策的形成和变化。

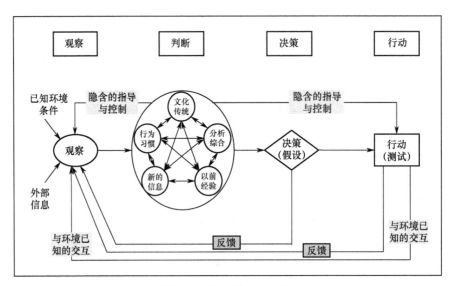

图 1-2 修订的 OODA 环

OODA 环的主要不足包括以下几个方面。

(1)没有体现指挥控制活动的层次性。在现实的军事背景下,军事行动必须由一系列不同层次的活动来刻画,并且活动之间具有复杂的关联关系,OODA 环对军事过程的描述过于简单。

(2)没有描述团队的协同与协作。在实际作战中,任务使命的完成往往取决于团队协同合作的效果。协同涉及信息共享、信息交互、协同决策、协同执行等更为复杂的环节。

(3)不适用于空战领域以外的指挥控制过程。OODA 环是建立在对少数个体交互的理解(典型情况是一对一的空战交互)和抽象上的,其是否适用于大规模的交互对抗是值得怀疑的。虽然不少学者在大规模作战的指挥控制建模上运用了 OODA 环,并且有积极和建设性的结论,但这并不能确保 OODA 环就一定能够无限制地使用。

OODA 环很简单并存在不足,但它清楚地说明了指挥控制过程的运作机理,并且体现了指挥控制过程中物理域、信息域、认知域相互交织融合的特点。OODA 循环中的观察阶段始于物理域,可以通过融合其他观察信息,将决策者的注意力贯穿整个信息域;判断阶段发生在认知域,通过吸收观察信息的内容,并且结合个人以前的知识、训练经验和战斗实践等对情况做出判断。判断阶段为决策提供依据,而决策也是认知域的行为。最后,在行动阶段,具体的作战行动必须通过信息域和物理域,如下达指令、控制飞机等。

除 OODA 外，其他的指挥控制模型还包括 PREA、Lawson、SHOR 等①。这些模型针对 OODA 的不足，进行了不同方面的完善与发展。

1.1.2　指挥控制技术

"技术"一词在词典中的解释为：人类在认识和改造自然的实践中积累起来的有关生产劳动的经验和知识，也泛指其他操作方面的技巧。

《技术的本质》一书给出了"技术"的三种定义[5]。

（1）技术是实现人的目的的一种手段。这是单数意义上的技术（technology-singular）。一项技术可能是一种方法、过程或者装置，如一个特定的语音识别算法，或者化学工程中的过滤法，或者柴油发动机。技术可以是简单的，如一个滚动轴承，也可能是复杂的，如波分多路复用器；技术可能是物质性的，如发电机，也可能是非物质性的，如一种数字压缩算法。但无论如何，技术总是完成人类目的的一种手段，也就是说，某项技术一定要解决某个问题，具备某种特定能力。

（2）技术是实践和元器件的集成。这个定义是复数性质的（technology-plural），严格说来，我们应称它们为技术体或技术的集合。例如，电子技术和生物技术等，它们是由许多技术和实践构成的集合或工具箱。

（3）技术是可供某种文化中利用的装置和工程实践的集合，这就是一般意义上的技术（technology-general）。当我们认为"技术"加速了我们的生活，或者说"技术"是人类的希望时，我们指的就是总体意义上的技术。技术思想家凯文·凯利称这个整体为"技术元素"（technium）。

本书研究的指挥控制技术，主要针对前两个层次。即，可实现指挥控制目的，具备通用性、代表性的技术及其集合。

根据以上第一个定义，技术是实现目的的手段，因此要理解指挥控制技术，必须首先厘清指挥控制的目的，而这又与指挥控制的基本功能密切相关。

毛泽东同志从指挥员的视角对指挥控制有非常深刻的论述[6]："指挥员使用一切可能的和必要的侦察手段，将侦察得来的敌方情况的各种材料加以去粗取精、去伪存真、由此及彼、由表及里的思索，然后将自己方面的情况加上去，研究双方的对比和相互的关系，因而构成判断，定下决心，作出计划。这是军事家在作出每一个战略、战役或战斗的计划之前的一个整个的认识情况的过程。""如果计划和情况不符合，或者不完全符合，就必须依照新的认识，构成新的判断，定下新的决心，把已定计划加以改变，使之适合于新的情况。"根据以上论述，本书将指挥控制的核心功能归纳为：态势认知、决策规划和行动控制三大类。

从 OODA 过程看，"态势认知"与"OO"（观察、判断）对应，但重点在于判断。因

---

① PREA是筹划（Planning）、准备（Readiness）、执行（Execution）、评估（Assessment）的英文缩写，SHOR是激励（Stimulus）、假设（Hypothesis）、选择（Option）、响应（Response）的英文缩写。

为从军队的组织结构看，信息搜集一般由各类情报部门负责，指挥员的职责在于对已搜集的数据进行分析判断，形成正确的认知。"决策规划"与"D"（决策）对应，但突出了规划（计划），因为编制计划是指挥员与指挥机构的重要职能，对于战略、战役行动不可或缺，是从决策到行动的重要桥梁。"行动控制"与"A"（行动）对应，但突出了指挥员的职责，即不是执行行动本身，而是对行动的监控与协调。

三个核心功能之间是相互关联、相互影响、相互支撑的关系。态势认知是基础，一方面能够为决策规划和行动控制提供基础信息，是两者赖以运作的基本条件；另一方面，态势认知的活动组织又需要决策规划和行动控制提供支撑。决策规划是作战体系的"大脑"，能够有效指引体系的流程运转。行动控制相当于"神经系统"，在大脑的指挥下，将战略战役控制、部队控制、战场管制和指挥运行管控统一规范起来，推动作战体系按照既定节奏向既定方向发展。

因此，与以上三大类指挥控制核心功能对应，本书中所研究的指挥控制技术，指贯穿"认知"到"行动"的循环中的支撑和使能技术，可归结为态势认知技术、决策规划技术、行动控制技术三大类，并且可形象地理解为"知行合一"的过程，如图1-3所示。

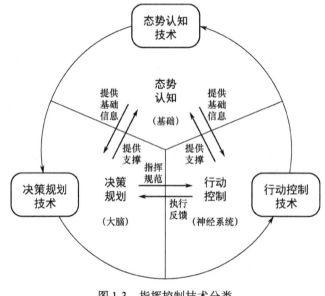

图 1-3 指挥控制技术分类

1.2 理论基础

指挥控制问题涉及多个学科，其理论和实践远比传统的单一学科复杂。本节基于钱学森先生提出的"基础科学–技术科学–工程技术"三个层次的观点，对指挥控制技术的理论基础进行梳理。

自然科学即基础科学，是认识客观世界的科学；技术科学是沟通自然科学即基础科学与工程技术的桥梁，是一门具有创造性的知识体系，它属于基础应用科学层次；工程技术则是直接改造客观世界的学问。

　　基础科学是综合提炼具体学科领域内各种现象的性质和较为普遍的原理、原则、规律等而形成的基本理论。其研究侧重在认识世界过程中，进行新探索、获得新知识、发现新规律，形成更为深刻的理论。它是技术科学、工程技术发展的先导。

　　技术科学是 20 世纪初至第二次世界大战前，才开始在科学与技术之间形成的一个中间层次。它侧重揭示现象的机制、层次、关系等的实质，并且提炼工程技术中普遍适用的原则、规律和方法。技术科学是研究如何将基础科学准确、便捷地应用于工程实施的学问，是科学技术转化为社会生产力的关键。

　　工程技术也就是应用技术，侧重将基础科学和技术科学知识应用于实践活动，并且在具体的工程实践中，总结经验、创造新技术、新方法，使科学技术迅速成为社会生产力的学问。应用技术的发展，也必将丰富、完善技术科学、基础科学，它是技术科学、基础科学发展的根本动力。

　　钱学森先生这一观点体现了科学与技术相互补充、相互促进的内在统一性。例如，在自然科学部门中，物理学属于基础科学；应用力学、电子学属于技术科学；航空航天工程、电力系统工程属于工程技术，也就是应用技术。这三个层次之间又是相互渗透、相辅相成的，在理论研究和工程实践中谁也离不开谁。

　　本书中所研究的指挥控制技术属于其中应用技术的层次，其相关理论基础包括"基础科学"和"技术科学"两个层次，并且只考虑对态势认知、决策规划、行动控制三大类应用技术形成直接支撑关系的基础理论。其中，基础科学层次，与研究客观世界的基础科学不同，主要强调指挥控制的系统属性与社会属性，包括系统理论和组织管理理论两大类。技术科学层次，突出信息、决策、控制的指导理论，主要包括数据科学、运筹学两大类。[2-3]指挥控制技术理论基础如图 1-4 所示。

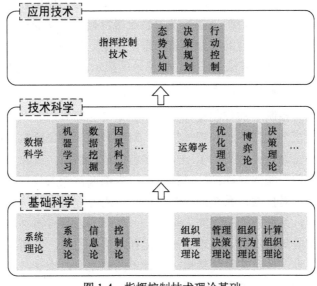

图 1-4　指挥控制技术理论基础

1.2.1 系统理论

钱学森先生认为，人们习惯相提并论的"三论"，即系统论、信息论、控制论，应该是"一论"，即系统科学的哲学概括。系统论、信息论、控制论相互之间关联紧密，是系统的基础理论，对指挥控制技术的理论意义在于以下两个方面。

1. 提供了指挥控制的科学模型与分析方法

指挥控制是一种涉及范围非常广泛、运动机理非常复杂、环境条件非常特殊的活动。对于这种复杂活动，若不用科学方法对其进行研究，极难厘清其外部和内部的关系，也就无法对其进行深入的研究。系统论、信息论、控制论，从不同的侧面为指挥控制提供了科学模型与分析方法[7]。

系统论为指挥控制提供了一种具有普遍意义的思想观念以及与之对应的研究方法。一方面，它作为一种思想观念（系统观）发挥着指导作用。从系统的观点考察指挥控制，有关系统的整体性原则、动态性原则和有序性原则，具有普遍的指导意义。另一方面，系统论也提供了一套重要的研究方法。例如，当我们将指挥活动作为一个系统进行研究时，需要首先划分系统即指挥活动的边界，以确定系统本身（指挥活动）与条件（指挥员、指挥工具和指挥体制）、环境（自然条件、作战对象和己方军队）的相互关系，并且对指挥活动的总体功能进行辨识，然后再研究指挥活动的要素与结构等，从要素、关系、功能等出发，探索提高指挥控制系统效能的途径等。

信息论从信息的处理与传递的角度，为指挥控制提供了重要的认知视角和系统模型。军队指挥是通过信息的处理与传递得以实现的，信息熵与战争有天然的联系。无论是农耕时代的战争，还是信息时代的战争，战争本身就是复杂的体系对抗行为，其基本属性——战争迷雾、摩擦和基本法则——不确定性从未改变。交战行为可以被抽象由信息流控制物质流和能量流的过程，而指挥控制是使其中信息流得以有序流动的活动。因此，信息论为指挥控制提供了信息传递与处理的认知视角与系统模型。此外，信息论为指挥控制过程的度量、优化提供了信息视角的方法与工具。信息论所揭示的关于信息的本质、信息的量度、信息的变换等概念对于我们理解指挥控制具有重要的启示作用。

控制论为理解指挥控制中的控制过程提供了模型与建模方法。从控制论的角度看，指挥控制过程可以被建模为由指挥员和指挥机关，对由被指挥对象所构成的系统进行的有目的的控制过程。控制论为该过程提供了一个可参考的理论模型，反馈、信息是其中的重要因素。必须指出，一般系统的自动控制过程，系统内部通常无人直接参与，外部环境通常只考虑随机扰动而没有对抗性，系统的控制过程可以用方程组来精确表达并可求解。但指挥控制中的控制过程，系统内部有人的大量参与，外部环境具有很强的对抗性，系统的控制过程超出了控制论的理论框架，很难精确量化和求解。因此，如何区分可控（量化）与不可控（量化）的要素，并且在系统建模时进行不同的处理，构建科学合理的模型，是运用控制论研究指挥控制中的一个重要问题。

2．确定了技术的功能与边界

任何技术都需要具备一定的功能。系统论、信息论、控制论，作为指挥控制的模型，从不同的角度明确了指挥控制技术的功能需求。从系统论的角度看，指挥控制技术需要确保各种要素连接起来，克服异构系统集成的困难，并且具备韧性。从信息论的角度看，指挥控制技术需要确保信息的有序流动，发挥信息价值。从控制论的角度看，指挥控制技术需要支持系统状态的反馈、偏差的评估、调节指令的生成等。此外，系统理论揭示了系统特性随尺度的变化规律，因此，指挥控制的层级不同，规模与尺度不同，功能需求也必然有显著差异，需要从系统尺度的角度加以考察。

除功能外，系统理论也明确了指挥控制技术的边界。战争是典型的开放复杂巨系统，复杂系统具有涌现性、非线性等突出特征，本质上是不可预测和完全控制的。因此，指挥控制技术必须遵循复杂系统的基本规律，不能追求单凭技术手段实现对复杂系统的预测与控制，而应该重视定性定量结合的综合集成路线，并且支持受控对象基于局部信息的自主决策与协同。

1.2.2　组织管理理论

管理是指对由人、物、事等组成的系统的运动、发展和变化，进行有目的、有意识地控制的行为，管理科学是对管理活动的科学概括和总结，人与组织是其中的核心研究内容。

从组织与管理的角度看，指挥控制系统是由各级指挥员、指挥机构和部队等构成的组织，指挥控制是对其部属/配属兵力行使授权，以完成使命任务为目的组织与管理活动。在性质上，指挥控制既有管理艺术，又包含组织科学成分；在内容上，既有对作战行动的组织行为，又包含对部属/配属的控制行为。因此，从组织的角度分析理解指挥控制系统，对选择、发展合适的技术手段，促进指挥活动的自动化、提高指挥控制效率具有重要意义。学术界提出了"C2 组织"的概念，对由指挥控制关系构成的面向使命任务的复杂人机组织开展研究[8]。

组织管理理论为 C2 组织研究提供了关于组织形态与效率、组织行为等方面的相关理论。例如，古典管理理论对组织的基本原则进行了概括，分析了组织结构和层级、制度、技术等组织效率的影响因素，对 C2 组织的架构研究，包括结构、流程、权责等仍有指导意义。现代组织理论把组织看作是一个开放的系统，关注组织内各子系统之间、子系统与外部环境之间的复杂互动关系。特别是权变学派提出，并无一种适应一切组织的结构。这些理论为不同任务与动态环境中的 C2 组织的稳健性、适应性研究提供了依据。现代组织理论还特别关注信息技术对组织结构及效率的影响，对信息化、智能化时代的组织变革开展了大量研究，包括数字化转型、流程再造、网络化组织、模块化组织、人机团队等，均有丰富的理论研究和案例，为信息与智能时代的 C2 组织设计提供了参考。组织理论在组织行为与心理学方面的研究成果，可用于从科学角度深入理解 C2 组织中人–人的关系，包括不同指挥层级的权责与利益关系、领导者与执行者之间的关系、个人在集体中的行为和集体中各成员之间相互关系与行为影响等。

组织管理理论还提供了研究 C2 组织的各种方法，包括组织优化设计方法、组织效能评估方法等。例如，计算组织理论采用计算和数学手段研究组织适应性、组织演化、多主体系统和组织设计等内容，可用于 C2 组织的结构设计和演化。在组织效能评估方面，有不少关于组织效能评估指标，以及基于模拟仿真或实测数据的评估研究，可为 C2 组织的效能评估研究提供参考。

1.2.3 数据科学

数据科学是有关数据价值链实现过程的基础理论与方法学，以大数据为主要研究对象，运用建模、分析、计算和学习杂糅的方法，研究从数据到信息、从信息到知识、从知识到决策的转换，并实现对现实世界的认知与操控[9]。数据科学对指挥控制技术的指导意义主要体现在以下三个方面。

1. 提供一种新的问题求解范式

图灵奖得主詹姆斯·尼古拉·格雷（James Nicholas Gray）提出，数据驱动的相关性分析是科研的第四范式（前三种分别是实验发现、理论预测和计算机模拟）。将其单独作为一种科研范式，是因为其研究方式不同于基于数学模型的传统研究方式。PB 级的数据使我们可以做到没有模型和假设就可以分析数据。将数据丢进巨大的计算机集群中，只要有相互关系的数据，数据分析算法就可以发现过去的科学方法发现不了的新模式、新知识甚至新规律。

第四范式的基本思想是把数据看成现实世界的事物、现象和行为在数字空间的映射，认为数据自然蕴含了现实世界的运行规律；进而以数据作为媒介，利用数据驱动及数据分析方法揭示物理世界现象所蕴含的科学规律。这一思想同时也是一种具备普适性的问题研究和求解的方法论，即通过大数据分析，去发现数据中蕴含的大量相关关系，为问题研究提供了全新角度。

对指挥控制问题而言，传统的研究范式强调建模和求解，起源于二战的运筹学就是这一范式的代表（参见本书 1.2.4 节）。但对于问题的建模通常是困难的，特别是带有对抗性的开放问题，建模的角度很难准确选取，模型的前提假设也很容易在对抗中被打破，模型的持续改进与迭代需要人的大量参与。由于观测手段和信息技术的进步，现代战争中可获取、利用的各类数据已大大丰富，具备了利用机器算力从中自动发现规律的条件，提高了问题求解效率、并减少了人在建模与模型迭代上的工作量。这种范式的改变，使数据成为作战中的一种重要资源，还带来了军队编制与组织形态的深刻变革。例如，美军在 2020 年发布的《国防部数据战略》中提出数据资源是战略资产，明确要求美军将数据作为武器系统来对待，要将美国防部建成"以数据为中心的机构"，数据军官将在帮助美军快速使用数据获取作战优势、提高作战效率上发挥重要作用。

需要指出的是，尽管数据驱动的第四范式带来了科学发现和思维方式的革命性改变，但其本身无法从大量的相关关系中甄别出事物的本质规律。对于指挥控制中的实际复杂问题，有效的求解还需要四种范式的有机融合，以及人脑与计算机的有机融合。

2．提供关于处理战场态势大数据的基础理论

指挥控制需要处理大量数据，尤其是与战场态势相关的大量数据。数据类型涵盖图像、视频、音频、文本等非结构化数据，甚至是这些不同数据的混合，具备大数据的鲜明特点。对这些海量多源的异构数据的处理和分析，超出了传统统计学、计算机科学的基本假设和研究范畴，而数据科学则有望为这些问题的解决提供基础理论。

从数据分析的理论看，统计学问题大多是涉及从局部推断整体的问题，从映射到样本集上的取值，来推断它在数据整体上的取值。统计学的研究方法是围绕不同的数据分布假设和不同的假设空间形式展开的，对于正态分布和线性函数空间，统计学已经建立完善的理论与方法体系，但对于缺乏稳定分布的数据集则无能为力。而数据科学更强调从数据自身出发，不对数据分布做假设。

从数据处理的模式看，传统计算机科学的核心方法是以结构化为基础，传统的数据库需要先定义模式，但在大数据环境下，无法沿用"模式在先、数据在后"的建设模式，于是数据科学发展出了"数据在先、模式在后或无模式"的独特处理方式。以多项式时间度量可计算性与复杂性的标准对大数据没有意义，因为仅调入一次超大规模的数据，也需要数天、数月甚至数年，因此，数据科学的算法普遍以"超低复杂性"为标准。

从学习的角度看，当前人工智能领域普遍采用的各类算法，特别是深度学习算法，只能进行预测，无法进行解释。在作战中，人对机需要建立信任关系，要求机器的行为具备可解释性。数据科学正在发展的人工智能基础理论，包括深度学习的数学原理、学习方法论的学习、函数空间上的学习理论等，有望为可解释的智能提供理论支撑。

3．提供数据分析处理的各类机器学习算法

指挥控制中对于数据的分析处理，依赖于各类高效算法。数据科学提供了在理论上得到保证，实际上可用的各类机器学习算法，主要包含两大类：基于传统统计学习算法和基于深度神经网络的深度学习算法。根据训练数据是否含有标签可以将其分为：有监督学习、无监督学习和半监督学习。其中，深度学习算法在多个领域取得了超过人类的应用效果，是一类强大的通用算法，但其效果依赖于训练数据的规模及算力。在其应用中，往往不能将其他领域训练出的深度神经网络直接应用于指挥控制领域，需要有针对性地进行调整。除了可以使用半监督学习的方式，也可以使用迁移学习的方式，充分利用其他领域学习的知识，减少调整适配的开销，提升深度学习算法在指挥控制问题上的应用效果。

1.2.4　运筹学

运筹学是自 20 世纪三四十年代发展起来的一门新兴交叉学科。它主要研究人类对各种资源的运用及筹划活动，以期通过了解和发展这种运用及筹划活动的基本规律，发挥有限资源的最大效益，达到总体最优的目标。运筹学为指挥控制技术提供了方法论、问题建模和求解算法等方面的支撑。

1. 为指挥控制的问题求解提供一般方法与步骤

与自然科学不同，运筹学研究的对象是"事"，而不是"物"，揭示的是"事"的内在规律性，解决如何把"事"办得更好、更高效的问题。因此，对于指挥控制所面临的各类复杂现实问题，运筹学提供了一套特有的系统、科学研究和解决实际问题的方法，可以概括为以下几个阶段。

（1）确定问题。搜集有关资料，界定需要解决的问题。

（2）建立模型。建立问题的数学模型，将可控变量、参数、目标与约束之间的关系定量地表示出来。

（3）设计算法。分析问题（最优）解的性质和求解问题的难易程度，寻求合适的求解算法，并对算法的性能进行理论分析。

（4）求解与检验。实现算法求解问题，并对解进行验证，判断其正确性与有效性。

（5）实施。将运筹学借用到实际场景，提出解决原始实际问题的方案，并在实施中根据反馈对模型和算法等进行修改调整。

运筹学从军事领域发展而来，因此运筹学的方法对于指挥控制问题具有普遍适用性和有效性。例如，在作战方案的生成中，可根据作战意图和具体目标设计优化模型，或者根据敌我对抗情况设计博弈模型，通过算法计算最优、次优、满意或者均衡解生成具体方案，再通过仿真推演或实战检验，对方案进行调整和优化。

2. 为指挥控制的问题建模提供了可重用的数学模型

数学模型是现实问题的形式化和数学化的表达。只有把一个问题抽象成数学模型，才能使用数学的理论方法对问题的性质及其解进行分析研究，进而为计算机所处理。

运筹学已形成了各类丰富的数学模型，如线性规划、非线性规划、整数规划、组合规划等模型，最短路、最大流等图论模型，决策树、马尔可夫决策过程等决策模型，不完全信息条件下的静态及动态博弈模型等，广泛应用于搜索、资源分配、设施选址、路径规划、平台控制等各个方面。

指挥控制中的大量问题，从数学上可归结为优化、博弈、决策问题，因此运筹学可为指挥控制问题的建模提供大量可重用、理论严谨的数学模型。例如，作战方案的生成可建模为强约束条件满足问题，在设计的要素维度过高、要素节点过多、要素关系过于复杂的情况下，利用优化理论的可行性模型可解决方案集的判断和生成问题。方案的选择可归结为优化问题，需要以时间消耗、资源消耗、打击效能等为目标，在可行方案中进行优选。在目标体系分析与目标选择中，可利用图论来建模目标毁伤对敌方在整体拓扑结构和作战效能上的影响，还可采用博弈论模型，对敌方可能采取的隐藏、恢复、启用备份等对抗行为及其效果进行建模和分析，从而确定最佳的目标集合。

3. 为指挥控制问题求解提供各类高效算法

美军提出"算法战"概念，凸显算法在现代智能化战争中的重要性。各类算法广泛应用于指挥控制各环节，发挥了关键的赋能作用。运筹学为指挥控制问题的求解提供了各类高效算法，根据其求解模型的不同，可分为数学规划类算法、组合优化类算法、随机优化类算法、智能计算类算法等。

数学规划类算法主要使用数学推理计算的方法解决规划类模型。例如，单纯形法用来求解线性规划模型，牛顿法、最速下降法、内点法、非线性共轭梯度法等可以用来求解非线性规划问题。指挥控制中常见的任务分配问题，可以使用针对整数规划的分支定界算法求解。组合优化类算法是在有限个可行解中找出最优解的算法，通常用于解决图论的相关问题。例如，路径规划问题可以使用弗洛伊德（Floyd）算法或迪杰斯特拉（Dijkstra）算法进行求解。随机优化类算法是利用概率统计、随机过程来解决带有不确定因素的问题。例如，在方案评估中，可以使用蒙特卡罗（Monte-Carlo）算法，对方案的预期效果进行模拟计算。智能计算类算法使用数值计算的方法模拟人类或生物体智能，常见的智能计算类算法包括模拟退火算法、禁忌搜索算法、遗传算法、粒子群算法等。指挥控制中的很多决策问题属于 NP 难问题，可以使用各种智能计算算法来获得次优解或可行解。

随着以深度学习为代表的机器学习技术的突破，具备学习能力的算法成为运筹学算法研究的热点。例如，强化学习算法是一种学习算法，通过智能体与环境的不断交互，学习探索出最优策略，可用于 NP 难问题的高效求解。强化学习算法可以与深度学习算法结合，大幅提高算法的学习能力和求解质量。例如，典型的人工智能系统 AlphaGo、AlphaZero、AlphaDogfight 等就使用了深度强化学习，在棋类和空战模拟等任务上战胜了人类冠军。传统运筹学算法和学习算法的融合，借助于海量数据与庞大算力，将能够产生巨大的军事效益。

1.3 技术分类

如前所述，本书将指挥控制技术分为态势认知、决策规划、行动控制三大类。

1.3.1 态势认知

态势认知是指挥员对战场状态和形势的认识，包括对战场态势元素含义的理解，以及对它们未来的改变进行预测，是指挥员对态势进行理解的一个过程，目的是分析战场形势、支撑决策规划与行动控制。

1. 基本概念

1）战场态势

态势，指状态与形势，包括人或事表现出的形态、环境或事物的发展状况和情形等，各种事实、信息和认知等纷乱复杂的状态和现象构成了态势。

两千多年前,《孙子兵法》的形篇、势篇和虚实篇中就详细阐述了战场环境、部署、军事实力及运用对作战的影响,在谋攻篇中提出的"知己知彼,百战不殆",进一步凸显了掌握战场态势的重要性。《军语》将态势定义为:敌我双方部署和行为所形成的状态和形势。

战场态势主要包含两方面的内容。一方面是敌我态势(或称为作战态势),是作战各方部署和行动所形成的状态和形势,以及它们的变化发展趋势。另一方面是战场环境的状态和形势,以及它们的变化发展趋势。除此之外,作战任务及其约束条件、时间与空间关系、机会与风险因素也是战场态势的重要组成部分。

根据服务对象的任务层级不同,态势可以分为战略态势、战役态势、战术态势。

战略态势服务于战略筹划,辅助对全局性、高层次问题的决策,内容主要包含:

(1)世界综合形势,如国际军事同盟关系的组成、性质,国际热点动向,国际政治经济形势、舆论方向等;

(2)周边安全环境,如世界大国在我国周边进行战略部署调整的动向及影响,周边有关国家与我国在陆地领土、岛屿主权和海洋权益争端上的基本政策、战略指导、军事部署等;

(3)与主要对手的力量对比,包括军事力量对比、政治外交状况对比、经济和科技力量对比等;

(4)关乎战略形势发展的环境因素,如战略要地和重要海峡通道的地理、气象、水文情况等。

战役态势服务于战役筹划、行动控制的全过程,主要内容包含:

(1)敌我双方主要作战力量的配置与整体状态,如参战部队编制、部署区域、任务、人员装备等;

(2)敌我双方的后援力量状况,如支援部队、情报保障部队等的职责、状态、支援保障链路等;

(3)战争潜力目标的基础信息与状态,如机场、油料库、运输线等的位置、容量与防护情况等;

(4)敌方作战体系及其薄弱点;

(5)对敌方意图的估计,包括行动企图、预计行动路线等;

(6)我方战役布局和拟采取的行动计划;

(7)环境如气候、地形、温度等。

战术态势服务于执行战术任务的部队,主要内容包含:

(1)敌方、我方、友方作战单位的位置;

(2)敌方、我方、友方作战单位的状态与实时信息;

(3)敌方作战单位的行动估计与预测;

（4）我方与友方单位的实时行动计划；

（5）战术尺度的实时环境信息，如道路状态和通行条件等。

根据不同的作战域，态势还可以分为陆、海、空、天、网、电等分域态势，以及联合作战态势。

2）态势认知模型

如前所述，态势认知是指指挥员对战场状态和形势的认识，包括对战场态势元素含义的理解，以及对它们未来的改变进行预测，是指挥员对态势进行理解的一个过程，是人类心智模型的一种体现。心智模型是指人通过眼睛、耳朵等传感器，接受外界数据与信息后会在脑中形成一个思维的模型来描述外部世界，并对它的运行发展进行分析、判断和预测。

态势认知过程从信息融合的基础开始，通过对态势要素（敌我态势、战场环境等）进行识别、描述、解释、评价等一系列处理过程，由表及里、由此及彼地梳理、判断、预测态势，形成对态势的理解和认知。一般来讲，态势认知过程可划分为四个层次，分别对应数据（Data）、信息（Information）、知识（Knowledge）和理解（Understanding）。其中，数据揭示了战场上存在的情况，信息则表示了指挥员决策时真正需要的内容，知识是针对当前态势需求对信息过滤、提炼、加工、关联而得到的有用信息，理解是形成对态势的主观认识及具备演绎出解决方案并预测未来的能力。前两个层次告诉决策者战场上有什么，而后两个层次意味着决策者已经知道了什么。

JDL、SA 是与态势认知密切相关的两个过程模型，前者侧重数据融合与处理的角度，后者则侧重决策者的认知角度。

（1）JDL 模型。

JDL 模型由美国国防部实验室联合理事会（Joint Directors of Laboratories）提出，是一个通用的数据融合模型架构，描述了从子目标数据估计、目标估计、态势估计、影响估计到流程优化的数据融合过程，体现了如何从数据到知识，如图 1-5 所示[10]。

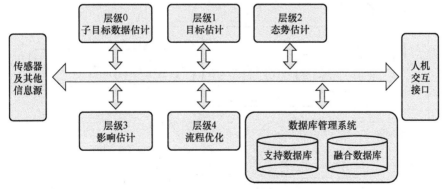

图 1-5　JDL 模型示意图

层次 0：子目标数据估计。使用细粒度级别（如像素或信号级）的数据关联和特征化的目标可观测状态，进行评估或预测。例如，从连续的时间序列中检测信号，或者从图像区域提取特征。提取的信号或特征，可认为是待检测目标的一个部分。

层次 1：目标估计。根据对观测或追踪到的状态的关联，来评估或预测目标实体的状态。

层次 2：态势估计。评估或预测目标实体间的结构、关联关系、与环境之间的关系等。

层次 3：影响估计。评估或预测目标行动对态势的影响，包括不同目标之间行为的相互作用及其影响。

层次 4：流程优化。根据评估或预测的结果反馈，自适应优化以上流程。

JDL 模型通过由低层级到高层级，由要素到影响的过程来进行态势的感知与理解，对中间层次划分清楚明晰，并通过流程优化对整个过程进行自适应调整优化。但感知过程层级过多，每一个层级传递到下一融合层级的信息量会逐步减少，且每一个层级的精准程度都会影响下一层级的感知准确度。

（2）SA 模型。

SA 模型是由美国学者 Endsley 提出的一种针对动态决策过程的态势感知理论模型[11]。Endsley 从人因学的角度对态势感知过程进行了分析，认为注意力和工作负载是限制相关人员从环境中获取和理解信息从而感知态势的关键因素，强调了系统设计特性、工作负载、压力、系统复杂性、自动化程度对相关人员态势感知的影响，并给出了态势感知错误的分类。SA 模型描述了动态决策中的态势感知，将其分为态势觉察、态势理解和态势预测三个阶段，如图 1-6 所示。

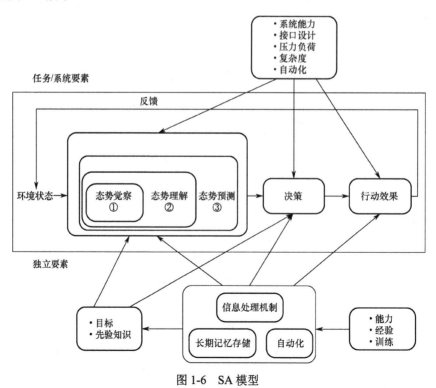

图 1-6 SA 模型

① 态势觉察是对战场环境中要素的感知。例如，一个飞行员需要感知战场敌我双方航空器的经纬度坐标、外观、速度等；一个指挥员需要感知在一个特定区域敌军和友军数量、军兵种类型、能力、机动能力等。

② 态势理解是对态势察觉中分散要素的合成。态势理解不仅是简单地了解这些要素，而且是通过敌方行动意图理解这些要素的重要性。在这个阶段中，决策者需要根据当前要素信息和战场环境的历史信息，构成一套完整的态势，从而理解敌方作战行动意图。

③ 态势预测是基于已得出的当前态势，对未来可能出现的态势进行预测。它主要基于对当前状态的知识、要素变化，以及态势的理解，从而针对临近未来进行预测。

SA 模型可用于分析影响人的态势感知能力的各类因素，从而指导系统设计、增强人的态势感知能力。

2. 主要技术

态势认知的前提是先形成态势的表征，再基于此进行分析判断。例如，JDL 模型所强调的对目标状态、目标之间以及目标与环境间相互关系的评估与预测，需要建立在对目标状态及其相互关系的合理表征基础之上。表征的本质就是建立模型，建模是把问题形式化，特别是数学化的过程。由于数学揭示和表征现实世界数量关系、空间形式及其之间的演化规律，只有把一个问题形式化，才有望对该问题的性质及其解有所了解，并为计算机所处理。因此，本书将态势认知技术分为态势建模技术、态势分析技术两大类。其中，态势建模技术解决如何形成战场态势表征的问题，包括从观测数据中发现、识别战场态势中的各类对象，还原对象间的结构和关系，形成关于态势的模型。态势分析技术解决如何在模型基础上形成对态势的理解与判断的问题，包括检测异常、评估威胁、识别意图等，支撑指挥员的判断与决策。

1）态势建模技术

态势建模是指基于各类战场观测数据，发现识别其中各类对象，还原对象状态及其结构和关系，从而形成关于敌、我、环境等态势要素的数字化表征。其核心问题如下。

（1）如何建立概念模型对战场态势进行统一表征？战场上包括陆、海、空、天、网等各类兵力与平台，相互之间通过复杂的信息交互形成作战体系，在多域战场环境中发生各类行为。建立概念模型对这些实体及关系进行概念抽象，是构建具体模型实现表征的前提。此外，指挥控制涉及各作战域力量的协调与同步，而公共战场态势图是协调与同步的基础。因此，需要一个统一的概念模型，以支持不同组织与个体对战场态势的一致理解与认识。

（2）如何综合各维度观测数据，识别战场各类实体及其关系？概念模型给出了对象类别、属性及其关系的抽象，但具体对象的状态千差万别，需要综合各维度观测数据，对其进行有效的识别，还原出所观测对象的状态及其关系。例如，识别战场上有哪些目标存在、分别是什么类型、具备什么属性和特征，识别各实体在作战体系中承担的角色、发挥的作用，推断出不可直接观测的深层及潜在的关系等。

（3）如何生成并展现战场态势？在识别的基础上，需要将战场态势各要素合理地展现出来，生成公共战场态势图（COP），服务于各级指挥员的分析与决策。公共战场态势图是面向特定作战任务的一组分层融合的态势图。"公共"不是指所有态势图完全相同，而是指它们由相同的数据和模型生成，但面向不同的作战视角、作战任务、指挥层级提供不同的态势展现方式，使各级指挥员既能各取所需，减少指挥员的认知负担，又能保证对战场态势的一致理解。

态势建模的难点是在不完全观测条件下，形成关于态势各要素的准确模型。其主要挑战如下。

（1）态势要素及其关系的复杂性。态势要素包括敌情、我情、战场环境等方面，实体类型多、关联关系复杂，多样化的行动涉及陆、海、空、天、网等多域战场，具有人机混合、虚实联动、跨域耦合的特点，增加了建模的视角、要素、层次与规模，给描述和表征带来了挑战。

（2）观测的不完全性与有限性。对战场的观测在非合作条件下进行，观测手段及其运用受到环境影响与敌方对抗等限制，且敌方存在隐藏、伪装和欺骗等行为，因此很难实现完全、准确的观测。对抗强度越高，观测的不完全性与有限性越突出，可获取的数据越有限，还可能存在大量噪声和干扰，这给准确识别实体状态及其关联关系带来了挑战。

（3）知识的不完备与验证困难。不同于一般通用领域的知识，军事领域的知识具有低资源性的特点，训练数据集少、数据缺乏标注、数据结构化程度不高，使得对数据进行分析挖掘比较困难。特别是针对新域新质作战，目标的能力行为、环境影响等因素还难以建模，实战数据样本稀缺，使得人们难以准确地对建模所需的知识，以及分析挖掘获取的知识进行评估和检验。

态势建模的重点是目标态势和战场环境态势。其中，目标态势建模技术包括目标的实体关系建模、能力建模、行为建模、威胁建模等技术，用于建立目标及目标体系模型。战场环境建模技术包括地理环境建模、电磁环境建模、网络环境建模等技术，主要从作战影响的角度建立各类环境模型。本书第2章重点对态势建模技术进行介绍。

2）态势分析技术

态势分析是指在一定的时间和空间范围内，基于态势建模的结果，对态势进行分析处理的过程，包括对战场态势元素的理解，以及对它们未来行为、威胁、意图的预测，是利用技术手段辅助指挥员做出决策和判断的一个重要过程。态势分析的重点在于快速觉察、理解以及预测战场态势，是指挥控制中的重要活动。其核心问题如下。

（1）如何理解各类战场目标的行为，从而发现异常、预测变化？目标行为的分析需要对不同数据源的目标数据进行融合，形成目标行为的基线，从而发现异常并提前预警，为后续威胁估计和意图分析提供基础。一般而言，异常行为通常意味着更高的威胁，从而值得重点关注。

（2）如何准确识别、判断各类威胁？威胁估计是根据当前战场态势评估敌方力量的作战能力和威胁性，是对敌杀伤能力及对我方威胁程度的评估，主要包括计算某个要素或若干个相关联的要素所产生的威胁程度的大小；对各威胁要素的威胁度进行权衡，按照威胁源对我方目标可能产生的破坏或威胁程度进行分类，确定其所属的威胁级别等。

（3）如何准确理解、推断敌方的意图？意图是指敌方为完成一定的作战任务的基本设想和打算。意图识别指在行为分析、威胁估计的基础上，对敌方意图进行推测，并判断其可能采取的后续动作。

态势分析的主要难点如下。

（1）对海量、多维战场观测信息的分析与利用。复杂的战场环境存在大量异构来源的目标观测数据，这些数据规模大、标注成本高、要素复杂，甚至互相矛盾、带噪声，或者被注入针对性的对抗样本，因此信息的提取、去重、去伪、消歧困难，关联、挖掘、印证也需要设计特殊的算法。

（2）对方对于真实意图的刻意隐藏与欺骗。在作战中，敌我双方都千方百计地想通过各种各样的办法来伪装、隐蔽自己的行动，或者制造种种假象麻痹对方，以达到隐真示假、欺骗对方的目的，导致我方指挥员在面临海量的、迟滞的、模糊的甚至带有欺骗性质的战场数据时，难以准确地分析战场态势要素间的关系，把握关键态势，从而难以对敌方的作战构想、作战计划以及作战目标进行判断和解释。

态势分析的主要技术包括行为分析技术、威胁估计技术，意图推断技术等，大数据与 AI 技术的突飞猛进为态势分析提供了新的方法与思路，自动化、智能化的态势认知技术成为发展趋势。本书第 3 章重点对态势分析技术进行介绍。

1.3.2 决策规划

决策规划是指在态势认知的基础上，确定意图、生成行动方案和计划，并对其效果、效率、代价、风险等进行评估的过程。其目的是把有限的资源在正确的时间部署到正确的地点去执行正确的任务，并在这一过程中实现预设目标的优化。

1. 基本概念

1）作战决策

作战决策是指挥员对作战问题做出的各种决定，是作战指挥的核心，是指挥员的中心任务和基本职责。战争从某种意义上，就是在一定的物质基础上，双方指挥员在决策过程中互争胜负的斗争。因此，作战决策的正确与否，对战争胜负有决定性的作用。只有充分提高决策的科学性和艺术性，才能夺取战争的胜利。

作战决策是一个贯穿在指挥各个环节之中的过程，内容一般包括作战目标（企图）、主要作战方向、战役布势、作战任务区分、协同方法、战役保障等。这些内容是在决策的各个阶段中，由指挥员反复研究逐步形成的。从决策活动的层次与分工看，作战决策过程可以分为筹划、计划两个阶段。筹划侧重酝酿、策划，生成决策的总体构想；计划侧重决策的具体化、是决策到行动的重要桥梁。从筹划到计划体现了自上而下的过程，从构想到行动，自上而下、逐层分解。例如，美军在《联合作战计划制定流程（JOPP）》中认为：一项战争计划的制定通常包括两个相对独立而又紧密联系的过程，一个是作战概念化过程，是在认知、理解作战任务和战场环境的基础上筹划作战构想的过程；另一个是行动细节化过程，是将作战筹划形成的概念化成果，通过作战计划制定流程和工具转化为可实施的作战方案和行动计划过程。

筹划是从战争全局上进行的运筹谋划。"运筹于握之中，决胜于千里之外"，说的就是对军事谋略进行通盘考虑和全面策划，可以决定千里之外的胜负。作战筹划是一种创造性思维活动的过程，主要运用批判性、创新性思维，对战略意图和敌我情况及战场环境加以深刻理解，对战役和战术行动做出总体构想，进而制定符合实际的行动策略和方法以破解作战问题。筹划通常由指挥员通过对话和与参谋团队协作，以及上下级之间的交互沟通，形成对战场情况的判断和对作战的总体构想，包括打不打、打谁、在哪里打、什么时间打、怎样打等，从而明确行动的意图（目的）、资源投入、约束、底线等要素。

计划是实现决策的桥梁，是将作战决策进一步具体化，通盘考虑各参战力量的活动做出的具体安排，是对系统各部分之间关系的组织与协调。计划是指挥机构在战役准备中最重要的工作，也是其遂行指挥的一种重要手段。拿破仑曾经指出："只有拟定出深思熟虑的计划，才有可能在战争中成功。"计划通常由参谋人员和专业技术人员合作，按照联合作战计划制定流程，完成方案计划的制定和行动指令的生成。根据战略层所确定的意图、资源、约束等条件，明确具体目标、阶段划分、力量编成，生成、分析、优选行动序列，并细化生成可实施的行动计划，包括行动路线、任务时序、协同方式等。

为确保决策质量和效率，作战决策通常还有规范的流程作为依据，大体可分为以下几个步骤：发现问题、确定目标、制定方案、分析评估、方案选优、推演评估。例如，美军联合出版物 JP5-0《联合任务规划》（*Joint Planning*）将联合作战计划生成的流程分为：任务分析、行动序列（Course of Action，COA）生成、COA 分析与推演、COA 比较、COA批准、计划与指令生成等阶段。

2）任务规划

由于战争形态的变化，以及高新技术特别是信息化、智能化技术在军事领域的广泛应用，作战体系更加复杂、战争节奏更快、对抗也更加全面激烈。在此条件下，如何快速、高效地生成与战场环境和作战任务相适应的作战计划，并根据变化进行及时调整和优化，日益成为指挥决策中的重难点问题。单靠参谋团队的手工计划作业，已经很难适应现代战争中指挥决策的要求，亟须使用技术手段进行辅助。例如，大规模空中突击行动，涉及多个机场的多种机型的调度、不同类型的弹药使用、多个子任务的安排与分配、多个目标的打击序列等，需要对整个战场的空间、时间、资源、任务和协同等进行全面规划，以实现效果和资源的优化。此外，还必须考虑环境及对抗带来的影响，如机场遭到打击、油库被炸、跑道被破坏、计划执行过程中的各种偏差等，需要根据变化进行快速调整。

在这一背景下，任务规划（Mission Planning）的术语被提出，突出"筹划、计划"中的技术特性，强调过程的工程化、精确化和信息化，是作战决策的一种技术化体现。美军在二战期间，就已经使用相应的技术工具来辅助进行任务规划了。到了现代，由计算机来辅助计划生成已经非常普遍，如美军所使用的联合任务规划系统（Joint Mission Planning System，JMPS）就是典型案例。事实上，"计划"和"规划"在英文中并无区别，均为 Planning。在以往的翻译中，作战方案和方案筹划相关的系统，一般翻译为"计划"。最初被翻译为"规划"的，是针对飞机、导弹等战术平台的航迹规划、攻击规划等战术级系统。因为"规划"所体现的技术特性符合战争与技术的发展趋势，这一术语逐渐被用于更高的层级和更多的场合。

一般认为，任务规划是适应信息化战争的特点，用智能化和工程化的方法设计战争，将作战行动明确化、具体化、精确化，以便快速生成作战方案、行动计划及任务指令，从而提高指挥员及其指挥机关的指挥效能。任务规划的核心是，基于技术手段，对各类作战资源的科学配置和优化，以及对作战行动过程的科学调度和安排。

按照工作时机，任务规划可分为预先规划、临战规划和战中规划等三种。预先规划（美军称之为周密计划）是平时基于对战略形势的分析判断，为有效应对战争威胁或突发事件，利用任务规划系统预先进行方案的制定，因而作战任务规划时间比较充裕。临战规划（美军称之为危机行动计划）是预见到危机即将来临或者出现战争时，使用任务规划系统对平时制定的方案进行条件匹配和临机修订，快速生成战时可执行的作战方案、行动计划和任务指令。战中规划（美军称之为当前计划）是在作战实施过程中，基于对战场实时态势以及情况判断，使用任务规划系统对当前行动、后续行动和情况处置进行的滚动作业，往往与态势分析、临机决策和行动控制交织在一起，实施一体化作业。

3）目标选择

在军事决策中，一项重要工作是根据作战意图和战场态势，对目标进行选择。目标的选择与战略、战役、战术目的之间存在着内在逻辑联系，打击目标的选择最终都会与作战决心、意图相关联。因此，目标的判定、评估、选择、打击是支撑联合作战的基础，对于作战决心的下达、计划的拟制，都有着深刻的影响[12]。

目标是指可以通过对其进行打击、摧毁从而改变、破坏对手作战行动、作战意图的对象，通常包括固定建筑和地域、作战人员群体、网络空间节点、武器平台、指挥枢纽等。正确地选择目标，可以达到快速瓦解对手，以最小的代价实现意图。

例如，在 1991 年的海湾战争中，美军把伊拉克军事目标情报输入相关的目标体系分析系统，对目标逐个分析、筛选、排序，对准备突击伊拉克的 5 类 12 余种 600 多个目标在计算机系统的辅助下进行了分析，并最后确定主要打击的 50 个重要目标，实现了快速瘫痪伊拉克作战能力的目的。2015 年，联军在叙利亚及伊拉克境内对"伊斯兰国"（IS）的空袭中，除了消灭 IS 的作战力量，另一个重要的作战意图是削弱 IS 通过石油获利的能力。IS 的石油获利链条包括油田、运输系统、炼油厂、石油黑市等。为了打击 IS 通过石油获利的能力，同时避免环境和人道灾难，联军重点空袭了 IS 获取和运输石油的设备、油田集中控制设备等目标，以实现瘫痪油田生产、运输和黑市交易。通过合理选择打击目标，联军在 2015 年 12 月将 IS 的石油产量削减了 30%。在俄乌冲突中，除各类军事目标外，（核）电站、油气管道、水坝、桥梁、企业、科研基地等民用基础设施也成为攻防的重点，以实现战争的整体目的。

在大国博弈中，"斗而不破"是重要的战略意图，对方最重要、最核心的资产未必就是需要直接打击和摧毁的目标。通过巧妙选择目标，配合以新域新质作战能力，可以以低成本、低烈度的方式有效实现意图。例如，伊朗核设施中的离心机控制系统被"震网"计算机病毒精准攻击，系统运行参数被篡改导致离心机超速运转从而损坏，导致伊朗核能力被有效破坏。

为了科学合理地选择目标，需要按照作战需求、能力以及以往评估结果，对目标进行系统、全面的分析，从而判断打击顺序、选择打击方法。这就是联合目标工作的核心。联合目标工作是联合作战指挥中的必要组成部分，涉及多个作战领域，贯穿于战斗的全过程，其首要目的在于统合各军种、各作战域的武器系统、作战单元的能力，从而实现火力与指挥控制、情报侦察、机动运输、后勤补给等联合职能的同步。

随着多域作战概念的完善，联合目标工作也必然更加重要，与任务规划的联系更为紧密。传统上，目标工作通常存在于以军种为中心的思维框架中。例如，陆军以对手陆上作战单元为目标，海军以海上领域为目标，空军以空天领域为目标等，但现代联合作战对多域、全域联合的要求越来越高，各军种的作战对象、力量的活动范围，已经不局限于传统的作战域。例如，陆军需要不仅局限于与陆地目标的交战，还要考虑防空与空地协同，海军需要对陆地、空中甚至太空目标的打击或拦截，所有的传统军种都需要考虑网电、认知等新型作战域。目标工作联结了各级指挥层的作战、情报、计划等职能，将现有能力同步于联合作战行动中，通过参谋部门对目标反复进行"分析、识别、确定、验证、评估"流程，使联合作战行动得以有效遂行，如图 1-7 所示。

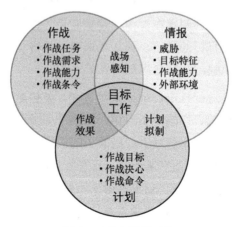

图 1-7　联合目标工作

为了在激烈的对抗中获得优势，当前在决策规划中一个重要的发展趋势是针对时敏目标，构建秒级杀伤链，实现"发现即摧毁"。例如，基于目标的杀伤链模型 F2T2EA 主要包括六个阶段，即发现（Find）、定位（Fix）、跟踪（Track）、瞄准（Target）、交战（Engage）和评估（Access），整个过程围绕目标展开，一旦发现目标立刻进行识别、定位、跟踪和打击。在这一视角下，目标的实时发现、识别与选择，对于任务规划更加重要，对于技术的要求更高。

2．主要技术

决策规划技术有一条清晰的主线，即面向作战方案的生成，包括任务分配、方案生成、推演评估等阶段。其中，任务往往围绕目标展开，目标选择的结果为任务分配与方案生成提供输入。因此，本书将决策规划技术分为目标选择技术、任务规划技术两大类。其中，目标选择技术基于作战意图与战场态势，为目标优选提供技术支撑。任务规划技术则围绕方案生成的主线，在目标选择的基础上，为其中各主要阶段提供技术支撑。

1）目标选择技术

目标选择是指在获取目标情报信息基础上，依据作战需求和作战能力对战场目标进行分析，从中挑选出最佳打击目标的过程。目标选择的重点在于以最小的风险、最短的时间和最低的资源消耗创造预期的、与作战意图相关的效果。其核心问题如下。

（1）如何准确判断目标价值？判断目标价值是一项复杂的工作，其影响因素有诸多方面，如目标的重要性、威胁度、易损性、可修复性、打击紧迫性等，既有定性因素又有定量因素，影响的方式、程度也具有较大差异性。价值判断也有多个维度，如对实现我方作战意图的贡献度、对削弱对方作战体系能力的影响等。因此，判断目标价值不是简单地根据目标属性进行加权计算，而是需要考虑目标间的相互关系、目标在目标体系中的重要程度，并根据作战意图选取合适的维度进行综合判断。

（2）如何准确分析目标毁伤对目标体系造成的影响（级联失效分析）？目标体系内各要素关联性、依赖性增强，部分关键要素和结构在体系中具有不可替代的作用，能够牵一发而动全身，这些目标的失效会大大削弱体系能力，甚至导致整个目标体系的瘫痪。例如，在电力网络中，一个节点的失效会引起电力负载分配的变化，继而形成连锁反应，可能造成整个电网的瘫痪。典型的级联失效效应包括重心效应、链条效应、瓶颈效应、连累效应、层次效应等，需要建立相应的模型，从体系的角度分析评估目标毁伤对目标体系造成的整体影响。

（3）如何结合作战意图、各类约束来科学选择目标？目标优化选择的目的在于综合考虑打击成本、限制避免打击目标等约束条件下，优化生成打击目标清单，为行动方案生成提供支撑。目标选择除了从对方（目标体系）角度考虑外，还需要从己方的角度考虑，考察目标选择的有效性、可行性和代价。有效性是指通过毁伤所选择的目标，可以有效地实现作战意图。可行性是指目标选择要考虑资源、时间、交战规则等约束。此外，目标打击需要消耗资源、时间，并可能遭到敌方的对抗或反制，因此还需要考虑资源、时间等方面的代价，与效果进行综合权衡。

目标选择的难度在于两个方面的复杂性。

（1）目标体系状态空间的复杂性。复杂性一方面来源于目标间的复杂关联关系，以及由于失效、恢复等行为引起的结构、能力的状态变化等，另一方面来源于敌方的对抗行为。目标的失效或状态变化，通过目标之间的关联关系影响体系状态和能力。目标体系结构复杂度越高，体系要素间的状态影响关系越难以被建模。目标在遭受打击前后，对方采取的对抗性行为，如隐蔽、备份、接替、修复等，会改变目标体系的结构和运行机制、影响信息获取和情况判断，从而增加目标选择的决策难度。

（2）目标选择方案空间的复杂性。目标选择方案空间的复杂性来源于目标选择组合的多样性、目标毁伤效果等因素。由于在打击时能够选择不同的目标组合，可能的组合数量随着目标单元数量的增加而急剧增加。例如，目标体系包含 N 个目标单元，则所能选择的打击目标组合方案有 2^N 个，当目标单元数量成百上千时，难以通过列举全部组合的方法求解。目标的不同毁伤效果及其组合，也增加了目标选择方案空间的复杂性。在多阶段的目标打击过程中，不同阶段的目标选择组合也大大增加了选择空间的复杂性。

目标选择的主要技术包括目标价值评估技术、目标体系级联失效分析技术，目标优选技术等。其中，目标价值评估技术主要从目标的个体价值和网络价值两个角度进行分析计算，解决目标价值的评估问题。目标体系级联失效分析技术主要分析目标体系受打击后的级联失效过程及其对体系能力的影响。目标优选技术主要基于最优化模型，综合考虑收益、代价与可行性，对目标进行优化选择。本书第 4 章对目标选择技术进行介绍。

2）任务规划技术

任务规划需要根据意图生成具体可实施的行动计划，其本质是把有限的资源在正确的时间部署到正确的地点去执行正确的任务，并在这一过程中实现效果与资源的优化。它是一个涉及行动过程、资源调度、时空协同等要素的决策过程。其核心问题如下。

（1）如何合理分解并分配各类作战任务？作战意图的实现往往需要包含多个相互关联的具体作战任务，为了完成既定作战目标，需要通过综合考虑战场态势、资源，以及作战目标，合理规划作战过程，生成 COA，并将其中的作战任务分配给不同的作战平台和单元来执行，包括哪些任务应该由哪些作战平台和单元完成，平台之间应该如何协同配合等。COA 生成、任务分配的优化要素包括作战任务和平台资源两大类，同时需要满足能力、时空等约束。

（2）如何生成具体的行动方案？在 COA 生成与任务分配的基础上，需要进一步对任务、资源、时序、行动等进行细化，生成可行的具体方案。例如，在作战资源部署中，导弹部队需要选择发射阵地，战斗机需要选择合适的前线机场等。在路径规划中，需要规划部队行军路线、无人机的战场侦察路径等。在作战平台资源调度中，需要根据不同任务的时序关系、资源需求，对作战任务及所需资源进行规划，生成行动计划等。

（3）如何科学评估作战方案的效果与优劣？对于生成的方案，需要充分考虑各种不确定性、对抗性，在不同场景下进行综合评估，以验证方案的可行性，评估其在各种情况下的效果、风险和代价，并基于评估结果对方案进行选择和优化。

任务规划问题的难点主要体现在以下三个方面。

（1）问题建模的复杂性。由于作战过程涉及因素多，其中不少要素难以定量化描述，难以用数学语言进行精细刻画和准确描述。然而，数学建模是问题求解的基础和前提，因此，如何对问题进行合理简化与抽象，量化描述各类要素，精准表达出目标函数与约束条件，是任务规划的难点之一。此外，问题规模的复杂性、高精度的建模要求，以及强实时性等，都对任务规划问题的建模带来挑战。

（2）规划前提与效果的不确定性。任务规划必须考虑各类不确定性与对抗性的影响。作为任务规划的前提和输入，战场环境要素、敌方决心与行动、平台作战能力等，都存在诸多不确定性。此外，作战行动的实际效果最终需要在实战中去检验，在缺乏实战检验的条件下，作战行动的效果同样也存在不确定性。这些不确定性都增加了任务规划的难度。

（3）规划所需信息的不完全性与动态性。由于战争迷雾的存在，很难获取完全准确的战场环境和目标情报信息，这对任务规划的适应性和稳健性提出了要求。高动态性对任务规划的求解效率也提出了很高的要求。在高实时、高强度的对抗中，分钟级甚至秒级的时延就可能导致任务的失败。

任务规划的主要技术包括任务分配技术、资源规划调度技术、部署方案规划技术、行动路线规划技术等。任务规划技术中应用最为普遍的是运筹优化、数据挖掘、机器学习相关理论和方法。一些值得注意的新技术包括具备高效探索未知能力、基于深度强化学习的智能博弈技术，可快速适应变化的实时在线规划技术等。本书第 5 章对任务规划技术进行重点介绍。

1.3.3　行动控制

行动控制是指挥员及其指挥机关对编成内部队及其他参战力量进行组织、协调、掌握、制约的活动，保障作战行动同步有序，保证行动目标、行动计划的完成，确保行动意图得以贯彻和实现。

1. 基本概念

1）手段与方式

不论指挥员在定下决心、编制计划时设想得如何全面周密，一旦打起仗来，所属各部的相互支援、配合关系的空间序和时间序都有可能发生紊乱，偏离原定目标和计划。这种紊乱和偏离现象往往持续地出现于作战过程的始终。指挥员欲实现既定决心，必须不断对所属各部的紊乱现象进行调节和纠正。这是指挥控制中指挥员和指挥对象相互作用的基本方式，是指挥控制活动保持持续不间断控制的内在需求。

控制就是掌握、操控，在事务可能性空间中进行选择的过程。行动控制是指挥员把作战决策付诸实践的过程。能否实现决策，关键在于实现优化的行动控制。从这个意义上看，行动控制是实现决策目标的过程。如果控制协调不力，正确的决心、周密的计划就得不到实际贯彻执行，会落空和难以实现，只是美好的愿望或一纸空文，毫无价值。

行动控制的手段，主要可分为作战目标、时机、作战进程、协同关系四类。

（1）作战目标的控制。作战目标体现着作战行动所要达到的预定目的和企图，部队作战行动的基本走向和预期最终状态必须与之基本吻合。指挥员通过确定或调整作战目标，实现对部队行动的整体性、全局性控制。

（2）时机的控制。时机与战机相辅相成，是交战双方主观指导与客观条件、精神力量与物质力量、位置和态势以及自然环境诸因素综合作用的结果。对时机的控制，是对战争时间、空间因素的充分把握与合理利用，在最适合的时间促使部队进入或者退出战场、开展指定的行动。指挥员需要在正确理解和领会上级作战企图，正确认识和掌握战场客观条件的基础上，选择有利战机调控部队。

（3）作战进程的控制。对作战进程的控制，需要控制行动的节奏和速度，驱动作战要素和单元按计划完成特定作战任务。对进程的控制主要基于作战计划，监控战场环境及其他偶然因素造成的计划执行偏差，并确定纠正作战行动偏差量的标准。只有当偏差量超过标准时，才进行调整。这有利于发挥部队灵活机动的优势，保持作战行动的整体连续和稳定。

（4）协同关系的控制。军事行动的成败，很大程度上取决于各参战力量行动配合的质量。指挥员及其指挥机关需要及时调整、控制各参战部队间的协同关系。协同失调或遭破坏时，应当立即查明原因，并及时调整各部队的作战任务和支援关系，迅速恢复或重新建立协同。

行动控制的方式，除了基于政策和规则的方式，还有两类基本的控制方式：基于计划的反馈式控制和基于任务的自主式控制。其中，基于计划的反馈式控制，通过将系统状态与计划进行比较，识别偏差并进行及时调整。基于任务的自主式控制，则强调下级在准确理解上级意图条件下，根据当前情况和可用资源自我纠偏、自行同步。前者是集中式的控制，关注实现目标过程中的每一具体步骤和环节，后者则是分散式的控制，注重最终的结果状态。

① 基于计划的反馈式控制。

基于计划的反馈式控制（见图 1-8），以行动计划作为控制的依据和标准，是实践运用中最主要的一种方法，符合经典控制论的基本思想。这种方式强调对指挥对象行为过程的控制和掌握，通过对比行动结果与计划中的预期状态或任务目标找出偏差，并针对性地下达调控指令，对控制对象行动偏差进行纠正或调整。

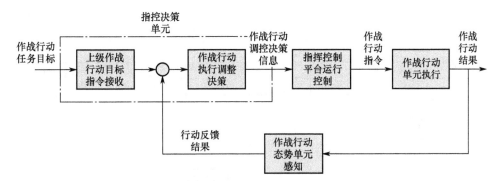

图 1-8　基于计划的反馈式控制示意图

其一般程序：一是规定作战行动的标准，指挥员和指挥机关下达的作战任务、行动方法和行动标准，这是部队行动的依据，又是控制行动的标准；二是检查部队的行动效果，指挥员运用各种手段，掌握系统运行状态，衡量部队的作战行动效果；三是反馈比较，指挥员通过将行动效果与行动标准进行比较，找出偏差问题及其原因；四是采取纠正偏差的措施，寻找解决问题的方案，使作战系统沿着目标轨道运行。

② 基于任务的自主式控制。

传统的行动控制方式强调基于计划的控制，各作战行动都必须按照既定计划进行，并依靠指挥中心进行集中式的调控，在强对抗条件下，战场信息的反馈和处理效率低，敏捷性差。与之相比，基于任务的自主式控制，则强调下级指挥员在准确理解上级意图条件下，根据当前情况和可用资源，自我纠偏、自行同步，是充分发挥一线自主性应对非预料情况的一种控制方式。在这种控制方式下，上级指挥员及指挥机关的主要作用：一是明确任务/目标，二是为下级提供所需的资源，支持和保障下属部队的有效行动。例如，辽沈战役歼灭廖耀湘兵团时，各部队遵照"哪里有枪声就往哪里打、哪里有敌人就往哪里追"的命令，成功歼灭廖耀湘的指挥部，使敌人陷入混乱，而自身则迅速达到新的协调一致，迅速夺取了胜利。基于任务的自主式控制示意图如图 1-9 所示，下级指控决策单元根据接受的作战目标/任务、作战资源以及感知的当前态势情况，生成实际行动计划，同时根据实时行动反馈结果进行作战行动执行的同步/纠偏、更新行动信息，并由指挥控制平台发出作战行动指令给作战行动单元具体执行。

随着信息化技术的发展与广泛使用，各指挥机构和友邻部队之间能更方便地进行信息交互，实现对战场态势的一致理解，为自主式控制的运用提供了基础。例如，以 5G、星链为代表的新型网络通信技术，使得战场末端的高带宽、低时延的广域接入成为可能。边缘计算、嵌入式人工智能等技术的发展，使得战术末端具备了更强的感知与判断能力，为机器的自主控制提供了条件。在新技术的支撑下，地理上分散的各作战力量可以形成网络化的组织结构，按需共享战场态势，实现作战行动的自适应、自同步，大大加快了 OODA 闭环速度。

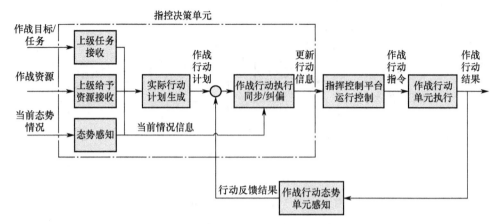

图 1-9 基于任务的自主式控制示意图

2）控制与协调

在行动控制中，"控制"与"协调"经常被一起使用。其中，"控制"主要针对作战目标的达成，强调对指挥对象采取纠正措施、使其符合期望。"协调"则关注内部视角，强调对所属各兵力、作战平台在时间、空间、任务等方面的相互关系进行调整，确保有序、协调一致地行动，发挥好整体作战效益，形成合力。控制与协调必须连续不断地贯穿于作战全过程，这样才能达成联合行动控制的目的。

与"协调"关系密切的另一个词是"协同"。在行动控制中，两者的共同点在于强调多方配合，合力完成任务。不同之处在于，"协调"突出手段，即通过调整多方之间的关系使其实现同步，这往往是上级指挥员或指挥机构的职能；"协同"则突出效果，即形成团队合力，既可以通过上级的协调实现，也可以自主实现。因此，不依赖于集中控制的自主协同与基于任务的自主式控制方式密切相关。随着联合作战的层次从军兵种联合向全域要素融合发展，如何利用新技术有效实现一线自主协同，加速 OODA 闭环、增强指挥控制的敏捷性，成为当前指挥控制技术领域的重点问题。

3）战场管理

战场，通常被理解为敌我双方之间发生接触的区域。传统的战场管理是指对战场及战场上部队的各项管理，包括交通、工事、阵地等，目的是对各类战场设施进行高效、安全的使用，支撑部队的作战行动。以上理解，偏向于物理战场，特别是陆战场的视角，而且暗示着战斗仅在双方有物理接触的相对有限区域中展开，尽管参加战斗的部队可能分布在广大的地理区域内。

随着技术的发展与作战样式的变化，战场的形态发生了显著变化。

（1）维度增加。太空、网络等新型作战力量快速发展，对战争的影响越来越显著，为战场带来了全新的维度。传统地理环境视角的战场，已从平面拓展到立体，从有形拓展到无形。

（2）范围扩大。武器系统在打击速率、精度、距离等方面已经远远超出区域性地理空间的限制，不再局限在双方有物理接触的有限区域。从海洋表面到大洋深处，从陆上高地到大气空间与外层空间，从小范围影响作战行动的地貌特征到影响远程精确火力作用的"地球曲面"等，整个地球均可成为战场。

（3）整体性增加。联合作战需要多域战要素紧密融合，各军种的装备和兵力结构也不再局限于所在的单一作战域。

传统上相对分离的陆、海、空等战场，需要从一体化联合的角度更加紧密地关联起来，形成整体。

因此，在现代军事理论和原则中，对战场的理解已从地理环境视角向更多维度、更大范围的视角转变，并打破某一军种主导某一作战域的传统思维框架，将各作战域放在一个整体的作战环境中加以认识。

例如，美军在《美国国防部军事及相关术语词典》中用"战斗空间"（battlespace）代替"战场"（battlefield），将其定义为：为确保能够顺利运用战斗能力、保护部队或者完成任务而必须了解的环境、因素和条件，包括作战区域及其相关区域内的空中、陆地、海上、太空以及敌方和友方部队、设施、天气、地形、电磁频谱和信息环境。在 2006 年 9 月联合出版物 JP 3-0《联合作战》的修改说明中，再次用"作战环境"（Operational Environment，OE）代替"战斗空间"，并将其定义为：由影响联合能力使用和指挥员决策的各种可变因素、情况、影响等组成的，包括空域、陆域、海域、太空域等物理域，信息环境（含网络空间），电磁频谱，以及其他与具体的联合作战有关的，包括敌对的、友好的、中立的政治、军事、经济、社会、信息、基础设施等各种系统。这些系统的性质及相互作用，将影响指挥员如何计划、组织、实施联合作战，如图 1-10 所示。

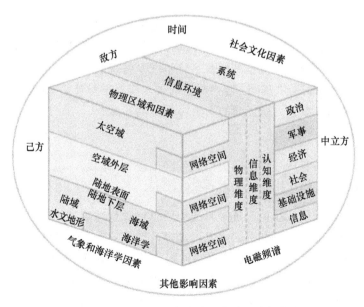

图 1-10　美军联合出版物中对作战环境的表述

从"战场"到"战斗空间"再到"作战环境"，体现了美军对战场的认识，从以地理环境为主，向多维度、全要素转变。

与之对应，战场管理的内涵、手段等也随之发生了显著变化。管理的范围，由管理自己向管理对手、管理环境拓展，既包括己方控制的区域，也包括公域，甚至包括敌方地域。管理的对象，由阵地、工事等物理设施向信息资源以及网络、电磁等新型作战域拓展。管理的目的，从对战场设施的高效、安全使用，向动态组织各类作战资源、支撑打击链构建拓展，成为行动控制的重要前提。管理的手段，从数据处理向数字化战场发展，通过运用数字孪生、人工智能、虚拟现实等技术，面向信息时代重塑业务流程，提高对战场要素和作战环境的管理效率，支撑跨域协同。战场管理系统逐渐成为指挥控制系统的重要组成部分。

例如，美空军 20 世纪 90 年代初提出的战场管理（Battle Management，也译为作战管理或战斗管理），目的是对空战的计划、执行和监控所需的各类资源进行有效管理，让各类作战平台和武器系统实现实时的互联互通互操作，实现"发现即摧毁"。从 1995 年年底开始研发战区战场管理系统（TBMS），将 E-3 预警机作为核心节点，并新增对无人机、E-8 和 RC-135 飞机等侦察监视平台、电子战平台、火力平台等的管理和调度，提供远程精确目标指示信息，火控解算、接力制导等交战控制功能，重点解决武器系统"打得远，但看不远"的问题，缩短打击链时间。美空军正在发展新型的先进作战管理系统（ABMS），并将其作为联合全域指挥控制（JADC2）的核心。其中，打击链形成与运用的本质是战场动态管理能力，其关键是高效的信息获取、处理与利用，以及对物理域、信息域等作战环境的管控与利用。

2. 主要技术

行动控制的本质是对分布在各作战域的作战力量进行调控，使之符合预期并形成合力，前提则是有效的战场管理。因此，本书将行动控制技术分为战场管理技术、监控与协同技术两类。其中，战场管理技术侧重利用数字化手段，管理战场信息资源和各作战域，构建数字化战场，为行动控制提供基础。监控与协同技术侧重于对计划执行过程的监控与调整，使之符合预期，并为各参战力量之间的高效协同提供支撑。

1）战场管理技术

战场管理需要有效管理战场的各类信息资源以及各作战域，以实现各类作战资源的有序组织，支撑打击链的快速构建。其核心问题如下。

（1）如何管理、利用战场信息资源？战场信息资源管理的目的在于解决作战过程中信息在不同部队、平台间共享与利用的问题，以提升作战效率。管理的对象主要包括战场信息资源与战场信息活动，其中，战场信息活动则主要指围绕侦、控、打、评，在信息获取、信息传输、信息利用、信息反馈、信息对抗等过程中采取的一系列行动。其主要问题包括如何构建战场信息资源体系对战场信息资源进行有效分类组织，如何对来源多样、结构不同的战场信息资源进行治理、存储、管理、共享与利用等。

（2）如何管理作战域以协调多域联合行动、充分发挥作战资源效能？新型作战力量不断涌现，新域战场不断拓展，作战环境已没有明显的单一关键作战域。传统以军种为核心的作战域边界逐渐消失，各军种作战力量在不同作战域中的交叠也更加密集，跨域协同的复杂性和动态性日益显著。因此，对作战域进行有效管理，实现对作战域的高效利用，是多域、全域联合作战中行动控制的关键。作战域管理既包括陆、海、空传统作战域，也包括延伸至太空、网络、电磁等的新域，管理的核心问题是在时间、空间、资源等维度实现对各作战域的合理分配与利用。

（3）如何基于数字化手段提高战场管理的效率？传统基于二维、三维地图"看图用图"的管理手段，侧重战场态势要素的可视化展现，在数据规模与粒度、更新实时性、预测分析、人机交互与动态控制等方面都存在不足，需要从"数字地图"升级为"数字战场"，充分利用数字化手段，提高管理的效率。其主要问题包括如何实现敌我双方作战力量以及战场环境的实时、高分辨率的数字孪生，如何增强系统对战场态势的理解与分析能力，如何基于数字战场对态势快速推演预测并进行平行控制等。

这一问题的难度在于三个方面的复杂性。

（1）战场信息资源管理的复杂性。战场信息资源体系包括敌方、我方、环境等各种信息，非常庞杂，组织治理面临巨大的困难与挑战。对于庞杂的信息资源，需要在环境动态变化、通信不可靠的条件下，在合适的时间将合适的信息资源提供给合适的作战单元，这对信息的存储、分发与处理提出了很高的要求。此外，如何在高强度的敌我对抗中确保战场信息资源的安全性与机密性，也是一个非常困难的问题。

（2）作战域管理的复杂性。作战域是作战行动展开与效果释放的空间，在作战域中高效地协调联合作战行动是个复杂动态的过程，需要考虑不同部队、平台的行动特点及其对作战域利用的不同需求，实时调整，避免冲突，并实现作战域的高效利用。例如，在物理空间中，多飞行器需要协调空域、精确制导武器弹道轨迹需要规避火力点及避免交叉、地面行动路线需要协同掩护等；在电磁频谱空间中，通信用频、电磁攻击频段、电磁防护频段等用频需求变化快、干扰多；在网络空间中，作战空间边界模糊、攻守快速变化、与物理空间行动的协同困难等。

（3）数字战场建模与平行控制的复杂性。数据战场需要构建作战环境的高精度模型，细粒度表达所有战场要素，包括自然环境、信息环境、部队与装备等，全量高分辨率建模面临巨大挑战。在此基础上，还需要建立战场数字孪生模型与战场实体间的实时交互与控制关系，基于数字孪生模型对战场实体进行模拟、预测和控制，对信息交互与控制的方式、大规模平行推演的实时性与准确性等提出了很高的要求。

战场管理的主要技术包括战场信息资源管理技术、作战域管理技术，数字战场技术等。其中，战场信息资源管理技术主要包括战场信息的组织与治理、战场信息的存储与管理、战场信息的服务与共享等技术，解决战场信息资源管理的问题。作战域管理技术主要包括空域管理、频域管理和网络空间管理等技术，解决对应作战域的管理与高效使用的问题。数字战场技术主要包括数字战场环境、计算机兵力生成、基于数字战场的平行控制等技术，解决数字战场的构建与应用的问题。本书第 6 章重点对战场管理技术进行介绍。

2）监控与协同技术

监控与协同是指在任务规划的基础上，对联合作战行动的执行进行监控，及时发现、纠正计划执行偏差，并建立任务部队之间的有效协同，以确保按预期实现作战决心。其核心问题如下。

（1）如何及时发现行动过程中的偏差并进行有效调控？在行动过程中，往往会遭遇资源、环境、对手行为等方面的意外变化，从而影响计划执行。因此，需要及时发现对计划执行产生重大影响的偏差并加以调控。但是调控可能产生时空、资源、效果等方面的冲突，甚至带来不可预期的结果，因此需要准确判断调控的关键环节、生成可行的调控方案，并评估其对作战目标和效果产生的影响。

（2）如何实现高效的跨域协同？特定的作战力量一般都有其针对性的作战域，不同作战域力量或平台在信息保障、作战要求、运用条件等方面差别较大，要使其协同配合，必须解决跨域协同的问题，包括如何生成跨域协同计划、消解冲突，如何临机构建跨域协同机制、实现自主跨域协同等。

监控与协同的难度主要在以下几个方面。

（1）作战行动面临的高对抗性和不确定性。在高强度对抗中，战场态势瞬息万变，信息交互存在较大时延和不稳定性，对行动进行调控时兵力系统的状态转换存在时滞性，因此调控可能跟不上态势的变化，这对偏差影响的判断、调控时机等提出了很高的要求。此外，在反馈不及时、不完整的条件下，准确识别调控的关键环节、计算可行调控方案也将变得非常困难。

（2）作战行动协同的复杂性。多域联合作战行动协同需要解决不同作战视角、技术体制、时空尺度下的态势一致认知、冲突消解、效果同步等复杂问题。随着联合层次从军兵种联合发展到要素深度融合，协同的粒度进一步细化，范围与广度进一步扩展，从而对协同的时效性、精确性、自主性等方面提出了更高的要求。此外，无人平台的应用，使得传统的兵力结构发生显著变化，有人无人混合、全无人等新型兵力结构，增加了行动协同问题建模的维度和要素，使其变得更为复杂。

监控与协同的主要技术包括计划监控技术与行动协同技术两类。其中，计划监控技术包括偏差识别、关键链分析、偏差处理等技术，行动协同技术主要包括预先计划协同、临机自主协同等技术。本书第 7 章将重点针对监控和协同技术进行介绍。

1.4 演化与发展

任何事物的发展都是由诸多因素共同作用的结果。纵观指挥控制技术产生和发展的历史过程，可以清晰地看出，战争形态变化、指挥控制的演化发展、科学技术进步等三项因素及其相互影响、共同作用，是促使指挥控制技术不断向前发展的基本动因。从战争形态变化看，主要经历了冷兵器战争、热兵器战争、机械化战争、信息化战争的发展历程，并正在向智能化战争发展。战争形态的发展演变对指挥控制技术的历史发展起到了主导性推动作用。

1.4.1 冷兵器战争时期

冷兵器战争时期是指我国约公元 10 世纪（国外约公元 14 世纪）以前的时期。这个时期随着生产力的发展，特别是铁的冶炼，使军队的编制装备发生了较大的变化，出现了陆军和海军（水军），在陆军中又形成了步兵和骑兵两个兵种，奠定了武装力量组织结构的基础。冷兵器战争时代的作战，早期为密集士兵的简单冲杀，继而发展到车、步、骑配合，并实施灵活的战术机动等。早期的陆军与海军（水军）相互配合的联合作战也开始出现，如三国时期的"赤壁大战"、公元前 5 世纪的希波战争等，但军种间联动程度低，联合主要表现为作战目标的一致性。

这一时期的指挥主体逐渐由单一的将帅指挥发展到了幕僚辅助将帅指挥。原始部落之间的战争由统帅直接指挥，指挥处于一种初始的形态。随着战争艺术的完善和战斗经验的积累，在统帅身边开始出现了由幕僚、副官等组成的辅助指挥机构。《六韬·龙韬》最早叙述了专职谋士群体的人员组成及专业分工："故将有股肱羽翼七十二人，以应天道。备数如法，审知命理，殊能异技，万事毕矣。"其主要职责是为主将出谋划策，处理一些行政事务。公元前 4 世纪马其顿军队的指挥机构中，有秘书、副官、宪兵、补给、工兵等幕僚人员辅佐将帅实施指挥，古罗马统帅恺撒的指挥机构中则有视察官、侍从官、秘书、勤务、监察等专业人员。

由于生产力水平的限制，战场指挥控制主要在目视范围内实施，其核心是保证指挥员与部队能顺畅地交换信息和指令。在古代作战指挥号令系统中，金、鼓、旗号称为"三官"，"言不相闻，故为之金鼓；视不相见，故为之旌旗。"对战场形势的判断、筹划决策，主要依靠将帅、谋士的个人能力和经验，但出现了一些原始的技术手段。在态势认知方面，出现了早期的军事地图。如马王堆汉墓出土的西汉时期的《驻军图》《地形图》和《城邑图》等，以精确的比例标注了河流、山脉、居民点以及地名等地理信息，同时还包括部队的方位与交通路线，以及军事设施，如箭塔、城墙、战车、战象等。在决策规划方面，占卜作为一种原始意义的决策支持手段，为决策者提供预测和建议，帮助其定下决心。口头推演也用于对形势的分析判断中。例如，《墨子》中提到公输般为楚国造了云梯之械，想借此进攻宋国，而墨子则以衣带当作城墙，用木片当作守城器械，用口头推演的方式推演攻防的各种可能情况，证明防御手段的有效性，最终成功劝说楚王放弃攻宋。在行动控制方面，则主要靠统帅或助手下达口令、发出目视信号和音响信号，以及派出信使来实施，指挥周期长、速度慢。受指挥工具作用距离的限制，为便于观察整个战场的情况，加强对部队军事行动的控制，将帅往往要位于阵前或作战前线指挥。

1.4.2　热兵器战争时期

北宋初年（公元 960 年），火药开始应用于军事，由于火器数量少、命中精度极低，尚不能对战争产生重要影响。从 17 世纪起，火器逐步成为战争舞台上的主要兵器，成为决定战争胜负的决定性手段，引起了军队体制编制和作战样式的变革。骑兵失去了主宰战场的地位，装备着大量火器的步兵变为军队的主力，炮兵作为一个新的兵种脱颖而出，军队逐渐向步、骑、炮、工等诸兵种合成军队方向发展，火力、机动与突击得到了灵活的结合。19 世纪，由于蒸汽机的成熟和广泛运用，出现了轮船与火车，军队远距离机动能力和补给能力提高，导致战争的规模、范围和流动性大大增加。

由于参战力量的种类和数量的增多、机动工具的发展、作战范围的扩大，战争持续时间增加，指挥控制相关工作趋于繁重。在这种条件下，军队指挥面临着新的、更复杂的任务，编制作战计划和组织协同具有了越来越重要的意义，包括编制军事行动计划、组织通信联络、组建战略预备队、开展国防动员等。在此背景下，出现了具有严密分工的指挥机关——司令部，与将帅共同构成了指挥的主体。1805 年，拿破仑的军队出现了以贝蒂埃元帅为参谋长的参谋机构，被认为是第一个现代意义上的司令部。1806 年，普鲁士参谋长沙恩霍斯特创立了"陆军参谋本部"，下辖 4 个署，并进行了严密分工。19 世纪后半叶，总参谋部这一组织形式正式形成。与幕僚机构相比，司令部不但具有一定的辅助决策的"智囊"功能，而且还初步具备了传递信息、计划组织和检查协调等贯彻实施将帅决心的执行功能，编制军事行动计划成了司令部的重要职能之一。与此同时，随着军队规模的扩大和作战方法的变化，指挥机构的层级也逐步增多，并出现了新型指挥方式。集中指挥与分散指挥相结合得到了重视。普鲁士老毛奇采取了委托式指挥，在命令大纲的约束下，让所属部队发挥自己的独立判断能力，充分发挥下级指挥员的主观能动性，收到了很好的作战效果。

在这一时期，19 世纪末电报机的发明为使用电信工具指挥军队作战奠定了基础，极大地提高了指挥效率，指挥手段实现了质的飞跃，军队指挥开始逐步摆脱距离对指挥活动的限制，使指挥控制较大范围战场行动的能力大大提高。正如恩格斯在《1852 年神圣同盟对法战争的可能性与展望》一文中，论及电报对变革作战指挥的重要作用时所说："不采用电报，就绝对不可能指挥他们。"与此同时，铁路的普及促进了社会的统一时间。如英国在 1884 年采用了伦敦标准时间，美国在 1887 年采用了东部标准时间，俄罗斯在 1918 年采用了莫斯科标准时间，其目的都是希望通过统一的时间标准，来更好地协调各地的时间和交通，进而改变了人们的时间协同观念。同时期计时以及天文测量工具的进步，如机械钟、石英钟、气压表和温度计的出现，大大提高了计时与导航的精度。这些技术的发展，使得在大范围军事行动中，多军兵种按时间、空间精确协同的能力大为增强。在此背景下，指挥控制仍然主要靠手工作业，但出现了一些新的技术手段。在态势认知方面，现代地形图、战术地图等军事地图对战场态势的表示更精细，要素更全面，并出现了地形对战争影响的系统性研究，推动了军事地形学的发展。如 1756 年至 1763 年七年战争中，普鲁士王国使用的罗斯巴赫地图、1812 年法俄战争的战争攻势图等，实现了行动路线的标绘以及基于地形地势的分析等。在决策规划方面，冯·莱斯维茨父子发明了 Kriegsspiel 系列兵棋，实现了基于概率思想的精细战争模拟，帮助指挥员理解、研究作战方案。兵棋推演应用的一个经典案例出现在 1914 年沙俄和普鲁士的战争中。当时沙俄制定了从东普鲁士马苏里湖泊南北两路夹攻德国的策略，但是在战前的兵棋推演中，沙俄军队总参谋部发现马苏里湖泊会彻底分割俄军，可能导致被普鲁士军队各个击破。但这一结论并没有被认真对待。与此同时，普鲁士也通过兵棋推演发现了这一制胜策略，并围绕该策略编制了作战计划。战争结局则完美印证了兵棋推演的结果，普鲁士用少量兵力挡住北面俄军，然后集中优势兵力，南下包围南面俄军并切断其后路，将其一举歼灭。在行动控制方面，指挥员可以使用电报来传达指令，并实现了信息的加密。例如，在七年战争中使用"波特兰电报"通信方式以及"黑桃 A"的加密方式，但是受限于信息传输的能力，交互周期较长，仍然以命令式指令为主。

1.4.3 机械化战争时期

机械化时期是指 20 世纪初至 20 世纪 80 年代。第一次世界大战期间，出现了航空兵，坦克、化学武器也开始使用，炮兵、工程兵、通信兵和海军舰艇部队有了很大发展。第二次世界大战期间，各主要参战国军队的主力兵团多数实现了摩托化、机械化，空军也逐渐成为独立军种，空降兵、雷达兵作为新的兵种出现在战场，航空母舰编队成为海军的主力。诸军兵种合成军队具备进行大规模陆战、海战、空战、空降作战和登陆作战的能力，联合作战的规模和作战空间不断扩大。第二次世界大战后，出现了步兵战车、直升机、喷气式战斗机、高效炸药、导弹、核武器等新式兵器和电子战装备。

随着军事行动规模和战场控制范围的增大、作战样式的多样化，军事力量的指挥、支援保障关系和军事行动协同更趋复杂。为了使指挥员及其指挥机关有效地完成指挥任务，仅建立一个指挥所实施指挥是不行的，必须建立一个职能互相联系的指挥所体系，对整个军事行动进行筹划、协调与控制。在第二次世界大战期间出现了"大本营-集团军群（方面军）指挥机构-集团军指挥机构"战役指挥体系，指挥程序也趋于规范。如在战前筹划阶段，指挥业务工作程序包括了解任务、判断情况、定下决心、编制计划、解决军队补充和保障等环节。同时，联合作战指挥实践更为丰富。在第一次世界大战中，由联合指挥机构统一指挥的陆、海军联合登陆与抗登陆战役对联合作战指挥发展起到了推动作用。在 20 世纪 40 年代末至 20 世纪 80 年代，联合作战指挥实践快速发展，联合作战指挥体系不断完善，联合作战指挥形态已由战役级为主开始向战术级延伸。

由于计算机的出现，指挥作业出现了人机结合的新形式。1946 年，第一台通用电子计算机"埃尼阿克"研制成功，发达国家军队开始运用计算机来减轻军队指挥中大量烦琐和重复性的工作，军队指挥开始沿着局部自动化、军种自动化、全军自动化的阶段发展，大大提高了军队的指挥效能。1958 年，美军建成世界上第一个半自动化作战管理系统——赛其防空指挥控制系统（简称赛其系统），首次使用计算机实现了信息采集、处理、传输和指挥决策过程部分作业的自动化，覆盖整个北美大陆范围的防空作战单元和各级各类指挥机构。同年，苏军建成"天空 1 号"半自动化防空指挥控制系统。在这一时期，计算机辅助作业下的人机结合逐渐成为指挥控制的主要形式。在态势认知方面，出现了电子地图、实时态势显示、自动数据关联等技术手段，帮助指挥员进行直观、实时的态势理解。例如，塞其系统首次引入了大屏显示、光笔等技术，能够通过数据关联对目标建立统一的航迹，进行跟踪处理并生成防空态势，如图 1-11 所示。在决策规划方面，开始利用计算机进行目标选择、任务规划等方面的辅助决策，提高决策的质量与效率。例如，赛其系统能够根据威胁大小和方向，决定各防区的警戒级别并分配拦截兵力。在行动控制方面，开始利用计算机对战场进行管理，提高行动与协同的效率。例如，赛其系统可以进行空中交通安全管制和电磁辐射管制，并向平民和媒体发布防空警报。自动化截击的概念也被提出，即通过数据链将地面指挥系统与截击机铰链，实现目标信息和指令的实时传输处理，以提高拦截效率。

图 1-11　塞其系统的大屏显示和光笔交互

1.4.4　信息化战争时期

随着人类社会进入信息化时代，信息网络技术等高新技术在军事领域广泛运用，信息成为提高军队战斗力的关键因素，信息化武器装备不断投入战场，以信息技术为核心的新军事变革深入展开。战争力量及其运用的整体性越来越强，军事行动通常在多维战场全面展开，一体化联合作战成为基本的作战形式。情报共享和横向协作能力明显增强，诸军种已趋向无缝连接，军事力量要素的一体化行动能力日益增强，以平台和网络为中心来推动作战任务执行。体系对抗成为战场对抗的主要特征，非对称、非接触、非线性作战成为重要作战方式，作战范围已从陆、海、空、天、电扩展到网络空间。各种新概念武器装备的迅猛发展，也向世人初步展示了战争的隐形化、无人化、智能化的发展前景。传统和非传统安全问题交织，军队应对多样化安全威胁的任务日趋繁重。

在信息化条件下，军队指挥的一体化程度显著提高，指挥员及指挥机构所需处理的信息量剧增、战场环境动态性更强、指挥周期更短。现代侦察技术、信息传递技术、精确制导技术和精确定位技术的发展，使军队指挥的精确性大大提高。指挥手段性能的空前提高，直接导致军队科学决策能力、计划组织能力、协调控制能力得到质的提高，可视化指挥、一体化指挥等成为现实，军队指挥的手段和方法发生重大变革。一方面，指挥业务处理更趋分布化。工业时代的机械化战争造就的从最高统帅部到基层分队纵长横窄的树状军队指挥体系，正在快速向扁平网状指挥体系发展，指挥能力日趋增强。另一方面，指挥机构编组更趋模块化。面对未来多样化的军事任务，基于高度融合的一体化指挥信息系统，军队指挥机构将不再采取按平时指挥机关编制部门编组的传统模式，而是将根据军事任务性质和规模需要，兼顾军队指挥业务功能及指挥信息的流程，综合设置指挥机构职能模块、数量，合理确定职能模块的主次地位，从而增强指挥组织应对任务的灵活性，加快指挥机构内部指挥信息流的流动性，指挥控制更加灵活、有韧性。

这一时期，随着信息化技术的进步，指挥控制系统具备了更加强大的数据处理能力和决策支持能力，能够快速分析数据，提供决策方案的量化分析、评估，以及跨域作战行动的控制与协调。以 5G、星链等为代表的新型通信网络，可以低时延、大带宽将战场信息实时传送到战场的任何角落。云计算逐渐成为主流计算架构，通过将物理计算资源虚拟化为多个虚拟计算资源，结合网络基础设施，可实现无处不在、即插即用式的按需信息服务。通过进一步结合边缘计算技术，"云-边-端"架构将云计算和物联网技术有机结合，将计算、存储、网络等功能分布在云端、边缘设备和客户端之间，进一步增强了信息服务的灵活性与适应性。与此同时，智能化技术初露端倪，在大数据、高性能计算的支撑下，以深度学习、强化学习为代表的人工智能技术在棋牌、自动驾驶、自然语言问答等领域实现了突破，并逐步由民用研究领域向军事领域拓展，如面向围棋的阿尔法狗、面向空中格斗的"阿尔法狗斗"（AlphaDogfight）以及面向问答的 ChatGPT 大语言模型等。

在这一背景下，人机协作成为指挥控制的主要形式，大量的数据分析与计算处理工作由机器完成，大大增强了指挥员的态势认知、决策规划与行动控制能力。在态势认知方面，出现了基于大数据的态势分析与预测技术，实现了机器的自动态势认知，能够接收、处理来自多域的传感器和其他来源信息，支持战场态势的一致性理解、实时分析与预测。例如，美军在 2007 年开始研发的"深绿"系统，利用人工智能预测战场态势的瞬息变化，帮助指挥员进行分析研判。在决策规划方面，用于决策支持的各类计算机工具大量投入使用，基于运筹优化、人工智能、仿真模拟等技术，帮助指挥员进行科学高效的作战决策和任务规划。如美军的"闪电战"系统可以对指挥员提出的各种决策方案进行快速模拟，生成一系列可能结果并进行评估。"水晶球"可识别战场态势的潜在关键临界点，提示指挥员并给出可能的方案选择。"联合作战计划与执行系统"（JOPES）将各军种和作战程序融为一体，提供标准化的联合计划功能，可高效计划、实施与联合作战有关的动员、部署、兵力使用和后勤保障等行动。在行动控制方面，作战管理技术可构建统一的战场资源空间，实现对多域作战资源的实时高效管理，支持打击链的动态构建。如美国空军开发的"先进作战管理系统"，将各类情报侦察平台、指挥控制平台、打击平台与各种跨域能力无缝连接，把情报和目标指示数据转化为及时、可用的信息，缩短"发现-定位-跟踪-瞄准-打击-评估"周期。在 2020 年 9 月美国陆军的"融合项目"的演习试验中，利用人工智能构建时敏杀伤链，实现了秒级的杀伤链闭合。

在美军实际部署的全球指挥控制系统（Global Command and Control System，GCCS）中，集成了大量态势认知、决策规划、行动控制相关功能，其代表性界面如图 1-12 所示。

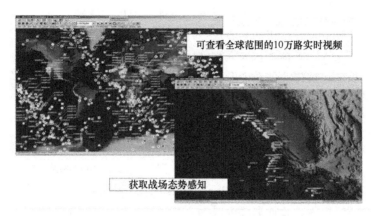

（a）态势生成

（b）方案分析

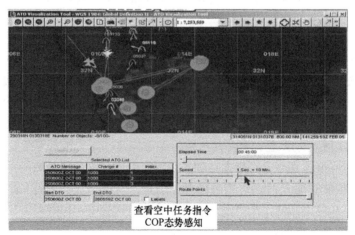

（c）行动监控

图 1-12　GCCS 系统界面

1.4.5 智能化战争时期

人工智能技术日新月异地发展与突破，催生出以智能无人为代表的新域新质作战力量，改变了装备与战争形态，智能化战争时期已拉开了序幕。各类智能无人作战力量在多域战场上将具备战场态势自主精确感知、作战任务自主规划、作战行动自主协同、效果评估自主反馈等能力。军队组织形态因智能无人作战力量的加入将发生重构，编成方式将向有人无人混合、全无人方式转变，并可根据战场实际需要以临机组合的方式快速编组不同功能的作战实体，作战指挥的灵活性和适应性大大提高。战争样式呈现精确化、灵巧化、分布化特点，联合作战的层级进一步向旅营级甚至更低级别下沉，从军兵种联合向要素融合转变。跨域多功能智能化作战单元将按作战职能、任务类型和作战目的按需临机形成任务共同体遂行任务，作战过程将以智能主导的方式，实现战略、战役、战术三级无缝连接和多域多维一体的整体联动。

指挥控制是军事智能化的核心，面向快速、复杂、多变的战场环境，机器外脑将拓展指挥员人脑，人机混合智能将大幅缩短认知、决策、行动的时间周期、提升精度和效率，进一步释放人类指挥员的创造力和想象力。同时，指挥控制的对象也发生了根本性的变化，从传统的人到人，发展到了人–机、机–机，推动指挥控制技术的变革。

（1）态势认知技术的变革。随着智能化作战装备和各类无人系统大量投入战场，态势认知向陆、海、空、天、电、网以及认知域、社会域全域融合认知转变，对战场态势智能认知的需求将大大提升，需要系统最大限度地在复杂动态的多域作战环境中自动识别和分析评估威胁目标、发现临机优势窗口，应对由于认知维度和规模大幅增加后造成的复杂性迷雾，并克服高强度干扰、欺骗以及高质量训练数据样本稀缺等难题。态势认知技术将从基于大数据的数据关联，向融合人类经验与判断的因果推断和反事实推理发展，并通过大语言模型等技术，更准确地理解人类意图，向指挥员提供可理解、可解释的战场态势多维、深层的分析结果。

（2）决策规划技术的变革。战争超脑、决策中心战、算法战等决策相关的颠覆性概念已经被提出，目的是进一步推动机器决策能力的增强及其与人类决策能力的融合，以超过对手的速度进行高质量的决策，同时剥夺对方的决策能力，以夺取战争优势。通用人工智能系统将深度介入决策规划全流程，筹划计划的方式将由系统辅助人机协作向人机增强决策演进。各类决策规划智能算法，将从面向特定问题的单一智能算法，向适应动态变化态势与任务需求、具备对抗博弈能力的复合通用智能算法转变，实现在纷繁复杂的战局中快速精准找到制胜策略、编制行动计划，"算法战""决策中心战"等先进概念将逐步成为现实。

（3）行动控制技术的变革。"人指挥、机器控制"是行动控制在智能化时代的发展需求，需要适应快速变化的战场态势和指挥关系与作战编成，高效管控多域作战资源和复杂多域战场环境，及时准确地调控任务进程、时间及目标，组织复杂的跨域协同。行动控制技术将从集中式控制向分布自主和混合式控制发展，利用群体智能技术，实现在无须中心介入条件下的作战资源自组织，支撑战术级跨域联合自主战斗。同时，利用智能化技术，实现对多虚拟场景的自动推演和分析，自动挖掘可能场景下的作战规则和调控策略，实现基于"有为政府+有效市场"对复杂作战体系及其行动的敏捷、动态控制。

参 考 文 献

[1] 张维明，朱承，黄松平等. 指挥与控制原理[M]. 北京：电子工业出版社，2021.

[2] 金观涛，华国凡. 控制论与科学方法论[M]. 北京：新星出版社，2005.

[3] 石章松，董银文，王航宇. 从新版《军语》看指挥控制几个概念的变化[J]. 海军工程大学学报（综合版），2012，9(2)：23-25.

[4] ALBERTS D S, AGRE J R. 指挥控制的新构想：企业的未来[M]. 何明，柳强，邹青丙，译. 北京：国防工业出版社，2016.

[5] ARTHUR B. 技术的本质[M]. 曹东溟，王健，译. 杭州：浙江人民出版社，2014.

[6] 毛泽东. 毛泽东选集第一卷（中国革命战争的战略问题）[M]. 北京：人民出版社，1991.

[7] 江林. 军队指挥的科学[M]. 北京：军事科学出版社，2002.

[8] 阳东升，张维明，刘忠等. 指控组织设计方法[M]. 北京：国防工业出版社，2010.

[9] 徐宗本，唐年胜，程学旗. 数据科学：它的内涵、方法、意义与发展[M]. 北京：科学出版社，2022.

[10] STEINBERG A N, BOWMAN C L, WHITE F E. Revisions to the JDL Data Fusion Model[C]. In Proceedings of SPIE vol 3719, Sensor Fusion: Architectures, Algorithms, and Applications III. 1999.

[11] ENDSLEY, M R. Toward a theory of situation awareness in dynamic systems[J]. Human Factors, 1995, 37(1): 32-64.

[12] 朱承，雷霆，张维明，等. 网络化目标体系建模与分析[M]. 北京：电子工业出版社，2017.

第2章

态势建模技术

战场态势的复杂程度高、变化快，只有构建起关于态势的模型，才能高效处理态势数据，进行态势理解。态势建模技术针对战场态势的表征问题，对陆、海、空、天、网等各类兵力与平台，以及通过复杂信息交互关系形成的作战体系进行整体描述，刻画战场环境和各类对象，还原对象间的结构和关系。按照战场态势的组成划分，态势建模主要包括敌情态势建模、我情态势建模和环境态势建模。由于态势认知的重点和难点是敌方目标以及战场环境的状态及其变化，因此，本章主要介绍目标态势建模技术和战场环境建模技术。

2.1 概述

建模是为了理解事物而对事物做出的一种抽象。态势模型是用数学符号、数学公式、程序、图形等对态势本质属性的抽象，用于描述、解释过去/当前态势现象或预测未来态势的发展，其作用如图 2-1 所示。

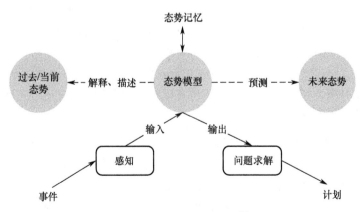

图 2-1 态势模型的作用[1]

在态势模型中，态势元素被抽象为环境、实体、事件、组及行为 5 个方面[2]。实体是这些元素的中心：在一定环境中存在的某事物（实体），当其性质或状态发生改变时，就产生了事件；每个实体所发生的事件在时间和空间上都存在某种联系，多个实体和事件按照某种关系组合在一起构成组；在特定环境中，组或单个实体会产生某种行为，态势则被建模为这一过程的描述，态势要素包含战场上的我方作战单元、目标（敌方作战单元）、战场环境等实体及其属性、状态、活动和相互关系等。

由于态势认知的重点与难点是目标和环境的状态及其变化，本章重点围绕目标和环境的态势进行建模，态势建模技术分类如图 2-2 所示。其中，目标态势建模技术主要包括目标实体建模技术、目标关系建模技术、目标行为建模技术、目标能力建模技术和威胁建模技术，战场环境建模技术主要包括物理环境建模技术、信息环境建模技术、社会环境建模技术。

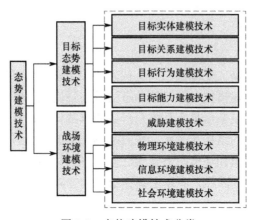

图 2-2　态势建模技术分类

1. 目标态势建模技术

目标态势建模需要首先刻画目标的实体及其关联关系，主要方法有面向实体的方法和面向过程的方法两类。面向实体的方法以实体为中心，围绕实体及其之间的关系，把过程和对象结合起来，采用面向对象的思想表示模型元素，以便于模型的复用。20 世纪 80 年代 McCarthy 和 Hayes 在态势算子中率先用一阶逻辑将态势定义为特定时刻完备世界状态的快照[3]；Kokar 等使用本体形式化描述事件、实体及其之间的关系，以及逻辑规则定义态势转换的过程[4]。面向过程的方法则将态势视为从某一初始世界状态开始的一系列行动，源头是 Reiter 和 Pirri 对态势的建模，将态势定义为一系列行动和状态转移函数[5]，这类方法侧重于过程和现象分析，模型难以复用。在仿真模拟中面向过程的方法应用更广泛，态势分析应用中更多地采用面向实体的方法。

面向实体的方法有多种实现技术，如实体-关系建模技术、实体-行为-任务-交互（EATI）表示技术、基于统一建模语言 UML 的建模技术和基于本体的建模技术等。EATI 表示和 UML 建模技术主要解决军事概念或知识的规范表示问题，使得军事人员能以标准化、规范化的手段，向技术人员描述战场要素。基于本体的建模技术通过形式化技术表示实体及其属性、状态和相互关系，在使用战场态势数据实例化本体基础上，形成关于战场目标的知识图谱，即用可计算的图模型描述目标之间的关系，可从"关系"和"语义"的角度去描绘要素间的复杂关联关系。知识图谱技术可用于关联海量的战场实体信息，挖掘出其中隐藏的知识，如推测战场目标的类型、还原目标间的结构和关系等。

在刻画实体关系的基础上，还需要进一步刻画目标的行为、能力和威胁。目标行为建模技术主要是建模目标的时空活动特征与行为模式之间的映射关系，主要包括目标的运动行为、电磁行为、网络行为、交战行为等。运动行为建模技术主要通过分类算法如支持向量机、神经网络、随机森林等，构建分类模型，提取目标和目标群的状态和运动特征，并进一步识别出目标的行为类型，如船舶的靠港和航行[6]、空中目标的楔队编队和梯队编队等行为。电磁行为建模技术根据目标在电磁域的特征参数变化规律，建立电磁特征和行为之间的映射。例如，通过挖掘波束指向、工作模式、发射信号等参数变化规律，构建雷达各功能行为分类的模型，通过聚类方法分析电台的无线电波载波频率、带宽变化规律，构建目标的通联行为模型。类似地，网络行为和交战行为等建模技术通过数据分析，挖掘对应的活动特征与行为模式之间的映射关系。

目标能力建模技术主要侧重对目标作战能力的刻画。针对单目标的能力建模技术，依据目标个体的功能属性和战技参数，刻画其各类作战能力。例如，美军《联合目标选定》条令概括了"目标特征及作战能力"的内涵，美军《目标数据清单》构建了精细化目标作战能力的分析体系。对目标体系化能力建模的研究，肇始于"网络中心战"概念，目标体系模型被提出，用于对目标体系整体作战能力的分析。如 Jeff Cares 构建的分布式网络化作战模型 IACM[7]、Dekker 针对 C4ISR 作战体系提出 FINC 模型[8]等，其核心思想是将单个目标能力按照体系结构和运行机制进行聚合。

威胁建模技术通过建立目标威胁的评估指标体系和确定指标权重，来计算目标的威胁能力。美军条令《战场情报准备（ATP 2-01.3）》分析了目标的一般威胁特征[9]，张建廷等针对联合作战中主要攻击造成的威胁，构建了目标威胁的评估指标体系[10]。评估指标体系和指标权重确定后，通过层次分析法（Analytic Hierarchy Process，AHP）、优劣解距离法（Technique for Order Preference by Similarity to Ideal Solution，TOPSIS）等评估方法，可综合目标的威胁特征，计算目标的威胁程度。

2. 战场环境建模技术

从各类环境对作战行动影响的视角，战场环境建模技术主要对物理、信息、社会等环境对军事的影响要素进行表示。

物理环境建模技术主要对陆、海、空等物理域环境中对作战行动的主要影响要素进行刻画。例如，美军条令《战场情报准备（ATP 2-01.3）》针对陆地环境对侦察、武器系统射击效能、机动等的影响，提出"OAKOC"模型，可对陆战场地形进行定量分析[9]；美军条令《联合海上作战（JP3-32）》从行动准入、威慑拒止、海上控制、兵力投送和海事安全等角度，分析了海战环境中取得海战优势军事地形要素[11]；美军条令《联合空中作战（JP3-30）》从空战装备的工作介质影响和空战场环境中的其他因素影响，对空战场环境进行了分析[12]。

信息环境建模主要考虑电磁、网络和认知环境。电磁环境建模技术针对特定战场区域，对各种辐射源发出的电磁波及其影响进行刻画，描述电磁信号在空域、时域、频域和能量上的交叠及其特征。例如，周桥等基于 OpenGL 开发电磁态势的三维可视化系统，实现对电磁环境可视化表示[13]；郭淑霞等通过研究多辐射源空间场强合成算法，建立了雷达辐射源探测范围的数学模型[14]；杨晓云等应用 GIS 空间分析技术建立电磁场环境仿真模型，实现复杂地形条件下的电磁环境建模仿真[15]。网络环境建模技术针对网络空间及其对军事行动的影响进行建模。如美军条令《网络空间作战（JP3-12）》借鉴陆战场地形相关研究，提出网络空间关键地形的概念[16]，朱先强等提出网络空间地图建模及智能分析方法，给出了网络空间关键地形的分类参考因素和评估方法[17]。认知环境建模技术通过概念性或计算性框架，表示个体认知过程与外部环境之间的相互作用和关系，用于理解战场上的个体如何感知、解释、处理和回应其周围的各种刺激和信息。例如，Mark 等[18]将结构知识与认知地图相结合，通过特定的计算机理表示、推断并进行结构知识的转移；Peer 等[19]将认知地图应用于空间或非空间的知识，并提供基础的组织模式，为人们在社交、概念空间的活动进行"导航"；阮晓钢等[20]构建动态增减位置细胞认知地图模型，使机器人在与环境交互的过程中自组织构建认知地图。

社会环境是指人类在社会组织和文化背景下所处的特定环境，由一系列相互关联的因素组成，包括社会结构、社会制度、价值观念、文化习俗、经济条件等。社会环境建模可用于研究社会系统的行为模式、推断社会动态和变化趋势，以及支持军事决策制定和评估。社会网络建模是当前一种主要的社会环境建模技术，以分析团体内部、组织内部或社区内部的人际关系。Moreno 利用社群图构造社会关系结构，并提出"明星"概念刻画整个网络的核心角色，Mitchell 阐述了社会网络的形态和互动特征，总结了社会网络分析方法。针对社会制度、价值观念等其他社会环境要素，当前的建模技术以定性分析和实践经验为主。例如，张登巧定性分析了社会制度的价值取向、价值目标与价值原则[21]，罗法洋探索了将价值观融入社会生产生活，从而转化为人们的情感认同和行为习惯的路径[22]。

2.2 目标态势建模技术

目标态势建模技术对目标和目标体系进行表征，包括目标的属性、状态、行为、能力、威胁以及目标间的关联关系等，形成目标态势。

2.2.1 目标及目标体系

"目标"一词在汉语中有两个明确的含义：一是寻求或攻击的对象；二是想要达到的境地和标准。目标是军队在作战行动中打击、夺取或保卫的对象，包括有生力量、武器装备、军事设施以及对作战进程和结局有重要影响的其他目标。在军事上，目标被定义为：目标是具有军事性质或军事价值的打击防卫对象，如军事设施、军事要地、军事机构和作战集团以及对作战进程和结局有重要影响的其他目标等。目标的重要性取决于对实现指挥员意图或对实现受领任务的潜在支撑作用。

随着信息技术的发展，战场要素通过信息流转实现耦合互联，战场目标日益呈现网络化、层次化、关联化的特点[23]。目标体系是指由多个目标、目标系统相互协同，为追求整体效能而构成的复杂系统。目标体系的建模需要从系统的角度出发，综合分析目标本身的属性和目标之间的相互作用，按照"先目标特性，后系统分层，再结构关联"的步骤实施，为从整体刻画目标集合提供基础。

1. 目标

1）目标的分类

军事目标按作用和地位可分为战略目标、战役目标、战术目标；按空间位置可分为地面目标、地下目标、水面目标、水下目标、空中目标、太空目标；按目标幅员可分为点目标、线目标、面目标；按可动性可分为固定目标、活动目标；按功能可分为侦察预警目标、指挥控制目标、防空反导目标、火力打击目标、信息攻防目标和综合保障目标等。军事目标主要有：

（1）有生力量，如指挥机关，驻守、集结在某一地域或运动中的部队等；

（2）武器装备，如火炮、车辆、舰艇、飞机等各类常规武器，核、化学、生物武器，军用卫星和地面测控设备等；

（3）军事设施，如各种阵地、工事，指挥、控制、通信、侦察、防空设施，海军基地、空军基地、导弹基地，各类军用仓库、物资储备基地等；

（4）交通运输系统，如运输机场、货运港口和铁路枢纽，输油、输气管道和重要桥梁、隧道、渡口等；

（5）军事工业及与其有关的基础工业系统，如核工业，航空、航天、车船、电子工业的科研基地和生产工厂，以及钢铁、石油、电力、有色冶金、化学工业等。

随着科学技术的发展，新式武器装备不断出现，军事目标的种类和构成将发生新的变化，未来军事目标的范围将更加广泛。

2）目标的属性和状态

每个目标都具有独特的内在或后天属性，这些属性构成了目标检测、定位、识别和分类的基础，用于当下和未来的监视、分析、参与和评估。目标状态是指目标或目标系统所处的状况，可由目标的各种属性对应的参数值来表示。

目标特性主要包括目标组成、结构、材质、形状、尺寸、所处位置、功能参数、要害部位等静态特征，以及速度、加速度、方向、运动周期等运动特征。例如，描述一个飞机目标，有飞机的翼展、雷达散射截面积、形状、设备构成等静态特征，以及飞机的飞行速度、加速度、角速度等运动特征。用于定义目标的典型属性类别包括物理、功能、认知、环境和时序等。

（1）物理属性。物理属性或特征有助于辅助描述目标，通常可以通过各类传感器接收的信号进行识别，主要包括：

① 位置、形状、大小或占地面积、外观（包括颜色等）；

② 构成目标整体的单元的数量和性质；

③ 各单元的分散或集中特性；

④ 反射性（对热、光、声、雷达能量等）；

⑤ 结构组成；

⑥ 坚固程度；

⑦ 电磁信号（如雷达和无线电传输）；

⑧ 机动性特征，如固定（无法移动）、可移动（从固定位置操作，但可以分解和移动）和移动（在有限时间内可移动操作或设置）。

（2）功能属性。功能属性描述了目标完成什么功能、实现的运行机制、功能的重要性等，主要包括：

① 目标正常或报告的行为；

② 目标状态；

③ 功能发挥程度、比例或百分比；

④ 目标执行其功能所需的材料；

⑤ 功能冗余（功能能否在目标系统中的其他位置执行，或者备用目标系统是否有类似功能）；

⑥ 重建目标或其功能的能力；

⑦ 自卫能力；

⑧ 目标在体系中的重要性；

⑨ 必要的关系（需要与哪些其他目标关联才能发挥作用）及其性质；

⑩ 目标的物理脆弱性，如暴露在外的弱点、对其他目标的依赖等。

（3）认知属性。认知属性描述了目标如何处理信息或行使控制功能，主要包括：

① 目标如何处理信息；

② 目标的决策周期；

③ 目标执行其功能所需的输入；

④ 目标功能产生的输出；

⑤ 目标能处理多少信息；

⑥ 目标或目标体系存储信息的方式；

⑦ 目标如何思考、动机是什么、表现出什么行为、知识背景如何、认知弱点是什么；

⑧ 文化背景，如观念、态度、宗教派别、部落关系等。

（4）环境属性。环境属性描述了环境对目标的影响，主要包括：

① 可以影响目标的大气条件（温度和能见度等）；

② 地形属性（地貌、植被、土壤、海拔等）；

③ 隐藏和伪装措施；

④ 物理关系（如目标靠近平民、非战斗人员或友军等）；

⑤ 依赖性（原材料、人员、能源、水和指挥/控制等）。

（5）时间属性。时间属性描述了目标侦察、攻击或其他与可用时间有关的数据，主要包括：

① 出现的时间，即目标出现在指定作战区域的预期时间；

② 停留时间，目标预计停留在一个位置的时间段（这可能与目标移动的物理属性直接相关）；

③ 达到目标功能的时间，即目标开始运作、执行使命或修复、重建所需的时间长度；

④ 识别时间，即目标在与作战环境中的其他物体无法区分之前，被识别为威胁所消耗的时间。

2. 目标体系

战场中的大量目标并非孤立存在，而是为完成特定整体功能通过逻辑流、信息流相互关联，按照一定指挥关系、组织架构和运行方式形成一个多层异构复杂网络[23-25]，即目标体系，实现联合聚能，整体释能。目标体系由多个目标、目标系统相互协同而构成，组成体系的各个目标、目标系统通过组织、体制、通信及机制连接成一个整体，进行物质、能量和信息的交换，如图 2-3 所示。

美军《联合目标选择》条令认为，成功进行目标选择的关键之一，是理解目标系统内部及相互之间的关系，以便找到其能力、需求和弱点。因此，从目标选择的角度看，目标构成的多层异构网络中存在的大量复杂耦合关系，是目标体系建模的重要基础。目标体系建模描述这些众多系统、各组成部分和元素之间的联系，反映内部及相互的依赖关系，这些联系和依赖关系是形成目标体系的结构和运行机制的基础。

从目标间所传递对象的形态看，目标间的结构可对应为物质、信息、能量三种形态。

物质是指目标（系统）间存在着物质传递的关系，如基础设施中物流网、输油管网内各节点之间存在物资、石油的流动；信息是指目标（系统）间存在信息交互，如预警体系中雷达站与指挥所存在情报上报关系，各级指挥所、作战单元之间存在指挥控制关系；能量是指目标（系统）间存在能量依赖，如发电站给雷达站或通信站进行电力输送。从结构的特征看，目标体系的网络结构具有明显的多层网络特征。层次既可能是物理的，也可能是逻辑的。

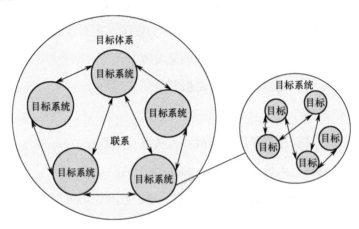

图 2-3   目标体系的构成[17]

具有物理依赖关系的多层网络结构在基础设施网络中较为常见，其特点是不同网络层的节点之间存在单向或双向的物理连接，物质或信息通过物理连接在网络层间传递，维持多层网络的正常运转。例如，智能电力系统中的电力网络与通信网络，电路网络中某些供电节点为通信网络提供电力供应，而通信网络中某些节点负责对电力网络进行调控，二者间的物理连接形成了相互依赖关系。

重叠网是在计算机领域，特别是在计算机网络中用得非常多的一个概念，也可称为覆盖网或叠加网。所谓重叠网是一种建立在另一种网络上的虚拟网络，重叠网的目标与目标之间的连接也不是实际的物理连接，而是依据特定的逻辑关系定义的关系，物理上可能对应多条物理链路并跨越不同的网络类型。

例如，在防空反导体系中，通信网是遍布整个战场空间的物理网络，可能有多种通信方式，每种通信方式既可以单独成网，也可以互相铰接在一起，组成了一个复杂的、异构的通信网。预警、指控、火力等战场目标以通信网为基础进行信息交换，可以认为是根据运行机制建立在物理的通信链路之上的虚拟网络，防空反导体系层次结构如图2-4所示。

在图 2-4 中，虚线代表预警、指控与火力节点对通信节点的接入，实线代表通信节点之间的连接关系。从物理意义上看，预警、指控与火力节点间的信息关系均建立在通信网络的基础之上，相关节点通过接入通信网络，利用通信网络建立彼此之间的信息关系，包括情报传递关系、指控关系等。

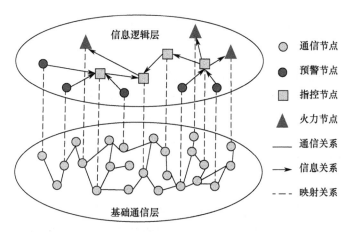

图 2-4　防空反导体系层次结构

2.2.2　目标实体关系建模技术

目标实体关系建模技术可用于刻画目标的状态、属性以及目标间的关联关系，包括目标本体建模技术和目标知识图谱技术。目标本体建模技术将目标体系抽象为概念模型并进行形式化表示，目标知识图谱技术在目标本体建模的基础上，实例化目标之间的关系，并支持针对关联关系的推理计算。

1．目标本体建模技术

1）目标本体建模流程

目标和目标体系所涉及的概念比较明确，属于军事相关的垂直领域。因此，目标本体建模采用自顶向下的方式进行，其流程如图 2-5 所示。

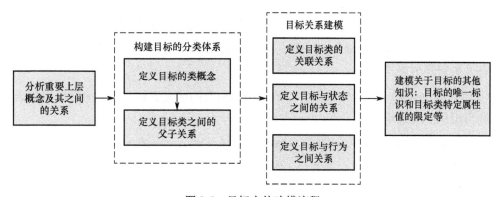

图 2-5　目标本体建模流程

在目标本体建模流程中，本体建模以重要上层概念及其之间的关系为基础，构建目标的分类体系和建模目标关系，形成目标态势的表示框架和规范，具体过程如下。

第一步，分析重要上层概念及其之间的关系。通过分析重要上层概念及其之间的关系，可以为自顶向下构建目标的分类体系奠定基础。对于分层的目标体系，列出物理层目标、逻辑层目标、作战层目标和角色层目标，以及跨层目标之间的关系，如依赖、影响、承载等。可采用基本框图描述这些概念及其之间的关系。

第二步，构建目标的分类体系。通过定义目标类概念，再定义类概念之间的父子关系，可为目标概念建立不同抽象程度的语义。父类比子类更抽象，子类继承了父类的特性，例如，航母是一种舰船，舰船所具有的特性如排水量、航速等，都会被航母继承，这有利于数据的集成与共享。对于目标类的属性，可分为公共和特有两类。公共属性用于描述目标的基本特征，如舰船的基本特征包括尺寸、排水量等；特有属性用于描述目标类子类独有的特征，例如，潜艇作为一类舰船，具有"潜航深度"这一特有属性。

第三步，目标关系建模。为描述目标体系的结构，需要建模目标间的功能、空间和时间等关联关系。功能关联关系是指功能属性之间的关系，如装备之间的通信、部队之间的指挥关系；空间关联关系是指目标在物理空间内的各种关系，如飞机编队中主机和僚机的伴飞关系；时间关联关系是指属性、位置、状态、行为和事件等因素与时间之间的关系，可以是时间点关系（如某时刻目标的位置），也可以是时间段关系（如某段时间内目标的运行状态）。目标与状态之间的关系建模主要表示目标所处的时空状态，如船只具有一条自动识别系统（Automated Identification System，AIS）轨迹。目标与行为之间关系的建模主要是描述目标执行任务有关的行为，如航母可执行"离港"这种单一行为，或者执行由离港、游弋、出动战机等动作组合形成的"威慑"这种复合行为。

第四步，建模关于目标的其他知识，如声明目标的唯一标识属性、目标类特定属性值的限定，用规则表示关系之间的逻辑蕴含这种更复杂的关系，以及可用于推断目标与状态、行为、事件之间关系的知识。

2）本体表示语言

基于本体的概念建模方法在计算机上实现时，采用的计算机语言称为本体表示语言。Web 本体语言（Web Ontology Language，OWL）是被广泛采用的国际标准，其表示的本体具有以下重要组成部分。

（1）类（Classes），是个体的集合，是一系列概念的语义表达，和面向对象编程语言中的类非常相似，有继承体系。

（2）个体（Individuals），表示一个领域里面的对象，可以视为类的实例（Instances of classes）。例如，在"航母"这个类中，"里根号航母""华盛顿号航母""尼米兹号航母"等就是个体。

（3）属性（Properties），包括表示两个类或个体之间关系的对象属性和描述类或个体本身特征的数据属性。例如，"Mark C. Montgomery"指挥"华盛顿号航母"，"指挥"是对象属性，表示"Mark C. Montgomery"和"华盛顿号航母"这两个实例之间的关系，"Mark C. Montgomery"身高 182 cm，"身高"是数据属性，表示实例"Mark C. Montgomery"的身高特征。

（4）类公理（Class Axiom），用于表示类之间存在的关系，是一般规律或知识的表达，主要包括等价类公理、子类公理和不相交公理。

语义 Web 规则语言（Semantic Web Rule Language，SWRL）是对 OWL 的扩展，能够用规则的形式表示关系之间的蕴含，适合于描述目标体系中更复杂的依赖关系。OWL+SWRL 表示的本体，具备良好定义的语法和语义、有效的逻辑推理支持、丰富的表达能力。后文将以航母编队这一典型目标体系的概念建模为例，说明如何使用 OWL+SWRL 表示的本体实现目标实体关系建模。

2. 目标知识图谱技术

构建目标本体模型后，可通过构建目标知识图谱将本体概念实例化。在形式化的目标本体模型基础上，对目标态势数据进行处理，可抽取出目标实体及关系的实例，用于查询与分析。同时，通过深度学习模型对生成的目标知识图谱进行推理，可以进一步挖掘出深层知识，反向补充到本体中，迭代完善目标本体模型。目标知识图谱构建架构过程如图 2-6 所示。

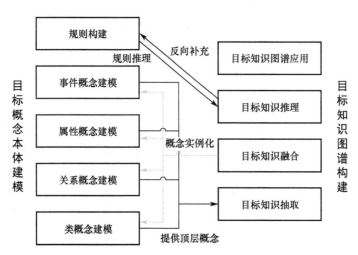

图 2-6　目标知识图谱构建架构过程

目标知识图谱的构建与应用，涉及目标知识抽取、目标知识融合（目标实体消歧与指代消解）、目标知识推理等技术。军事领域的目标知识图谱不同于一般的目标知识图谱，面临着训练样本少、数据无标注、数据的结构化程度不高等难题，传统机器学习方法难以适应。因此，在进行目标领域知识图谱构建时，需要选择高效的针对性方法。

1）目标知识抽取

目标知识抽取是构建目标知识图谱的关键一步，对于构建军事这种特定领域内的目标知识图谱，关键在于如何从目标相关的数据中识别军事领域内的命名实体、关系、属性以及事件。目标相关数据主要包括目标特性数据、目标情报数据、目标地理数据、目标武器装备数据、目标人员信息数据、目标战场环境数据等。

目标知识抽取目前多使用深度学习等方法，获得标注的训练样本至关重要。但军事领域的数据通常来源广、样本小且结构化程度不高，难以适应传统针对大样本数据的深度学习方法；同时，因为缺乏自动化的手段对繁多的数据进行规范化，人工处理又需要消耗大量的人力与时间，所以在训练样本稀缺条件下如何准确高效地进行知识抽取是需要重点解决的问题。

（1）实体抽取。

实体抽取[26]，也叫命名实体识别（Named Entity Recognition，NER），是从数据中自动提取出实体并对每个实体做分类、打标签。抽取的目标实体类型，主要针对目标本体模型中的各种类概念。

各种基于机器学习的命名实体关系抽取方法，其基本思想是通过大量样本的训练识别文本中与实体及其关系相关的统计特征，而不考虑语法规则。无论是基于规则词典的方法、基于统计机器学习的方法，还是基于深度神经网络的方法，用于命名实体识别时都依赖大量精细标注的数据。目前，存在的命名实体识别数据集包括 2002 年提出的 CoNLL[27]、2009 年提出的 WikiGold[28]、2013 年提出的 OntoNotes[29]、2015 年提出的 I2B2[30]以及 2017 年提出的 WNUT[31]，这些数据集适用于上述 3 种命名实体识别方法。为了解决小样本条件下的实体抽取问题，清华大学发布了首个专用于小样本命名实体识别任务研究的人工标注数据集 Few-NERD，共有 1.882×10^5 个来自维基百科的句子，4.6012×10^6 个词，4.917×10^5 个实体，可用于提高小样本条件下实体抽取的训练速度。

（2）关系抽取。

关系抽取是从数据集中提取出实体之间的关联关系，通过这些关联关系，可实现不同实体之间的联系，进而形成网状的知识结构。目标之间的关系类型主要针对目标本体模型中描述的各类关系，如编配关系、编成关系、供给关系、部署关系、配属关系、干扰关系等。军事领域由于其特殊性，数据集稀少、无标注数据多，多为小样本抽取，单纯使用基于统计的方法将使状态搜索空间非常庞大，通用的机器学习方法并不能达到很好的效果。因此在实际应用中，一般需要引入一些额外的规则来辅助机器学习，如使用元学习、预训练模型等方法。

（3）属性抽取。

属性抽取是从数据源中采集特定实体的属性信息的过程。例如，针对某个特定目标，从相关数据中抽取其呼号、代号、国籍等信息。属性抽取能够从多种数据源中汇集这些信息，实现对实体属性的完整刻画。以飞机类型实体为例，飞机机型在本体模型中往往定义多种不同类型的属性值，如飞机最大航程、起飞跑道滑行长度、降落跑道滑行长度、是否固定翼飞机、最大航行高度、经济高度平均飞行速度等。

2）目标实体消歧与指代消解

目标实体消歧与指代消解指的是将多个数据源抽取的知识进行融合，消除矛盾和歧义，形成完整、一致的知识库，包括实体对齐、实体消歧和知识合并等过程。其中，实体消歧解决因实体同名产生歧义的问题。在实际应用中，经常会遇到某个实体名称在不同环境下对应不同实体对象的现象。如"DDG 171"这个代号可以是日本"旗风"级导弹驱逐舰"旗风"号，也可以是我国 052C 型导弹驱逐舰"海口"号。因此，必须通过实体消歧，建立实体、关系、属性的准确连接。通过在目标知识图谱每个节点上加入目标实体指称项的上下文语义特征作为其属性，利用网络图分析技术计算该节点与指称项之间的相似度，可基于极大似然准则实现实体消歧。指代消解是解决多个指称项对应于同一实体对象问题的过程，也称为实体对齐问题。在实际应用中，一个目标有舰/机名、舷/机号、呼号，在指挥系统中还有批号，这些指称项往往指向同一个实体对象，必须利用指代消解技术将这些指称项关联合并到正确的对象上。

3）目标知识推理

目标知识图谱的推理是在已有目标实体和关系知识的基础上，推理出新的知识或识别出已有知识的错误。目前的知识推理可分为传统推理和基于向量的表示学习推理。传统推理主要包括规则推理和逻辑推理，基于一阶谓词逻辑规则的推理模型在小规模领域知识库上可取得较高的关系推理准确性，其缺点在于依赖专家在本体建模阶段构建出逻辑规则，且模型在推理过程中的计算复杂度较高，难以适应大规模知识库上快速推理的要求。随着深度学习的发展，学者们采用基于向量的表示学习方法，主要思想是将目标知识图谱中的实体关系表示在低维稠密向量空间中，然后利用向量计算实现快速推理。基于向量的表示学习的代表模型有翻译模型、距离模型、因式分解模型、神经网络模型、能量模型等。

4）目标知识图谱应用

目标知识图谱的应用主要有目标搜索和关系分析两类。其中，目标搜索主要用于语义搜索和知识问答，在作战指挥中对智能搜索的需求主要是语义搜索，旨在解决基于关键字的文本搜索或数据库搜索无法理解用户需求而导致的搜索精准度低、关联查询难的问题。针对这一需求，可利用本体、属性、关联关系 3 种方式构建检索策略，即基于本体搜索的目标检索、基于属性的目标检索、基于关联关系的目标检索。基于本体的目标检索利用本体中的描述及元数据，自动生成准确、全面的搜索关键词。基于属性的目标检索将关键词索引的范围从本体名称扩大到与其直接相关的属性、类型等知识，引入了实体属性、类型等信息形成多个约束条件，以支持更加便捷多样的查询。基于关联关系的目标检索则利用特定实体之间的关联关系进行检索。在目标知识图谱中，图结构的数据特别适合基于实体间的关联查询，可通过广度优先遍历搜索每个节点到查询初始节点的路径挖掘节点间的隐性关联，或者通过图相似模式挖掘其潜在关联。关系分析主要用于建立战场数据、信息、知识之间的内在联系，是对战场信息的深层次融合。利用目标知识图谱进行关系分析，可以有效地将海量的战场信息和数据关联利用起来，辅助指挥员理解战场态势。例如，利用目标知识图谱可以基于事件驱动的方式发现事件与事件、事件与目标之间的逻辑关系、统计学关系，从而挖掘出隐藏的目标相关知识。

3. 目标实体关系建模案例

航母编队是一种典型的目标体系。本节以美军航母编队为例，构建目标本体模型，描述航母编队目标的一般属性，以及相关目标之间、目标与行为和事件之间时空关系等，并在此基础上建立航母编队的目标知识图谱。

航母编队目标本体建模的上层概念包括航母编队中的各类舰船（航空母舰、巡洋舰、驱逐舰、潜艇等）、武器装备（舰载机、雷达、导弹等）、作战系统、编队行为等。重要的关系包括航母编队与参与人员之间的关系、编队武器装备与编队行为之间的关系，以及航母编队、编队行为、作战任务与时空范围之间的关系等。航母编队目标概念及其相关概念之间的关系如图 2-7 所示。

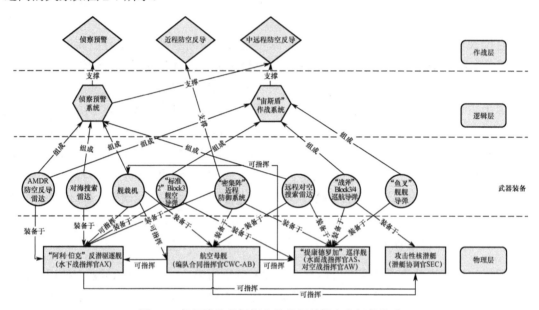

图 2-7　航母编队目标概念及其相关概念之间的关系

采用自顶向下的方式，用 OWL 定义基本概念，声明"舰船"为类概念，将航母定义为"支持飞机起降的舰船"，形式化描述如下：

舰船 rdf:type owl:Class

航母 rdf:type owl:Class

航母 EquivalentTo *舰船* and (*支持起降* some *飞机*)

其中，rdf:type 和 owl:class 分别是 OWL 中预定义的声明资源类型和声明类概念的词汇，"EquivalentTo"是预定义的等价关系词汇；"舰船 rdf:type owl:Class"和"航母 rdf:type owl:Class"分别声明了"舰船"和"航母"是一个类概念；"舰船 and (支持起降 some 飞机)"是类表达式，其中 and 和 some 是预定义的合取符号和存在量词，该类表达式表示"是一种舰船并且支持起降飞机"。

对每一个航母编队目标类，分析其特征后，利用 OWL 中的数据属性描述这些特征，列出航母编队目标的公共属性，包括识别编号、满载排水量、尺寸、速度等。对于航母编队目标，其尺寸、排水量有唯一的取值且取值为大于 0 的浮点数，用 OWL 形式化描述目标的公共属性如下：

識別編號 rdf:type owl:DatatypeProperty

滿載排水量 rdf:type owl:DatatypeProperty

航行/飛行速度 rdf:type owl:DatatypeProperty

航母編隊目標 SubClassOf (識別編號 exactly 1 xsd:string)

航母編隊目標 SubClassOf (滿載排水量 exactly 1 xsd:float[>0])

航母編隊目標 SubClassOf (航行/飛行速度 exactly 1 xsd:float[>0])

……

SubClassOf 是 OWL 中用于声明两个类之间父子类关系的预定义词汇。在上述这些表达式中，前 3 行声明了识别编号、满载排水量和航行/飞行速度等数据属性；"航母编队目标 SubClassOf (识别编号 exactly 1 xsd:string)" 和 "航母编队目标 SubClassOf (满载排水量 exactly 1 xsd:float[>0])" 是类表达式，分别表示 "航母编队目标是识别编号取值有且仅有 1 个字符串这样一类事物" 和 "航母编队目标是满载排水量取值有且仅有一个大于 0 的浮点数这样一类事物"。

逐个分析两个航母编队目标类之间是否存在父子类关系，如果存在这种关系，则声明两个类之间父子类关系，如声明 "航母是一种舰船"，用 OWL 形式化描述如下：

航母 SubClassOf 舰船

两个航母编队目标类之间存在父子类关系，子类会继承父类的特性。针对更具体的航母编队目标类概念，不同目标具有特有属性，各类目标特有属性如表 2-1 所示。

表 2-1　航母编队中各类目标特有属性

目标类型	属性
舰船	重量、尺寸、速度
水面舰艇	排水量
潜航器	潜航深度
航母	舰载固定翼飞机数量、弹射器类型、搭载舰载机

用 OWL 形式化描述航母的特有属性如下：

舰載固定翼飛機數量 type owl:DatatypeProperty

彈射器類型 type owl:DatatypeProperty

搭載舰載機 rdf:type owl:ObjectProperty

航母 SubClassOf (舰載固定翼飛機數量 exactly 1 xsd:float[>0])

航母 SubClassOf (弹射器类型 exactly 1 xsd:string)

航母 SubClassOf (搭载舰载机 some F-18 舰载机)

......

分析出航母编队目标体系的结构后,通过形式化描述目标间的关系来表示目标体系的结构,包括航母装载若干装备、从港口获取补给、通过数据链与护卫舰通信、受指挥中心指挥等关系,用 OWL 形式化描述如下:

航母 SubClassOf (装载 some 装备)

航母 SubClassOf (获取补给 some 港口)

航母 SubClassOf (数据链通信 some 护卫舰)

航母 SubClassOf (被指挥 some 指挥中心)

航母编队所处时空状态用时空要素表示,时空要素具有空间三维坐标和时间属性,时空要素中的时间要素包括时间点和时间段。航母编队与其他国家舰队发生冲突的时刻是时间点,而航母编队执行既定巡航任务的时间范围是时间段。例如,如果航母编队目标具有一条 AIS 轨迹,具备经度、纬度、时刻等参数且被定义为数据属性,那么可用 OWL 形式化描述如下:

航母 SubClassOf (runIn exactly 1 AIS 轨迹)

AIS 轨迹 SubClassOf (经度 exactly 1 xsd:float[>−180, <= 180])

AIS 轨迹 SubClassOf (纬度 exactly 1 xsd:float[>=−90, <= 90])

AIS 轨迹 SubClassOf (时刻 exactly 1 xsd:dateTimeStamp)

航母编队的行为也需要用时空要素表示。例如,舰船执行(excute)离港行为,导致舰船的位置状态(hasState)发生变化,1 个离港事件由 1 个舰船的 2 个位置状态所检测(checkedBy),可用 OWL 形式化描述如下:

舰船 SubClassOf (excute some 离港行为)

舰船 SubClassOf (hasState some 舰船位置状态)

离港事件 SubClassOf (checkedBy exactly 2 舰船位置状态)

舰船 participateIn some 事件

离港事件 occurTime exactly 1 时间段

声明航母编队目标的其他相关知识。对于所有在役的航母,都会赋一个舷号标识,在 OWL 中通过声明"舷号"为数据属性并将"舷号"设置为航母的唯一标识,如下:

舷号 rdf:type owl:DatatypeProperty

航母 SubClassOf (hasKey 舷号)

为所有尼米兹级航母添加"尼米兹级"标签，在 OWL 中用数据属性 tag 和类"尼米兹级"表示如下：

尼米兹级航母 rdf:type owl:Class

tag rdf:type owl:DatatypeProperty

尼米兹级航母 SubClassOf (tag value "尼米兹级")

关系之间的逻辑蕴含是更复杂的关系，如果目标本体建模时用到此类关系，则需用 SWRL 规则来表示。例如，判断航母离港事件的规则，用 SWRL 规则表示如下：

舰船(?ship), 舰船位置状态(?posSt1), 舰船位置状态(?posSt2), hasState(?ship, ?posSt1), hasState(?ship, ?posSt2), DifferentFrom(?posSt1,?posSt2), 事件(?evt), checkedBy(?evt, ?posSt1), checkedBy(?evt, ?posSt2) → 离港事件(?evt)

在上述 SWRL 规则中，以"?"为前缀的字符表示变量。hasState(?ship, ?posSt2)表示变量 ship 具有状态 posSt2，事件(?evt)表示变量 evt 是一个事件。上述 SWRL 规则表示，如果"→"左边的条件成立，那么可以推出"→"右边的结论"离港事件(?evt)"，即发生了航母的离港事件。

推导目标之间关系的知识也可用 SWRL 规则来表示。例如，装备之间通过形成协同作战关系来发挥更大的作用。如果两个武器装备搭载于同一舰船上，那么这两种武器装备可以协同作战。上述推导武器装备目标之间协同关系的知识，用 SWRL 规则表示如下：

武器装备(?a1), 装备于(?a1,?w1), 舰船(?w1), 武器装备(?a2), 装备于(?a2,?w1), 舰船(?w1)

→ 协同作战(?a1, ?a2)

在本体建模目标概念的基础上，可根据本体中定义的实体、关系、属性概念，通过知识抽取、实体消歧、指代消解、知识演化等技术，从相关数据中自动抽取目标实体、属性（值）及关系等具体实例，并整合形成目标知识图谱。下面以"里根"号航母编队为例进行说明。设有一段与"里根"号航母编队有关的文本资料如下：

一般情况下，"里根号"航母编队的最前方是 1 架 E2D 预警机，以及 4 架 F18 战斗机；预警机后方水面上是 1 艘"提康德罗加级"巡洋舰，该舰是美国海军第 1 种正式使用宙斯盾系统的一级主战巡洋舰，该舰长度 172.8 米，舷宽 16.8 米，满载排水量为 9600 吨，可搭载 368 人，航速为 30 节，同时该舰还装备有 AN/SPY-1 相控阵远程对空搜索雷达，该舰一般也是水面战斗群的指挥舰；水下是 2 艘"弗吉尼亚级"攻击型核潜艇，艇上一共可以搭载 38 件武器，其中包括 26 枚 MP48 型鱼雷，12 枚战斧巡航导弹，导弹射程达到 850 海里左右；巡洋舰后面就是"里根号"核动力航母，这是全编队的核心，具有最高指挥权，航母全舰长 332.85 米，飞行甲板宽 78.34 米，整个甲板面积达到 1.8 万平方米，标准排水量为 9.7 万吨，舰载各型战机 85 架，装备两座核反应堆动力系统，最高航速超过 30 节；航母的左右两侧是 2 艘"阿利伯克级"驱逐舰，主要负责侦察预警和中远程反导任务，该舰装备有包括 AMDR

防空反导雷达在内的宙斯盾作战系统，以及 MK-41 垂直发射系统，可发射"标准 2"舰空导弹；航母的后面是 1 艘大型补给舰，整个航母战斗群共有 7 艘战舰。

本体中定义的目标类型包括舰船、武器装备、作战系统、作战任务等，关系包括指挥关系、搭载关系、组成关系等。针对这些类及关系进行抽取后，可得到实例化的知识，如"里根号"核动力航母、"提康德罗加级"巡洋舰等属于"舰船"类，"里根号"和"提康德罗加级"等目标实例之间的指挥关系、搭载关系、组成关系等，如下所示。

- "里根号"核动力航母，"提康德罗加级"巡洋舰，指挥
- "里根号"核动力航母，"弗吉尼亚级"攻击型核潜艇，指挥
- "里根号"核动力航母，"阿利伯克级"驱逐舰，指挥
- AN/SPY-1 相控阵远程对空搜索雷达，"提康德罗加级"巡洋舰，装备于
- 战斧巡航导弹，"弗吉尼亚级"攻击型核潜艇，装备于
- MP48 型鱼雷，"弗吉尼亚级"攻击型核潜艇，装备于
- AMDR 防空反导雷达，"阿利伯克级"驱逐舰，装备于
- "标准 2"舰空导弹，"阿利伯克级"驱逐舰，装备于
- 宙斯盾作战系统，"提康德罗加级"巡洋舰，搭载于
- 宙斯盾作战系统，"阿利伯克级"驱逐舰，搭载于
- AMDR 防空反导雷达，宙斯盾作战系统，组成

通过对目标进行初步的实体和关系抽取后，需要对抽取得到的三元组进行知识融合来消除矛盾和歧义，如文本中出现的宙斯盾作战系统和宙斯盾系统指向同一个目标实体，因此需要合并。

使用 Protégé 工具对目标知识图谱进行可视化，工具可视化部分截图如图 2-8 所示，可以查看武器装备、作战任务、作战系统和舰船等实体之间的关系，也可以从其他维度，如位置、方向，查看选定实体前方、后方、两侧的武器装备与平台情况。

对于每个实例，在 Protégé 工具的属性信息界面中可以查看其详细信息。例如，"里根号"核动力航母和 E2D 预警机的详细信息，其部分截图如图 2-9 所示。

图 2-9 中，"Data property assertions"部分表示的是实例的数据属性及其取值，"Object property assertions"部分就是用对象属性表示实例与其他实例的关系。实际上这只是从一段文本中所抽取的信息。在对所有目标数据进行知识抽取后，可形成巨大的知识图谱，包含许多相互关联的信息。通过关联查询和推理，可获取有关特定目标的完整结论。例如，通过查询目标知识图谱可知，"里根号"隶属美国太平洋舰队，与日本、韩国、印度一同进行过联合军事演习，曾参与伊拉克战争；基于目标本体对目标知识图谱推理，可获得关于里根号的更多信息，如服役时间、开建时间、下水时间以及次级、舰级等，其部分截图如图 2-10 所示。

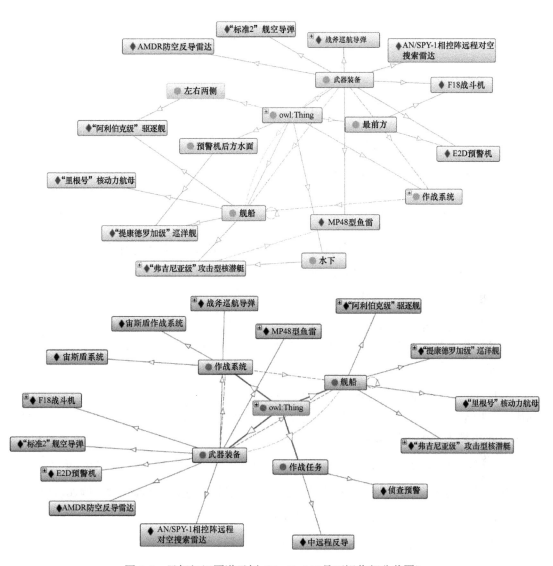

图 2-8　目标知识图谱示例（Protégé 工具可视化部分截图）

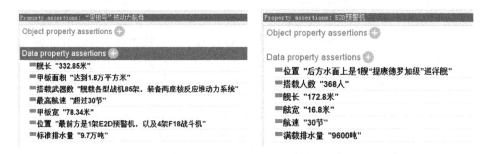

图 2-9　目标知识图谱信息查看（Protégé 工具可视化部分截图）

图 2-10　对目标知识图谱推理获得关于目标的信息（Protégé 工具可视化部分截图）

2.2.3　目标行为建模技术

目标行为是指目标在内部或外部条件影响下产生的活动，对目标行为进行认知是分析和判断态势的关键。典型的目标行为包括运动行为、电磁行为、网络行为、交战行为等。

1．目标运动行为建模技术

目标运动行为建模的目的是对目标的时空位置及其关联活动进行理解，即基于目标时空活动的监视数据，刻画出目标的时空活动特征，识别其时空活动的模式，并建立其与目标状态和意图之间的映射关系。

目标在物理空间的运动参数序列一般用多维度轨迹表示[32]。多维度轨迹 Tr 是在指定时间段内、指定区域中移动目标产生的轨迹，由一组离散点表示，并按时间排序。Tr 中的每个点 p_i 是由地理空间坐标集 $<\mathrm{lon}_i, \mathrm{lat}_i>$、时间戳 t_i 和其他属性集 $\mathrm{Attrset}_i$ 组成的多元组：

$$\mathrm{Tr} = \{<\mathrm{lon}_1, \mathrm{lat}_1, t_1, \mathrm{Attrset}_1>, <\mathrm{lon}_2, \mathrm{lat}_2, t_2, \mathrm{Attrset}_2>, \cdots, <\mathrm{lon}_N, \mathrm{lat}_N, t_N, \mathrm{Attrset}_N>\}$$

其他属性集 $\mathrm{Attrset}_i$ 包含了轨迹点中除时空外的目标其他运动参数信息，例如，目标 ID、道路、速度、类型、方向、长度、宽度和状态等。

以舰船运动行为建模为例，其过程如图 2-11 所示。

舰船轨迹是由一连串动作组合而成的，而相同的舰船动作在同样的环境中可能表示不同的行为[33]。例如，直行匀速轨迹段与航道进行空间交互后可能表示舰船正在顺航道航行，也可能表示舰船正在穿越航道。舰船轨迹自身具有的运动特征可通过舰船船舶自动识别系统数据记录的位置、速度与航向 3 个运动属性对舰船运动的基本单元进行特征建模，划分舰船的运动空间[6]。AIS 数据是一类可实时获取的舰船轨迹数据，由动态、静态、航次相关信息和安全短信息组成，原本设计用于避碰，目前被广泛作为获取船舶轨迹的一类重要数据。

目标的时空轨迹是一种底层感知数据，要从中发现具有高层语义的目标行为，关键是从中提取目标的原子行为。目标的原子行为是指在一段时间内，舰船的运动状态不发生变化的行为，如左转减速、直行匀速、直行减速、停止行驶等。目标的原子行为定义为

$$B^a = \{p_1, p_2, \cdots, p_m\}$$

式中，m 为原子行为包含轨迹点的数目。原子行为对应的目标轨迹即为原子轨迹，是由对应轨迹下每一个时刻的舰船运动向量组成的有序集合。每个原子轨迹 T^a 都包含一个起始点与一个终止点，表示为

$$T^a = \{(s_1,\ t_1),\ (s_2,\ t_2), \cdots, (s_m,\ t_m)\}$$

式中，$s_l = <\mathrm{lon}_l, \mathrm{lat}_l>$ （$1 \leqslant l \leqslant m$）是一对经纬度值组成的位置信息，$s_1$ 和 s_m 分别为 T^a 的起始点与终止点。

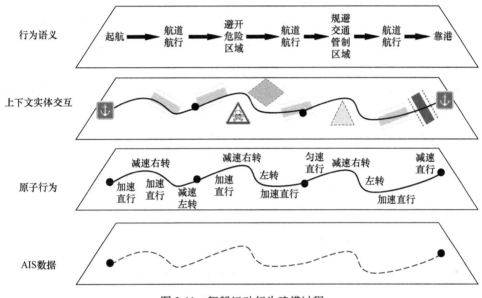

图 2-11　舰船运动行为建模过程

原子行为与不同类型的上下文实体之间的交互，蕴含了不同的行为语义。例如，舰船原子轨迹与航道边界有相交关系，表示舰船可能发生驶入航道行为或发生驶出航道行为。结合原子行为与相应的拓扑关系，可实现对目标高层语义行为的判断。例如，通过一个由穿越航道、左转减速、直行匀速、直行减速、停止行驶等原子行为构成的序列，可以判断舰船执行的是停泊行为。

多个目标执行任务时，为了达到战术目的，通常以编队形式出现，即按一定队形编组或排列运动。例如，多艘舰艇在海上协同遂行任务时形成编队，按照一定的位置排列，以便于机动、掩护、指挥以及充分发挥各种武器效能；多架飞机在空中协同遂行任务时形成编队，以便合理地分配搜索任务，增加侦察范围，或者协同作战以施展多种战术形成攻防一体的作战体系，或者更好地利用每架飞机上的弹药提高火力打击能力。判断多个目标是否存在编队行为，需要基于目标轨迹时空伴随这一特点。

目标轨迹时空伴随。对于 N（$N \geqslant 2$）个目标，其多维度轨迹在时空上存在伴随，即给定最大时间间隔 t、距离 d，以及多维度轨迹 $\mathrm{Tr}_i = \{<\mathrm{lon}_{i1},\ \mathrm{lat}_{i1},\ t_{i1},\ \mathrm{Atriset}_{i1}>, <\mathrm{lon}_{i2},\ \mathrm{lat}_{i2},\ t_{i2},$

Atriset$_{i2}$>,···, <lon$_{iN}$, lat$_{iN}$, t$_{iN}$, Atriset$_{iN}$>}, (1≤i<m), 若|t_{ij}−t_{I1}|<t, 有 Distance((lon$_{ij}$, lat$_{ij}$,Atriset$_{ij}$), (lon$_{I1}$, lat$_{I1}$, Atriset$_{I1}$))≤d。

在同一时刻多个目标的多维度轨迹参数构成的向量距离相近,那么这些目标存在轨迹时空伴随,意味着这些目标可能构成一个编队,通过聚类方法可以自动发现目标的空间群。从目标的多维度轨迹中,还可以提取出目标的航向和速度值,航向指向目标所奔向的目的地,如果空间群中的目标航向和速度值相近,则表明这些目标可能在协同执行任务。

目标编队行为。编队运动是多种兵力部署的重要战术之一。如果多个目标存在轨迹时空伴随,并按照一定的队形排列运动,那么这些目标存在编队行为。为应对不同的任务,目标会按照一定的空间形态编队,例如,空中编队队形可分为楔队、梯队、横队和纵队等,舰艇通常采用的队形有纵队、横队、梯队、环形队、三角形队、方位队等。

对于轨迹时空伴随的 m 个目标,这些目标在某一时刻的位置数据构成集合{<lon$_i$, lat$_i$>|i=1,2,···,m},通过对目标的位置数据及其活动区域进行编码,可将目标位置数据表示为二值矩阵或向量的形式。例如,将这些目标活动的区域划分成 $n×n$ 大小的网格,并进行二值编码,形成尺寸统一的二值矩阵,矩阵中,用 1 表示存在目标、0 表示不存在目标,那么,目标的位置数据就可以转换成二值矩阵,如图 2-12 所示。

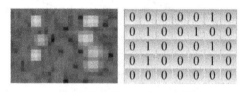

图 2-12　目标的位置数据及其二值矩阵示意图

在对目标位置数据编码的基础上,可使用支持向量机、神经网络、随机森林等方法,构建分类模型,输入目标的位置编码数据,模型就可以识别目标形成的编队类型。

2. 目标电磁行为建模技术

目标电磁行为是指目标为进行感知、通联等而在电磁域发生的行为。建模并分析目标电磁行为,对于判断目标身份,弄清目标意图、还原目标体系结构具有重要作用。目标电磁行为的特征参数包括雷达的波束指向、工作模式、发射信号等,电台的无线电波通信类型、载波频率、带宽等。下面以雷达辐射、电磁通联为例,对目标电磁行为建模技术进行介绍。

1)雷达辐射行为建模

雷达辐射行为是指雷达设备用某制式的信号,对目标或某作战空间执行辐射动作的行为。例如,某时刻 t,检测到来自某方位的某制式信号 s,采用某扫描方式 c 执行某动作于我方。以 b 表示一条雷达辐射行为,B 为所有雷达辐射行为的集合,则有:

$$b_n \in S \times C = B$$

$$b_n = (s_n, c_n)$$

式中，c_n 为扫描方式，包括电扫、圆周扫描、圆锥扫描、扇形扫描等；s_n 为信号制式集合，由到达角、频率、脉宽和脉冲重复间隔等参数组成。因此，雷达辐射行为等价表示为

$$b_n = (a_n, r_n, w_n, i_n, c_n)$$

式中，a_n、r_n、w_n、i_n 分别为到达角、载频、脉宽、脉冲重复间隔，且 r_n、w_n、i_n 各包含参数类型和具体参数（或参数区间）两个参数。载频包括固定、捷变、跳变、分集等类型；脉宽包括固定、脉冲压缩、分集、多脉宽等类型；脉冲重复间隔包括固定、参差、抖动、滑变等类型。

雷达辐射行为分为雷达功能行为与雷达抗干扰行为，可体现为 a_n、r_n、w_n、i_n 等参数的变化规律。雷达功能行为是指一部雷达为了实现不同功能，执行不同的作战任务而对外表现出的动作或规律，例如，雷达根据包括跟踪、捕获、测距、搜索、制导、火控等工作任务与场景，选择合适的信号调制形式。雷达抗干扰行为是指雷达在干扰电磁环境下为保证性能与任务的正常执行所做出的抗干扰策略，不改变此刻雷达的工作状态，例如，雷达根据外部电磁环境选择最优的雷达工作发射频率、将脉冲重复间隔设置为某一范围内的随机序列等。

2）目标电磁通联行为建模

目标之间的电磁通联行为是指目标之间通过电台发送和接收电磁波的活动，可以用于挖掘目标的通联行为规律。

为确保数据的可靠传输，目标之间通信的电台设备多采用停止等待协议。在此条件下，如果两个目标的电台设备发射的无线电波特征向量距离相近，表明其通信类型、载波频率、带宽、通信起始时间、通信时长等特征之间存在关联性。

设两个目标发射的无线电波特征向量分别为

$$\mathbf{rw}_1 = (\text{commT}_1, \text{freq}_1, \text{bw}_1, t_1, \text{duration}_1)$$

$$\mathbf{rw}_2 = (\text{commT}_2, \text{freq}_2, \text{bw}_2, t_2, \text{duration}_2)$$

式中，commT_i、freq_i、bw_i、t_i、duration_i 分别为通信类型（取值为定频或跳频）、载波频率、带宽、通信起始时间、通信时长（$i=1,2$），如果 $\|\mathbf{rw}_1 - \mathbf{rw}_2\| \leqslant \varepsilon$，即两个特征向量距离小于一定的阈值 ε，那么可判定目标之间存在电磁通联行为。

目标的电台设备发射的无线电波特征向量之间的关联性，是发现目标电磁通联行为的基础。对两个目标发射的无线电波，其特征向量的距离是多少，才判定目标之间存在电磁通联行为，需要基于专家经验来设定距离阈值 ε，或者通过数据挖掘从历史数据中找出规律来设置。

基于目标之间的电磁通联行为，可进一步分析发现其作战行为。例如，MQ-4C 无人机与 P8A 反潜巡逻机组成编队协同时，通过通用数据链将目标信息传送给 P8A 反潜巡逻机；在作战海域上空为潜艇、舰船、空中作战平台提供通信中继时，使用搭载的战场机载通信节点（BACN）进行信息传输；通过目标电磁行为分析和基于网络流数据目标交互行为分

析，可以发现上述这两种信息传输通联行为。因此，在目标电磁行为分析和网络交互行为分析的基础上，通过判断 MQ-4C 采用通用数据链还是战场机载通信节点进行通信，可以区分 MQ-4C 正在进行的是编队协同还是通信中继。由于通用数据链传输带宽高达 274 Mbps，如果 MQ-4C 无人机与 P8A 反潜巡逻机之间存在长时间的大流量通联，则可以推断 MQ-4C 无人机给 P8A 反潜巡逻机传输视频数据的行为，进一步推断其正在与 P8A 反潜巡逻机协同进行对潜艇目标的跟踪和监视。

3. 网络行为建模技术

网络和信息系统被广泛使用，极大地提高了指挥控制的效率。对目标的网络行为从底层到高层进行分析，为更准确地判明目标的意图提供了新的视角。目标的底层网络行为包括网络传输过程中的各种行为，如数据传输、访问、输入输出、通信、交互等。目标的高层网络行为可分为进攻行为和防御行为，进攻行为主要包括侦察、定制武器、投送武器、利用漏洞、安装武器、指挥控制和执行攻击，防御行为包括加密、设置防火墙、升级系统和运用安全策略管理等。

目标网络行为建模在目标网络行为观测数据的基础上，刻画并提取行为特征，运用各种数据分析技术，从数据中检测出底层网络行为的痕迹，形成行为序列，并通过关联挖掘进一步分析目标的高层网络行为，以理解目标的状态和意图。

可观测的网络行为数据包括网络流数据、用户访问记录、社交媒体交互数据、网络日志等。下面以网络流数据为例，说明网络行为建模技术。网络流是两台主机之间进行的网络应用数据通信过程，即一条网络流可以由源网络地址、目的网络地址、源端口、目的端口和协议来确定。网络流被定义为具有由如下相同的 5 个特征构成元组的一系列数据包：

$$packet = (源网络地址，目的网络地址，源端口，目的端口，协议)$$

网络流既展现了网络化设备的通信结构，又能够承载行为主体的信息表达。在分组交换网络中，两个设备进行通信的核心是信息流的存储和转发，且由网络地址、端口和协议来确定该数据通信的设备、应用和类型。网络行为建模技术首先从这些网络流数据中提取相关的特征，通过对这些特征进行学习和分析，检测目标的底层网络行为的痕迹并判断其类型。常见的行为特征提取方法如下。

（1）分组特征提取方法，通过对网络传输过程中的数据包进行分类，提取其中的信息，如数据包的大小、时延、传输路径等，这类特征适用于大规模行为监测。

（2）流特征提取方法，对一串数据包进行特征提取，如网络流量、包个数、请求大小等，这类特征适用于检测恶意攻击行为。

（3）操作特征提取方法，从用户的操作数据中提取统计特征，如用户的登录周期、访问频次以及输入、输出等。

通过特征提取方法，可从网络流中提取目标的大量网络行为特征，例如，KDDCup99 数据集[34]给出了在三个层面上所提取的 41 个统计特征，包括数据包层面的基本特征量、数据流层面的持续特征量和数据内容层面的特征量，从不同的角度刻画网络流。

从网络流数据中提取目标行为特征后，通过异常检测方法，可以检测出行为痕迹。这些方法针对目标行为特征经模型计算得到的异常值进行评估，实现异常行为的检测，常见的检测方法如下。

（1）签名检测方法，通过分析网络上已知的恶意访问行为，从中构建出有效的恶意访问特征（又称为签名），并通过这些特征去匹配网络传输上的数据包，从而检测恶意访问行为及其类型。

（2）用户行为分析方法，通过目标的平时使用习惯、网络传输的频率、时间等进行分析，判断数据传输、通信、交互及其类型。

（3）数据挖掘方法，通过数据挖掘方法分析目标行为特征的变化规律，检测底层网络行为及其类型。基于这些方法，Snort 入侵检测系统利用模式匹配技术，就可以发现常见的网络攻击行为。

从网络流数据中提取目标的底层网络行为后，通过关联分析技术将其按照一定的规则进行聚合和关联分析，可进一步判断目标是否存在网络进攻行为，如侦察、定制武器、投送武器等。

4．交战行为建模技术

交战行为（Belligerent Operations）是目标针对我方的敌对行为，分为进攻行为和防御行为两大类[35]。美军陆军条令《进攻和防御（ADP 3-90)》[36]认为，进攻行为包括运动接触（Movement to Contact）、攻击（Attack）、扩大战果（Exploitation）和追击（Pursuit），目的是摧毁、扰乱、瓦解或歼灭敌军，并控制地形、资源和人口，以及获取信息；防御行为包括注重地形的区域防御、侧重于敌方运动的机动防御、向友方力量靠拢的撤退行为，其目的是为进攻创造有利条件，以重新获得主动权。

1）进攻行为分类

运动接触：目标为营造态势，建立或恢复与敌方的接触而设计的一种进攻行为。运动接触的目的是与敌方小部分部队初步接触，同时保留足够的兵力用于营造态势和减轻相关风险，为后续的战术行动创造有利条件。目标在敌情不明或对敌情了解不够充分的情况下，会实施运动接触行为。运动接触行为的变体包括搜索攻击（Search and Attack）和封锁搜查（Cordon and Search，一种将目标区域以警戒线分隔或包围，防止对方逃脱，并对目标区域进行彻底搜索的战术）。

攻击：一种击败或歼灭敌方、占领并保护地形或两者兼有的进攻行为。攻击不同于运动接触，因为在攻击前，目标就已经了解敌方的部分部署，因此，目标能更好地组织和运用兵力。攻击的变体有伏击、反攻、佯攻、突袭等。

扩大战果：在完成基本任务的基础上，利用战机，争取更大胜利的进攻行为，其目的是在纵深瓦解敌方，使其别无选择，只能投降或撤退。这种进攻行为敌方没有喘息的机会，通常是在突破敌方防御阵地、打乱防御部署的过程中，或在完成基本任务后，出现有利于歼灭另一部分敌方的态势时实施。

追击：为抓捕或切断试图逃跑的敌方，目标实施的一种进攻行为。追击有正面追击和联合追击两种变体，通常是在成功扩大战果之后实施。追击的特点是快速运动和分散控制，因此，需要大胆的行动和深思熟虑的主动性（即具备计划周全的主动行动能力，有明确的目标和计划，考虑了可能的风险和后果）。

2）防御行为分类

区域防御：专注于在特定时间内拒止敌方进入指定地形的一种防御行为。区域防御的重点是保持地形控守，使大部分防御目标能占据相互支援的阵地，而不是彻底摧毁敌方。目标通过实施区域防御行为，保持阵地并控制敌方兵力之间的位置以及敌方希望控制的地形。

机动防御：机动防御是一种以决定性攻击为手段，集中精力摧毁或击败敌方的防御行为。机动防御聚焦于击败或摧毁敌方，允许敌方前进到特定的位置，这些位置将敌方暴露于具备决定性反击能力的打击力量火力覆盖中。

撤退：一种有组织地远离敌方的防御行为。撤退可能是目标在不利态势下的受迫行为，也可能是一个更大的机动计划的一部分，旨在重新获得主动权并击败敌方。撤退的三个变体为迟滞、撤离和退却：迟滞是目标处于压力下，通过以空间换时间，来减缓敌方的运动，并在非决定性交火前提下给敌方以最大损伤；撤离是向远离敌方的方向移动，以保存力量，或者将这些力量释放以执行新任务；退却是被打散而失去联系的部队远离敌方。

3）交战行为建模技术

交战行为建模技术通过获取目标的运动行为、电磁行为和网络行为等基础行为多维特征，并从这些特征中挖掘行为模式等潜在的有价值信息，判断目标的交战行为类型，从而抽象出交战行为的信息全貌。例如，针对进攻行为具有大胆、专注、出其不意和快节奏等特点，持续将兵力投入战斗、将兵力集中部署、出其不意和密集发动攻击，通过分析基础行为多维特征，判断目标是否具有上述特征，来确定目标是否采取进攻行为。

美军陆军作战条令《联合陆地作战（JP3-31）》[35]认为，进攻行为具有将战斗力在时间和空间上的影响聚集在关键节点、时空突然性和有效控制节奏保持主动性等特点，防御行为具有干扰破坏敌人、高机动性、大规模与集中性、纵深作战（在整个作战区域内同时应用兵力）等特点。其中，战斗力在时空的影响聚集程度、机动性可以通过运动行为的特征和类型观察到，根据雷达辐射行为和电磁通联行为的频次和类型能够预测行为的时空突然性，通过电磁通联行为、网络交互行为的特征和类型，可以预测目标兵力运用的集中性和纵深作战。因此，基于运动行为、雷达辐射行为、电磁通联行为、网络交互行为等基础行为的特征和类型，可以构建模型，判断目标的交战行为类型。

2.2.4　目标能力建模技术

目标能力是指目标在一定条件下担负作战任务的能力，包括打击毁伤、生存自卫、信息支援、指挥控制、机动投送、综合保障等。目标能力建模是目标能力分析、威胁评估以及重心分析的基础。目标能力建模包括单目标能力建模和目标体系能力建模，其中，单目标能力建模主要是分析单个目标的各类能力，目标体系能力建模是在单目标建模基础上，立足整体认知体系，对其整体能力进行综合。

1．单目标能力建模

单个目标能力分析主要依据目标个体的功能属性，结合其自身的战技参数，如功能特征、物理特征、机动特征、武器装备特征，分析计算其各类作战能力，如预警探测能力、电子干扰能力、防空反导能力、指挥控制能力、运输补给能力、火力打击能力、信息通信能力等。其中，预警探测能力主要分析雷达站、技术侦察阵地、海空预警平台等目标的部署配置、探测能力和机动范围；电子干扰能力主要指电子对抗装备的作用范围、强度和致盲时间；防空反导能力主要指防空导弹阵地的拦截范围、准备时间和成功拦截概率；指挥控制能力主要指指挥机构和通信装备决策水平、通联程度和指控范围；运输补给能力主要指后勤保障力量的输送范围、时间和数量；火力打击能力主要依据火力反应速度、火力控制力、火力资源利用力和火力毁歼力等分项指标计算。

下面以单个目标的预警探测能力和电子干扰能力建模为例，说明单目标能力建模技术。

1）预警探测能力建模

预警探测能力是评价预警探测装备作战能力的主要指标，反映了预警探测装备完成可能赋予的作战任务的能力度量，主要用于度量预警探测装备对弹道导弹、巡航导弹和高空突防、低空突防以及电子干扰掩护下的作战飞机的探测能力，预警探测能力评价的基础是雷达探测范围。

设雷达的发射信号功率为 P_t，发射天线增益为 G_t，目标的散射截面积为 σ，雷达天线的有效接收面积为 A_r。雷达天线向自由空间发射信号，在天线最大增益方向接收距雷达 R 处的目标的回波信号功率 P_r 为

$$P_r = \frac{P_t G_t}{4\pi R^2} \times \frac{\sigma}{4\pi R^2} \times A_r \tag{2-1}$$

式（2-1）表明，雷达接收的回波信号功率是三个因子的乘积：第一个因子表示雷达发射信号在目标处的功率密度；第二个因子表示截面积为 σ 的目标散射信号在雷达天线处的散度，前两个因子的乘积就是目标散射信号返回雷达处的功率密度；第三个因子是接收天线的有效接收面积，它与目标散射信号功率密度的乘积就是雷达接收的回波信号功率。

如果雷达要可靠地发现目标，接收到的回波信号功率 P_r 必须超过最小可检测信号功率 $S_{\min}$。当 P_r 正好等于 $S_{\min}$ 时，就可以得到雷达探测该目标的最大作用距离 $R_{\max}$。这时式（2-1）

可以表示成单基地雷达方程：

$$R_{\max}^4 = \frac{P_t G_t A_r \sigma}{(4\pi)^2 S_{\min}}$$ （2-2）

由此可见，目标的回波信号功率与目标到雷达距离的四次方成反比。这表明，单基地雷达的回波信号经过往返双倍路程的传播，能量衰减很大。式（2-2）是基于自由空间传播的简化雷达方程。

通过各型平台搭载雷达机动和增加扫描频率/分辨率，目标的预警探测范围和精度将大大增加，从而增强了目标的预警探测能力，因此，目标的预警探测能力可以用向量表示

$$C_{EW\&D} = (R_{\max}, Speed, Resolution, Frequency)$$ （2-3）

式中，$R_{\max}$ 表示雷达探测范围；Speed 表示机动速度；Resolution 表示分辨率；Frequency 表示扫描频率。

2）电子干扰能力建模

军用雷达工作时常常会受到敌方故意施放的射频信号的干扰，称之为有源干扰或积极干扰。由于有源干扰信号的带宽通常大于接收机的信号带宽，因此这种干扰对雷达检测性能的影响就像自然界的"天线噪声"影响，可以用等效噪声功率谱密度来表示。

设干扰机的发射功率为 P_j，干扰机的天线增益为 G_j，干扰机的干扰带宽为 B_j，干扰机到雷达的距离为 R_j，干扰信号的极化匹配因子为 δ_j，干扰信号的单程传播损耗因子为 L_j，雷达天线对着干扰机方向的有效面积为 A_r'，雷达接收机的信号带宽为 B_n，则雷达接收的干扰信号功率 P_{rj} 为

$$P_{rj} = \frac{P_j G_j}{4\pi R_j^2} \times \frac{A_r'}{\delta_j L_j} \times \frac{B_n}{B_j}$$ （2-4）

式（2-4）表明，雷达接收的干扰信号功率是三个因子的乘积：第一个因子表示雷达天线上的干扰信号功率密度；第二个因子表示雷达天线的有效截面积与极化失配损失和干扰信号传播损失之比，它与雷达天线上的干扰信号功率密度的乘积就是雷达天线接收的干扰信号功率；第三个因子表示雷达接收机的信号带宽与干扰机的干扰带宽之比，它与前两个因子的乘积表示雷达可接收的干扰信号功率。当 $B_n \geqslant B_j$ 时，干扰为瞄准式干扰，干扰信号可全部被雷达接收；当 $B_n < B_j$ 时，干扰为阻塞式干扰，干扰信号只有部分被雷达接收。

通过搭载干扰机的平台机动以及采用可持续发射干扰信号的源，可以增强目标的干扰时空范围，因此，目标的干扰能力可以用向量 C_{jam} 表示

$$C_{jam} = (P_{rj}, Speed, Persist)$$ （2-5）

式中，P_{rj} 表示干扰信号功率；Speed 表示机动速度；Persist 表示干扰可持续的时间。

2. 目标体系能力建模

目标体系的结构和运行机制决定了目标体系能力是单目标能力的非线性映射与线性叠加的综合，具有层次性、协作性、松耦合性、多目标性和涌现性等特点，具有"整体大于部分之和"的特征。目标体系能力建模是在单目标能力建模的基础上，对各目标能力的综合刻画。

1）目标体系综合能力建模框架

目标体系综合能力体现为"目标能力－能力指标（性能）－能力原子－目标特征参数"目标能力内涵的层次结构。

目标体系综合能力建模与分析主要包含以下四个方面。

（1）目标体系综合能力分析是以单个目标能力分析和目标体系构建为起点的。

（2）通过构建目标体系静态结构模型和运行机制模型，完成单目标能力到目标体系能力的非线性映射和线性叠加，从而实现目标体系能力模型的综合构建，基于目标体系综合能力建模，进一步实现对目标体系综合性能指标的分析。

（3）通过场景规划，设定特定作战行动、目标体系的微观行为，运用仿真等手段，分析在不同场景下目标体系的动态表现，完成对目标体系效能指标的分析。

（4）目标体系综合能力是目标体系性能指标和目标体系动态效能指标的综合表现。在性能指标和效能指标的基础上，通过抽象综合，完成对目标体系综合能力的分析。

当目标体系综合能力从不同的角度分析时，其关注点是不一样的。从进攻的角度看更注重火力的范围和强度，从防御的角度看更强调机动性能、隐身性能或装甲特性，从保障的角度看更注重保障的可靠性、多样性。所以目标体系的综合能力是多属性的，由一系列具体的能力指标来表征和度量。例如，防空反导目标体系包括预警、指控、火力、通信等四大类目标，能力评估时主要关注通信、预警、指控、火力等四种能力，这四种能力的互相作用如图 2-13 所示。其中，通信能力是其他三种能力作用的基础，预警能力是目标体系对来袭兵器做出反应的源头，指控能力是将预警能力转化为火力能力的桥梁，体系最终对外表现为火力能力。

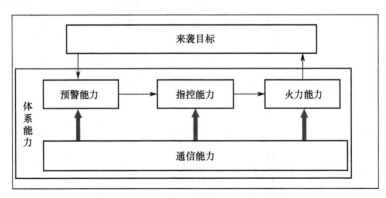

图 2-13 防空反导目标体系能力建模框架

通信能力和指控能力为内能力,预警能力和火力能力为外能力,内能力的强弱最终要通过外能力表现出来,在体系能力计算的优化模型中,外能力是目标函数,内能力是约束条件。体系中还存在的其他能力,如防护能力、机动能力等,在明确相应的军事规则后,可以转化为约束条件,也可以作为参数融合到目标函数中,从而构建适配的目标体系综合能力模型,优化目标选择的结果。

2)目标体系能力评估指标体系

目标体系能力由单个目标能力按照体系结构和运行机制聚合而成。与之对应,能力评估指标体系可以分为四层,如图2-14所示。属性层,属性是目标固有的,如目标地理位置、雷达的发射功率等,是目标的基本特征;目标层,即由目标属性在具体任务中所表现出来的单个目标的能力,受一定环境因素的影响,确切地说是单目标能力,这种能力可以通过相对确定的模型进行计算;指标层,指标是体系能力最基本的组成单元,每个指标都是由体系内所有相关目标按照一定结构聚合而来的,如预警时间是由各单目标预警时间、目标地理位置、指控结构共同决定的;能力层,战场目标体系的能力根据能力的表现方式分为不同类型,每种能力类型都可能包括多个指标,如预警探测能力可以有预警时间、预警范围等指标,在不同的作战场景下,关注的指标也是不同的,关注的指标不同,目标选择的结构也会不同,不同类型的能力是互相影响的。

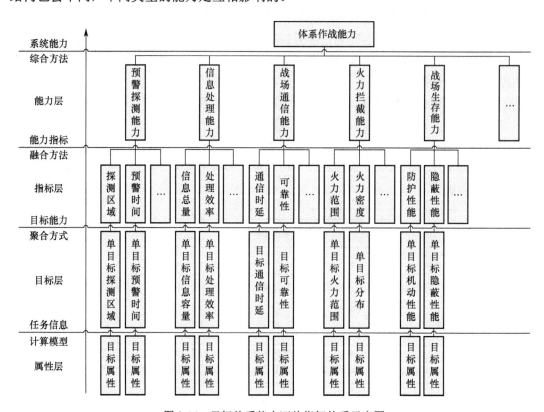

图2-14 目标体系能力评估指标体系示意图

2.2.5　威胁建模技术

威胁建模的目的是判断目标的威胁程度，威胁程度是目标和目标体系影响我方完成任务的度量。在 JDL 模型中，对目标和目标体系的威胁建模属于高层级的信息融合，位于 JDL 模型的第三层级，是在对目标识别、行为建模和能力建模的基础上，推理并判断目标和目标体系的意图和目的，对目标和目标体系的威胁程度、威胁能力进行量化判断。

美军条令《战场情报准备（ATP 2-01.3）》[9]分析了目标的一般威胁特征，主要包括目标的构成、目标的部署、兵力、战斗力、理论和战术、支持和关系、电子技术数据等。目标的构成描述了一个目标实体是如何组织和装备的，主要是目标的组成人员、武器和装备的数量和类型；目标的部署是指目标力量在战场上的排列方式，包括目标的历史、当前和计划的移动或位置；兵力是指一个目标或目标体系的人员、武器和装备力量；战斗力是指目标基于行为、作战和领导考虑而投入战斗的准备状态，衡量的是一个军事力量完成其目标的能力，描述了目标的能力和战斗质量；理论和战术是指目标采用的战术理论和具体的作战行为；支持和关系指的是目标支持系统的能力；电子技术数据是指进行电子战需要电子技术数据，这些数据来自网络空间电磁活动、信号情报以及测量和签名情报。通过层次分析法（AHP）、优劣解距离法（TOPSIS）等评估方法综合考虑目标的威胁特征[37]，可以综合判断目标的威胁程度，这一判断过程如图 2-15 所示。

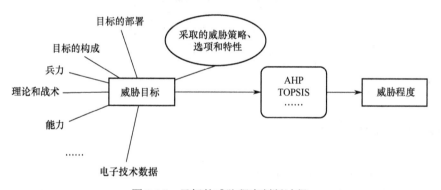

图 2-15　目标的威胁程度判断过程

以典型的防空作战目标威胁评估为例，目标的威胁建模包括建立目标威胁的评估指标体系、确定指标权重、计算威胁能力[11]。评估指标体系由反映不同目标威胁程度的属性构成，是从威胁的角度对目标的描述，这些属性包括目标类型、任务企图、作战攻击能力、航行机动能力、电磁干扰能力等多个方面。在这些属性中，既有定量的描述，如目标的航行机动状态和机动能力等，也有定性的描述，如态势描述中的作战企图、目标类型等。对于当前战场联合作战，主要的攻击手段有物理攻击、电子攻击和网络攻击 3 种，针对这 3 种攻击造成的威胁，分别提取相应威胁的评估指标形成指标体系[10]，其构成如图 2-16 所示。

构建了目标的威胁指标体系后，需要进一步确定威胁指标体系中各指标的权重。以计算目标的物理威胁为例，使用目标物理参数和目标类型，可构建如下威胁特征构成的元组：

$$F = （目标类型,距离,接近速度,目标高度,目标航迹角）$$

那么，确定权重向量 w ：

$$w = (w_1, w_2, w_3, w_4, w_5)$$

目标物理威胁能力 V （为标量）的计算公式如下：

$$V = w \cdot F^{\mathrm{T}}$$

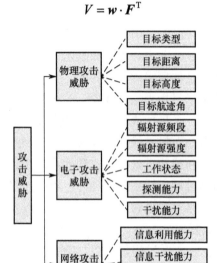

图 2-16　3 种攻击威胁的指标体系构成

2.3　战场环境建模技术

战场环境是敌我双方作战活动的共同空间地域以及对作战活动有影响的各种客观情况和条件，是一个由多种要素构成的系统。按照物理域、信息域、社会域的划分，战场环境建模技术分为物理环境建模技术、信息环境建模技术和社会环境建模技术。

2.3.1　物理环境建模技术

物理环境为军事活动提供基本的空间区域，主要包括陆战场环境、海战场环境、空战场环境和太空战场环境。本节主要介绍陆战场环境、海战环境和空战环境的建模技术。

1. 陆战场环境建模技术

陆战场环境主要包括陆上的自然环境和人工环境，陆战场环境中对军事活动影响最大的因素是地形，包括地物和地貌。其中，地物是指地球表面上的人造或天然的固定性物体，如房屋、道路、河流、湖泊、森林等，地貌是指地球表面自然起伏的形态，如平原、山地、丘陵、盆地、高原等。"夫地形者，兵之助也。料敌制胜，计险隘远近，上将之道也。知此而用战者必胜，不知此而用战者必败"。孙子在 2000 多年前就已经指出，地形对军事行动具有重大意义，将地形分为"通""挂""支""隘""险""远"等六种，并总结了地形的利用原则。

考虑地理环境的军事影响，美军条令《战场情报准备（ATP 2-01.3）》中的 OAKOC 模型对地形做了定性的分析[9]。OAKOC 模型主要考虑地形对侦察与目标探测的影响（视界，**Observation**）及地形对武器系统射击效能的影响（射界，**fields of fire**）、部队能够按作战理论规定队形推进机动的地域（机动路，**Avenues of Approach**）、具有明显战术价值的地形（关键地形，**Key Terrain**）、阻止/妨碍/牵制军队运动的自然与人造地物（障碍，**Obstacles**）、地物对遂行作战保密与欺骗行动带来的便利（隐蔽，**Cover**）及地形可供规避或减小敌军观察和射击的程度（掩蔽，concealment）和使部队能够到达关键地形或目标的路线（接近路，通常包括若干机动路）。关键地形是指任何一方的夺占、保留或控制都会带来明显优势的地物或地貌，其关键性主要表现在封锁、控制、限制对方的运动，而自身的地形特征又难被对方克服，其对战斗进程会产生重大的影响。

OAKOC 模型概括了地形影响军事行动的基本因素。视界与射界用来评估地形对观察与射击的影响，障碍和机动路用来描述、分析部队在地形的通行能力，隐蔽与掩蔽用来评估地形的隐蔽与掩蔽的能力。地形是通过影响敌我双方的运动、攻击和防护来影响战斗的进程和结局，地貌起伏形成的高地，给观察与射击带来诸多便利，居民地和植被密集的地区遮挡了视线，便于兵力的集结，地势低洼之处容易形成射击上的死角，地形起伏严重、切割度大的地区对机械化兵团的运动构成严重的障碍。地形因素作用在运动之上，对军事行动的速度产生了阻力，军事上用通行能力来反映此种阻碍的大小；地形因素作用在攻击之上，对武器系统的观察与射击产生了影响，军事上用视界与射界来描述影响的程度；地形因素作用在防护之上，对部队的防护效果会有所增减，军事上用隐蔽与掩蔽、工事构筑效率来刻画增减的强弱。

在 OAKOC 模型中，关键地形对战斗进程会产生重大的影响。在机动作战理论中，关键地形若为守方占领，则攻方将会减缓或停止进攻；若为攻方所掌握，则将保持其进攻速度与锐势。因此，指挥员或参谋人员通常要结合任务、地形条件、战场态势、敌情，综合考虑关键地形。关键地形分析需要考虑的要素如图 2-17 所示。

以对关键地形中机动路与支援的评估为例，可以设计纵向支援能力 D_v 与横向机动能力 D_h 两个指标。设关键地形背后有纵向道路 n 条，各条道路昼夜流量分别为 $S_i(i=1,2,\cdots,n)$，关键地形的昼夜消耗物资总量为 S。关键地形的纵向支援能力 D_v 是流经该地形的昼夜流量之和与该地形昼夜消耗物资总量的比值，计算公式为

$$D_v = \sum_{i=1}^{n} \frac{S_i}{S}$$

关键地形的横向机动能力 D_h 是流经该地形的昼夜流量之和，并使用所有地形中流经的

昼夜流量之和最大值 T 归一化，计算公式为

$$D_{\mathrm{h}} = \sum_{i=1}^{n} \frac{S_i}{T}$$

对机动与支援进行综合考察，设计机动与支援向量 $\boldsymbol{D}$ 为

$$\boldsymbol{D} = (D_{\mathrm{v}}, D_{\mathrm{h}})$$

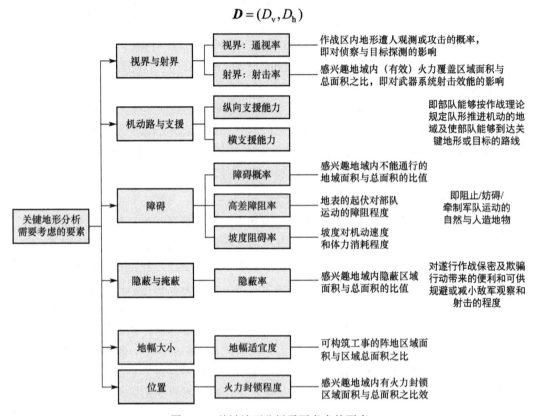

图 2-17　关键地形分析需要考虑的要素

2. 海战场环境建模技术

海战场是海上交战双方开展海上作战行动的空间，包括大洋、海域、海湾、河口、岛屿、沿海地区及其上方的空域等。海战场的广阔性和与陆地的接近性使得该战场对于兵力投射至关重要，海战场是一个巨大的机动空间，海战装备可以在空中、水面和水面下进行战术机动。

对海战有显著影响的海战场环境主要包括水文、海洋构成、气象。水文是表示和反映海水的温度、盐度、深度等静态要素，以及洋流、海浪、潮汐等动态要素的现象，对军事活动影响较大的水文包括温度、盐度、深度、洋流和海浪、潮汐。海洋构成包括要素和区域，要素是指海岸、岛礁、海峡、水体和海底地形，区域包括开阔海区、岛礁区、濒陆海区和海峡。海洋构成按照地质要素可划分为海底地形、海洋重力和海洋磁力等。海洋气象环境主要有海雾、风和降雨。海战场环境要素如图 2-18 所示。

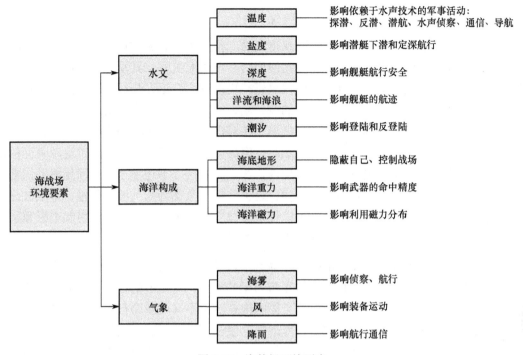

图 2-18　海战场环境要素

海洋水文要素是对海上作战装备影响最大的海洋要素。海水温度决定了海水声速，从而影响声呐的作战效果，探潜、反潜、潜艇隐蔽航行、鱼雷制导、水雷布放、扫雷、水声侦察、水声通信、水声导航等水下军事活动都依赖于水声技术，作战效能都与海洋声学作战环境要素息息相关。海水盐度是潜艇下潜和定深航行的首要参数，海水深度影响舰艇航行安全，洋流和海浪时刻影响舰艇的航迹，潮汐的变化决定登陆和反登陆的成败。在现代的海洋战争中，海洋水文要素的军事运用不仅停留在宏观效果上，而且发展到更精细、更准确的程度。例如，核潜艇水下隐蔽航行范围大，在卫星定位系统失效时，核潜艇主要依靠惯性导航定位，惯性导航定位的误差主要来源于海流作用于核潜艇产生的偏差，长距离的误差会积累很大，必须进行海流修正，只有掌握了大范围精确海流数据的核潜艇，才能实施精确导航。

海洋构成按照地质要素划分，主要包括海底地形、海洋重力、海洋磁力等。海底地形的军事影响主要体现为：作战方利用地形隐蔽自己、控制战场，能以小的代价换取大的胜利；"地形匹配"技术已经被移植到水下智能兵器上，例如，现代潜艇、智能鱼雷依靠这种先进的制导技术，就可以利用海底复杂的地形，成功地隐蔽自身、出其不意地攻击敌人。海洋重力的军事影响表现为：对远程攻击武器的命中精度。例如，远程运载火箭的大部分飞行轨道是在海洋上空，尽管运载火箭应用了卫星制导、星光制导等先进的制导技术，协助修正其运行轨道，但如果忽略了重力异常的影响，命中精度将大大下降，微小的重力场影响就能使得远程打击武器的命中误差达到数千米。海洋磁力的军事影响表现为：作战方利用磁力差分原理，在反潜机尾部吊装光泵磁力仪，发现磁力分布异常后，通过就近飞两条正交的航线，即可测量潜艇的位置和吨位。

海战同样需要靠气象条件的支持而获得成功。现代海上作战的主要装备如舰艇、飞机、鱼雷、潜射导弹，以及军事技术手段如无线通信、电子对抗等，其军事效益都要受到气象条件的限制。在军事对抗中，谁掌握的气象资料更准确、广泛、长久，谁就能获得更大的军事优势。现代海洋气象除了人们熟悉的风、温、雨、浪，还有许多新的要素。例如，临近海面不同高度的风速、风向、气压、气温、相对湿度、海水皮温和少数离子，在一定条件下会形成大气环境中的陷获、折射。这时，电磁波弯向地面的曲率会超过地球表面的曲率，电磁波将被限制在一定厚度的大气层内，在该大气层上下边界之间来回反射并向前传播，就如同声波在金属波导管中传播一样。这种传播现象称为大气波导传播，形成波导传播的大气层称为大气波导。大气波导可以使电磁波实现超视距传播，也会引起电磁盲区、导致雷达杂波。这些元素会对海军作战产生重大影响。

美军条令《联合海上作战（JP3-32）》认为，取得海战优势必须从 5 个角度来考虑海战环境[11]：行动准入，即在争端地区部署军事力量的能力，有足够的行动自由来完成任务；威慑拒止，即在冲突中获胜的能力，这会影响潜在对手不采取威胁行动；海上控制，即确保己方部队使用海战场并防止敌方使用海战场，使己方部队能够投送兵力，摧毁敌方海军力量，压制敌方海上活动，保护重要海上航道，以及建立空中和海上优势；兵力投送，即在有局部海上控制权的海战场内外投送兵力，以摧毁、压制敌军及其后勤支持；海事安全，旨在为海事领域的安全和主权保护创造条件，以保护海洋资源。《军用数字海图矢量数据交换标准》定义了海上地理环境数据交换时的数据格式，这种数字海图数据可描述海战环境中的重要地形。结合美军条令《联合海上作战（JP3-32）》，基于海战场环境要素对海战兵力的军事活动影响的分析，可以建模 6 种可在海图上标绘的重要地形，如图 2-19 所示。

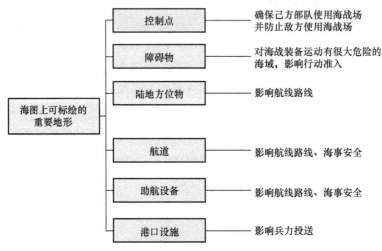

图 2-19　海图上可标绘的重要地形

3. 空战场环境建模技术

空战场环境通常指地球大气层空间环境，主要是从地表到空中几十千米的空间范围，即从地表到其对空战影响可忽略不计的高度,包括地球大气圈中的对流层和平流层,重点是对流层。空战场是空战装备的工作介质,这些空战装备包括固定翼和旋翼飞机、防空系统、无人机、巡航导弹、部分弹道导弹和反弹道导弹等。

美军条令《联合空中作战(JP3-30)》从两个视角对空战场环境进行建模[12],如图2-20所示。一是将空战场环境视为空战装备的工作介质,考虑其影响,例如,空域如何影响战机、无人机天气监测系统、空中机动、飞越权和广播权的使用;二是考虑空战场环境与其他因素关系的影响,例如,空域与气象、电磁系统和通信的关系,以及对装备性能的影响(如考虑海拔、气压和湿度)。

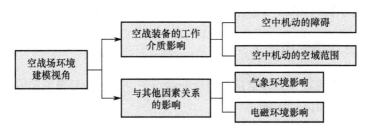

图 2-20 美军条令《联合空中作战(JP3-30)》对空战场环境进行建模的视角

将空战场环境视为使用空战装备的工作介质时,空战场环境建模的重点是确定影响友军和威胁作战的空域特征,例如,对施展空中机动至关重要的空域范围、空中机动的障碍(影响快速上升的因素,迫使飞机使用特定的飞行剖面因素如高层建筑、蜂窝电话塔、电力线、山脉、烟雾和其他遮蔽物)。

当考虑空战场环境与其他要素的关系时,对空战过程影响较大的部分主要是气象环境和电磁环境,这两类要素对空战装备和空战活动的影响如图2-21所示。

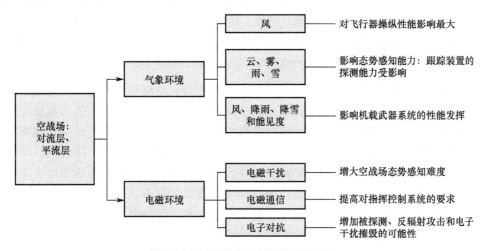

图 2-21 两类要素对军事活动的影响

空战场环境中气象环境的军事影响。影响飞机系统作战效能发挥甚至危及飞行安全的气象要素主要包括气温、气压、风、云、能见度、风切变、大气乱流、飞机积冰等。例如,一些天气现象和气象要素交叉作用和影响，如大气紊流往往存在于雷暴区域附近；低云层带来的强烈阵风、雷雨、冰雹等，受气温和气压影响而产生的积冰、雷击、台风等，直接影响飞行安全。

空战场环境中电磁环境的军事影响。信息化条件下空战场呈现出电子设备密集、电磁环境复杂的特征，使得感知难度增大、空中平台和武器装备的性能下降、作战能力降低。同时，空中平台和武器装备还受到来自雷达探测和电子对抗的威胁。例如，预警机、歼击机、反辐射攻击机和电子战飞机可对空中武器平台和装备进行侦察预警、雷达探测、机载导弹锁定攻击、无源探测、反辐射攻击和电子干扰摧毁，各种地对空、舰对空雷达和地空干扰车可对空中武器平台和装备进行探测预警、导弹制导和电子干扰摧毁。

2.3.2 信息环境建模技术

信息环境是指敌我双方进行信息作战活动的信息空间，主要包括影响战场信息活动的电磁环境、网络环境和认知环境。

1. 电磁环境建模技术

随着信息技术广泛应用，电磁环境逐渐被人们重视起来，电磁空间作为电磁环境的载体也被人们熟知。在物理学上，电磁空间被定义为各种电场、磁场与电磁波组成的物理空间。电磁环境是电磁空间的一种表现形式，是存在于电磁空间中的所有电磁现象的总和[16]。国家军用标准《电磁干扰和电磁兼容性名词术语》（GJB72-85）中对电磁环境的定义是：设备、系统辐射或传导电磁能量在不同频率范围内功率和时间的分布，可以用场强表征。从广义上说，电磁环境反映了事物与周边的一种相互电磁关系，狭义上具体体现的是各种电子设备、系统的电磁辐射在频域、时域、空域中的分布状况。

复杂电磁环境是指在一定的空域、时域、频域上，各种自然与人为电磁活动纵横交织、密集重叠、功率分布参差不齐，并对有益电磁活动产生重大影响而形成的电磁环境。战场电磁环境是指存在于给定空间内的所有对军事行动有影响的电磁现象的总和。

根据电磁环境的形成机理，通常辐射电磁源被分为人为电磁辐射和自然电磁辐射。人为电磁辐射通常是指人为操控电子设备或系统向空间散射电磁能量。它包括有意电磁辐射和无意电磁辐射两种情况。有意电磁辐射是指为达到特定目的，而人为地向空间特定区域发射的电磁辐射。无意电磁辐射是指一般不通过天线辐射的、无意的、无目的、非期望的电磁辐射，是人们要积极避免的一种辐射。现代社会对电磁信号的依赖逐渐加大，各种人为的有意和无意电磁辐射将越来越多，电磁环境也越来越复杂。自然电磁辐射是指非人为因素产生的电磁辐射。在电磁环境中主要包括静电、雷电和地磁场等几种自然电磁辐射，其中雷电是自然界中最为强烈的一种瞬间电磁辐射。

在战场环境中，电磁环境主要的构成部分是敌我双方用频装备有意或无意辐射的电磁信号。通过情报、侦察手段可梳理出敌我双方典型的辐射源装备，准确分析电磁信号特征及辐射特性，可以设计合理的辐射源信号模型，实现了对复杂电磁环境的量化描述。从不同的角度出发，感知的电磁环境态势是有差异的，主要是由于不同用频装备所处位置、工作特性等差别造成的。战场空间内不同方位、不同类型、不同功率的辐射源信号在接收机处叠加，形成密集、多样、时变的电磁脉冲，直接反映出电磁环境的动态性。根据合成信号模型涉及的不同参数构建不同的模型，可以刻画信号的生成、传输、处理和空间点（接收机）处的能量叠加过程。其基本流程如下。

（1）根据信号波形、幅值、频率等信息特征，建立辐射源电磁信号数学模型，其中包括雷达信号、通信信号和干扰信号模型。

（2）构建辐射源天线模型和环境参数模型。

（3）计算各辐射源在空间点（可以看成侦察接收机）的场强、功率。这需要对辐射源时域信号进行带通采样，即信号抽样数字化，并进行傅里叶变换，即时频变换。

当信号变换到频域后，取出频段上各频点位置信号幅值，计算各频点信号功率，进行信号功率叠加，得到合成功率。该信号功率实际为电磁波功率通量密度，根据功率通量密度与场强的计算关系，计算得到合成信号功率强度。

电磁波在传播过程中会受到传输介质、地形地貌的影响，而产生一系列物理变化过程和效应。一是受地球形状以及地表地貌特征的影响，会产生绕射、多径干涉效应、多峰绕射等现象；二是受传输介质及其特性变化的影响，会产生大气吸收、大气折射等现象。

1）地形参数

地形高程是直接影响电磁信号传输的地形参数。地理环境中地形高程通常采用数字高程模型（DEM）来模拟，它是用一组有序数值阵列形式表示地面高程的一种实体地面模型。在 DEM 中，通常按照某种规则对原始地形进行采样，离散化后用高程点连接成一系列的逼近曲面，二维平面地形高程通常是关于 x, y 的函数 $H = f(x, y)$，对于确定的离散数据 x, y 坐标其实就是一个小方格，有且只有唯一的地形高程值被标识在小方格上，而且 x, y 的位置信息可隐含在格网的行列号中，由于它是规则网高程数据，所以无须全部作为原始数据存储。目前，规则格网的 DEM 在地理环境中被广泛使用，主要是因为规则格网在数据处理方面简单、快捷的优点。通过地理坐标的经纬度，在 DEM 的矩阵中能迅速取得该位置处的地形高程值，如果经纬度没有在格网交点上，则可以采用双线内插计算得到。

（1）地形高程。

辐射源的电磁信号传播，首先记录以辐射源为起点的地形高程数据，然后记录电磁波的传播方向到辐射位置连续的高程序列。在三维数字地球上，通过在辐射源与辐射位置之间连线，可取得离散点在地形上的投影位置，即可获取地形高程。

（2）地形遮挡判断。

判断辐射源与辐射位置之间是否被地形遮挡，可以转化为在辐射源与空间辐射到达位置处即网格点之间画一连线，判断该连线是否被地形遮挡，即可得知辐射源与位于该网格点的目标是否被地形遮挡。对应空间的离散点目标的地形遮挡判断是相互独立的，也就是如果首先得到离散的三维数据场体数据，那么可以在参数预处理阶段完成辐射源与所有点目标的通视性判断。

（3）视距判断。

由于受地球曲率的影响，在不考虑绕射、散射等情况下，对电磁波在发射机和目标点之间的直线传播最大距离（即视距）进行建模，可以快速判断辐射源能不能到达目标点，如果辐射源与目标距离大于视距，则辐射源受地球曲率的遮挡而不能发现目标，否则需要通过进一步的地形遮挡计算来判断。

2）大气参数

大气影响电磁波传播的主要因素包括大气折射和大气吸收。

（1）大气折射。

电磁波在大气中传播时，由于受到传播媒介的折射影响，在传播方向上逐渐向下倾斜，形成一条向下弯曲的传播路径。对传播路径曲线研究发现，对流层折射系数随高度的增加而减小，电磁波的速度在对流层上部比在对流层下部略高一点，折射系数随高度不同而发生变化。因此，电磁波在空中不是直线传播的，而是根据折射率 n 的不同改变传播方向的一条曲线。

（2）大气吸收。

对流层中的氧分子和水蒸气分子对电磁波的吸收作用，具体表现就是大气分子对电磁波能量的吸收。究其根本原因是大气中的氧分子和水蒸气分子间发生量子谐振。沿射线路径氧和水蒸气的吸收系数一旦确定，就可以求出吸收系数沿路径的积分值，即得到沿此路径上大气气体的总衰减。因此，总衰减与路径的仰角和高度范围等有关。水蒸气和氧的吸收系数都是吸收谱线中心频率、谱线强度与谱线半宽度 3 个参数的函数。谱线强度和半宽度与大气压力、温度和水蒸气密度有关。

2．网络环境建模技术

随着信息技术的发展，网络空间已经成为与地理空间、社会空间并行的新型空间。类似于传统军事活动对地理环境的依赖，网络空间中的作战决策与行动依赖于对网络环境的建模与认知。

网络环境是网络空间作战的基础和载体，由各类网络资源连接而成，包括物理设备、逻辑拓扑等软硬件基础设施，以及网络用户、应用服务等动态多变的虚拟资源。网络环境可被划分为物理层、逻辑层和角色层。其中，物理层是在信息基础设施、网络设备等物理设备以及物理设备所形成的区域，是形成逻辑层、角色层的物质基础；逻辑层和角色层则以物理层硬件为支撑，是抽象的"空间"，发生并控制着信息的描述和交互。网络资源分层及其示例如表 2-2 所示。

表 2-2　网络资源分层及其示例

网 络 层 次	示　　例
物理层（物理节点和区域）	有线网络、无线网络、通信站点、通信区等通信设施
	信息转换设备、计算设备、存储设备、存储区等基础设施
	计算机、手机、平板电脑、应用区等终端设备
逻辑层（逻辑节点和区域）	域名服务器、ISP 服务及其区域等网络管理实体
	防火墙、路由器、交换机及其所组成的区域等网络连接实体
	Web 网站、OS、应用程序及其所组成的区域等应用服务实体
角色层（角色节点和区域）	微博账户、邮箱、即时通信账户及其所组成的区域等用户角色
	系统管理账户、运维用户及其所组成的区域等管理角色

　　网络环境对军事活动具有重要影响，借鉴 OAKOC 模型的地形思想，可引入网络空间地形与关键地形（Cyberspace Key Terrain，CKT）的概念。网络空间地形提供了一种构想和描述网络地图的方法，美军条令《网络空间作战（JP3-12）》[16]对网络空间关键地形进行了划分，包括障碍物、主要通信线路的接入点、隐蔽和掩蔽、视界和射界、关键航路点、攻击发射点，以及与连接到信息网络的重要资产有关的任务相关网络空间地形等。例如，障碍物被定义为在网络中自由移动的技术和规则，如基于路由器的访问控制列表、物理隔离、防火墙以及其他可以限制网络流量数据包的设备等；视界和射界是指可以监测、截获或记录网络流量的区域。美军条令《网络空间作战（JP3-12）》认为，网络空间地形有一个虚拟的组成部分，可以在网络的逻辑层或者角色层中进行确定，在网络空间中，敌我双方都可能占据网络空间内相同的地形或使用相同的流程，并且可能不知道对方的存在。作战时，部队只需要在特定地点或特定过程中保持安全存在，而不是夺取和扼守所有其他地方。

　　参考美军条令《网络空间作战（JP3-12）》对网络空间内潜在关键地形的认识，以及陆战场地形中的地物和地貌划分，本书认为，网络空间关键地形（CKT）是对网络空间行动目标达成具有显著影响的关键位置，其关键性主要表现在封锁、控制、限制对方的运动，而自身的地形特征又难以被对方克服，网络对抗中任何一方的夺占、保留或控制都会带来明显优势。

　　在网络作战行动中，准确快速的 CKT 识别结果有利于快速制定最优的网络攻防策略。在网络空间地形地貌的基础上，可从网络结构、知名度、防护力和渗透价值等角度，形成CKT 分类参考因素和维度，支撑建立网络空间关键地形分类模型，如图 2-22 所示。

　　其中，网络结构维度是从实体在网络中所处的位置及其拓扑特征角度考虑，知名度是从实体的网络域对认知域的影响价值角度考虑，防护力从实体对网络起到的防护作用的角度考虑，渗透价值则从网络实体为网络提供服务的重要程度以及成为渗透目标的概率角度评估实体价值。

　　在此基础上，CKT 可通过推理算法进行识别，并通过基于特征向量的排序方法对其进行重要性排序。例如，从网络结构维度对 CKT 进行评估，并假设：如果与节点 V_i 相连的其他节点是重要的节点，则 V_i 也是相对重要的节点。对于网络中的全部节点，设置统一得分 $s_i^{(0)} = 1 (i = 1, 2, \cdots, m)$，与节点 V_i 连接的节点 V_j 特征向量为 A_{ij}，这些特征向量构成矩阵 A，

与节点 V_i 连接的所有节点，其分值构成向量 s。按照如下公式更新节点得分，通过 $(n+1)$ 轮更新，节点的分值变为 $s_i^{(n+1)}$：

$$s_i^{(n+1)} = \Sigma_j \mathbf{A}_{ij} s_j^{(n)} = (\mathbf{As})_i$$

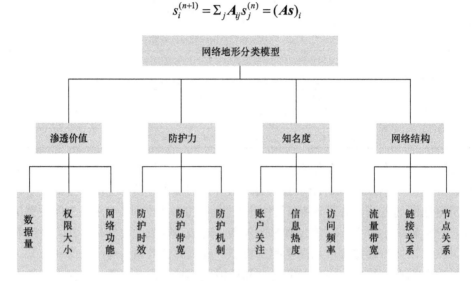

图 2-22　网络空间关键地形分类参考因素

当上述公式经过多次迭代达到稳态时，可得到一系列不动点（fixed point），记作特征向量中心性得分的向量。特征向量中心性的本质是一个节点的重要性由其邻接的重要性之和所决定，适用于描述节点在传播性上的长期影响力，代表了节点在网络数据传输过程中具有较高的影响力，是需要重点关注的关键节点。除利用特征向量对网络空间地形进行优化计算外，还可使用基于误差重构的识别方法和基于节点移除与收缩的排序方法对关键节点及关键路径进行进一步的细化识别和判断。

3．认知环境建模技术

认知环境涵盖了传递、接收、响应信息的个体思维的过程。它是指个体或群体的信息处理、感知、判断和决策。这些元素受众多因素影响，包括文化信仰、行为规范、动机、情绪、经验、道德、受教育程度、心理健康、个人身份以及意识形态。在特定的环境中，明确这些影响因素对于理解如何更好地了解决策者的思维并使其做出预期的结果至关重要，因此认知环境也成为信息环境中重要的组成部分。

美军条令《战场情报准备（ATP 2-01.3）》[37]将认知环境建模分为两个步骤，它识别和评估所有可能对整个民众、军队行为产生影响的人类特征，并评估这些人类特征对军事行动的影响。

1）民众层面

民众层面包括平民和军人，特别是在军事机构可能与全部或部分平民人口存在敌对或压迫关系的国家中。军人的态度、信仰和背景与全体民众和领导层的核心价值观相冲突的程度，是认知环境需要掌握的。

需要考虑的其他重要因素包括人口模式、生活条件、对社会的不满、民族/族裔/宗派冲突和对抗、语言和方言、文化和阶级差异、政治态度、宗教信仰和法律、教育水平、对最近事件和不断变化的状况的反应以及现有或潜在的难民情况。完整的认知环境建模应该包括友好、中立和威胁力量对本国及其伙伴的看法以及他们彼此的关系。这种理解考虑了多方面的影响，有助于行动方针的完善开发。

2）领导层面

领导层面指主要敌对军事和政治领导人，主要涉及有关领导人的种族、阶级和家庭背景的信息；社会关系、受教育程度、经验；性格特质数据，如领导人的核心信念和价值观、感知偏见、信息来源和决策风格，应与该领导人过去决策的历史记录相结合。这些信息可用于构建领导人的心理档案，以帮助预测领导人在特定情况下的反应。根据可利用的数据，可以为整个领导层以及特定个人构建心理档案。

2.3.3　社会环境建模技术

社会环境建模主要为对人群思维意识形成过程与政治、经济、舆论媒体等因素关系进行建模，主要包括交通、通信、电力、经济等基础设施相关模型，交通瘫痪、通信中断、停水停电、货物紧缺、股市崩盘等社会事件相关模型，生理因子、心理因子、社会因子等个体决策模型，人际关系、舆论传播、感染过程等群体形成模型；主要涉及人口地理模型，以及职业变量、年龄变量、性别变量等活动相关模型。

社会环境建模主要随着地缘政治、世界格局以及科学技术的发展逐渐呈现出与社会域紧密耦合的特点，如在城市范围内的抗震救灾、处突维稳、反恐作战等行动。从近年来国际上发生的众多局部冲突来看，军事斗争呈现出从物理域、信息域向认知域、社会域延伸的趋势，形成多域耦合对抗的新特征[38]。战场物理空间向城市社区不断逼近，民众与战场物理空间的距离被拉近，一些民众甚至直接参与作战行动和保障行动。网络媒体成为"第二战场"，发挥了认知干扰、舆情控制、情报传递等作用。这些局部冲突不仅仅是具备一定规模的局部战争，也不再是传统意义上军事冲突双方以公共外交为目标的博弈，反而成为信息爆炸、全民参与、全程直播的新型社交信息战争。近年来，部分局部冲突展现了军事对抗博弈的一些新特征，如社区民众全渗入作战、网络媒体全暴露作战以及社会空间全覆盖作战等，因此社会环境建模技术，将在态势建模中发挥越来越重要的作用。

参 考 文 献

[1] JAKOBSON G，BUFORD J，LEWIS L A framework of cognitive situation modeling and recognition[C]// MILCOM 2006-2006 IEEE Military Communications conference. IEEE，2006：1-7.

[2] 张维明，朱承，黄松平，等. 指挥与控制原理[M]. 北京：电子工业出版社，2021.

[3] MCCARTHY J，HAYES P J. Some philosophical problems from the standpoint of artificial

intelligence[M]//Readings in artificial intelligence. Morgan Kaufmann，1981：431-450.

[4] MATHEUS C J，KOKAR M M，BACLAWSKI K. A core ontology for situation awareness[C]//Proceedings of the sixth international conference on information fusion. 2003，1：545-552.

[5] PIRRI F，REITER R. Some contributions to the metatheory of the situation calculus[J]. Journal of the ACM (JACM)，1999，46(3)：325-361.

[6] ZHOU Y，DAAMEN W，VELLINGA T，et al. Review of maritime traffic models from vessel behavior modeling perspective[J]. Transportation Research Part C: Emerging Technologies，2019，105：323-345.

[7] CARES J. 分布式网络化作战——网络中心战基础[M]. 于全，译. 北京：北京邮电大学出版社，2006：45-86.

[8] DEKKER A. Applying social network analysis concepts to military C4ISR architectures [J]. Connections，2002，24(3)：93-103.

[9] HEADQUARTERS，Department of the Army. ATP 2-01.3 Intelligence Preparation of the Battlefield [Z]. Washingtong D C：Headquarters，Department of the Army，2019.

[10] 张建廷，王一，周万宁，等. 战场威胁评估的理论和总体架构研究[C]//第八届中国指挥控制大会论文集. 兵器工业出版社，2020：534-538.

[11] DEFENSE US. DoD Joint Publication 3-32: Joint Maritime Operations [Z]. Washingtong DC：United States Department of Defense，2021.

[12] DEFENSE US. DoD Joint Publication 3-30: Joint Air Operations [Z]. Washingtong DC：United States Department of Defense，2019.

[13] 周桥，徐青，陈景伟，等.电磁环境建模与 3 维可视化[J]. 测绘科学技术学报，2008，25(2)：4.DOI:CNKI:SUN:JFJC.0.2008-02-009.

[14] 郭淑霞，周士军，高颖，等.复杂战场电磁环境建模与电磁态势可视化技术[J]. 西北工业大学学报，2015，33(3)：7.DOI:CNKI:SUN:XBGD.0.2015-03-009.

[15] 杨晓云，何恒，王顺宏，等.基于地形信息的电磁场环境建模研究[J]. 现代防御技术，2013，41(2)：5.DOI:10.3969/j.issn.1009-086x.2013.02.035.

[16] DEFENSE US. DoD Joint Publication 3-12 Cyberspace Operations [Z]. Washingtong DC：United States Department of Defense，2018.

[17] 朱先强，朱承，丁兆云，等. 网络空间地图建模及地形智能分析方法[J]. 指挥与控制学报，2023，8(3)：294-302.

[18] MARK S，MORAN R，PARR T，et al. Transferring structural knowledge across cognitive maps in humans and models[J]. Nature communications，2020，11(1)：4783.

[19] PEER M，BRUNEC I K，NEWCOMBE N S，et al. Structuring knowledge with cognitive maps and cognitive graphs[J]. Trends in cognitive sciences，2021，25(1)：37-54.

[20] 阮晓钢，柴洁，武悦，等. 基于海马体位置细胞的认知地图构建与导航[J]. 自动化学报，2021，47(3)：666-677.

[21] 张登巧. 社会制度论[D]. 武汉：华中科技大学，2014.

[22] 罗法洋. 价值观念实践生成研究[D]. 桂林：广西师范大学，2019.DOI:10.27036/d.cnki.ggxsu.2019.000157.

[23] 胡晓峰. 战争工程论：走向信息时代的战争方法学[M]. 北京：国防大学出版社，2012.

[24] DEKKER A H. C4ISR, the FINC methodology, and operations in urban terrain[J]. Journal of Battlefield Technology，2005，8(1)：25-28.

[25] 张维明，杨国利，朱承，等. 网络信息体系建模、博弈与演化研究[J]. 指挥与控制学报，2016，2(4)：265-271.

[26] LAMPLE G，BALLESTEROS M，SUBRAMANIAN S，et al. Neural architectures for named entity

recognition[J]. arXiv preprint arXiv：1603.01360，2016.

[27] TJONG E F，SANG K. Introduction to the CoNLL-2002 Shared Task[J].COLING-02 proceedings of the 6th conference on Natural language learning - Volume 20，2002.

[28] BALASURIYA D，RINGLAND N，NOTHMAN J，et al. Named entity recognition in wikipedia[C]// Proceedings of the 2009 workshop on the people's web meets NLP: Collaboratively constructed semantic resources (People's Web)，2009：10-18.

[29] WEISCHEDEL R，PALMER M，MARCUS M，et al. Ontonotes release 5.0 ldc2013t19[EB/OL]. Linguistic Data Consortium，Philadelphia，PA，2013.

[30] HEALTHCARE P. Informatics for Integrating Biology and the Bedside[J]. Retrieved May，2017，23.

[31] DERCZYNSKI L，NICHOLS E，VAN ERP M，et al. Results of the WNUT2017 shared task on novel entity recognition[C]//Proceedings of the 3rd Workshop on Noisy User-generated TEXT，2017：140-147.

[32] 王江. 移动目标轨迹的时空模式挖掘方法研究[D]. 长沙：国防科技大学，2018.

[33] 文元桥，宋荣鑫，黄亮，等. 船舶行为的语义建模与表达[J]. 哈尔滨工业大学学报，2021，53 (8)：7.

[34] KDD Cup 1999. The UCI KDD Archive[A]. 2007.

[35] DEFENSE US. DoD Joint Publication 3-31: Joint Land Operations [Z]. Washingtong DC：United States Department of Defense，2018.

[36] HEADQUARTERS，Department of the Army. ADP 3-90: Offense and Defense [Z]. Washingtong D C：Headquarters, Department of the Army，2019.

[37] 苏倩，钟元芾，曹志钦，等. 基于作战态势和改进 CRITIC-TOPSIS 的目标威胁评估模型[J]. 系统工程与电子技术，2023.

[38] 陈彬，唐文杰，凡宁，等. 基于人工社会的非战争军事行动仿真推演[J]. 国防科技，2023，44(1)：79-85.

第 **3** 章

态势分析技术

为了辅助指挥员对战场态势的理解与认知，需要在态势建模的基础上对战场态势要素的状态及其发展变化进行分析和预测，其中核心的分析对象是战场上的目标及其威胁。态势分析技术针对这一问题，通过关联、估计、推断等方法，对目标的行为、威胁、意图进行分析预测，辅助指挥员做出决策和判断。本章主要介绍态势分析中的行为分析技术、威胁估计技术和意图推断技术。

3.1 概述

态势分析是指通过对态势模型的分析，形成对态势的理解。20 世纪 80 年代，美国空军提出了态势分析的概念。20 世纪 90 年代，该概念开始逐渐被接受，成为指挥控制中的重要部分，被认为是决策规划的前提和基础[1]。

态势包含"态"和"势"两层含义：态，强调战场环境（包括陆、海、空、天等物理环境，电磁、网络、认知等信息环境等）和目标（包括目标物理特性、电磁/红外特性、平台运动状态）的当前状态；势，强调事物发展的趋势，特别是目标的行为趋势、作战意图、对我方构成的威胁等。因此，态势分析不仅要对战场当前状态进行综合理解分析，还要对其发展变化进行预测，需要由表及里、由浅至深地识别异常、判断威胁、预测意图，动态、整体地洞察态势，形成对战场态势的理解和认知，为作战决策提供依据[2]。

态势要素的行为演化存在大量的不确定性，对其观测也往往不完整。这种不确定性和不完整增加了态势分析的规模和复杂度。态势分析技术以大数据、人工智能等技术为基础，通过先进的分析算法，如异常行为检测、行为演化预测、威胁估计、意图推断算法等，提升在动态对抗条件下对隐藏信息的挖掘与识别能力。例如，美国国防部高级研究计划局（DARPA）开展了"以知识为导向的人工智能推理模式"项目，通过研发人机协作的新型半自动化人机融合智能系统，可分析看似无关的事件或数据之间的相关性，增强威胁预警、情报处理和战争理解能力，获得"情报之外的情报，情报背后的情报"[3]。此外，为了满足强对抗环境下态势分析的要求，减轻人的认知负担，态势分析技术还需要具备自学习和自适应能力。例如，美国海军启动了响应式电子攻击措施感知项目，将机器学习算法用于EA-18G 电子战飞机上的信息系统，挖掘敌方雷达频率的快速变化行为、识别频移模式，并基于挖掘结果，实现在飞行过程中自动对这些频率进行干扰或欺骗。

在战略、战役、战术不同的层级，态势分析所关注的对象在尺度和规模上有显著差异：在战略层，态势分析服务于战略筹划，支撑全局性、高层次问题的决策，需要综合考虑政治、经济、军事等宏观要素间的复杂关系[4]；在战役层，态势分析服务于战役筹划、行动控制，关注特定作战方向与军事行动直接相关的战场态势，主要分析敌我双方主要作战力量的配置与整体状态、敌方作战体系及其薄弱点、敌方整体行动企图等；在战术层，态势分析服务于执行战术任务的一线部队，关注特定的作战区域内敌、我、友等作战单位的位置、状态与实时信息，对其行动及意图的预测等。由于战略层、战役层态势分析涉及的要素众多，相关数据难以获取，主要依靠定性定量综合集成的分析技术，需要大量以人工为主的经验判断，因此本章主要介绍战术层的态势分析技术。

本章讨论的态势分析技术包括行为分析、威胁估计和意图推断三类。行为分析是理解认知战场实体及其关系的重要依据，对战场实体行为的分析需要从多源获取数据进行关联与融合，以建立战场实体的行为基线，检测其异常行为，为识别战场实体身份、挖掘潜在关系、发现并预警危险行为提供依据。威胁估计是在认知战场实体关系与行为的基础上，评估敌方力量的作战能力及其对我方的威胁程度，为目标选择与打击提供依据。意图推断基于当前观测和相关知识，推断敌方的作战意图并预测敌方下一步可能采取的行动，是作战决策的重要保障。

（1）行为分析是从感知数据到认知行为的过程，主要包括异常行为检测、行为演化预测等。异常行为检测技术可分为基于距离、基于类别和基于规则等多类。其中，基于距离的异常行为检测主要通过分析异常数据与正常数据之间的特征距离来判别；基于类别的异常行为检测主要通过对数据特征进行分类来判别异常；基于规则的异常行为检测主要通过给定规则的方式来判别异常数据。行为演化预测是根据战场实体的行为规律，对其发展变化进行预测，主要包括序列分析与模式挖掘、神经网络等方法。随着战场态势观测数据在感知类型、数量规模两个维度上的迅速增长，行为分析越来越强调对多源异构信息的融合，以及对多域行为的综合分析，以形成关于实体及其行为规律的理解和认知。

（2）威胁估计一般包括威胁要素提取、威胁要素的量化、威胁等级确定等。威胁要素是指在当前获得的战场环境信息、敌我双方情报、战场态势等所有与作战任务相关的信息中，评估敌方相对于我方威胁程度具有明显影响的关键因素。威胁要素提取通常需要考虑敌我双方的战场要素类别、战场要素的属性、对抗特性和战场环境等因素。威胁要素的量化是指在所提取的威胁要素基础上，应用某种定量方法，计算某个要素或若干个相关联的要素所产生的威胁程度。威胁等级确定是对威胁程度计算结果进行进一步综合，对各威胁要素进行权衡，按照威胁源对我方战场要素可能产生的破坏或威胁程度进行分类，确定所属的威胁级别。威胁估计相关方法可分为两大类：一类是基于数学解析模型的定量计算方法，如多属性决策理论、案例推理、时空推理等，这类方法的特点是计算快速简单，其中多属性决策理论是迄今应用最为普遍的一种方法；另一类是基于人工智能模型的推理方法，如模糊逻辑方法、人工神经网络、知识推理等，这类方法大多需要引入专家知识辅助构建推理规则或推理网络架构，主要特点是推理过程与人类思维相似，已成为威胁估计的研究热点。

（3）意图推断通过对所观测到的行为、事件进行关联建模，依据先验信息建立状态与意图之间的关系，推断敌方的作战意图，并对未来的变化做出预测。意图推断问题的特点是不确定性，本质上是一个不确定性推理问题。意图推断的方法主要包括模板匹配、贝叶斯网络等。模板匹配是根据军事专家经验和知识构建行为模板库，从敌方作战行动中提取特征并与模板进行匹配，通过匹配程度对其意图进行推断。基于贝叶斯网络的方法根据专家知识建立贝叶斯网络，虽可利用有向图表征特征与意图之间的关系，但需要大量军事专家的先验知识来对特征权重和条件概率等进行量化。实际上，由于新型作战平台和作战方式的不断涌现，专家可能无法掌握战场态势的全面信息，所提供的先验知识也不足以对战场要素属性和作战意图的关系进行精确量化，因此需要与人工智能方法进行有效结合。

本章主要内容如图 3-1 所示。其中，行为分析技术主要包括异常行为检测技术和行为演化预测技术；威胁估计技术主要包括基于综合分析的威胁估计技术和基于贝叶斯网络的威胁估计技术；意图推断技术主要包括意图推断模型和意图推断算法。三类技术之间为逐层递进的关系。

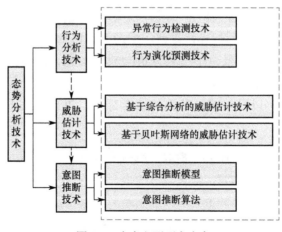

图 3-1　本章主要研究内容

3.2 行为分析技术

行为分析技术是理解战场实体的第一步，主要包括异常行为检测技术和行为演化预测技术。

3.2.1 异常行为检测技术

异常指的是观测到的事物与所期望的、现有准则不同的现象。异常行为检测就是对某个特定的行为进行评估，判断其是否符合预期的行为特征。从数据的角度看，异常行为检测通过对行为数据特征进行建模，获取不同行为的模式，检测并观察行为数据与正常行为数据之间的模式差异，从而判断并观察行为是否异常。异常一般可以分为以下三类[5]。

（1）点异常（point anomalies）。如果单个实例可以被认为是其他所有实例的异常值，则该实例是一个点异常。图 3-2 展示了一个简单的二维数据集中的点异常示例。数据有两个正常区域，N_1 和 N_2，因为大多数观测结果都在这两个区域。离区域足够远的点，如点 o_1 和点 o_2，以及区域 o_3 中的点，都是异常的。

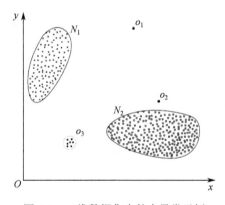

图 3-2 二维数据集中的点异常示例

（2）上下文异常（contextual anomalies）。如果一个实例只在特定的情况下异常，则被称为上下文异常（也称条件异常）[6]。实例是否是上下文异常由两个属性确定：上下文属性和行为属性：上下文属性用于确定实例的上下文特征、行为属性用于确定实例的非上下文特征。以某海战场区域目标行动轨迹的变化情况为例，如图 3-3 所示，图 3-3（a）为演习时间，图 3-3（b）和图 3-3（c）为平时训练时间，均为上下文属性，灰色的历史轨迹以及黑色的单次行动轨迹是行为属性。可以看出，虽然图 3-3（a）中黑色轨迹与历史轨迹偏离较大，但因为是在演习时间的上下文环境内，所以黑色轨迹符合演习规定，不能被判定为异常；在图 3-3（c）中，黑色轨迹与历史轨迹偏离比图 3-3（b）中的大，且它们都在平时训练时间，因此结合上下文，图 3-3（c）中黑色轨迹具备异常轨迹的特点，需要进一步检查判断。

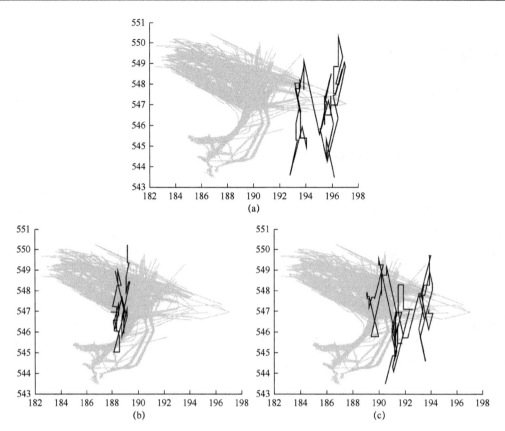

图 3-3　某海战场区域目标行动轨迹的变化情况（灰色为历史轨迹，黑色为单次行动轨迹）

（3）集合异常（collective anomalies）。如果一个相关数据的集合相对于整个数据集是异常的，则称之为集合异常[7]。集合异常中的单个数据实例本身可能不是异常的，但它们作为一个集体就是异常的。图 3-4 展示了某型装备电信号输出案例，1000～1500 的区域表示异常，因为虽出现了较长相同的低值持续时间（对应装备工作中断），但这个低值本身并不是一种异常现象。

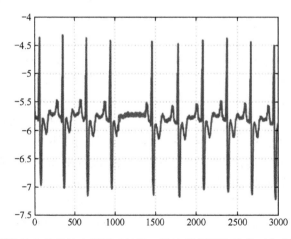

图 3-4　某型装备电信号输出案例（1000～1500 的区域为装备工作中断时的输出）

相对于点异常可能发生在任何数据集，集合异常只可能发生在与实例有关联的数据集。相比之下，上下文异常的发生取决于数据集中上下文属性的可用性。如果根据上下文属性分析，则点异常和集合异常也可以是上下文异常，结合上下文信息，可以将点异常检测问题或集合异常检测问题转化为上下文异常检测问题。

通常情况下，检测异常行为有两种思路：一种是首先学习正常行为的模型并以此为基础检测异常；另一种是通过批量或在线观察数据的统计特性同时学习正常模型和异常模型。

异常行为检测技术一般可分为基于统计学、基于聚类、基于分类等方法。

1. 基于统计学的异常行为检测

基于统计学的异常行为检测主要利用数理统计的知识构建与行为相关的随机变量模型，根据从数据中学习到的变量概率分布模型识别异常行为数据。通常对数据统计正确性的假设，即假设数据由统计模型产生，不符合模型的数据被认为是异常数据。按照在建模过程中是否利用已有的随机变量分布模型，基于统计学的检测模型可以分为参数方法和非参数方法。经典的参数方法是一个根据数据样本来估计总体分布中未知参数的过程，主要包括参数估计和假设检验两个步骤。从估计形式看，其分为点估计和区间估计；从构造估计量的方法看，有矩估计、最小二乘估计、似然估计、贝叶斯估计等。在这个过程中主要处理两个问题：一是求出未知参数的估计量；二是在一定可信度（如 95%）下指出所求估计量的精度，主要的假设检验方法包括 t 检验、χ^2 检验、F 检验。例如，在常用的高斯模型中，若超出两倍或者三倍方差时，则认为数据为异常数据。在非参数方法中，通常使用绘制直方图的方式判别异常数据，也可以利用均值、标准差、变异系数、四分位数间距等指标发现样本中的异常数据。例如，许多问题中的变量可以假设为一元正态分布的情况，即假设 $x^{(i)} \sim N(\mu, \sigma^2)$，可以依据样本数据估计参数为

$$
\begin{cases}
\mu = \dfrac{1}{m} \sum_{i=1}^{m} x^{(i)} \\
\sigma^2 = \dfrac{1}{m} \sum_{i=1}^{m} (x^{(i)} - \mu)^2
\end{cases}
\tag{3-1}
$$

在计算出正态分布的参数后，就可以依据数据样本的密度函数计算数据出现在极端情况下的概率，通过与设置的阈值进行比较，若数据低于阈值，则可认为数据为异常节点。阈值是可以调整的经验值，通过选取验证集上使得评估指标或评估效果最好的阈值作为最终阈值。通常可以采用 3σ 原则进行异常检测，若数据超出 $(\mu - 3\sigma, \mu + 3\sigma)$ 范围，则认为数据为异常节点。对于多维数据相互独立的情况，可以首先单独计算每一维度的概率密度函数，然后利用计算的概率值与阈值或者 3σ 原则等方法进行比较。对于符合多元正态分布的情况，可以利用数据样本拟合参数 μ 和 δ^2：

$$
\begin{cases}
\mu = \dfrac{1}{m} \sum_{i=1}^{m} x^{(i)} \\
\delta^2 = \dfrac{1}{m} \sum_{i=1}^{m} (x^{(i)} - \mu)(x^{(i)} - \mu)^{\mathrm{T}}
\end{cases}
\tag{3-2}
$$

进而拟合模型 $p(x) = \frac{1}{(2\pi)^{1/2}\delta}\exp(-0.5(x-\mu)^{\mathrm{T}}(\delta^2)^{-1}(x-\mu))$。若 $p(x)$ 小于阈值 ε，则可以将数据识别为异常节点。基于统计学的方法对于单变量类型数据分布，在已知数据分布的基础上可以快速、高效地识别异常数据。对于多变量类型数据，在确定概率模型以及确定参数时难度较大，异常检测效率也会大大降低，由于使用的是统计学模型，因此虽然在统计上无可非议，但对于异常数据的解释较为困难。

以舰艇航行异常行为检测为例[8]，通过模拟的舰艇航行自动识别系统（Automatic Identification System，AIS）数据，并基于轨迹形状检测舰艇航行异常行为。实验基于两个模拟的舰艇 AIS 数据集，可用的动态信息包括海上移动业务识别（Maritime Mobile Service Identity，MMSI）、经度、纬度、速度、航向，可用的静态信息包含编号、舰艇类型、船长、船宽和吃水深度。表 3-1 展示了两个 AIS 数据集的基本概况。

表 3-1 模拟 AIS 数据集

数 据 集	数 据 量	船 数 量
1	1190856	6526
2	613315	1216

表 3-2 展示了 1-Move、1-Stop、2-Move、2-Stop 这四个 AIS 轨迹数据集的形状点平均值和方差。对于一个轨迹数据集，假设轨迹上某一点 A 到轨迹几何中心 O 的欧几里得距离最长，则定义轨迹长轴为轨迹几何中心指向该点的方向，A 在长轴上的投影值为 MA；定义短轴为轨迹长轴的垂直线方向，A 在短轴上的投影值为 MI。显然，无论是数据集 1 还是 2，Stop 轨迹在短轴上的平均值和方差均要大于 Move 轨迹。

表 3-2 四个 AIS 轨迹数据集的形状点平均值和方差

轨迹数据集	Mean(MA)	Mean(MI)	Var(MA)	Var(MI)
1-Move	0.5810	0.0726	0.1043	0.0036
1-Stop	0.5140	0.2268	0.0170	0.0196
2-Move	0.6617	0.0343	0.0081	0.0020
2-Stop	0.4941	0.2203	0.0136	0.0177

图 3-5 分别显示了 2-Move、2-Stop 轨迹和 1-Move、1-Stop 轨迹的 MI-MA 图，每个轨迹上的点，如 a，依据 MA 和 MI 值，转化成新表示 $\{a_{\mathrm{MA}}, a_{\mathrm{MI}}\}$。由图可知，低速轨迹（停止轨迹的形状点在原点）往往更具有复杂的形状，而且在空间中更密集，更趋近于"面"。移动轨迹的形状接近直线或光滑曲线。然而，移动轨迹中也存在一些复杂的形状，低速轨迹中也有类似直线的形状。一般来说，低速轨迹 a_{MA} 中各点的绝对值更大。

由图 3-5（c）可知，圆圈中的两个形状点与其他形状点的距离较远，为离群点，MA 有相对较大的绝对值，意味着其不遵循线状轨迹。

2. 基于聚类的异常行为检测

基于聚类的异常行为检测的核心思想是将特征一致或者相似的数据汇聚，将特征差别较大的数据划分为异常节点。聚类方法的主要目的是识别聚类簇。依据聚类方法的不同，聚类方法可划分为层次聚类、距离聚类、密度聚类以及基于网格的行为异常检测方法。基于聚类方法的一般流程为：

（1）数据预处理，包括数据清洗和特征标准化；

（2）基于显著性选择特征；

（3）基于某种距离度量指标判别样本相似性形成簇；

（4）依据形成的簇，判别异常节点。

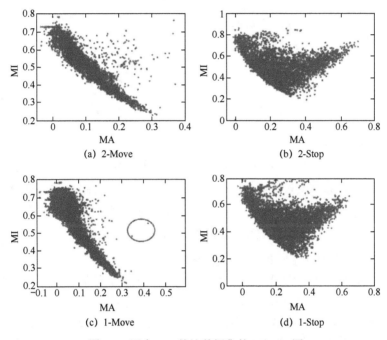

图 3-5　四个 AIS 轨迹数据集的 MI-MA 图

常用的距离判别指标包括邻近度、欧几里得距离、曼哈顿距离、闵可夫斯基距离等。

其中，基于距离的方法依据最近邻距离定义异常值，适用于多维数值数据，前提假设是异常节点的最近邻距离要远远大于正常数据节点。基于距离的方法主要包括基于单元格的方法和基于索引的方法等。基于密度的方法的基本假设是，正常数据节点周围的密度与其邻域的密度相似，异常数据周围的密度显著不同于邻域周围的密度。基于密度的算法主要有局部离群因子（Local Outlier Factor，LOF）和条件局部离群因子等基于 LOF 的改进算法。

LOF 算法中通过给每个数据计算一个基于邻域密度的局部离群因子 LOF，依据 LOF 值的大小，判断数据节点是否为离群节点。若 LOF≥1，则数据为异常节点。若 LOF≈1，则数据为正常数据节点。LOF 的计算方式为

$$\mathrm{LOF}_k(P) = \frac{\Sigma_{O\in N_k(P)} \dfrac{\rho_k(O)}{\rho_k(P)}}{|N_k(P)|}$$

（3-3）

$\mathrm{LOF}_k(P)$ 表示点 P 的邻域 $N_k(P)$ 内其他点 O 的局部可达密度与点 P 的局部可达密度之比的平均数。LOF 的异常度计算示例如图 3-6 所示。若 $\mathrm{LOF}_k(P)$ 值接近 1，则说明点 P 可能和邻域为同一簇；若 $\mathrm{LOF}_k(P)$ 值小于 1，则说明点 P 的密度高于邻域点密度，为密集点；若 $\mathrm{LOF}_k(P)$ 值大于 1，则说明点 P 的密度小于邻域节点，P 可能是异常点。

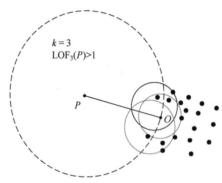

图 3-6　LOF 的异常度计算示例

这种方法既不需要考虑数据变量的具体分布，也不需要知道数据的标签，可利用无监督学习实现异常检测。但是，这种方法不适用于高维度的数据，算法复杂度会随着数据的特征维度指数级增加，且算法中的超参数也较难确定。

除此之外，图 3-7 描述了一种基于决策图的聚类算法的一般过程[8]，可以处理任意形状的原始数据，首先通过生成大量的子聚类，然后根据子聚类结果计算 ρ（决策图横轴，某点的局部密度）和 δ（决策图纵轴，某点与 ρ 更高的最近邻点之间的距离），画出一个决策图用于选择聚类中心，其余数据点被分配给更高密度的离它们最近的聚类中心。如果某些点被分配给了某个聚类，而且这些点与其他聚类点的距离小于一个截断距离 d_c，则这些点的集合被称为聚类的边界区域。如果该聚类中存在密度低于边界区域的点，则该点被认为是噪声。通过不断地合并子聚类，可以得到最终的聚类结果。

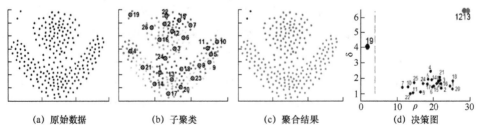

(a) 原始数据　　(b) 子聚类　　(c) 聚合结果　　(d) 决策图

图 3-7　基于决策图的聚类算法的一般过程

基于聚类的异常行为检测方法的性能在很大程度上取决于聚类算法在获得正常实例的聚类结构方面的有效性。不同的数据分布形式适用不同的聚类算法，如 k 均值聚类（k-means）适用于数据是超球体分布的类型。基于聚类的方法同样不需要考虑数据变量的具体分布，也不需要知道数据的标签，利用无监督的学习模型，形成聚类簇，进而判别异常节点数据。

下面以舰艇轨迹聚类为例[8]进行说明，四个轨迹数据集如图 3-8 所示。

在图 3-8（a）中，TS1 共有 426 条轨迹，每条轨迹含点数 60～80 个，7 个聚类，每个聚类含 60 条轨迹，6 条异常轨迹。

在图 3-8（b）中，TS2 共有 506 条轨迹，每条轨迹含点数 80～120 个，5 个聚类，每个聚类含 100 条轨迹，6 条异常轨迹。

在图 3-8（c）中，TS3 共有 402 条轨迹，每条轨迹含点数 60～80 个，4 个聚类，每个聚类含 100 条轨迹，2 条异常轨迹。

在图 3-8（d）中，TS4 共有 175 条轨迹，每条轨迹含点数 5000 个，4 个聚类分别包含轨迹数目为 20 条、130 条、15 条、10 条，无异常轨迹。

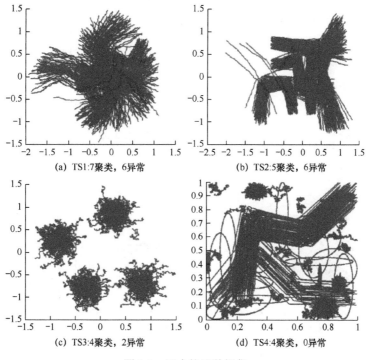

(a) TS1:7聚类，6异常　　(b) TS2:5聚类，6异常

(c) TS3:4聚类，2异常　　(d) TS4:4聚类，0异常

图 3-8　四个轨迹数据集

聚类的质量可以采用视觉检查，以及调整兰德指数（Adjusted Rand Index，ARI）和归一化互信息（Normal Mutual Information，NMI）评价。ARI 通过比较聚类结果与真实标签之间的一致性来评估聚类的质量。NMI 利用信息论中的互信息来衡量聚类结果与真实标签之间的相似性。两种指标都是 0 表示结果最差，1 表示聚类标签与真实标签完全吻合。决策图中的噪声子聚类被视为异常，即局部密度小且离其他聚类有一定距离的子聚类为异常。如图 3-9 和图 3-10 所示，独立的线状轨迹代表发现的异常。在图 3-9 中，G 为最终聚类数，A 为噪声子聚类数。图 3-9（a）显示起点相似方法把团状的两个聚类合并到了一起，虽然

与真实标签不符合影响了评分，但结果也能够解释，即团状的两个聚类起点区域是重叠的。对比方法选择了起点相似方法和动态时间规整（Dynamic Time Warping，DTW）方法[8]，起点相似方法根据起点和终点的欧氏距离计算得出轨迹相似度。DTW 方法通过时间序列逐点匹配方法计算轨迹相似度。除此以外，轨迹聚类常用的起点相似和 DTW 两种方法在这几个数据集上均表现良好，基本能够识别出所有聚类，只是在个别轨迹上有所差异。

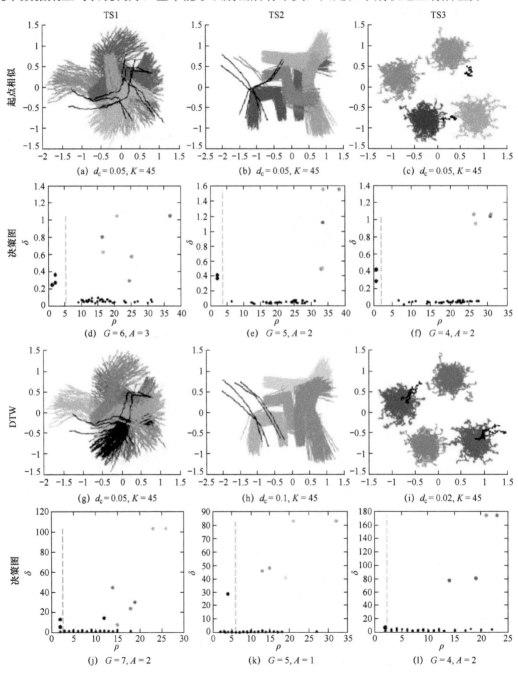

图 3-9　聚类结果和决策图展示

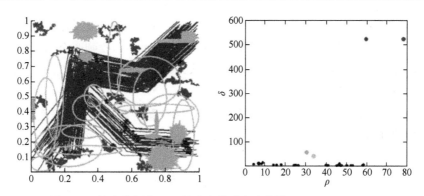

图 3-10　轨迹数据集 TS4 的聚类结果和决策图（d_c=0.3，K=30）

图 3-10 显示了轨迹数据集 TS4 的聚类结果和决策图。在本案例中，因为距离度量仅考虑轨迹的形状相似度，所以可以看到数据集中四种形状的聚类均被正确发现，且聚类结果与轨迹所处位置无关。

3．基于分类的异常行为检测

与基于统计学、基于聚类的方法不同，基于分类的方法需要提前获得待分析数据中的异常行为样本，并采用机器学习、深度学习等方法训练检测模型，一般情况下，可以把异常检测看成数据不平衡下的分类问题。和基于聚类的异常行为检测方法相比，基于分类的异常行为检测方法由于需要标记数据，对应用的场景要求更加严格。基于分类的异常行为检测方法主要利用学习所得的模型判断样本数据是否属于异常类型或者正常数据类型，实现异常行为的检测。下面以支持向量机（SVM）分类模型为例，介绍基于分类的异常检测过程。

给定训练样本 $x_1, x_2, \cdots, x_N \in \mathbf{R}^n$，其中 N 表示样本的个数，n 表示样本的特征维度，图 3-11 中数据的特征维度 $n = 2$。对于每一个样本，用 y 表示的类别，其中 +1 表示正例样本，–1 表示负例样本。针对 N 个样本，每一个样本 x_i 对应一个类别 y_i，有 $y_1, y_2, \cdots, y_N \in \{-1, +1\}$。

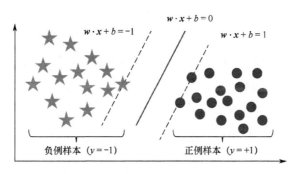

图 3-11　基于支持向量机模型的分类

基于分类的异常检测基本的思想就是首先基于训练集在样本空间中找到一个划分超平面，将不同类别的样本分开，然后根据每个点到分界面的距离来判断是否为异常节点。将划分超平面定义为：$\boldsymbol{w} \cdot \boldsymbol{x} + b = 0$。其中，$\boldsymbol{w} = (w_1, w_2, \cdots, w_n)$ 为法向量，决定了划分超平面的方向；b 为位移项，决定了划分超平面与原点之间的距离。找到两个与划分超平面平行的线，$\boldsymbol{w} \cdot \boldsymbol{x} + b = 1$ 和 $\boldsymbol{w} \cdot \boldsymbol{x} + b = -1$：前者恰好通过最靠近超平面的正例样本；后者通过最靠近划分超平面的负例样本。

要找最优分割面，只要确定 $\boldsymbol{w}$ 和 b 即可。划分超平面两侧的边际超平面被称为支持面，支持面上的点被称为支持点（支持向量）。因此，$\boldsymbol{w}$ 和 b 可由两个支持点确定，划分超平面的表达式可以写为

$$g(x) = (\boldsymbol{w}, \boldsymbol{x}) + b \tag{3-4}$$

假设样本点 $P(x_i, y_i)$，根据点到平面之间的距离公式，可得计算样本点到平面的距离：

$$d_i = \frac{y_i(\boldsymbol{w} \cdot \boldsymbol{x}_i + b)}{\| \boldsymbol{w} \|} \tag{3-5}$$

寻找基于划分超平面的最小间隔 $d = \min(d_i)$ 作为支持向量到划分超平面的距离，超平面可以用 $\boldsymbol{w}$ 和 b 表示，由于两个异类支持向量到划分超平面的距离和为 $\dfrac{2}{\| \boldsymbol{w} \|}$，根据对称原理，$d = \dfrac{1}{2} \left(\dfrac{2}{\| \boldsymbol{w} \|} \right)$。

SVM 寻找最大边际（margin）就可以表示为有约束条件下的最优化问题：

$$\begin{cases} \max\limits_{\boldsymbol{w}, b}(d) \\ \text{s.t. } \dfrac{y_i(\boldsymbol{w} \cdot \boldsymbol{x}_i + b)}{\| \boldsymbol{w} \|} \geqslant d, i = 1, 2, 3, \cdots, N \end{cases} \tag{3-6}$$

因为 d 和 $\| \boldsymbol{w} \|$ 是标量，且最大化 $\dfrac{1}{\| \boldsymbol{w} \|}$ 等价于最小化 $\dfrac{1}{2} \| \boldsymbol{w} \|^2$，所以化简后可得：

$$\begin{cases} \min\limits_{\boldsymbol{w}, b} \left(\dfrac{1}{2} \| \boldsymbol{w} \|^2 \right) \\ \text{s.t. } y_i(\boldsymbol{w} \cdot \boldsymbol{x}_i + b) \geqslant 1, i = 1, 2, 3, \cdots, N \end{cases} \tag{3-7}$$

如此，边际最大化问题转换成 $\| \boldsymbol{w} \|$ 的最小化问题，即 $\| \boldsymbol{w} \|^2$ 的最小化问题。之所以转化为 $\| \boldsymbol{w} \|^2$ 的最小化问题，是因为这样能够把问题变成二次规划问题，二次规划问题有通用的解法。根据分类问题也被转化成一个带约束的最小化的问题。该最小化问题的约束为所有负样本满足 $g(x) \leqslant -1$，所有正样本满足 $g(x) \geqslant 1$，即可将该最优化问题表示为

$$\begin{cases} \min \left(\dfrac{1}{2} \| \boldsymbol{w} \|^2 \right) \\ \text{s.t. } y_i(\boldsymbol{w} \cdot \boldsymbol{x}_i + b) \geqslant 1, i = 1, 2, 3, \cdots, N \end{cases} \tag{3-8}$$

式中，自变量就是 $\boldsymbol{w}$，目标函数是 $\boldsymbol{w}$ 的二次函数，所有的约束条件都是 $\boldsymbol{w}$ 的线性函数。这

种规划问题被称为二次规划。由于它的可行域是一个凸集，因此它是一个易于求解的凸二次规划问题。将有约束的原始目标函数转换为无约束的新构造的拉格朗日目标函数，即用惩罚项来替换限制条件，将有约束的优化问题转化为无限制的优化问题。

$$\min_{w,b}\frac{1}{2}\|w\|^2 + \zeta \tag{3-9}$$

定义惩罚项 ζ：

$$\zeta = \begin{cases} 0 & y_i(w^T x_i + b) \geq 1 \\ \infty & \text{其他} \end{cases} = \max_{\alpha_i \geq 0} \alpha_i(1 - y_i(w^T x_i + b)) \tag{3-10}$$

式中，α_i 为拉格朗日算子，满足 $\alpha_i \geq 0$。可以重写 SVM 的优化问题为

$$\min\left\{\frac{1}{2}\|w\|^2 + \sum_{i=1}^{n}\max_{\alpha_i \geq 0}\alpha_i(1 - y_i(w^T x_i + b))\right\}$$
$$= \min_{w,b}\max_{\{\alpha_i \geq 0\}}\left\{\frac{1}{2}\|w\|^2 + \sum_{i=1}^{n}\alpha_i(1 - y_i(w^T x_i + b))\right\} \tag{3-11}$$

通过交换"max"和"min"，形式化为对偶问题：

$$\min_{w,b}\max_{\{\alpha_i \geq 0\}}\left\{\frac{1}{2}\|w\|^2 + \sum_{i=1}^{n}\alpha_i(1 - y_i(w^T x_i + b))\right\}$$
$$= \max_{\{\alpha_i \geq 0\}}\min_{w,b}\underbrace{\left\{\frac{1}{2}\|w\|^2 + \sum_{i=1}^{n}\alpha_i(1 - y_i(w^T x_i + b))\right\}}_{L(w,b,\alpha)} \tag{3-12}$$

要使互换后相等，需要满足两个条件：条件一，优化问题是凸优化问题；条件二，满足卡罗需-库恩-塔克条件（Karush-Kuhn-Tucker Conditions，KKT 条件）。本优化问题显然是一个凸优化问题，能够满足条件一。要满足条件二，只需要 $\alpha_i \geq 0$，$y_i(w \cdot x_i + b) \geq 1$，$\alpha_i(y_i(w \cdot x_i + b) - 1) = 0$。通过求解该对偶问题，计算满足最小化损失 $L(w,b,\alpha)$ 的 w 和 b，即可获得问题的解：

$$w = \sum_{i=1}^{n}\alpha_i y_i x_i$$
$$b = y_i - w^T x_i$$

求解系数 α_i 仍然是一个二次规划问题，可以用序列最小优化（SMO）算法得到全局最优解。一般来说，其解仅包含部分非零向量。所谓支持向量，即对应非零向量。所有非支持向量对应的系数 α_i 都等于 0。

$$L(w,b,\alpha) = \frac{1}{2}\|w\|^2 - \sum_{i=1}^{n}\alpha_i(y_i(w^T x_i + b) - 1) \tag{3-13}$$

最终的异常检测模型为

$$f(\boldsymbol{x}) = \boldsymbol{w}^{\mathrm{T}}\boldsymbol{x}_i + b = \sum_{i=1}^{m}\alpha_i y_i \boldsymbol{x}_i^{\mathrm{T}}\boldsymbol{x} + b \tag{3-14}$$

根据式（3-14），如果是划分超平面周围的点，则 $f(x)$ 就会接近 0；如果远离划分超平面，就会有一个很大的值来描述异常程度，实现对异常点的检测。

3.2.2 行为演化预测技术

行为演化预测是指利用当前的态势相关信息，基于历史行为规律和相关知识，对战场实体未来一段时间内的行为进行预测，为威胁估计和意图推断提供依据。时间序列分析、深度神经网络等方法被广泛用于行为演化预测。

1. 基于自回归模型的演化预测

自回归模型是一种基于时间序列数据的统计学习方法，基本思想是通过历史观测值预测未来观测值，即通过建立当前时间步的观测值和前一时刻的观测值之间的线性关系来预测未来观测值。在自回归模型中，每个时间步的观测值被表示为之前时间步观测值的线性组合。具体而言，自回归模型假设当前时间步的观测值是之前 k 个时间步的线性组合，其中 k 是预先设定的参数。然而，自回归模型的使用需要满足一些条件，即待分析对象数据必须具有自相关性。自相关性通常使用自相关系数来度量。自相关系数取值在-1 和 1 之间，当自相关系数为 1 时，说明两个时间序列完全正相关，为 0 时则不相关，为-1 时表示完全负相关，一般只有自相关系数大于 0.5 时，才可以使用自回归模型。因此，自回归模型只适用于预测受自身历史因素影响较大的行为，如敌方舰船的常用航迹、日常活动等，而对于受对抗及随机因素影响较大的行为，如战场上敌方的部署调整等，则不宜采用。

1）自回归（Auto Regression，AR）模型

多元线性回归模型是通过对多个预测变量的线性组合预测感兴趣的变量（variable of interest）。自回归模型则是基于要素变量自身历史数据的组合对其未来变化进行预测。自回归一词中的"自"，表明其是对变量自身进行的回归。因此，一个 p 阶的自回归模型可以表示为

$$X_t = \alpha_1 X_{t-1} + \alpha_2 X_{t-2} + \cdots + \alpha_p X_{t-p} + u_t \tag{3-15}$$

式中，u_t 表示随机扰动项，当随机扰动项是一个白噪声时 $(u_t = \varepsilon_t)$，称为一个纯 AR(p)过程，记为

$$X_t = \alpha_1 X_{t-1} + \alpha_2 X_{t-2} + \cdots + \alpha_p X_{t-p} + \varepsilon_t \tag{3-16}$$

自回归模型首先需要确定一个阶数 p，表示用多少历史值来预测当前值。自回归模型的使用受到一些因素的限制：

（1）自回归模型是用自身的数据进行预测的；

（2）时间序列数据必须具有平稳性；

（3）自回归只适用于预测与自身前期相关的现象，即要求预测时间序列的自相关性。

2）移动平均（Moving Average，MA）模型

在自回归模型中，如果 u_t 不是一个白噪声，则通常认为它是一个 q 阶的移动平均，即 $u_t = \varepsilon_t + \beta_1 \varepsilon_{t-1} + \cdots + \beta_q \varepsilon_{t-q}$。当 $X_t = u_t$ 时，时间序列当前值与历史值没有关系，当前时刻的观测值是历史白噪声的线性组合，可得到 q 阶移动平均模型 MA(q) 模型：

$$X_t = \varepsilon_t + \beta_1 \varepsilon_{t-1} + \cdots + \beta_q \varepsilon_{t-q} \tag{3-17}$$

式中，ε 表示白噪声序列；β 表示白噪声误差的加权参数。移动平均模型中每一个预测值都可以被认为是一个历史预测误差的加权移动平均值。移动平均模型常用于处理随机波动较大的时间序列数据，如天气情况、行动路线等。

3）自回归移动平均（Auto Regression Moving Average，ARMA）模型

一个 ARMA 过程是 AR 模型和 MA 模型的组合，即将 AR(p) 与 MA(q) 结合。自回归移动平均模型 ARMA(p,q) 的数学定义：

$$X_t = \alpha_1 X_{t-1} + \alpha_2 X_{t-2} + \cdots + \alpha_p X_{t-p} + \beta_1 \varepsilon_{t-1} + \cdots + \beta_q \varepsilon_{t-q} + \varepsilon_t \tag{3-18}$$

式中，p 为自回归模型的阶数；q 为移动平均模型阶数；ε 为历史白噪声序列；α 和 β 分别是 AR 模型和 MA 模型的参数。ARMA 模型的本质是将当前时刻的观测值与过去若干个时间点的观测值和白噪声误差的加权平均相关联，即一个随机时间序列可以由其历史观测值和随机扰动项来预测。通常，使用 ARMA 模型进行预测的时间序列数据需要具有平稳性，即该时间序列的均值和方差不随时间变化。

4）自回归移动平均集成（Auto Regressive Integrated Moving Average，ARIMA）模型

将自回归（AR）模型和移动平均（MA）模型结合并使用差分方法，可以进一步得到自回归移动平均集成模型 ARIMA(p, d, q)。其中，p 代表预测模型中采用的时序数据本身的滞后数，即自回归模型的阶数；q 代表预测模型中采用的预测误差的滞后数，也是移动平均模型阶数；d 代表时序数据需要进行几阶差分化，即差分阶数。

ARIMA 模型的预测值 X_t 可以表示为常量与一个或多个最近时间的观测值的加权，以及一个或多个最近时间的预测误差之和。ARIMA 模型用数学形式表示为

$$\left(1 - \sum_{i=1}^{p} \phi_i L^i\right)(1-L)^d X_t = \left(1 + \sum_{i=1}^{q} \theta_i L^i\right)\varepsilon_t \tag{3-19}$$

当差分阶数 $d=0$ 时，ARIMA 模型就等同于 ARMA 模型，即这两种模型的差别就是差分阶数 d 是否等于零，也就是序列是否平稳：ARIMA 模型对应着非平稳时间序列；ARMA 模型对应着平稳时间序列。

ARIMA 模型对事件序列进行建模通常包括以下步骤。

（1）获取被观测系统时间序列数据。

（2）对数据绘图，观测是否为平稳时间序列；对于非平稳时间序列，要先进行 d 阶差分运算，化为平稳时间序列。

（3）经过第（2）步的处理，已经得到平稳时间序列。对平稳时间序列分别求得其自相关系数 ACF 和偏自相关系数 PACF，通过对自相关图和偏自相关图的分析，得到最佳的自回归模型阶数 p 和移动平均模型阶数 q。

（4）由以上步骤得到的 d、q、p 得到 ARIMA 模型后，开始进行检验。

在战场通信网中，网络流量数据是网络态势观测的重要指标，对网络流量而言，由于其自身具有突发性、偶然性与随机性等特点，数据规律难以直接被数学解析描述，因此需要根据历史流量数据训练得到模型来对流量进行预测分析。为了应对网络数据分析过程中存在的突发性和偶然性问题，研究人员[9]还提出了基于误差扩散因子 λ 的改进的 λ-ARIMA 模型，表达式为

$$y_t^d = \mu + \sum_{i=1}^{q} \gamma_i \mid \varepsilon_{t-i}^{\lambda} \mid + \sum_{i=1}^{p} \theta_i y_{t-i}^d + \varepsilon_t \qquad (3\text{-}20)$$

针对大小为 n 的历史数据集 $(y_1, y_2, \cdots, y_n)$，μ 为样本的均值，y_t^d 表示对 t 时刻的原时序数据进行 d 次差分运算得到的结果，ε_t 为 t 时刻服从均值为 0、方差为 σ^2 的高斯白噪声；γ_i 和 θ_i 为相关系数，往往通过经验值给定范围的上界与下界。

λ-ARIMA 模型需要根据历史数据得到的预测值与真实值之间的误差尽可能小的准则，得到最优的模型参数，求解过程是一个非凸的优化问题，需要借助一些启发式算法。为了避免算法找到局部最优解而过早收敛，针对 λ-ARIMA 模型的求解问题，可使用一种改进粒子群优化算法。

粒子群优化算法（Particle Swarm Optimization algorithm，PSO）源自前人对鸟群觅食生理行为的科学研究，算法流程包括初始化和个体极值与历史最优解步骤，在粒子群算法计算过程的迭代和寻找中，会出现个体粒子的最优解和全体最优解。其中，个体极值表示每个粒子找的最优解，而粒子群中的最优解称作全局最优解。将本次的全局最优解与历史的全局最优解相比，如果本次得到的结果优于历史的全局最优解，则进行更新，速度与位置的更新公式为

$$v_j = w \cdot v_j + c_1 \cdot \text{rand}(0,1) \cdot (p_{\text{best}_j} - x_j) + c_2 \cdot \text{rand}(0,1) \cdot (g_{\text{best}} - x_j) \qquad (3\text{-}21)$$

$$x_j = x_j + v_j$$

式中，w 为惯性因子；c_1 和 c_2 为加速常数；一般，p_{best_j} 为第 j 个粒子的取个体最优解所处的位置；g_{best} 为粒子群达到全局最优解时所处的位置；x_j、v_j 为第 j 个粒子任一维度的位置和速度。通过多次迭代，对粒子的位置和速度进行多次更新，当达到设定的迭代次数时，结束循环过程，得到优化问题的最优解。

相比传统粒子群算法，改进粒子群优化算法增加了变异扰动函数，定义为

$$\rho(t) = \frac{1}{1 + \exp[-(t - b)]} \qquad (3\text{-}22)$$

式中，t 为当前迭代次数；b 为初始值，取值范围为最大迭代次数 2/3 到 3/4 的开区间。该函数为递增函数，随着迭代次数的增加，变异扰动函数的函数值也增大，粒子位置发生扰动的可能性也增大。在粒子群算法求解过程中，若变异扰动函数取值大于当前的变异概率，则对粒子位置进行扰动。

为了验证 ARIMA 模型对网络流量数据预测的有效性，以某一航空电子系统网络的流量数据为例进行建模与分析[9]。流量数据集大小为 143 个时间片，使用的采样间隔为 5 s。对得到的数据进行流量模型的建立与分析，原始网络流量数据时序如图 3-12 所示。

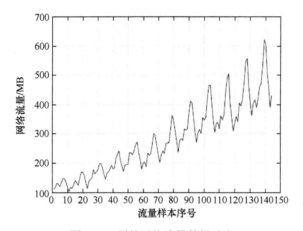

图 3-12　原始网络流量数据时序

在采集到流量数据后，可以进一步对其进行分析计算。具体地讲，首先对流量数据进行一阶差分运算，若数据时序具有平稳性且为非高斯白噪声，则满足 ARIMA 模型的基本要求。其一阶差分后的时序如图 3-13 所示。

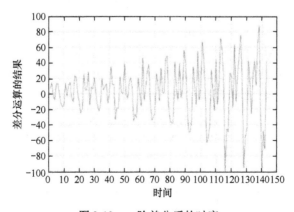

图 3-13　一阶差分后的时序

之后，采用改进的 λ-ARIMA 模型对一阶差分运算后的时间序列数据进行分析，算法求解过程采用改进的粒子群优化算法，参数设置为：惯性因子 w 为 1.2，粒子的个数为 50，最大迭代次数为 500，学习因子 c_1 和 c_2 均为 1.4，b 为 350，变异概率 ρ_m 为 0.65。使用改进粒子群优化算法对模型参数进行求解，并与传统粒子群优化算法和遗传算法进行比较。每种算法各运行 10 次，计算算法结果的平均值，不同算法找到的最优目标函数值、迭代次数和算法的收敛时间，如表 3-3 所示。由表 3-3 可知，在此场景中，改进粒子群优化算法的寻优效果要优于传统粒子群算法和遗传算法，且算法的收敛速度更快。

表 3-3 三种方法的性能表现

算　　法	最　优　值	次　　数	时间/s
改进粒子群优化算法	2105	320	57
传统粒子群算法	2207	361	71
遗传算法	2309	367	76

图 3-14 给出了 λ-ARIMA 模型与 ARIMA 模型对网络流量数据预测效果对比。可以看出，λ-ARIMA 模型与真实值更接近。

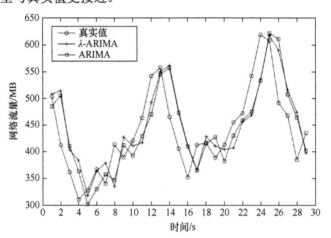

图 3-14 预测效果对比

根据表 3-4 的数据计算可得：ARIMA 模型的平均绝对比误差（MAPE）均值为 17.5%，均方差为 1.51；λ-ARIMA 模型预测精度的均值约为 11.2%，均方差为 0.78%。可以看出，λ-ARIMA 模型的 MAPE 均值降低了约 6.3%。同时发现 λ-ARIMA 模型比传统的 ARIMA 模型，预测精度的均方差降低了 0.73%，稳定性会更高。

表 3-4 两种算法平均绝对比误差

次　　数	ARIMA 模型/%	λ-ARIMA 模型/%	提升的精度/%
1	15.2	10.1	5.1
2	17.8	11.3	6.5
3	16.9	10.7	6.2
4	18.7	12.1	6.6
5	18.9	11.6	7.3

需要注意的是，自回归模型假设时间序列的演化是具有一定的稳定性和平稳性的，因此在应用自回归模型进行演化预测时，需要对时间序列数据进行平稳性检验和处理。如果数据存在趋势、季节性或非平稳特征，可能需要进行差分、季节性调整或其他预处理步骤来满足自回归模型的假设条件。

2. 基于神经网络的演化预测

神经网络模型是一种以数学模型来模拟人工神经元的复杂网络系统，通过大量多层的神经元进行组合，每一层神经元都包含大量的可变参数。这些参数可以通过训练数据进行持续的优化和调整，可以处理现实世界应用中复杂的非线性关系。其优点在于能够自动地从大量数据中学习复杂的特征和模式，具有强大的学习能力，特别适合规律未知或不确定的情况，实现对数据的准确预测和分类，被广泛应用于图像识别、语音识别、自然语言处理、行为预测等场景。另外，通过采用不同的神经网络结构模型，可以适应不同的任务场景。如通过使用长短时记忆网络（LSTM）结构，能够捕获轨迹数据中的时序关系[10]。神经网络模型用于行为预测主要包括模型构造和模型训练测试环节，在数据准备完毕后，需要根据任务选择适当的模型类型和模型参数构建初始模型，之后在训练集上训练模型并在测试集上验证模型的性能，通过迭代训练进行多次调整和验证，以确保最终模型的稳定性和准确性。

下面以预测军舰航迹的问题为例[11]介绍具体过程。由于军舰在日常航行中一般都有预先规划的航行路线，因此可设计一种基于神经网络预测军舰航行路线（航迹）的算法，如图 3-15 所示，主要包括数据预处理和神经网络预测两部分。

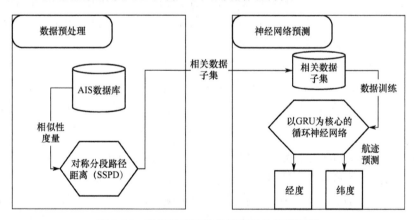

图 3-15　基于神经网络的军舰航迹预测算法

在数据预处理部分，由于军舰的航迹是由一系列离散的数据点构成的，有一定的规律，因此这些数据主要包括军舰航行过程中在各个时刻的经度和纬度坐标信息。据此将军舰航行的轨迹定义为离散时间序列的形式：

$$\begin{cases} T:((p_1,t_1),(p_2,t_2),\cdots,(p_n,t_n)) \\ p_i:(\text{lon}_i,\text{lat}_i),p_i \in R^2 \end{cases} \tag{3-23}$$

式中，n 是航迹 T 的数据量个数；p_i 为军舰在 t_i 时刻的位置信息，包括经度坐标 lon_i 和纬度坐标 lat_i。根据所定义的航迹，在每个 p_i 和 p_{i+1} 之间使用分段线性表示得到线段 s_i，从而军舰航迹的分段线性表示为

$$\begin{cases} T_s:((s_1),(s_2),\cdots,(s_{n-1})), s_k \in R^2 \\ n_s = \sum_i \| p_i p_{i+1} \|_2 \end{cases} \tag{3-24}$$

式中，n_s 是航迹 T_s 的长度，是组成 T_s 的所有段的长度之和；$\| p_i p_{i+1} \|_2$ 表示 p_i 和 p_j 之间的欧几里得距离。这里使用对称分段路径距离（SSPD）方法选择与待预测的航迹相似的航迹作为训练集。SSPD 数据预处理算法首先通过高斯-克吕格投影法将数据的经纬度坐标转换为平面坐标，然后使用线性插值法对航迹数据进行补充，接着基于 SSPD 方法将大量历史航迹与待预测目标航迹进行相似性度量，计算各航迹之间的距离，最后根据距离进行筛选，最终获得满足筛选条件的相关航迹数据子集。

数据集处理完毕后，设待预测的目标航迹为 T，该航迹的前 j 个位置信息已知，现有 n 个已知的完整航迹 $[T_1, T_2, \cdots, T_n]$，目标航迹和已知航迹分段线性表示为 T_s 和 $[T_{s1}, T_{s2}, \cdots, T_{sn}]$。通过神经网络对 $[T_{s1}, T_{s2}, \cdots, T_{sn}]$ 与 T_s 进行特征分析和学习，推断出目标军舰的运动规律，判断其未来运动趋势，从而预测出第 $j+1$ 时刻的位置信息 $p_{j+1}:(\text{lon}_{j+1}, \text{lat}_{j+1})$。

本案例使用以门控循环单元为核心的循环神经网络模型，模型结构包括 1 个输入节点、5 个隐藏层及 1 个输出节点。输入节点接收序列 X 的长度为 n，维度为 2（军舰的经度和纬度坐标），通过隐藏层训练，在输出节点获得最佳预测序列 Y，包括预测位置的经纬度坐标。在隐藏层，将普通循环神经网络单元替换为门控循环单元，根据实验结果将神经元个数设定为 100，分别设计了随机丢失层和全连接层，根据经验将随机丢失层的概率设为 0.2；随机丢失层用于防止网络训练的过拟合现象；全连接层则用于对上一层的神经元进行全部连接，实现特征的非线性组合。在神经网络模型中，激活函数用于引入一定的非线性，双曲正切函数（Tanh）为隐藏层和输出层的激活函数。神经网络的训练通过计算预测值与实际值之间的误差不断调整权重进行优化，直至误差下降到可接受的水平即得到理想输出。

具体实验选用军舰的 AIS 数据，除经度和纬度坐标信息外，AIS 数据特征包括军舰的 MMSI 号、军舰名、军舰类型、速度、航向等静态和动态信息。选取的数据包括 2017 年 1—2 月在通用横向墨卡托区域 1~10 范围内航行的军舰共计 719624 条真实航迹数据[12]。为便于实验，根据船舶航行区域相应地将 AIS 数据分为 10 个数据组，每组包含 71000 条左右的数据。原始 AIS 数据中的位置坐标是非平面的，并且存在大量与目标航迹无关的冗余数据。这些数据容易受到噪声的影响，使数据分布不均匀。为了克服这些问题，实验中设计并实现了一种基于对称分段路径距离的数据预处理算法。利用对称分段路径距离方法对大量历史航迹与待预测的目标航迹进行相似性度量，计算各军舰航迹之间的距离；根据距离进行筛选，最终得到满足条件的子集。

实验选用均方误差（Mean Squared Error，MSE）作为模型的评估指标。MSE 是评估预

测结果好坏最常用的指标之一，代表预测值与真实值之差平方的平均值。MSE 值越小，表示预测结果与真实值偏差越小，预测效果越好。如表 3-5 所示，在 10 个数据组上，基于神经网络的军舰航迹预测模型可实现平均 MSE 约为 0.374% 的预测结果。这表明，门控循环单元模型在提高航迹预测精度和效率方面的实用性和有效性。

表 3-5 航迹预测实验结果

模　型	模型参数	数　据　组	耗　时/s	预测 MSE
SSPD 和 GRU	神经元数量=100 样本训练次数=2 批处理数量=32	数据 1	102.41	0.00176
		数据 2	110.35	0.00405
		数据 3	118.64	0.00613
		数据 4	103.02	0.00386
		数据 5	121.63	0.00612
		数据 6	107.87	0.00221
		数据 7	104.67	0.00135
		数据 8	123.65	0.00596
		数据 9	110.83	0.00261
		数据 10	107.24	0.00338
平均结果			111.03	0.00374300

当然，航迹预测问题十分复杂，会受到不同海域、不同类型的军舰、不同天气等众多因素的影响。此外，不遵循相同规律的航迹，若不做处理都直接作为训练集，则会增加神经网络模型的学习难度，甚至还会出现自相矛盾的数据，导致不收敛。因此，一方面可以从数据层面入手，提前对数据进行预处理或关联性分析，以确保输入模型的数据具有任务相关性；另一方面，可以通过模型融合集成和持续更新的方式提升模型性能，或者融合专家知识进行模型裁剪，以提高模型的预测精度。

3.3 威胁估计技术

威胁估计（threat assessment）的概念最早在 20 世纪 80 年代作为联合防御模型的高级融合层次被提出，根据敌方目标的目标类型、作战能力、作战企图等信息，结合战场环境，对敌方目标的威胁程度做出量化评估，是对战场形势的进一步理解与预测[13]。威胁估计有大量相关研究，涉及的方法比较多，包括贝叶斯网络、综合分析法、模糊逻辑法、基于战术库的威胁估计方法和公理方法（axiomatic method）等[14]。威胁评估的过程包括数据预处理、威胁要素提取、威胁程度估计，如图 3-16 所示。

威胁要素提取包括提取我方作战力量的位置、性质和防护能力，以及敌方单元对我方防御力量和地面火力单位的距离、目标速度、目标航向、携带武器、发现概率、突防概率等[15]。威胁程度估计需要在威胁要素提取的基础上分析多种因素，如战场地形气候等环境因素，敌方单位速度、高度、航向角、作战能力等因素，以及敌方针对我方对象的重要程度等。

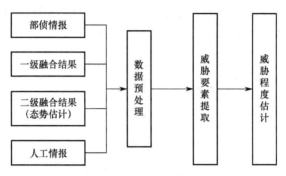

图 3-16 威胁估计的过程

下面主要介绍基于综合分析的威胁估计技术以及基于贝叶斯网络的威胁估计技术。这两种技术可以同时考虑不同类型的威胁要素，还能兼顾主观性与客观性。其中，基于综合分析的威胁估计技术通过模糊评价法对威胁程度进行排序，可得到反映当前战场态势的评估图表，综合评判该目标威胁等级并分析各因素隶属函数和权数，对具体目标进行分级并给出其估计值；基于贝叶斯网络的威胁估计技术是在威胁要素之间建立概率影响关系，并将威胁估计建模成威胁等级预测问题，通过贝叶斯网络推理计算，在观测部分因素的情况下，给出目标节点的威胁等级估计，最终得到量化的威胁程度。

3.3.1 基于综合分析的威胁估计技术

基于综合分析的威胁估计技术根据敌我双方武器部署情况、敌方武器特征，结合战场气候、地形等环境因素，综合分析各个因素之间的关系，得到反映当前战场态势的评估结果。在联合防御模型关于数据融合的部分中，无论是初始模型、1998 年修订模型，还是2004 年推荐的联合防御修订模型，都含有综合分析估计的内容。由于影响目标威胁程度的因素有很多，彼此之间又相互制约，具有一定的层次性和复杂性，因此在综合分析的过程中，需要对各个因素进行排序，把定性评价转化为定量评价。

基于综合分析的威胁估计技术的最显著特点如下：一是评价因素可以相互比较，以最优的评价因素值为基准，评价值为 1，其余欠优的评价因素依据欠优的程度得到相应的评价值；二是可以依据各类评价因素的特征，确定评价值与评价因素之间的函数关系，即隶属函数。确定这种函数关系（隶属度函数）有很多种方法，如统计方法、各种类型的 F 分布等，当然，也可以请有经验的评标专家进行评价，直接给出评价值。因此它具有结果清晰、系统性强的特点，能较好地解决非确定性的、难以量化的威胁估计问题[16]。

基于综合分析的威胁估计的具体步骤如下。

确定综合评价的因素集，因素集是以影响评价对象的各种因素为元素所组成的一个普通集合，通常用 U 表示，$U = \{u_1, u_2, \cdots, u_m\}$，其中元素 u_i 代表影响评价对象的第 i 个因素。这些因素通常都具有不同程度的模糊性。

建立综合评价的评价集，评价集是评价者对评价对象可能做出的各种结果所组成的集合，通常用 V 表示，$V = \{v_1, v_2, \cdots, v_m\}$，其中元素 v_j 代表第 j 种评价结果，可以根据实际情况的需要，用不同的等级、评语或数字来表示。

进行单因素模糊评价，获得评价矩阵，若因素集 U 中第 i 个元素对评价集 V 中第 1 个元素的隶属度为 r_{i1}，则对第 i 个元素单因素评价的结果用模糊集合表示为：$R_i = (r_{i1}, r_{i2}, \cdots, r_{im})$，以 m 个单因素评判矩阵 $R_1, R_2, \cdots, R_m$ 为行组成矩阵 $R_{m \times n}$，称为综合评价矩阵。

确定因素权向量，在评价工作中，各因素的重要程度有所不同，为此，给各因素 u_i 一个权重 a_i，各因素的权重集合的模糊向量，用 A 表示：$A = (a_1, a_2, \cdots, a_m)$。

建立综合评价模型，确定单因素评判矩阵 R 和模糊向量 A 后，通过模糊变化将 U 上的模糊向量 A 变为 V 上的模糊向量 B，即 $B = A_{1 \times m} \circ B_{m \times n}$。其中。为综合评价合成算子，这里取作一般的矩阵乘法即可。

确定系统总得分，综合评价模型确定后，确定系统得分，即 $F = B_{1 \times n} \times S_{1 \times n}^{\mathrm{T}}$，其中 F 是系统总得分，S 为 V 中相应因素等级分。

以想定战场环境中的空中目标威胁估计为例[17]，设评定威胁等级的因素集为 $U = \{u_1, u_2, u_3, u_4, u_5\}$，$u_1$ 表示空中目标攻击能力的程度，u_2 表示我方空中防御能力，u_3 表示我方地对空防御能力，u_4 表示敌方目标邻近程度，u_5 表示敌方空中目标发动攻击的可能性大小。

建立综合评价的评价集 $V = \{v_1, v_2, v_3, v_4\}$，分别表示威胁程度很高、较高、一般和较低。

首先，进行单因素模糊综合，获得评价矩阵。通过领域专家打分，按照表 3-6 给出 $U \times V$ 上每个有序对指定的隶属度。

表 3-6　有序对指定的隶属度

	v_1	v_2	v_3	v_4
u_1	0.35	0.39	0.22	0.04
u_2	0.17	0.35	0.39	0.09
u_3	0	0.30	0.44	0.26
u_4	0.09	0.22	0.30	0.39
u_5	0.43	0.35	0.22	0

由表 3-6 可得到单因素评判矩阵

$$R = \begin{bmatrix} 0.35 & 0.39 & 0.22 & 0.04 \\ 0.17 & 0.35 & 0.39 & 0.09 \\ 0.00 & 0.30 & 0.44 & 0.26 \\ 0.09 & 0.22 & 0.30 & 0.39 \\ 0.43 & 0.35 & 0.22 & 0.00 \end{bmatrix}$$

其次，确定因素权向量，为评定此次攻击的威胁程度，权数分配 $A = (0.35, 0.35, 0.1, 0.1, 0.1)$。

最后，建立综合评价模型，得到的向量 $B = A \times R = (0.23, 0.35, 0.31, 0.11)$，则此次攻击威胁估计最后的总分 $72.9 = 100 \times 0.23 + 80 \times 0.35 + 60 \times 0.31 + 30 \times 0.11$，设等级分阈值依次为 $S = (80, 70, 60, 50)$，由计算结果可知，攻击威胁估计评级为较高。

3.3.2 基于贝叶斯网络的威胁估计技术

威胁估计通常需要考虑各种不确定性，如目标识别的不确定性、行为识别的不确定性等。基于概率的贝叶斯网络具有强大的不确定性问题的处理能力，利用现有的先验信息，结合复杂的当前信息，根据多个时刻的观测值对系统的状态进行定量推理，增强了推理结果的准确性。基于贝叶斯网络的威胁估计将目标态势信息以贝叶斯网络图形化的方式构建信息模型，结合可能影响目标威胁等级因素之间的关系确定贝叶斯网络结构，根据专家知识设置条件概率表。威胁估计模块获取目标的信息，并对威胁因素进行归一化，将归一化威胁因素的威胁程度值输入贝叶斯网络进行推理，通过更新信度和概率合成得到目标的威胁。根据条件独立性，贝叶斯网络中的 n 个变量的联合概率可以分解为

$$P(V_1, V_2, \cdots, V_n) = \prod P(V_i \mid Pa(V_i)) \tag{3-25}$$

建立网络模型时，通常抽取出对目标产生威胁的属性，并进行量化和设置威胁等级，使所有属性取值区间为[0,1]。

假设贝叶斯网络中节点 X 有 m 个子节点 $\{Y_1, Y_2, \cdots, Y_m\}$ 和一个父节点 Z。$P(Y = y | Z = z)$ 表示父节点 Z 在已知威胁程度为 z 的情况下某威胁参数 Y 的威胁程度。$\boldsymbol{P}_{\text{apriori}}$ 表示节点的先验概率，$\boldsymbol{P}_{\text{post}}$ 表示节点的后验概率，威胁估计推理算法如下。

（1）初始化。根据贝叶斯网络中的条件概率表和先验概率计算网络中所有节点信度：

$$\boldsymbol{P}_{\text{apriori}}(Y_i) = \sum_j P(Z_j)P(Y_i \mid Z_j) \tag{3-26}$$

$$P(Z_j \mid Y_i) = \frac{P(Z_j)P(Y_i \mid Z_j)}{\sum_j P(Z_j)P(Y_i \mid Z_j)} \tag{3-27}$$

自底向上更新信度，得到后验概率：

$$\boldsymbol{P}_{\text{post}}(Z_j) = \frac{\prod_m \left(\sum_j P(Y_j)P(Z_j \mid Y_i) \right)}{\sum_j \left(\prod_m \left(\sum_j P(Y_j)P(Z_j \mid Y_i) \right) \right)} \tag{3-28}$$

（2）概率合成。假设将目标威胁分为 k 个等级，$W_1, \cdots, W_k$，$P(W_j)$ 表示目标威胁等级属于 W_k 的概率。

合成目标威胁程度的推理结果 $P_1, P_2, \cdots, P_f$，得到目标属于各威胁等级的概率 $\boldsymbol{P}$：$\boldsymbol{P} = [P(W_1), \cdots,\ P(W_j), \cdots,\ P(W_k)]$，其中 $W_j = P(W_j) / \sum k_j P(W_j)$，$j = 1, 2, \cdots, k$，满足 $\sum k_j P(W_j) = 1$。

以单个空中目标威胁等级估计模型为例[18]，首先，将来袭目标的威胁等级划分为 1～3 级，其中 1 表示威胁等级低，3 表示威胁等级高。然后，综合提取目标所处的地理位置、作战任务、保卫目标的重要程度、敌目标类型、活动特点、航向等因素，确定影响来袭目标威胁的具体指标体系，如来袭目标的类型等。最后，建立贝叶斯网络模型对不同指标的取值进行分析，从而完成来袭目标的威胁等级估计。

空中目标威胁评估指标如图 3-17 所示，第一层指标威胁程度（Threat Level，TL）表示来袭目标的威胁等级，下方包含两个二级指标：威胁类型识别（Threat Identification，ID）表示来袭目标的类型，对抗能力（Ability to Counter，Atc）表示来袭目标与地面抗击之间的对抗能力。据此，基于贝叶斯网络的威胁等级评估模型所包含的 3 个变量的状态集合表示为

$$TL = \{高，中，低\}$$

$$ID = \{导弹A，导弹B\}$$

$$Atc = \{好，中，差\}$$

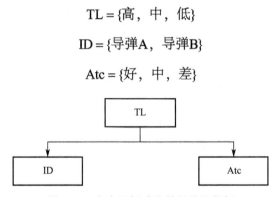

图 3-17　空中目标威胁等级估计指标

在该模型中，根据专家经验，由威胁类型识别（ID）和对抗能力（Atc）来推理指标威胁程度（TL）的各项概率值分布如下。

如果来袭目标的 ID 为导弹 A，那么其 TL 为高、中和低的可能性分别为 40%、30% 和 30%；如果来袭目标 ID 为导弹 B，那么 TL 为高、中和低的可能性分别为 60%、20% 和 20%。

如果来袭目标的 Atc 为好，那么 TL 为高、中和低的可能性为 10%、30%、60%；如果 Atc 为中，那么 TL 为高、中和低的可能性分别为 40%、40%、20%；如果 Atc 为差，那么 TL 为高、中和低的可能性分别为 60%、30%、10%。

根据以上取值，得到条件概率矩阵如表 3-7 所示。

表 3-7　条件概率矩阵

P_{ID}	$P_{TL|ID}$ [高 中 低]	P_{Atc}	$P_{TL|Atc}$ [高 中 低]
导弹 A 0.8 导弹 B 0.2	$\begin{bmatrix} 0.4 & 0.3 & 0.3 \\ 0.6 & 0.2 & 0.2 \end{bmatrix}$	好 0.3 中 0.5 差 0.2	$\begin{bmatrix} 0.1 & 0.3 & 0.6 \\ 0.4 & 0.4 & 0.2 \\ 0.6 & 0.3 & 0.1 \end{bmatrix}$

利用所得到的概率矩阵，以及通过战场侦察数据获得的先验概率，即可通过贝叶斯算法计算后验概率，$P_{TL}=P_{Atc}P_{TL|Atc}$、$P_{TL}=P_{ID}P_{TL|ID}$，至此可以利用战场数据实现单个目标威胁等级概率的估计。具体计算如下，假设来袭目标 ID 的先验概率为[0.8 0.2]，Atc 的先验概率为[0.3 0.5 0.2]，根据贝叶斯计算规则，来袭目标在不同角度的威胁等级的概率计算分别为

$$P_{TL}=[0.8\ 0.2]\cdot \begin{bmatrix} 0.4 & 0.3 & 0.3 \\ 0.6 & 0.2 & 0.2 \end{bmatrix}=[0.44\ 0.28\ 0.28]$$

$$P_{TL}=[0.3\ 0.5\ 0.2]\cdot \begin{bmatrix} 0.1 & 0.5 & 0.4 \\ 0.4 & 0.3 & 0.3 \\ 0.6 & 0.2 & 0.2 \end{bmatrix}=[0.35\ 0.34\ 0.31]$$

根据先前的定义，威胁等级采用离散值，不同目标的威胁等级是根据其值的概率计算结果得出的。因此，从目标类型上看，0.44×3+0.28×2+0.28×1=2.16（估计的威胁值），那么来袭目标的威胁等级介于"中"与"高"之间，且离"中"近一些；从来袭目标与地面威胁之间的对抗能力上看，0.35×3+0.34×2+0.31×1=2.04（估计的威胁值），来袭目标的威胁等级也介于"中"与"高"之间，且离"中"近一些。综上，可判断来袭目标的威胁等级略高于"中"。

3.4　意图推断技术

意图推断基于行为分析、威胁估计的结果，对各种信息源进行综合分析，来解释和判断对方所要达到的目的。

3.4.1　意图推断模型

意图（intention），目前还没有统一的定义，其核心指的是希望达到某种目的的想法。在军事领域，意图推断是指通过对各种战场传感器感知的信息进行分析，从而判断、预测或解释敌方的作战设想、作战计划等企图[19]。

意图具有抽象性、对抗性、稳定性、欺骗性等特点。抽象性表现在意图往往"只可意会，不可言传"，是指挥员根据战场态势综合分析目标作战任务、作战计划、作战目的得出

的抽象概念，不同的指挥员对意图的判断和认知程度不尽相同。对抗性表现在两个方面：一是意图的形成是建立在敌我双方作战目的、优劣势的综合考量基础上，此消彼长，互为对抗；二是意图的实现要经过激烈的战斗对抗。因此，没有达成意图的一方将付出惨重代价。稳定性表现在意图一旦确立就不会轻易更改[20]。为达成目标的作战目的就是要保持意图在时间上的持续性。欺骗性表现在敌我双方都尽可能地隐蔽己方作战意图甚至制造具有欺骗性的假象来迷惑对方。

能否准确推断敌军的意图是影响战争胜负的关键。美军联合国防实验室发布的数据融合层次模型中，将意图推断作为战场态势评估中的重要组成部分。甚至有学者认为，作战本质上就是一种敌我双方意图的对抗，即敌我双方都会根据当前战场态势、对手特征和对手可能的行动目标预测对手下一步可能的行动，从而在己方决策中有针对性地加以应对。意图推断方法在利用目标特征推断意图之前，通常需要大量先验信息来建立目标状态与意图之间的关系。由于直接观测到的往往只有目标的运动状态、种类和型号等，而这些信息可从一定程度上反映目标的意图，因此目标的意图推断问题就是利用观测到的信息对意图进行推测，实现从数据到特征，到推断建模和计算的过程。目前常用的技术主要基于概率推理模型，如马尔可夫网模型、行动图模型等[18]。

其中，行动图（action diagrams）是对行动进行建模的常用方法，利用行动图可以对当前意图进行推断。作战行动包含复杂多步骤行为，由完成最终行动意图所必须达到的子行动目标和一组紧密关联的基本行动动作构成。在行动图方法中，行动者被建模为通过基本动作的实施实现子行动意图，并获得相应的资源和条件，以促进下一次行动的实施。然而，作战行动意图往往是动态变化的，利用行动图无法准确推断可能存在的行动。实时的行动意图推断主要面临两个不确定性因素：一是特定状态下实施特定行动的不确定性；二是行动能否取得成功的不确定性。因此，在行动图的基础上发展出了概率行动图。

概率行动图[21]（probabilistic action diagrams）是对行动图的改进，在行动图基础上增加概率表示（示例见图 3-18），可以对本质上具有不确定性的行动过程进行合理建模。概率行动图的构建过程分为两部分：概率行动图基本结构的确定和条件概率表的生成。目前，概率行动图基本结构的确定主要依赖专家知识库，概率行动图中的条件概率表主要来源于观测数据。

形式上，概率行动图可以表示为有向无环图 $PAD = (N, E, \Delta)$。

（1）N 代表节点集合，$N = S \cup A \cup O$。S 是状态节点集合，每一个状态节点代表行动者每步行动后所处的状态，包括取得的行动资源或能力。S_0 是初始状态节点，表示行动者最初所处的行动状态。G 表示行动目标节点集合，满足约束 $G \subseteq S$。A 是行动动作节点集合，a_i 表示某个具体的行动动作发生。而 O 为观察事件节点集合，假定每次行动 a_i 发生，系统能以一定的概率观察到某些事件 o_i。所有节点的取值均为 $(0,1]$，分别表示行动状态达到（S）、行动意图成功（G）、行动动作发生（A）和行动被系统观察到（O）的置信度。

（2）E 表示各类节点之间因果关系有向边的集合。进一步说，E 可以由三类有向边组

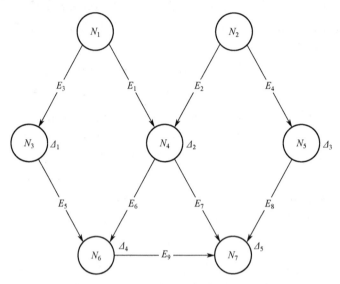

成，$E = E_s \bigcup E_a \bigcup E_o$。其中，$E_s \subseteq S \times A$ 表示行动者具备某些状态后才能实施某些行动动作，$E_a \subseteq A \times S$ 表示行动成功后能进入新的状态，$E_o \subseteq O \times A$ 表示根据系统观察到的事件可以确定或者推断某个行动已经发生。

图 3-18　7 节点 9 条边的概率行动图示例

（3）$\varDelta$ 为条件概率表（Conditional Probability Table，CPT），依附于每一条有向边。对应有向边的分类，条件概率表 $\varDelta = (\varDelta_s, \varDelta_a, \varDelta_o)$ 也分为三类。其中，$\varDelta_s$ 是依附于有向边集合 E_s 的条件概率表，$\varDelta_{s_{ij}}$ 表示在行动状态 s_i 下可能发生后续行动 a_j 的概率；$\varDelta_a$ 是依附于有向边集合 E_a 的条件概率表，$\varDelta_{a_{ij}}$ 表示行动动作 a_i 成功并进入下一状态 s_j 的概率；$\varDelta_o$ 是依附于有向边集合 E_o 的条件概率表，$\varDelta_{o_i}$ 表示观察事件的置信概率，即观察到 o_i 事件时能证明行动动作 a_i 发生的概率 $P(a_i|o_i)$。

概率行动图用节点表示随机变量，节点之间的有向连线表示变量间的因果关系，若两个节点以一个单向箭头连接，则两个节点之间就存在一个条件概率值。PAD 模型表述了事件的联合概率分布，根据网络结构和条件概率表，可以得到每个基本事件的概率，并通过先验知识和样本数据确定网络结构中各变量间的概率关系（条件概率和联合概率），从而进行未知样本的概率推断[22]。

在实际对抗环境中，还广泛存在对抗攻击容易导致意图推断模型变得脆弱。人工智能系统离开最初设计时的良性环境，攻击者可能采用各种方式引起意图推断模型误判，并在微小扰动的影响下做出错误的预测和判断。例如，在无人装备自动驾驶场景，其自动驾驶意图推断模型的任务是预测人员、车辆等的行为意图，攻击者利用智能目标识别算法模型的漏洞，在装备目标的图像传感器采集数据上增加轻微的扰动，使其无法正常识别视频图像内容，进而使得意图推断模型造成误判。

2019 年，弗吉尼亚州的美国海军研究局在军事载具上使用数字伪装技术，以迷惑人工智能系统，使其把坦克误认为汽车，或者根本识别不出来，使它们在雷达屏幕上"隐身"。2022 年，在国际先进人工智能协会（AAAI）会议上，军事科学院陈小前团队联合浙江大学提出了一种基于神经可微分渲染器的全身涂装式对抗纹理迷彩生成框架[23]，能够贴合车辆表面生成多角度、部分遮挡、物理易实现的对抗伪装迷彩，并支持扩展多种攻击目标、仿真场景和目标检测模型，在黑盒设置下，对目前主流的目标检测模型迁移攻击取得了很好效果，使得对该目标的意图推断失效。对抗攻击不但精准而且带有很强的传递性，给意图推断模型的实际应用带来了严重的安全隐患，迫切需要增强意图推断模型自身的稳健性，降低恶意攻击带来的潜在威胁。目前这也是该领域的一个前沿研究方向。

3.4.2　意图推断算法

基于概率行动图的推断算法主要可以分为两大类：精确推理算法和近似推理算法。前者主要用于网络规模较小、节点较少、关系不是很复杂的网络上，主要分为消息传递算法、联结树算法、符号概率推理算法、弧反向/节点缩减算法和微分算法等。近似推理算法主要分为随机抽样算法、基于搜索的算法、模型化简算法和循环消息传递算法等。

在这些算法中，应用最为广泛、最为基础的为联结树算法（junction tree algorithm）。该算法首先将意图推断模型转换为一个联结树（联结树是一个无向树，每个树节点是无向图的被称为团的最大全联通子图），然后通过消息传递来计算，消息会依次传遍联结树的每个节点，最终使联结树满足全局一致性，并得到所有节点的后验概率分布（期望推断计算的意图）[24]。

具体地说，由于意图推断模型中存在有向边，无法通过信念传播（belief propagation）算法进行计算，因此通过将意图推断模型转化为联结树的方式，将其中高度互联的节点转换为超级节点生成联结树。联结树的信息会从正反两个方向进行传递，从而实现联结树的全局一致性，最后通过消息传递计算节点概率。意图推断模型转换为联结树示例如图 3-19所示。

联结树推理步骤如下。

（1）将意图推断模型转换为端正图（moral graph）：首先将意图推断模型中每个节点的父节点连成一个完全子图，再将网络结构转换为无向图，即将意图推断模型的所有有向边转为无向边，如图 3-19（b）所示。

（2）端正图三角化：对端正图中超过 3 条边的环路添加边，使得图中不存在长度大于 3 的环路；三角化的过程通常需要对端正图中的节点进行排序，按照消去排序的顺序进行三角化，按照消去排序 $(X_1, X_2, X_3, X_4, X_5, X_6)$ 进行三角化，得到三角化图，如图 3-19（c）所示。

（3）构建极大团簇：三角化图中的极大完全子图被称为团簇，三角化图中的每个极大完全子图都是一个三角，每个三角代表一个节点，每两个相邻的三角的共同边代表两个节点的中间节点，最终将三角化图转换为极大团簇，如图 3-19（d）所示。

（4）构建最大生成树：得到极大团簇后，基于极大团簇依据某种删边规则构建最大生成树，如图 3-19（e）所示，并基于该联结树使用前向后向算法计算极大团簇之间的消息传播从而进行推理。

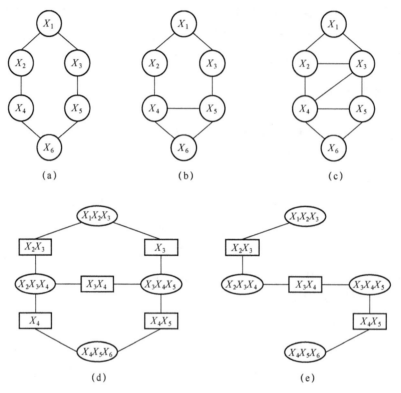

图 3-19　意图推断模型转换为联结树示例

对于构建好的联结树，可以通过信念传播算法计算每个节点的边缘概率分布，从而进行推理分析。联结树消息传递示例如图 3-20 所示，示例中共有四个聚类（cluster）C_1, C_2, C_3, C_4，从 C_1 产生了消息 δ_{C_1, C_2} 参与 C_2 的计算，以此类推，最终求得每个聚类 C_i 的边缘概率分布 $P(C_i)$ 为

$$P(C_i) = \varphi(C_i) \prod_{k \in \{Nb_i\}} \delta_{k,i}(S_{k,i}) \qquad (3\text{-}29)$$

$$\delta_{i,j}(S_{i,j}) = \sum_{C_i - S_{i,j}} \varphi(C_i) \prod_{k \in \{Nb_i - \{j\}\}} \delta_{k,i}(S_{k,i}) \qquad (3\text{-}30)$$

式中，$\varphi(C_i)$ 表示 C_i 的条件概率分布；$S_{i,j}$ 表示聚类 C_i 和聚类 C_j 的交集 $C_i \bigcap C_j$；Nb_i 定义为 C_i 的近邻团的节点集。

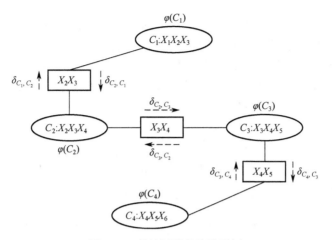

图 3-20　联结树消息传递示例

3.4.3　意图推断案例

应用意图推断模型时，首先必须针对具体问题分析并提取相关的要素，确定要素间的因果关系和条件依赖关系，建立正确的意图推断模型，确定先验概率和条件概率，选择合适的方法进行推理。

下面以防御敌方飞机的简化场景为例[25]进行说明。假设影响意图推断的因素包括目标威胁程度评估、电磁信号分析预测、来袭目标威胁程度评估以及我方作战单元等。

假设敌方飞机行动意图可分为 3 类，分别为 a（攻击）、b（突防）、c（搜索），图 3-21 展示了先验概率及其条件概率。没有起始节点的箭头表示指向节点的先验概率，如 a 类节点的先验概率为 $P(a=F)=0.5$。有起始节点的箭头拥有两个概率值，分别代表起始节点的两种不同状态，如 a 类节点指向 b 类节点的箭头，表示在条件 b 下，a 发生的概率，概率值 $P(a=F|b=F)=0.6$，$P(a=F|b=T)=0.5$。

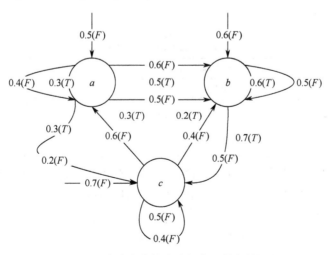

图 3-21　三个类各自的先验概率及其条件概率

基于前面的描述,这里可以建立一个简单的包含7个节点的意图推断模型,如图3-22所示,7个节点之间的连接关系在训练数据足够多的情况下,可以通过算法学习出来[26],同时根据对应关系,a 类节点为 p_1(综合态势分析)、p_5(攻击目标),b 类节点为 p_2(受到电磁干扰)、p_6(锁定信号干扰),c 类节点为 p_3(搜索攻击目标)、p_4(搜索某信号目标)、p_7(搜索毁伤目标),具体为

$$P(p_1 = F) = 0.5$$

$$P(p_2 = F \mid p_1 = T) = 0.4 \quad P(p_2 = F \mid p_1 = F) = 0.5$$

$$P(p_3 = F \mid p_1 = T) = 0.7 \quad P(p_3 = F \mid p_1 = F) = 0.8$$

$$P(p_4 = F \mid p_2 = T) = 0.3 \quad P(p_4 = F \mid p_2 = F) = 0.5$$

$$P(p_5 = F \mid p_3 = T) = 0.7 \quad P(p_5 = F \mid p_3 = F) = 0.4$$

$$P(p_6 = F \mid p_4 = T, p_5 = T) = 0.76 \quad P(p_6 = F \mid p_4 = F, p_5 = T) = 0.57$$

$$P(p_6 = F \mid p_4 = T, p_5 = F) = 0.76 \quad P(p_6 = F \mid p_4 = F, p_5 = F) = 0.57$$

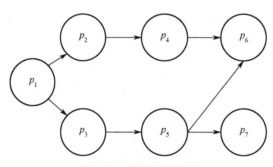

图 3-22 意图推断模型

设置节点 p_6 为证据节点,根据上文中的推理方法可计算出各节点的条件概率,表 3-8 展示了意图推断模型的推理结果。

表 3-8 意图推断模型的推理结果

节　　点	后 验 概 率	节　　点	后 验 概 率
p_1	0.50	p_5	0.50
p_2	0.55	p_6	1.00
p_3	0.25	p_7	0.00
p_4	0.73		

对于证据节点 p_6,节点 p_7 不在其祖先节点中,所以节点 p_7 的后验概率为 0.00,节点 p_6 作为证据,后验概率为 1.00。计算结果中节点 p_4 的后验概率最大,节点 p_3 的后验概率最小(不算 p_7),说明在节点 p_6 发生的情况下,节点 p_4 最可能发生,而节点 p_3 最不可能发生。由于节点 p_4 属于 c 类节点,因此根据当前战场的态势进行分析计算,蓝方敌机突袭红方阵地最有可能的意图为搜索某信号目标。

参 考 文 献

[1] 岳东峰，高甜容，王殷辉，等. 一种用于战场态势分析的决策支持方法[J]. 火力与指挥控制，2016，41(5)：7.

[2] 朱丰，胡晓峰，吴琳，等. 基于深度学习的战场态势高级理解模拟方法[J]. 火力与指挥控制，2018，43(8)：6.

[3] 李鹏飞. DARPA 推出"知识导向的人工智能推理模式"项目[J]. 科技中国，2019(2)：1.

[4] MOHAMMED I M. The Stateness Problem: The Case of South Sudan[M]. The Emergence of the State: A Comparative Analysis of Kosovo and South Sudan. Wiesbaden: Springer Fachmedien Wiesbaden，2023：113-140.

[5] CHANDOLA V，BANERJEE A，KUMAR V. Anomaly detection: A survey[J]. ACM Computing Surveys (CSUR)，2009，41(3)：1-58.

[6] BHUYAN M H，BHATTACHARYYA D K，KALITA J K. Network anomaly detection: methods, systems and tools[J]. IEEE Communications Surveys & Tutorials，2013，16(1)：303-336.

[7] PU G，WANG L，SHEN J, et al. A hybrid unsupervised clustering-based anomaly detection method[J]. Tsinghua Science and Technology，2020，26(2)：146-153.

[8] 王江. 移动目标轨迹的时空模式挖掘方法研究[D]. 长沙：国防科技大学，2018.

[9] 汪尧，黄宁，武润升，等. 基于改进自回归差分移动平均模型的网络流量预测[J]. 通信技术，2021，54(12)：2626-2631.

[10] CHENG Z，LU J，ZHOU H，et al. Short-Term Traffic Flow Prediction: An Integrated Method of Econometrics and Hybrid Deep Learning[J]. IEEE Transactions on Intelligent Transportation Systems，2022，23(6)：5231-5244.

[11] 胡玉可，夏维，胡笑旋，等. 基于循环神经网络的船舶航迹预测[J]. 系统工程与电子技术，2020，42(4)：871-877.

[12] FITTERS W，CUZZOCREA A，HASSANI M. Enhancing LSTM Prediction of Vehicle Traffic Flow Data via Outlier Correlations[C]. 2021 IEEE 45th Annual Computers, Software, and Applications Conference (COMPSAC)，Madrid，2021：210-217.

[13] JOHANSSON F，FALKMAN G. A Bayesian network approach to threat evaluation with application to an air defense scenario[C]. 2008 11th International Conference on Information Fusion. IEEE，2008：1-7.

[14] DALL I W. Threat assessment without situation assessment[C]. 1999 Information, Decision and Control. Data and Information Fusion Symposium, Signal Processing and Communications Symposium and Decision and Control Symposium. IEEE，1999：365-370.

[15] 彭亚飞，杨凡德. 战场态势认知综述[J]. 兵工自动化，2021，7(40)：24-27.

[16] 葛顺. 基于规则发现和贝叶斯推理的战术意图识别技术[D]. 哈尔滨：哈尔滨工程大学，2015.

[17] MA S，ZHANG H，YANG G. Target threat level assessment based on cloud model under fuzzy and uncertain conditions in air combat simulation[J]. Aerospace Science and Technology，2017，67：49-53.

[18] 郑飞飞. 基于多源数据关联分析的攻击意图推断[D]. 南京：东南大学，2019.

[19] ABRO W A，QI G，AAMIR M，et al. Joint intent detection and slot filling using weighted finite state transducer and BERT[J]. Applied Intelligence，2022：1-15.

[20] 徐建平，张立凡，韩德强. 基于模糊推理的空中目标意图识别[J]. 指挥信息系统与技术，2020，11(3)：44-48.

[21] 王江，罗旭辉，朱承，等. 基于贝叶斯网络的作战行动方案效能评估方法[J]. 现代防御技术，2014，42(3)：101-108.

[22] 陈小军，方滨兴，谭庆丰，等. 基于概率攻击图的内部攻击意图推断算法研究[J]. 计算机学报，2014，37(1)：62-72.

[23] WANG D，JIANG T，SUN J，et al. FCA: Learning a 3D Full-Coverage Vehicle Camouflage for Multi-View Physical Adversarial Attack[C]. Proceedings of the AAAI Conference on Artificial Intelligence，2022，36(2)：2414-2422.

[24] CLARKE A E，FRIESE C，WASHBURN R. Situational analysis in practice: Mapping research with grounded theory[M]. Routledge，2016.

[25] 毛厚晨，高文明，赵顾颢，等. 突袭作战俯冲攻击空域目标轨迹规划仿真研究[J]. 计算机仿真，2017，(9)：34-38.

[26] SUN B D，ZHOU Y. Bayesian network structure learning with improved genetic algorithm[J]. International Journal of Intelligent Systems，2022，37：6023-6047.

第 *4* 章

目标选择技术

目标选择是军事决策中的重要环节，科学合理地分析目标体系、选择打击目标，是实现作战意图的前提。目标选择技术针对这一问题，通过价值评估、体系能力及其失效过程分析、优化选择等手段，支持目标的选择，力图以最小的代价创造符合作战意图的预期效果。本章主要介绍目标价值评估技术、目标体系级联失效分析技术和目标优化选择技术。

4.1 概述

目标选择是指围绕达成作战目的，统筹考虑战略意图、作战任务、打击手段、敌方目标内在关联、交战规则等因素，确定打击目标的活动。目标选择相关工作结合了各指挥层级的情报、计划、控制等职能，贯穿于战斗的全过程，对于作战决心的下达、计划的拟制，具有深刻的影响。

随着信息技术的发展及其在军事领域的广泛应用，信息成为作战的主导因素，网络化的信息系统将各种作战要素或单元日益融合为一体化作战体系。信息化时代战争的制胜机理由大量杀伤敌人有生力量为主，转变为以精确瘫痪对方的作战体系、剥夺其作战能力为主。因此，目标选择的基本思路是从关联的角度将各类目标建模为一个整体（目标体系），分析其关键节点和要害部位，从而精确选取符合作战意图的打击目标，力争用较短的时间、较低的风险、较小的代价获取胜利。

4.1.1 联合作战目标作业过程

典型的联合作战目标作业周期[1]是一个六阶段迭代的过程：最终状态和指挥员的目标、目标制定和优先顺序、能力分析、指挥员决策和兵力分配、任务规划和部队执行、目标评估，如图 4-1 所示。

这个过程可随作战实施过程灵活调整和迭代，各环节之间没有严格的时间或顺序限制。其中，军事最终状态、联合部队总指挥的意图、目标、预期效果，为确定战役级目标选定过程提供了基本框架。选定目标必须对潜在的目标系统（组成部分、每个目标及目标要素）进行系统审查，以便确定对每个目标创造符合指挥员作战目标效果需要实施行动的样式和时间长度。一旦作战意图明确后，就要重点详细分析目标，并将武器能力与查明的目标弱点对照评估，以便判断打击效果。

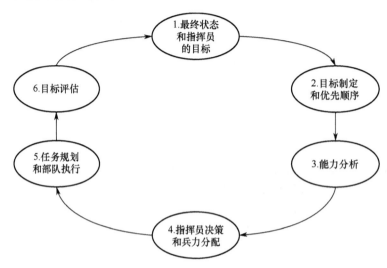

图 4-1　联合作战目标作业周期

第一阶段：最终状态和指挥员的目标

理解作战方针是联合目标选定活动中最重要的也是第一个活动，因为指挥员意图是确定预期效果和目标选定范围的基础。意图必须明确，可以衡量，并且是可实现的，选定目标必须能够实现指挥员的预期作战效果。

第二阶段：目标制定和优先顺序

对目标的分析应突出每个潜在目标的功能、关键和弱点，并将目标与目标选定效果和指挥员意图相联系。成功进行目标选定的关键是理解目标系统内部及相互之间的关系，以便找到其能力、需求和弱点。

第三阶段：能力分析

根据指挥员意图详细分析目标，将武器能力与目标弱点对照评估，以便判断打击效果，可运用数学模型量化考虑目标的关键弱点、拟用于打击目标的武器性能数据和投射手段等因素，除此之外，还应考虑非致命性能力的运用、目标受打击后的维修和恢复时间。

第四阶段：指挥员决策和兵力分配

为了确定兵力的选择和运用计划，需要对我方部队可能面临的损失进行分析。首先明确对目标资料的需求，其次需要运用武器匹配信息对兵力选择进行分析，最后将目标提名与最佳的兵力相匹配，以确保得到符合指挥员意图的最佳行动方案。

第五阶段：任务规划和部队执行

这一阶段围绕目标的重要工作是目标核实，包括对情况的分析，以判明已经计划的目标是否对实现作战目标能发挥作用，目标是否已经准确定位，已经计划的行动对己方其他部队会产生什么影响等。

第六阶段：目标评估

目标评估是对部队完成任务情况进行估量的过程。指挥员不断地对作战环境和作战进展情况进行评估，将作战进展情况与开始作战时的设想和意图进行比较，并根据评估结果调整作战行动和打击目标，以确保达成最终军事状态。

4.1.2　目标选择相关技术

目标选择的落脚点是通过对敌方目标体系及目标价值进行分析，形成打击目标排序清单。现代战争日趋复杂与高科技化，目标种类越来越多，目标体系关联越来越错综复杂，必须运用科学合理的目标选择技术提升决策的效率与质量。

与目标作业过程对应，目标选择技术主要包括目标价值评估技术、目标体系分析技术和目标优化选择技术等。

1. 目标价值评估技术

目标价值是目标排序重点考虑的因素，是形成初步目标提名清单的基础。高价值目标（High Value Targets，HVT）通常指的是具有重要战略意义的目标。这些目标可能是军事设施、指挥控制中心、战略资源、重要基础设施、高级官员等。攻击或摧毁这些高价值目标可以削弱敌方的战斗力，破坏其战略计划，干扰其指挥控制系统，从而达到战略上的优势。

目标价值评估技术可将指挥员脑海中对目标的抽象、模糊的定性分析转化为具体、直观、可比较的定量结果，一般过程是首先构建目标价值指标体系，然后通过定性定量相结合的方法建立目标价值模型，最后计算各个目标的综合价值。

1）目标价值指标体系构建

在目标价值指标体系构建方面，美军主要将目标价值分为关键性、脆弱性、修复性以及对己方的威胁四个部分[2]。我军一般按照信息可靠性、任务一致性、目标重要性、目标威胁程度、目标易损性等指标进行构建[3-5]。目标价值指标体系各指标既有定性部分，又有定量部分，有些指标难以具体描述，且各指标对目标价值大小的影响程度也各不相同，因此，在刻画目标价值指标体系各指标时，可采用多种构建方法，如灰色关联分析、模糊综合评判、层次分析法等，来提升目标价值的可度量性。

2）目标价值模型

通过使用灰色关联分析方法[3]建立目标价值模型，将目标多个不可比的指标转化为可比的数据，是一种较为简单、误差较小的方法。该方法在对各指标量化的过程中，指挥员的主观偏好、目标的掌握情况等差异，会导致目标排序结果不同。使用 D-S 证据理论[4]可将多位专家的目标价值评价信息进行融合，较好地解决了目标信息不完全、不确定的目标选择问题，无须先验概率，推理形式简单，可以减少分析过程中数据量化的困难。该方法合成规则的合理性还存在争议，计算复杂，权重确定的主观性较强。主观赋权法能够体现指挥员的偏好意图，但主观性过强有时也会造成决策失误。针对目标价值分析过程中权重确定主观性较强的问题，通过熵权法[5]确定各指标权重可以更加客观地进行赋权。该方法能够避免人为因素的干扰，客观性较强、精度较高，同时忽略了指挥员的主观能动性。主成分分析法[6]可在一定程度上避免在目标价值分析过程中对权重的主观判断，使权重的分配更合理，尽可能地减少了重叠信息的不良影响，克服了变量之间的多重相关性，简化分析。

3）目标价值评估方法

常用的目标价值评估方法如下。

（1）战术价值评估：一种用于评估军事目标战术价值的方法，对目标的地理位置、敌我双方兵力、武器装备等进行分析和评估，确定目标的价值和优先级。

（2）情报分析：一种用于收集、分析和利用情报信息的方法，通过收集和分析情报信息，确定目标的重要性、位置、兵力部署等情况，为决策提供支撑。

（3）灰色关联分析：一种用于评估多因素关系的方法，将多个因素进行比较和关联分析，从而确定目标的重要性和影响因素。

（4）多属性价值评估：一种综合考虑多个属性的评估方法，通过对不同属性进行权重分配和评估，确定目标或方案的价值。

（5）复杂网络方法：一种通过分析网络结构和属性，综合考虑节点的重要性进而对目标的价值进行评估的方法。

（6）系统动态分析：一种用于分析系统动态特性的方法，对军事目标的影响范围、传播过程等进行分析和模拟，从而确定目标的重要性和影响程度。

（7）实验评估：一种用于评估军事目标效果的方法，通过实验模拟或实际演练，对目标的攻击效果、防御能力等进行评估和测试，从而确定目标的价值和可行性。

2. 目标体系分析技术

目标体系分析是对目标体系的能力和受打击后的变化进行分析。对目标体系的分析要将相互关联的目标作为一个整体，考虑目标体系的关键弱点、目标体系受打击后的能力子结构的变化和恢复时间等。目前该技术可以归纳为以下几类。

1）基于可靠性理论的目标体系分析

基于可靠性理论的方法是基于损伤树、毁伤树等故障树模型，对目标系统或体系的失效影响关系进行描述和分析，对目标毁伤引起的体系毁伤程度进行评估。损伤树是为了确定系统损伤原因而建立的故障树结构。李新其等采用损伤树技术分析系统功能结构，建立了目标毁伤与目标系统整体效能衰减程度之间的映射关系[7]。目前基于可靠性理论的方法主要使用静态故障树模型。该模型只能对目标单元摧毁事件与目标系统和体系失效间的静态影响关系进行刻画，不能描述目标体系在受到打击后的响应机制，也不能描述不同层次间的概率影响关系。

2）基于图论的目标体系分析

这种技术使用图论方法对具备复杂关联的目标集合的结构和状态进行建模，描述目标间的联系类型和强度，并依据图论模型研究目标选择方案。例如，文献[8]提出了节点型、节点组和链路型目标网络价值分析的计算模型，可进行目标体系评估和行动预案的制定。针对机场类型目标的评估，该文献还引入了关联系数来对毁伤效果进行量化计算。文献[9]将作战体系中的节点分为决策器、传感器、影响器和目标等四类，使用有向边来建模节点之间的相互作用，构建了一个有向图来描述作战体系。针对具有网络流特征的目标集合，部分学者在使用图论描述目标间关联关系的基础上，研究利用网络流理论分析如何阻断敌方作战依赖的系统，使得敌方损失最大，即网络阻断问题。

3）基于概率图模型的目标体系分析

贝叶斯网络是一种常用的描述目标毁伤对目标体系影响关系的概率图模型，在目标体系结构复杂的情况下，建模难度较大，特别是由于目标之间的备份、接替等机制引起的状态变化复杂，构建条件概率表难度较大。在实际作战中，会存在多波次打击，且双方的能力在对抗过程中会有显著变化，传统的贝叶斯网络、影响网等方法对于这些问题的描述能力不足。目前已有的两种典型的扩展方法分别是面向对象贝叶斯网络[10]（Object-Oriented Bayesian Networks，OOBN）、多实体贝叶斯网络[11]（Multi-Entity Bayesian Networks，MEBN），已被应用到目标体系及其状态变化的建模和分析之中。

4）基于级联失效的目标体系分析

级联失效，指当系统中的一个组件或子系统发生故障时，可能引发连锁反应导致其他组件或子系统失效。该分析技术的基本思想是通过建模级联失效过程，分析关键组件或子系统失效对整体的影响。2002 年，Watts 给出了一个简单模型分析失效在网络中的级联传播[12]，能转换为一类渗流模型，可以利用生成函数来进行求解。基于马尔可夫过程建立的概率级联失效模型，通过将失效过程视为树，将每个事件视为子节点，利用概率推理相关技术进行级联失效分析。

3．目标优化选择技术

目标的选择需要符合指挥员的意图，基于目标价值评估和目标体系分析结果，并对打击约束条件、代价风险等因素进行优化，形成打击目标清单。其主要技术可以归纳为以下几类。

1）基于复杂网络的目标优化选择

随着系统论、复杂适应系统理论等在军事领域的应用，目标选择开始注重从目标与目标间关系的角度出发，综合考虑目标在体系中发挥的作用，复杂网络方法也因此被引入目标选择领域。这种方法一般用节点和边来描述目标和目标间的关系，使用计算机仿真构建复杂网络拓扑模型，通过分析计算网络拓扑模型中的参量，发现网络结构中的关键节点，并将其作为重点打击目标。常见的网络模型参量包括平均路长、聚集系数、节点度及度分布等。

复杂网络方法主要分析网络的特点和结构，对网络节点本身属性关注较少，因此很多学者不断提出复杂网络的多种价值指标来提升目标节点重要性描述的精准度和有效性。学者通过引入物理学中场的概念，将目标个体价值与网络价值结合起来，在一定程度上弥补了一般复杂网络方法只考虑目标间关系、不考虑目标本身属性的不足。例如，文献[13]使用复杂网络方法建立了目标价值分析模型，可以在分析目标节点价值的基础上分析目标之间链路的价值，并通过网络生成树的数目来度量目标的重要性；文献[14]使用复杂网络方法分析目标重要性，通过分析网络的度指标、介数指标、紧密度等指标，对目标体系中节点重要性进行度量。根据目标体系最大联通分量大小和平均路径长度随删除节点比例的变化情况，度量目标体系受到攻击后的受损程度，进而分析出各指标的有效性；喻飞飞等通过使用网络最大流[15]的变化情况度量目标节点的重要性，并引入网络阻断量与成本控制作为确定作战目的与作战成本的依据。

2）基于目标价值的目标优化选择

基于复杂网络的目标选择方法注重从网络结构功能的角度进行分析选择。基于目标价值的目标优化选择方法侧重从目标个体功能价值的角度进行分析选择。该技术的基本原理是将目标价值量化为数值，并将其作为优化的目标函数。目标价值的确定可以基于任务需求、指挥员偏好、作战效果等因素。通过将这些因素量化为数值，可以将目标选择转化为数学模型，并进行优化。

3）基于体系贡献率的目标优化选择

基于功能贡献度[16]的目标优化选择通过构建多层异质的一体化超网络，综合考虑了节点的功能属性与结构属性，引入网络联通效率和作战环两个指标，能够评价防空作战体系中各节点的重要程度。张剑锋等通过建立"功能&过程"作战网络模型[13]，使用作战环、杀伤链等作为体系贡献率评估指标，从作战能力、任务支撑和结构抗毁等多个角度对武器装备的体系贡献率进行分析。李茂林等从网络结构抗毁性的角度构建了负载网络级联失效模型[14]，对节点重要度和网络脆弱性进行分析。文献[15]通过构建多层空间信息时效网络，引入基于供需流的网络效率指标，分析了节点失效前后对网络的影响程度。

本章对其中部分重要技术进行介绍，主要内容如图 4-2 所示。

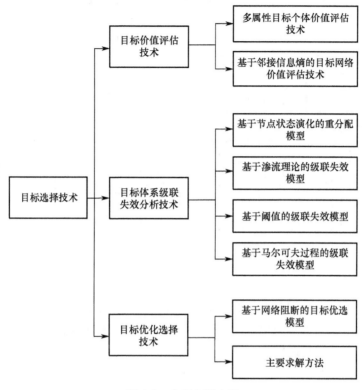

图 4-2　本章主要内容

4.2　目标价值评估技术

判定目标价值是一项复杂的工作，影响因素有诸多方面，如目标的重要性[16]、易损性、可修复性、打击紧迫性、威胁度[17]等。这些指标因素的影响程度是不一样的，同时这些因素既有定性因素，又有定量因素，甚至有些因素只能够大体描述。因此，需要对目标自身的属性及其所在目标体系进行多维度评估[18]。

4.2.1　目标个体价值评估

目标个体价值是指能够体现在目标功能属性上的价值，目标的个体价值与其他因素无关，只由目标本身属性特征决定。目标个体价值评估首先要构建目标个体价值指标体系，需要解决不同评估指标对个体价值的影响权重，利用综合价值评估方法，如多属性决策技术[19]，对目标个体价值进行综合评价。

1. 目标个体价值评估指标体系

对目标个体价值的评估可以从不同维度进行，包括目标易损性、目标重要性、打击紧迫性和目标可靠性等[20]。图4-3 展示了目标价值评估指标体系。

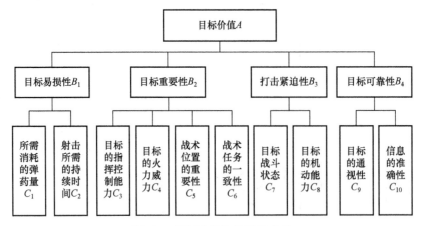

图 4-3　目标价值评估指标体系

1）目标易损性

目标易损性是指目标容易遭受攻击或被破坏的程度。易损性高的目标意味着攻击者能够更容易地实施攻击，并造成更大的损害。易损性因素包括但不限于攻击目标所需消耗的弹药量、射击所需的持续时间。

2）目标重要性

目标重要性是指目标在实现组织战略目标中所占的重要程度。重要性高的目标意味着攻击者能够通过攻击目标给组织造成最大的影响。目标重要性的评估因素包括但不限于目标的指挥控制能力、目标的火力威力、战术位置的重要性和战术任务的一致性。

3）打击紧迫性

打击紧迫性是指攻击者实施攻击的紧迫程度。打击紧迫性高的目标意味着攻击者在短时间内必须完成攻击，否则将错失攻击机会或无法达到攻击目的。打击紧迫性因素包括但不限于目标战斗状态和目标的机动能力。

4）目标可靠性

目标可靠性是指目标的安全措施和保护机制的可靠程度。可靠性高的目标意味着攻击者更难突破目标的安全防线，从而实施攻击。目标可靠性的评估因素包括但不限于目标的通视性和信息的准确性。

设多指标价值评估问题的目标个体集 $S = \{S_1, S_2, \cdots, S_n\}$，指标集 $I = \{I_1, I_2, \cdots, I_m\}$，则多指标价值评估矩阵如表 4-1 所示。

表 4-1　多指标价值评估矩阵

个　体	指　标			
	I_1	I_2	...	I_m
S_1	x_{11}	x_{12}	...	x_{1m}
S_2	x_{21}	x_{22}	...	x_{2m}
⋮	⋮	⋮	⋮	⋮
S_n	x_{n1}	x_{n2}	...	x_{nm}

表 4-1 中，x_{ij} 为第 i 个个体在第 j 个指标下的数值，$i \in N, j \in M$；$N = \{1,2,\cdots,n\}$ 为个体的下标集；$M = \{1,2,\cdots,m\}$ 为指标的下标集；矩阵 $\boldsymbol{X} = (x_{ij})_{n \times m}$ 为多指标个体价值评估的评估矩阵。评价指标往往具有量纲的不一致性、定性定量混合性和指标导向的不一致性，很难对这些差异性指标直接比较。为了解决指标的不同量纲、数量级和类型对评价结果的影响，价值评估矩阵的规范化处理是一个重要的环节。规范化处理也可以理解为归一化处理，主要方法包括向量归一化、线性变换和极差变换等。这些方法能够将评价指标量映射在[0, 1]之间。

设评价矩阵 $\boldsymbol{X} = (x_{ij})_{n \times m}$，归一化后的矩阵 $\boldsymbol{Y} = (y_{ij})_{n \times m}$，$T_i(i = 1,2)$ 分别表示效益型和成本型指标的下标集，则有：

（1）向量归一化：

$$y_{ij} = \frac{x_{ij}}{\sqrt{\sum_{i=1}^{n} x_{ij}^2}}, i \in N, j \in T_1 \bigcup T_2 \tag{4-1}$$

（2）线性变换：

$$y_{ij} = \frac{x_{ij}}{\max_i x_{ij}}, i \in N, j \in T_1 \tag{4-2}$$

$$y_{ij} = \frac{\min_i x_{ij}}{x_{ij}}, i \in N, j \in T_2 \tag{4-3}$$

（3）极差变换：

$$y_{ij} = \frac{x_{ij} - \min_i x_{ij}}{\max_i x_{ij} - \min_i x_{ij}}, i \in N, j \in T_1 \tag{4-4}$$

$$y_{ij} = \frac{\max_i x_{ij} - x_{ij}}{\max_i x_{ij} - \min_i x_{ij}}, i \in N, j \in T_2 \tag{4-5}$$

2. 目标个体价值综合评估方法

个体在系统中的价值往往由多种要素共同决定，如何准确评估多种要素对个体价值的影响是一个重要问题。目前已经被提出的综合评价方法有很多，主要可以分为两类：一类为主观赋权评价法；另一类为客观赋权评价法。前者多由相关的专家根据自身对问题的丰富经验进行主观判断，相应的方法有层次分析法、模糊综合评判法等。后者主要根据相应的评价指标之间的关系进行评价，相应的方法有灰色关联度法、优劣解距离法（TOPSIS）[21]、主成分分析法等。主观赋权评价法的特点是需要具有资深的专家支持，评价的成本较高。客观赋权评价法不需要相关的专家，评价的成本较低。下面主要介绍基于 TOPSIS 的综合评估方法。

基于 TOPSIS 的综合评估方法的思想，是将系统中的每一个个体看作一个方案，将多个评价指标分别看作各方案的属性，则个体的价值评价就转化为一个多属性决策问题[22]，决策的准则是评价各方案在系统中的重要程度。

设待评价系统中有 N 个个体，对应的决策方案集合可以表示为 $A = \{A_1, \cdots, A_N\}$。若评价每个个体价值的指标有 m 个，则对应的方案属性集合记为 $S = \{S_1, \cdots, S_m\}$。第 i 个个体的第 j 个指标的值记为 $A_i(S_j)$，构成决策矩阵：

$$X = \begin{pmatrix} A_1(S_1) & \cdots & A_1(S_m) \\ \vdots & \ddots & \vdots \\ A_N(S_1) & \cdots & A_N(S_m) \end{pmatrix} \tag{4-6}$$

由于方案的指标较多，众多指标之间存在错综复杂的关系，可以将这些指标分为效益型指标（指标值越高，能力越强）和成本型指标（指标值越高，能力越差），且各指标的量纲不同，为便于比较，对指标矩阵做如下标准化处理：

$$r_{ij} = A_i(S_j) / A_i(S_j)^{\max}, \text{当该指标为效益型指标}$$

$$r_{ij} = A_i(S_j)^{\min} / A_i(S_j), \text{当该指标为成本型指标}$$

其中，$A_i(S_j)^{\max} = \max\{A_i(S_j) | 1 \leq i \leq N\}$，$A_i(S_j)^{\min} = \min\{A_i(S_j) | 1 \leq i \leq N\}$。

规范化后的决策矩阵记为 $R = (r_{ij})_{N \times m}$。

设第 j 个指标的权重为 $w_j(j = 1, \cdots, m, \sum w_j = 1)$，和规范化决策矩阵 R 构成加权规范化矩阵

$$Y = (y_{ij}) = (w_j r_{ij}) = \begin{pmatrix} w_1 r_{11} & \cdots & w_m r_{1m} \\ \vdots & \ddots & \vdots \\ w_1 r_{N1} & \cdots & w_m r_{Nm} \end{pmatrix} \tag{4-7}$$

根据矩阵 Y 确定正理想方案 A^+ 和负理想方案 A^-，其中：

$$A^+ = \{\max_{i \in L}(y_{i1}, \cdots, y_{im})\} = \{y_1^{\max}, \cdots, y_m^{\max}\} \tag{4-8}$$

$$A^- = \{\min_{i \in L}(y_{i1}, \cdots, y_{im})\} = \{y_1^{\min}, \cdots, y_m^{\min}\} \tag{4-9}$$

式中，$L = \{1, \cdots, N\}$。

根据下式计算每个方案 A_i 到正理想方案 A^+ 和负理想方案 A^- 的距离：

$$D_i^+ = \left[\sum_{j=1}^{m} (y_{ij} - y_j^{\max})^2 \right]^{1/2} \tag{4-10}$$

$$D_i^- = \left[\sum_{j=1}^{m} (y_{ij} - y_j^{\min})^2 \right]^{1/2} \tag{4-11}$$

计算方案 A_i 的理想方案贴近度 Z_i，按照 Z_i 的大小进行重要度排序，完成评估任务，贴近度计算公式如下：

$$Z_i = \frac{D_i^-}{D_i^- + D_i^+}, 0 \leqslant Z_i \leqslant 1 \tag{4-12}$$

3. 目标个体价值评估案例

下面以评估包括 10 个目标在内的战场网络中的目标价值为例进行阐述，其中包括火炮、导弹、雷达等目标。综合不同指标的侧重点，下面选取目标易损性、目标重要性、打击紧迫性和目标可靠性等四种指标进行综合评价，如图 4-4 所示。多指标价值评估矩阵描述如表 4-2 所示。

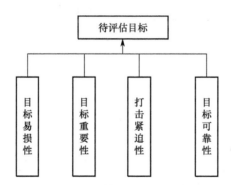

图 4-4 待评估目标的价值指标体系

表 4-2 多指标价值评估矩阵

节　点	指　　标			
	目标易损性	目标重要性	打击紧迫性	目标可靠性
V_1	x_{11}	x_{12}	x_{13}	x_{14}
V_2	x_{21}	x_{22}	x_{23}	x_{24}
$\vdots$	$\vdots$	$\vdots$	$\vdots$	$\vdots$
V_n	x_{n1}	x_{n2}	x_{n3}	x_{n4}

确定好节点价值评估指标之后，需要确定不同评价指标对节点价值影响的权重。下

面使用改进后的层次分析法进行权重的确定，步骤如下。

第一步：使用 0、1、2 三种刻度对不同指标进行两两比较，建立重要性矩阵。

第二步：将重要性矩阵转化为判断矩阵，并检验矩阵的一致性，得到各指标的权重。
表 4-3 展示了按照上述方法建立的节点重要性指标比较。

表 4-3　节点重要性指标比较

	目标易损性	目标重要性	打击紧迫性	目标可靠性
目标易损性	1	0	0	0
目标重要性	2	1	1	0
打击紧迫性	2	1	1	0
目标可靠性	2	2	2	1

对表 4-3 得到的目标重要性指标比较矩阵，按照极差变换构造判断矩阵，通过一致性检验，可以得到目标易损性、目标重要性、打击紧迫性和目标可靠性权重的值分别为 $W_1 = 0.0861$、$W_2 = 0.2073$、$W_3 = 0.2073$ 和 $W_4 = 0.4993$。

有了评价指标的影响力权重之后，通过计算可以得到各个目标评价指标的数值，如表 4-4 所示。

表 4-4　各个目标评价指标的数值

ID	目标易损性	目标重要性	打击紧迫性	目标可靠性
1	0.111	1.250	0.345	0.000
2	0.222	0.556	0.476	16.00
3	0.333	0.494	0.667	28.00
4	0.556	0.470	0.714	16.67
5	0.556	0.470	0.714	16.67
6	0.333	0.706	0.556	0.000
7	0.667	0.475	0.667	7.33
8	0.333	0.706	0.556	0.000
9	0.444	0.578	0.588	1.67
10	0.444	0.578	0.588	1.67

计算各方案距离正理想方案和负理想方案的距离 D_i^+ 和 D_i^- 以及贴近度 Z_i，目标个体价值综合评估结果见表 4-5。

表 4-5　目标个体价值综合评估结果

ID	D_i^+	D_i^-	Z_i
1	0.5317	0.0000	0.0000
2	0.2343	0.3042	0.5650

（续表）

ID	D_i^+	D_i^-	Z_i
3	0.0463	0.5225	0.9185
4	0.2026	0.3462	0.6308
5	0.2026	0.3462	0.6308
6	0.5080	0.0904	0.1511
7	0.3688	0.2173	0.3707
8	0.5080	0.0904	0.1511
9	0.4735	0.1262	0.2104
10	0.4735	0.1262	0.2104

贴近度 Z_i 越大，说明节点的重要性越高，从表 4-5 中可以得到各节点的价值排序：

$$Z_3 > Z_4 = Z_5 > Z_2 > Z_7 > Z_9 = Z_{10} > Z_6 = Z_8 > Z_1$$

4.2.2　目标网络价值评估

对系统而言，结构决定功能，个体在网络中的结构往往能够体现其在网络中的价值，个体之间的连接是其衡量价值的重要因素。与目标个体价值评估不同，目标网络价值评估是一种从全局考虑的价值评估方法。

传统的网络价值评估方法包括基于网络局部/全局结构的方法、基于循环迭代的方法和基于节点移除或收缩的方法。其中，基于网络局部/全局结构的方法包括基于度值计算的方法、K-壳分解[23]的方法和 H 指数[24]的方法等。这些方法往往适用于无权无向网络。基于循环迭代的方法包括特征向量中心性。PageRank 算法[25]和 Hits 算法[26]等，一般适用于网络上存在动态过程的场景。基于节点移除或收缩的方法包括网络的核指标、节点赋权网络中节点重要性的综合测度法（CIM 法）和节点凝聚度等方法，一般适用于无向网络。以上评估方法往往只能适用于某种单一的场景，如只适用于无向网络或无权网络等，不能同时适用于多种类型的评估场景，实际场景中的网络往往会同时存在方向性和连边权重。因此，本节主要介绍两种新型的目标网络价值评估方法：基于邻接信息熵的目标网络价值评估方法和基于误差重构的目标网络价值评估方法。

1. 基于邻接信息熵的目标网络价值评估方法

基于邻接信息熵的目标网络价值评估方法[27]基于信息熵的概念，通过计算节点与其邻接节点之间的信息熵来评估节点的重要性。其思想是，一个节点的重要性可以通过其邻接节点的数量和连接方式来反映。节点的邻接节点数量越多，说明在网络中的联系越广泛。而邻接节点之间的连接方式可以反映节点在网络中的位置和作用。其步骤如下。

步骤 1，构建网络邻接矩阵：将网络的节点和边信息表示为邻接矩阵，其中矩阵的行和列代表网络中的节点，矩阵的元素代表节点之间的邻接关系。

步骤 2，计算节点的邻接信息熵：对于每个节点，计算其邻接节点的邻接信息熵。邻接信息熵表示邻接节点之间的关系复杂程度，可以用于衡量节点的重要性。

步骤 3，计算节点的整体信息熵：将节点的邻接信息熵与节点自身的信息熵结合起来，计算节点的整体信息熵。整体信息熵可以综合考虑节点的位置和邻接节点的重要程度。

步骤 4，根据信息熵评估节点的价值：根据节点的整体信息熵评估节点的重要性。整体信息熵越小，说明节点的邻接节点之间的关系越简单，重要性越高。

根据网络的结构不同，即节点之间的交互有无方向性、节点之间的交互有无交互强度之分，可以将网络分为有向/无向网络和加权/无权网络，两两组合可以将网络分为四种类型，分别为无权无向网络、无权有向网络、加权无向网络和加权有向网络。这四种网络之间的关系如图 4-5 所示。

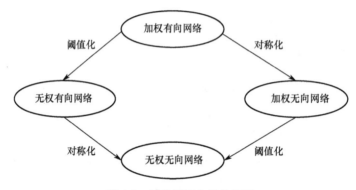

图 4-5 四种网络之间的关系

为了便于描述，规定节点所属的网络记为 $G(V,E)$，其中 $V=\{v_1,v_2,\cdots,v_n\}$ 为节点集合，$E=\{e_1,e_2,\cdots,e_m\}$ 为节点之间存在的连边集合，n 和 m 分别是节点数和连边数。无权网络模型 $G_1=(V,E)$，其中 $V=\{v_1,v_2,\cdots,v_n\}$ 为网络节点集合，$E=\{e_1,e_2,\cdots,e_m\}$ 为节点间的连边集合，$n=|V|$ 为网络的节点总数，$m=|E|$ 为网络的连边总数。加权网络模型 $G_2=(V,E,W)$，其中 W 表示边的权重矩阵，w_{ij} 表示节点 v_i 与节点 v_j 连边上的权重。若网络为有向网络，网络的邻接矩阵记为 $A_{n\times n}=(a_{ij})$，其中当有一条边从节点 v_i 指向节点 v_j 时，$a_{ij}=1$，否则，$a_{ij}=0$。同时，在有向网络中一般有 $w_{ij}\neq w_{ji}$。

在加权网络中，节点的度值被称为节点强度，即 $s_{ij}=\sum_{j\in\varGamma_i}w_{ij}$，其中，$w_{ij}$ 表示节点 v_i 与节点 v_j 连边上的权重，$\varGamma_i$ 为节点 v_i 的邻接节点集合；在有向网络中，节点的度值分为出度值与入度值，且一般认为出度值与入度值对节点的影响不同，即在有向网络中，存在 $k_i=\lambda k_i^{in}+(1-\lambda)k_i^{out}$，其中，$k_i^{in}$ 为节点 v_i 的入度值，k_i^{out} 为节点 v_i 的出度值，λ 为影响系数。取 $\lambda=0.75$，即节点的入度值对节点的影响大于出度值。节点的度值只能反映节点与直接邻接节点连接的情况，不能反映节点与其他间接邻接节点的连接情况，为此引入邻接度来刻画节点在网络中的局部影响力。

定义 1　邻接度

为了反映节点对其附近邻接节点的影响，定义节点的邻接度如下：

$$Q_i = \sum_{w \in \Gamma_i} k_w \tag{4-13}$$

式中，k_w 为节点 v_w 的度值；Γ_i 为节点 v_i 的邻接节点集合。

为了对四种不同类型网络进行系统研究，引入信息熵理论，用节点的信息熵表征节点的重要性大小。计算节点信息熵需要定义节点的概率函数。

定义 2　节点的选择概率

为了描述不同节点在其邻接节点中被选择的可能性大小，节点的选择概率定义如下：

$$p_{ij} = \frac{k_i}{Q_j}, (j \in \Gamma_i) \tag{4-14}$$

式中，p_{ij} 表示节点 v_i 选择邻接节点 v_j 的概率；k_i 表示节点 i 的度值；Q_j 表示节点 v_j 的邻接度；Γ_i 为节点 i 的邻接节点集合。

定义 3　信息熵

信息熵于 1948 年由香农提出，从不确定性出发，利用概率与统计方法，表征系统的无序性，可用于对网络节点重要性的衡量。

$$H_i = -\sum_{j \in \Gamma_i} p_{ij} \log_2 p_{ij} \tag{4-15}$$

式中，Γ_i 为节点 i 的邻接节点集合。

1）无权无向网络价值评估

无权无向网络是四种网络中最简单的一种，由于没有方向，原始的信息熵对网络节点的识别效果存在一些不足，如图 4-6 所示。

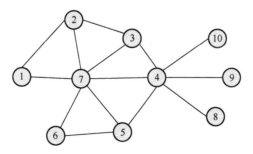

图 4-6　含有 10 个节点的基础网络

通过信息熵计算得到各节点的信息熵，如表 4-6 所示。

表4-6 各节点信息熵

节 点 序 号	1	2	3	4	5	6	7	8	9	10
信 息 熵	0.789	1.413	1.396	1.578	1.413	0.743	2.838	0.260	0.260	0.260

表4-6中，节点2与节点5得到的结果相同，从网络的结构看，节点5与节点4相连，重要性应该大于节点2。为了克服这一缺陷，基于邻接信息熵的价值评估方法在传统信息熵的基础上增加了节点邻接概率函数。

定义4 节点的邻接选择概率

为了描述不同节点的邻接对节点的影响力大小，节点的邻接选择概率定义如下：

$$p_{ji} = \frac{k_j}{Q_j}, (j \in \Gamma_i) \tag{4-16}$$

式中，k_j 为节点 v_j 的度值；Q_j 为节点 v_j 的邻接度。通过以上改进，在无权无向网络中，重要节点的识别计算公式如下：

$$H_i = -\sum_{j \in \Gamma_i} (p_{ij} \log_2 p_{ij}) p_{ji} \tag{4-17}$$

$$p_{ij} = \frac{k_i}{Q_j} \tag{4-18}$$

$$p_{ji} = \frac{k_j}{Q_j} \tag{4-19}$$

$$Q_j = \sum_{w \in \Gamma_j} k_w \tag{4-20}$$

2）无权有向网络价值评估

在有向网络中，节点的度值有两种类型，即出度与入度。一般认为节点的入度对节点产生的影响大于出度。由于网络有向，因此连边的方向性能够反映节点重要性的趋势，直接利用传统信息熵理论，不用再考虑节点邻接概率函数。为了确保信息熵数值恒大于零，在计算时取节点信息熵的绝对值，具体计算公式如下：

$$H_i = \sum_{j \in \Gamma_i} |(-p_{ij} \log_2 p_{ij})| \tag{4-21}$$

$$k_i = \lambda k_i^{\text{in}} + (1-\lambda) k_i^{\text{out}} \tag{4-22}$$

$$p_{ij} = \frac{k_i}{Q_j} \tag{4-23}$$

$$Q_j = \lambda \sum_{w \in \Gamma_j} k_{wj} + (1-\lambda) \sum_{w \in \Gamma_j} k_{jw} \tag{4-24}$$

式中，λ 为节点重要性影响系数，取 $\lambda = 0.75$；k_i^{in} 为节点 v_i 的入度值；k_i^{out} 为节点 v_i 的出度值；k_i 为节点 v_i 的综合度值；k_{wj} 为节点 v_j 的入度值；k_{jw} 为节点 v_j 的出度值；Q_j 为节点 v_j 的综合邻接度。

3）加权无向网络价值评估

在加权网络中，各节点之间的连边存在一定权值，为了更加方便地刻画节点的重要性，将连边的权值转化为节点的度值，具体计算公式如下：

$$H_i = -\sum_{j \in \Gamma_i} (p_{ij} \log_2 p_{ij}) p_{ji} \tag{4-25}$$

$$p_{ij} = \frac{s_i}{Q_j} \tag{4-26}$$

$$p_{ji} = \frac{s_j}{Q_j} \tag{4-27}$$

$$s_i = \sum_{j \in \Gamma_i} w_{ij} \tag{4-28}$$

$$s_j = \sum_{j \in \Gamma_j} w_{ij} \tag{4-29}$$

$$Q_j = \sum_{w \in \Gamma_j} s_{wj} \tag{4-30}$$

式中，w_{ij} 为节点 v_i 与节点 v_j 之间连边的权值；s_i 和 s_j 分别为节点 v_i 与节点 v_j 的强度值；Q_j 为节点 v_j 的综合邻接度。

4）加权有向网络价值评估

加权有向网络是四种类型网络中最复杂的类型，既要考虑节点之间连边的权值，也要考虑各节点的出度与入度情况。在上述三种不同类型网络节点识别的基础上，加权有向网络节点识别计算公式如下：

$$H_i = \sum_{j \in \Gamma_i} |(-p_{ij} \log_2 p_{ij})| \tag{4-31}$$

$$p_{ij} = \frac{s_i}{Q_j} \tag{4-32}$$

$$s_i = \lambda s_i^{\text{in}} + (1-\lambda) s_i^{\text{out}} \tag{4-33}$$

$$s_i^{\text{in}} = \sum_{j \in \Gamma_i} w_{ji} \tag{4-34}$$

$$s_i^{\text{out}} = \sum_{j \in \Gamma_i} w_{ij} \tag{4-35}$$

$$Q_j = \lambda \sum_{w \in \Gamma_j} s_{wj} + (1 - \lambda) \sum_{w \in \Gamma_j} s_{jw} \tag{4-36}$$

式中，s_i 为节点 v_i 的综合强度值；s_i^{in} 为节点 v_i 的入强度值；s_i^{out} 为节点 v_i 的出强度值；w_{ij} 为从节点 v_i 指向节点 v_j 连边的权值；w_{ji} 为从节点 v_j 指向节点 v_i 连边的权值；s_{wj} 为指向节点 v_j 的节点 v_w 的综合度值；s_{jw} 为节点 v_j 指向的节点 v_w 的综合度值；Q_j 为节点 v_j 的综合邻接度。

5）案例分析

为了验证提出算法的准确性和适用性，使用了四种不同的网络，包括无权无向网络（UUN）、无权有向网络（UDN）、加权无向网络（WUN）、加权有向网络（WDN）。表 4-7 列出了四种复杂网络的统计特性。表中，p2p 是模拟战场的 peer-to-peer 网络；Router-A 为模拟战场网络中用于数据传输的无权无向路由器网络；E-mail 为模拟战场通信网络中的邮件传输网络（具体包括 E-mail-A 和 E-mail-B 两个网络）；PGP 为用于战场通信网络加密的 PGP 网络；as-733、as-Caida 和 as-Skitter 为模拟战场网络中不同规模的自治域网络；n 和 m 分别是节点总数和边数；$<k>$ 和 $<d>$ 分别表示平均度和平均距离；C 为聚类系数。

表 4-7　四种复杂网络的统计特性

UUN	n	m	$<k>$	$<d>$	C
p2p-06	14845	239304	16.12	4.798	0.715
p2p-08	4011	85234	41.69	4.693	0.817
Router-A	200	32194	16.09	3.589	0.573
UDN	n	m	$<k>$	$<d>$	C
E-mail-A	1133	5451	4.811	3.715	0.110
PGP	10680	24340	2.279	4.050	0.133
Router-B	5022	6258	1.246	3.973	0.006
WUN	n	m	$<k>$	$<d>$	C
as-733	24845	289304	156.6	7.798	0.915
as-Caida	4039	88234	1113.7	3.693	0.617
as-Skitter	2700	38194	157.2	9.589	0.973
WDN	n	m	$<k>$	$<d>$	C
E-mail-B	1163	5851	3.811	5.715	0.210
P2P	6301	20777	29.663	6.632	0.005
Router-C	5062	6858	1.946	3.073	0.016

下面将通过基于邻接信息熵的目标网络价值评估算法对不同网络中的节点进行价值评估。表 4-8 列出了每种网络前 10 名的节点价值。图 4-7 展示了不同网络排序前 10 的目标网络价值排序结果。

表 4-8　每种网络前 10 名的目标网络价值

网　　络	序　　号									
	1	2	3	4	5	6	7	8	9	10
p2p-06	0.997	0.934	0.712	0.507	0.451	0.333	0.168	0.140	0.106	0.062
p2p-08	0.988	0.961	0.951	0.882	0.758	0.562	0.551	0.519	0.329	0.168
Router-A	0.998	0.986	0.844	0.810	0.633	0.515	0.506	0.390	0.307	0.055
E-mail-A	0.974	0.495	0.483	0.474	0.445	0.442	0.268	0.212	0.042	0.013
PGP	0.946	0.781	0.735	0.632	0.586	0.537	0.485	0.181	0.123	0.027
Router-B	0.986	0.714	0.627	0.545	0.416	0.212	0.168	0.155	0.146	0.098
as-733	0.876	0.569	0.421	0.359	0.327	0.326	0.282	0.276	0.235	0.123
as-Caida	0.968	0.952	0.926	0.911	0.862	0.687	0.674	0.272	0.129	0.004
as-Skitter	0.977	0.712	0.677	0.606	0.558	0.557	0.530	0.485	0.290	0.260
E-mail-B	0.982	0.882	0.826	0.726	0.717	0.680	0.620	0.597	0.155	0.001
P2P	0.896	0.894	0.887	0.841	0.834	0.814	0.673	0.385	0.137	0.052
Router-C	0.972	0.915	0.841	0.818	0.816	0.762	0.582	0.557	0.319	0.221

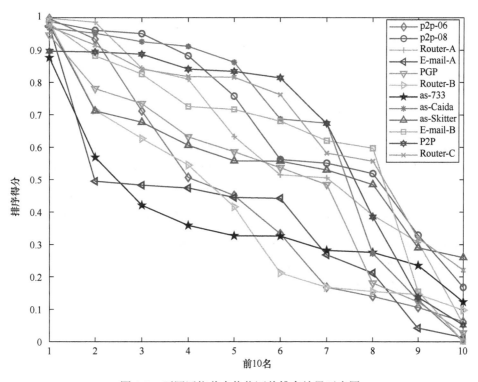

图 4-7　不同网络节点价值评估排序结果示意图

2．基于误差重构的目标网络价值评估方法

基于误差重构的目标网络价值评估方法首先筛选出网络中大量存在的背景节点，在背景节点的基础上对网络中所有节点进行稠密和稀疏两种方式的重构误差，并以融合后的重

构误差来量化网络中的所有节点，重构误差越大的节点，意味着与背景节点的差异越明显，越可能是网络中的关键节点。图 4-8 展示了基于重构误差的目标网络价值评估流程图。

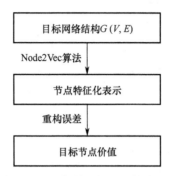

图 4-8　基于误差重构的目标网络价值评估流程图

下面将介绍如何使用 Node2vec 算法[28]和重构误差[29]进行目标网络价值的评估，其中 Node2vec 算法可产生节点和其连边构成的无向网络的多维向量表示，用于提取网络节点特征。

1）Node2vec 算法

对于网络中的节点，一般有两种相似性度量，内容相似性和结构相似性。内容相似性一般体现在相邻节点上，使用广度优先搜索法（BFS）搜索，提取其相似性特征，它包含网络的微观局部信息；具有结构相似性的节点不一定相邻，使用深度优先搜索法（DFS）搜索，提取其相似性特征，包含宏观全局信息。

Node2vec 算法的核心思想是采用随机游走的搜索方法代替 DFS 或 BFS，通过定义一种二阶的随机游走和两个参数 p 和 q，其中 p 来控制以多大的概率反复经过一些节点，q 来控制向内走或向外走。随机游走的目的是在 BFS 和 DFS 之间采取某种平衡。Node2vec 算法可适用于不同网络，可对有（无）向网络，加（无）权网络节点进行连续特征表示。

Node2vec 算法将 SkipGram 架构扩展到网络，在深度游走（Deep Walk，DW）的基础上定义了一个有偏的随机游走策略生成序列，将网络中的特征学习表述为最大似然优化问题，寻求优化以下目标函数。

$$\max_f \sum_{u \in V} \log P_r(N_s(u) \mid f(u)) \tag{4-37}$$

式中，$f:V \to \mathbb{R}^D$，f 是节点到 D 维特征的映射；u 是网络中的某一节点；$N_s(u)$ 是节点 u 的邻接节点。

目标函数满足以下两个条件。

（1）条件独立性：

$$P_r(N_s(u) \mid f(u)) = \prod_{n_i \in N_s(u)} P_r(n_i \mid f(u)) \tag{4-38}$$

（2）节点间对称性：

$$P_r(n_i \mid f(u)) = \frac{\exp(f(n_i) \cdot f(u))}{\sum\limits_{v \in V} \exp(f(v) \cdot f(u))} \tag{4-39}$$

由式（4-38）和式（4-39）可得，目标函数为

$$\max_f \sum_{u \in V} \left[-\log Z_u + \sum_{n_i \in N_s(u)} f(n_i) \cdot f(u) \right] \tag{4-40}$$

式中，$Z_u = \sum\limits_{v \in V} \exp(f(u) \cdot f(v))$。

2）重构误差

对于网络中的全体节点，$\boldsymbol{X} = [x_1, x_2, \cdots, x_N] \in \mathbb{R}^{D \times N}$ 为节点的特征矩阵，可以通过网络表示学习的方式学习得到。其中 $x_i = [x_{i1}, x_{i2}, \cdots, x_{iD}] \in \mathbb{R}^D$，$D$ 为特征维度，N 为网络中的节点数，$\boldsymbol{B} = [b_1, b_2, \cdots, b_M] \in \mathbb{R}^{D \times M}$ 为选取的背景节点集，可通过一些判断指标生成，如度中心性、介数中心性等。本节背景模块的选取，对固定规模的网络结构考虑时，采用 k-shell 分解法计算网络节点核数，选择网络中位于 1-壳内的节点作为背景节点；对网络进行不同规模考虑时，通过对网络进行不同规模的聚类，将每个聚类块视作新网络结构的节点，将社团之间的联系视作新网络结构的边，以此形成新网络，对新网络计算其核数，选取 1-壳内的节点为背景模块。基于这种思路，我们给出重构误差的定义，如下所述。

定义 5　重构误差

设以背景节点集 $\boldsymbol{B}$ 为一组基底向量，对 $\boldsymbol{X}$ 中节点进行重构为 $\hat{X}$，记真值与重构值差值的 L_2 范数为重构误差 E，即

$$E = \left\| X - \hat{X} \right\|_2^2 \tag{4-41}$$

其中，$E = [\varepsilon_1, \varepsilon_2, \cdots, \varepsilon_N] \in \mathbb{R}^N$，对任意节点 x_i，其重构误差可表示为

$$\varepsilon_i = \left\| x_i - \hat{x}_i \right\|_2^2 \tag{4-42}$$

由于重构方法不同，其重构误差结果也有一定的差异，本节根据采取的重构方法将重构误差分为两种：一种是指先对背景特征向量进行主层次分析（PCA），按照所需保留的能量比率和最大特征值个数来提取背景特征的特征值和对应的特征向量，将特征向量作为 PCA 基底，再通过这组基底构造数据的重构系数，进而得到重构值 $\hat{X}$；另一种是直接对全部特征向量进行多元线性回归，为解决过拟合问题和构造解的稀疏性，主要通过 Lars 算法来解决 Lasso 问题，将求得的回归系数作为稀疏重构系数，进而得到重构值 $\hat{X}$。具体重构误差按照以下几个步骤生成。

（1）稠密重构误差。

稠密重构误差即是使用主成分分析（PCA）对选取的背景节点集 $\boldsymbol{B}$ 提取其主成分

$U_B = [u_1, u_2, \cdots, u_D]^T$，再通过节点特征与均值的残差构造重构系数，表示为

$$\beta_i = U_B(x_i - \overline{x}) \tag{4-43}$$

式中，$\overline{x}$ 是所有节点的均值特征；β_i 是节点 i 的重构系数。

网络中节点 i 的稠密重构误差为

$$\varepsilon_i^d = \left\| x_i - (U_B^{-1}\beta_i + \overline{x}) \right\|_2^2 \tag{4-44}$$

稠密重构模型在特征空间中具有多重高斯分布，难以捕捉到多重分散模式。

（2）稀疏重构误差。

将背景节点作为一组基向量，对网络中的节点做多元线性回归，为减少过拟合现象并快速计算回归系数，采用目前常用的 Lasso 回归，即对高维数据进行线性回归时加入 L_1 正则化，并利用 Lars 算法计算其回归系数，将其作为重构系数，表示为

$$\alpha_i^* = \underset{\alpha_i}{\arg\min} \left\| x_i - B\alpha_i \right\|_2^2 + \lambda \left\| \alpha_i \right\|_1 \tag{4-45}$$

式中，α_i 是节点 i 的稀疏重构系数；λ 是 L_1 正则化系数，数值实验中设置为 0.01。

稀疏重构误差为

$$\varepsilon_i^s = \left\| x_i - B\alpha_i^* \right\|_2^2 \tag{4-46}$$

因为所有的背景模块都被视为基函数，和稠密重构误差相比，对于相对杂乱的区域，稀疏重构误差能够更好地抑制背景的影响。当然，稀疏重构误差在计算显著性值时具有一定的缺陷，如果前景节点被选为背景节点，则由于较低的重构误差使得显著性值接近 0，从而无法准确度量节点的重要性。

（3）单一规模社团修正重构误差。

由于稠密重构误差和稀疏重构模型构建的重构误差在度量节点的重要性时，仅考虑节点自身的特征，并未考虑同属社团内节点对其产生的影响。为此，我们提出单一规模社团修正重构误差，对上述稠密重构误差和稀疏重构误差进行修正。

首先，通过应用 k 均值聚类算法对 N 个节点进行聚类；其次，对节点 i 的误差修正通过其所属社团中与剩余节点的相似性构建相似性系数；最后对节点的重构误差进行加权估计。

节点 i 的相似性权重定义为

$$w_{ik_j} = \frac{\exp\left(-\dfrac{\left\| x_i - x_{k_j} \right\|^2}{2\sigma_x^2}\right)[1 - \delta(k_j - i)]}{\displaystyle\sum_{j=1}^{N_c} \exp\left(-\dfrac{\left\| x_i - x_{k_j} \right\|^2}{2\sigma_x^2}\right)} \tag{4-47}$$

式中，$k_1, k_2, \cdots, k_{N_c}$ 表示在聚类块 k 中的 N_c 个节点的节点标签；w_{ik_j} 是指聚类块 k 中节点标签为 k_j 的节点与节点 i 的相似性标准化权重；σ_x^2 是 x 的每个特征维数的方差和；$\delta(\cdot)$ 是指示函数。

单一规模社团修正重构误差为

$$\tilde{\varepsilon}_i = \tau \sum_{j=1}^{N_c} [w_{ik_j} + (1-\tau)\varepsilon_i] \tag{4-48}$$

式中，τ 是权重参数。即对于节点 i，通过考虑属于同一聚类中的邻接节点的影响，重构误差能够被更好地估计。

（4）不同规模社团修正重构误差。

为了更为准确地得到目标网络的节点价值，我们考虑通过对网络节点进行不同规模的聚类，使其构成不同规模的社团结构，社团中所有节点的特征均值作为该社团的特征。不同规模下的稠密重构误差和稀疏重构误差可由式（4-44）、式（4-46）计算得出。对不同规模下的社团中的节点再次修正重构误差，由其所属不同规模社团的重构误差共同决定，表示为

$$E(i) = \frac{\sum_{s=1}^{N_s} \omega_i(s)\tilde{\varepsilon}_i(s)}{\sum_{s=1}^{N_s} \omega_i(s)} \tag{4-49}$$

式中，i 表示网络中的某一节点；N_s 表示为网络规模个数；$\tilde{\varepsilon}_i(s)$ 表示为规模 s 下包含节点 i 的社团修正重构误差；$\omega_i(s)$ 表示规模 s 下节点 i 和其所在社团的特征相似度，作为当前规模下的权重，表达式为

$$\omega_i(s) = \exp\left(-\frac{\left\|x_i - \overline{x_i(s)}\right\|^2}{2\sigma_s^2}\right) \tag{4-50}$$

式中，x_i 表示节点 i 对应的节点特征，$\overline{x_i(s)}$ 表示节点 i 所属社团中节点特征的均值。

这里重新构造社团的相似性权重函数，利用高斯核函数来构造相似性权重函数，距离越近，相似度越大，权重越接近于 1，距离越远，相似度越小，权重值越接近于 0。

（5）基于贝叶斯融合的重构误差。

稀疏重构误差具有健壮性，稠密重构误差敏感性更强，在计算节点显著性值时能够互补。下面采用贝叶斯理论对两种重构误差进行融合，通过把其中一种显著性结果 $S_m(m=1,2)$（其中 $m=1$ 表示稠密重构误差显著性，$m=2$ 表示稀疏重构误差显著性）作为先验概率，另一种显著性结果 $S_n(n=1,2)$ 作为观测似然概率来计算后验概率，再把两种后验概率结合得到融合的显著性结果。

贝叶斯计算公式为

$$p(F_m|S_n(i)) = \frac{S_m(i)p(S_n(i)|F_m)}{S_m(i)p(S_n(i)|F_m) + (1-S_m(i))p(S_n(i)|B_m)} \quad (4\text{-}51)$$

式中，$S_m(i)$ 是节点 i 的其中一种显著性结果作为先验概率，为避免误差传递，通过 S_m 的均值二值化分割获得前景区域和背景区域。统计 S_n 在前景区域和背景区域下的分布特性，表示为 $p(S_n(i)|F_m)$, $p(S_n(i)|B_m)$，计算公式为：

$$p(S_n(i)|F_m) = \frac{N_{bF_m}(S_n(i))}{N_{F_m}}, \; p(S_n(i)|B_m) = \frac{N_{bB_m}(S_n(i))}{N_{B_m}} \quad (4\text{-}52)$$

式中，N_{F_m} 和 N_{B_m} 分别表示前景区域和背景区域中的节点个数；$N_{bF_m}(S_n(i))$ 和 $N_{bB_m}(S_n(i))$ 分别表示前景区域和背景区域中包含 $S_n(i)$ 的节点个数。

对两种重构误差进行加权融合，得到最终的节点显著性结果为

$$S(S_1(i), S_2(i)) = p(F_1|S_2(i)) + p(F_2|S_1(i)) \quad (4\text{-}53)$$

综上所述，总结该方法流程如下。

算法 基于重构误差的目标网络价值评估方法

输入： 目标网络 $G(V,E)$

输出： 目标网络节点价值 Saliency$(i),(i=1,2,\cdots,n)$

1. Node2Vec 算法计算节点特征矩阵 $\boldsymbol{D}(n×128)$

2. 将网络聚类为 N_s 个不同规模的子网络结构

3. For i=1 to N_s：

    单一规模下对 $\boldsymbol{D}$ 聚类，得到聚类后的网络特征矩阵，提取新网络结构中 1-壳内模块的特征为背景节点集 $\boldsymbol{B}$，由式（4-44）、式（4-46）、式（4-48）计算稠密重构误差、稀疏重构误差和单一规模社团修正重构误差。

    End

4. 由式（4-49），计算不同规模社团结构修正下的稀疏重构误差及稠密重构误差

5. 基于贝叶斯理论，由式（4-51）、式（4-52）、式（4-53）计算融合后的重构误差价值 Saliency(i), $(i=1,2,\cdots,n)$

3）案例分析

下面以某恐怖组织为例进行节点网络价值评估，其中节点表示恐怖组织成员，边表示成员间关系，如图 4-9 所示。

假设该恐怖袭击网络为无向网络，由网络的连边构造网络的邻接矩阵，通过计算网络节点的重要性指标，利用 Node2vec 算法进行节点重要性评估。网络的特征维数采用默认参数 128，生成 16×128 的特征矩阵，为避免社团划分过少，导致社团规模过大，从而使部分

节点信息淹没在大的社团结构中，因而使用 k 均值聚类算法将网络划分为：floor(0.95n)、floor(0.9n)、floor(0.85n)、floor(0.8n)（n 表示网络节点数）四种规模来度量节点重要性。通过计算其不同规模下的社团核数，选取 1-壳内社团模块作为背景模块，提取背景模块特征，构造网络节点的稀疏重构模型和稠密重构模型，计算四种规模下的节点修正误差值，并根据贝叶斯理论，计算贝叶斯推断下的重构误差，加权融合两种重构误差，得到基于重构误差的目标网络节点价值评估方法。通过 50 次数值试验结果计算平均值，如表 4-9 所示。从表 4-9 中可以发现，节点价值得分较高的节点在网络中都处于较为核心的位置。

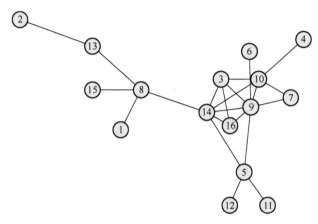

图 4-9　某恐怖组织成员网络图

表 4-9　恐怖袭击网络节点价值指标

节　　点	节点价值得分（50 次）	节　　点	节点价值得分（50 次）
1	0.132919	9	0.967982
2	0.059389	10	0.893128
3	0.971578	11	0.031247
4	0.024182	12	0.353776
5	0.961347	13	0.000564
6	0.302549	14	0.601757
7	0.418404	15	0.170803
8	0.120524	16	0.946734

4.3　目标体系级联失效分析技术

目标体系级联失效分析是目标体系分析中的重要环节，用于分析目标体系中的失效传播规律，可有效发现目标体系的脆弱点和薄弱点。

4.3.1　目标体系级联失效过程

目前级联失效分析理论主要包括重心效应、链条效应、连累效应和层次效应等。其中，重心效应是指攻击具有支配地位的关键目标，使整个作战体系或某一子体系崩溃或失衡，从而严重削弱体系整体能力。链条效应是指攻击一个目标所产生的后果，可以断裂目标体系或某一目标子体系中的关键链条，对实现作战意图产生重大影响。连累效应是指攻击某一目标产生的效应不仅损伤目标本身，还会产生连锁效应，增加毁伤效果。层次效应是指按照不同作战样式和意图，将整体目标分成若干层，通过攻击第一层目标来摧毁目标体系，从而对其他层目标产生影响。

以负载网络为例，级联失效的原因主要有以下三点：一是负载重新分配，网络中的节点承担的负载会依据一定规则动态地向周围其他节点传递，当某个节点无法正常工作时，本该由其承担的负载将被重新分配到网络中的其他节点；二是网络不均匀性，网络中的节点由于组织地位、性能要求的不同，其承担的负载也各不相同，少数节点具有较高的工作负载，而大多数节点具有较低的工作负载，在信息接收、处理和发送的性能容量和处理效率上存在显著差异，而这种差异使得节点承受能力设计不同，直接导致其面对负载重新分配的反应不同；三是过载节点失效，随着过载节点失效，原来由它承担的负载将会转移到其他节点，进而使更多的节点过载，从而引发级联失效。

4.3.2 目标体系级联失效模型

常用的目标体系级联失效模型主要包括四类：基于节点状态演化的重分配模型、基于渗流理论的级联失效模型、基于阈值的级联失效模型和基于马尔可夫过程的级联失效模型。

1. 基于节点状态演化的重分配模型

负荷–容量模型被认为是研究相互依存网络抗毁性的重要模型之一。经典的近邻重分配方式中失效节点的负载向周围节点扩散，周围节点的负载增量按其节点的负载在周围节点所有负载中所占的比例进行分配，可表示为

$$\Delta F_i = F_f \frac{F_i}{\sum_{j \in \Gamma_f} F_j} \tag{4-54}$$

式中，ΔF_i 为扩散到相邻节点 i 的负载；F_f 为失效节点 f 的负载；Γ_f 为失效节点 f 的所有相邻节点。

1）节点负载剩余容纳能力

假设节点 i 的实时负载为 F_i，节点的容量为 C_i，那么节点负载剩余容纳能力 Y_i 可表示为

$$Y_i = \begin{cases} C_i - F_i, & F_i \leqslant C_i \\ 0, & F_i > C_i \end{cases} \tag{4-55}$$

节点负载剩余容纳能力为节点容量与现有负载的差值，当负载超过容量时，其负载剩余容纳能力为 0。节点负载剩余容纳能力体现的是节点还能够处理或者容纳负载的能力，Y_i 值越大，说明其处理能力更强，在负载重分配时应该占有优势，其分配的比例应该更高，

反之更低。它是随着节点负载的变化而不断变化的。

　　考虑到相邻节点负载剩余容纳能力的影响，节点负载剩余容纳能力需要综合考虑该节点自身的负载剩余容纳能力与相邻节点的负载剩余容纳能力，这两部分共同构成了节点真实的负载剩余容纳能力。一个直观的例子就是，在交通网络中，某一条道路因突发原因而堵塞，道路上的车流会向与之相邻的其他道路转移，而道路的承载能力又受到与之相邻的道路分流能力的影响。修正后的节点剩余容纳能力可表示为

$$S_i = \begin{cases} \left(\min \left(Y_i, \sum_{j \in \varGamma_i} Y_j \right) \right)^{\gamma}, & j \notin \varnothing \\ Y_i^{\gamma}, & j \in \varnothing \end{cases} \tag{4-56}$$

式中，S_i 表示节点状态；Y_i 表示节点裕度；$\varGamma_i$ 表示节点 i 的邻接节点；γ 为权重参数，通过调节 γ 的值可以调节整个节点状态在负载充分配时所占的比例。当 $\gamma = 0$ 时，式（4-52）为局部负载均匀重分配。式（4-52）反映的是节点能够容纳负载的能力，它取自身节点负载剩余容纳能力与相邻节点负载剩余容纳能力总和中的最小值。当没有相邻节点时，节点负载剩余容纳能力即为自身的节点负载剩余容纳能力。

　　2）负载重分配方式

　　负载重分配方式主要描述节点失效后，其上的负载向网络中其他节点进行转移的规则。基于节点状态演化的负载重分配方式示意如图 4-10 所示，节点 f 失效后，原本打算通过该节点 f 的负载（如信息流、交通流）将会重新选择通过路径，其上的负载将会转移到与之相邻的节点，以保证整个网络的有效运行。整个网络会由于节点的失效而进行负载的全面更新，即 $F_i' = F_i + \Delta F_i, i \in \varGamma_f$，其中 F_i 为更新之前的负载，F_i' 为更新之后的负载，ΔF_i 为更新时的增量，$\varGamma_f$ 为失效节点 f 的所有邻接节点。假设失效节点 f 的负载为 F_f，相邻节点的节点状态为 $S_i, i \in \varGamma_f$，所以在相邻节点上重新分配的负载增量可以用式（4-53）表示，它是与节点负载剩余容纳能力相关的经典近邻重分配方式，式（4-54）给出了重分配方式的概率计算公式。

$$\Delta F_i = F_f \frac{S_i}{\sum_{j \in \varGamma_f} S_j}, i \in \varGamma_f \tag{4-57}$$

$$P_i = \frac{\Delta F_i}{F_f} = \frac{S_i}{\sum_{j \in \varGamma_f} S_j}, i \in \varGamma_f \tag{4-58}$$

　　3）初始负载

　　假定节点 i 的初始负载为 F_i，这里采用经典的节点初始负载表示公式，定义其为节点的度 k_i 的函数，$F_i = bk_i^{\alpha}$，这里 b 和 α 是可调的参数，由它们控制节点 i 的初始负载的大小。这种假设的前提是节点的负载与它的度相关。

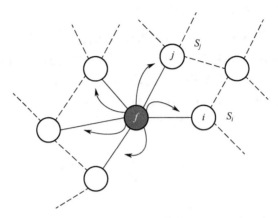

图 4-10　基于节点状态演化的负载重分配方式示意

4）容量模型

容量模型是节点能够承载负载的极限值，这里设定为与节点的初始负载成一定的比值。假定每一个节点 i 均有一个容量限度，即节点能够处理负载容量的极限值，超过这个限度就意味着这个节点面临着崩溃的危险。假设节点 i 的容量 C_i 与其初始负载相关，即 $C_i = (1+\beta)F_i, i = 1, 2, \cdots, N$，这里常数 $\beta \geq 0$，表示网络的最大忍受度。当 $F_i + \Delta F_{fi} \geq C_i$ 时，节点 i 将会有很大概率失效，从而引发进一步的负载重分配，继而向整个网络扩散。设定的失效概率为

$$P(L_i) = \frac{L_i - C_i}{\lambda C_i - C_i} (C_i < L_i < \lambda C_i) \tag{4-59}$$

2. 基于渗流理论的级联失效模型

渗流理论是从随机扩散现象（如流体粒子通过孔隙介质逐步扩散并形成随机路径的过程）中抽象出的一种数学模型，可用于研究体系的演化规律、行为特征及各种临界现象。

如图 4-11 所示，如果同时移除网络中的多个节点，就有可能把网络拆分成多个独立的联通分支，从而破坏网络。那么要至少移除多少个节点才能把一个网络分解成一些相互独立的联通分支呢？渗流理论可用于解决此类问题。

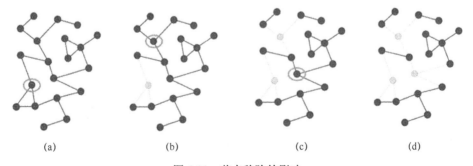

(a)　　　　　　　　(b)　　　　　　　　(c)　　　　　　　　(d)

图 4-11　节点移除的影响

在方形网格的每个交叉点上，我们以一定的概率 p 放置石子，认为相邻的石子相互连接，两个及以上相互连接的石子形成簇。很显然，概率 p 越高，簇越大。渗流理论的一个关键推断是，簇的规模并不随着概率 p 的升高而逐渐增加。相反，存在一个较宽的概率 p 区间，网格里只有大量的小簇。当 p 升高到一个临界值 p_c 时，这些小簇会增长并凝聚，促使产生一个大簇。当这个大簇扩张到网络的边缘时，我们称之为渗流簇。换言之，在临界值 p_c，我们观察到相变——许多小簇凝聚成一个可以渗透整个网格的渗流簇，图 4-12 展示了渗流模型。

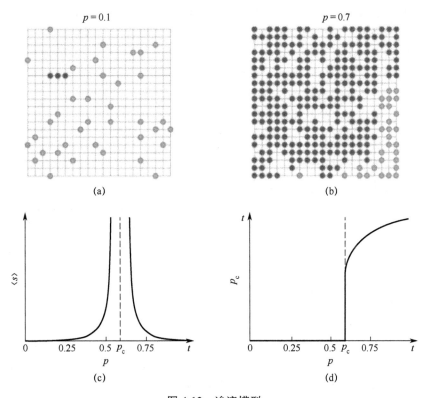

图 4-12　渗流模型

我们把方形网格视为一个网络，网格中的交叉点即为网络的节点。我们随机移除占比为 f 的节点，然后观察它们的移除如何影响网格的完整性。如果 f 较小，那么缺少的节点对网络的损害不大。然而，当 f 增大时，很多节点块从巨联通分支中脱离出来。最后，若 f 足够大，巨联通分支会分解成很多不相连的小联通分支。

随机节点的移除对网络造成的破坏并不是一个渐进的过程。相反，移除一小部分节点对网络完整性的影响非常有限。但一旦被移除节点的比例达到一个临界阈值，网络就会迅速地分解为不相连的联通分支。换言之，引发了网络从联通到碎片的相变。在目标体系级联失效分析中，通过建立合适的网络拓扑结构模型，我们可以使用渗流理论来刻画体系失效的相变，计算失效发生的临界点。

3. 基于阈值的级联失效模型

基于阈值的级联失效模型，通过采用定义的阈值规则或依据自组织临界性来分析网络级联失效过程，如二值失效模型、沙堆过载模型等。其基本思想是根据问题实际情况，采用恰当的阈值规则体系，对网络的失效过程进行建模。

（1）二值失效模型。Duncan J. Watts 提出并分析了一个简单的二值失效模型，二值失效模型采用阈值规则，网络节点的状态取决于其相邻节点的状态（0 或 1）。若某个节点的相邻节点中状态为 1 的节点比例超过 φ（阈值），则此节点的状态为 1，否则为 0，即网络节点的状态取决于周围环境。当阈值小到一定值时，网络的节点基本被 1 占据；当阈值达到一定值时，网络节点的状态很难被改变。当网络稀疏连接时，级联传播受到网络联通性的限制时，级联表现出幂律分布现象，类似于标准渗流理论中的簇大小分布和自组织临界中的雪崩。但是当网络高度连接时，级联传播反而受到节点自身局部稳定性的限制，级联的分布是双峰的，这意味着一种极端的不稳定性，相应地更难预测。在网络邻接分布高度偏斜的情况下，连接最多的节点比平均节点更有可能触发级联。

（2）沙堆过载分摊模型。在该模型中，沙堆由一个开边界的规则网格模拟，每个格子里都可以装沙，装沙的过程就是对节点加载负荷的仿真模拟。格子装沙的容量是有限的，一旦某个格子里沙粒的数目超过了这个容量限度，该格子里的沙就会崩塌到相邻的格子中去。在最初的沙堆过载分摊模型中，这个容量限度被统一设置为 $Z=4$。如果用 F_x 表示格子 x 中沙粒的数目，那么一旦 $F_x \geq 4$，则下一时刻 $F_x = F_x - 4$ 且对所有与 x 相邻的格子 y 有 $F_y = F_y + 1$。位于网络边缘的节点崩塌时，有一些沙粒会崩塌到系统之外，永不返回。如果某个格子崩塌后造成相邻一个或多个格子中沙粒数目也超过容量限度，那么崩塌将继续进行，直到没有任何格子上装有达到容量限度的沙粒。

4. 基于马尔可夫过程的级联失效模型

基于马尔可夫过程的异质网络级联失效模型，通过马尔可夫过程模拟级联失效过程中网络各节点以及连边的状态变化，并计算变化带来的结果。马尔可夫过程由安德烈·马尔可夫得名，是一类离散时间随机过程。该过程满足无后效性假设，即未来状态仅与当前状态有关，与历史状态无关。基于该模型，可对符合马尔可夫假设的网络级联失效过程进行建模，计算节点或连边从初始状态、故障积累状态、失效状态之间按一定概率转移的过程，从而对整个级联失效过程进行分析。

1）马尔可夫过程

假设离散的状态空间为 $E = \{0,1,2,\cdots,N\}$ 或 $E = \{0,1,2,\cdots\}$，或者无限个状态的离散状态空间也可以取 $E = \{1,2,\cdots\}$ 或 $E = \{\cdots,-2,-1,0,1,2,\cdots\}$，有限个状态的离散状态空间也可取 $E = \{1,2,\cdots,N\}$。

定义：假设时间连续状态离散的随机过程 $\{X(t),t\in[0,\infty)$ 的状态空间为 E，若对于任意整数 $m(m \geq 2)$，任意 m 个时刻 $t_1,t_2,\cdots,t_m(0 \leq t_1 < t_2 < \cdots < t_m)$，任意正数 s 以及任意 $i_1,i_2,\cdots,i_m,j\in E$，满足

$$P\{X(t_m + s) = j \mid X(t_1) = i_1, X(t_2) = i_2, \cdots, X(t_m) = i_m\} = P\{X(t_m + s) = j \mid X(t_m) = i_m\} \quad （4\text{-}60）$$

则称 $\{X(t), t \in [0, \infty)$ 为马尔可夫过程。

式（4-60）表明 $t_m + s$ 时刻的状态仅依赖时刻 t_m 所处的状态，而与过去时刻 $t_1, t_2, \cdots, t_{m-1}$ 的状态无关。

2）转移概率函数

由式 4-60 可知，$P\{X(t + s) = j \mid X(t) = i\}, t \geq 0, s > 0$ 称为马尔可夫过程的概率转移函数，记为 $p_{ij}(t, t+s)$。即可用式（4-61）来表示整个马尔可夫过程状态的转移概率函数。

$$p_{ij}(s) = p_{ij}(t, t+s) = P\{X(t+s) = j \mid X(t) = i\}, t \geq 0, s > 0 \quad （4\text{-}61）$$

由上述概率公式可知：

（1）$0 \leq p_{ij}(s) \leq 1, i, j = 1, 2, \cdots$（有限或者无限多个）；

（2）$\sum_j p_{ij}(s) = 1, i = 1, 2, \cdots$（有限或者无限多个）。

通常规定 0 时刻的转移概率如式（4-62）所示。

$$p_{ij}(0) = \delta_{ij} = \begin{cases} 1, i = j \\ 0, i \neq j \end{cases} \quad （4\text{-}62）$$

显然，对任意的 $s > 0, t > 0$ 来说，均有：

$$p_{ij}(s + t) = \sum_r p_{ir}(s) p_{rj}(t), i, j = 0, 1, 2, \cdots \quad （4\text{-}63）$$

式中，i 表示马尔可夫过程的起始点；r 表示马尔可夫过程的中间点；j 表示马尔可夫过程的终止点。

各个状态在 0 时刻所处的概率分布为

$$p_i^{(0)} = P\{X(0) = i\}, i = 0, 1, 2, \cdots \quad （4\text{-}64）$$

称之为初始概率分布，显然有：

$$p_i^{(0)} \geq 0(i = 0, 1, 2, \cdots), \sum_i p_i^{(0)} = 1 \quad （4\text{-}65）$$

当马尔可夫过程在 0 时刻由固定的状态 i_0 出发，$p_{i_0}^{(0)} = 1, p_j^{(0)} = 0(j \neq i_0)$，马尔可夫过程在 $t(t \geq 0)$ 时刻取各状态的概率分布：

$$p_i(t) = P\{X(t) = i\}, i = 0, 1, 2, \cdots \quad （4\text{-}66）$$

上述马尔可夫过程可用于描述网络中节点或关系的各个状态以及状态转移的过程。

（1）触发故障。

触发故障主要是由于节点或者连边失效引起的，它可能存在于级联失效过程中的各个阶段。这里可以用一元变量 H 来表示。它能引起故障节点的性能或负载向与之相关的节点或连边上转移，从而降低这些节点或连边的安全裕度或者导致其发生故障，使这些关联节点或连边的状态变化。这里用式（4-67）表示触发故障。

$$H = \{H_1, H_2, \cdots, H_n\} \tag{4-67}$$

（2）负载重分配。

节点或连边由于初始触发故障或者因过载而导致故障时，其自身的负载会通过一定的重分配机制向网络中其他节点或连边扩散，从而导致其他节点或连边的状态转移。节点负载的重分配量用 ΔF_{ij} 来表示，表示节点 j 接收来自失效节点 i 转移的负载。连边的重分配量用 ΔF_{im} 来表示，表示失效连边 F_{ij} 转移到连边 F_{im} 的负载。这里用式（4-68）表示节点负载重分配，$\delta(j,i)$ 表示节点 j 接收来自失效节点 i 的转移系数。

$$\Delta F_{ij} = F_i * \delta(j, i) \tag{4-68}$$

（3）状态转移。

节点或连边由于触发故障或者由于重分配引起的自身负载的变化会使自身所处的状态发生转移，满足下述三条状态转移规则：①节点出现故障，则节点状态从初始状态或故障积累状态转移至失效状态，可用 $G_0 \Rightarrow G_n$，$G_n \Rightarrow G_N$ 来表示，转移概率为1；②节点负载小于极限负载，节点以大概率停留在故障积累状态，可用 $G_0 \Rightarrow G_n$，$G_n \Rightarrow G_{n+1}$ 来表示，节点负载与容量间的剩余度越大，即节点负载与其极限容量之差越大，停留概率越大；③节点负载大于极限负载，节点以大概率转移至失效状态，可用 $G_0 \Rightarrow G_N$，$G_n \Rightarrow G_N$ 来表示，概率依据超过极限负载的量而定，超过越多，转移概率越大。

下面以交通网络[30]为例进行说明。图 4-13 给出了一个真实的由 14 个公交站组成的公交系统，该系统承载着在这条线路上的输送旅客的任务。这里假定节点为公交站，边为线路，每个公交站每天输送旅客的数量假设为 $F_i, 1 \leq i \leq 14$，其能够容纳的最大旅客数为 $C_i, 1 \leq i \leq 14$；同时连边也有同样的异质性质，节点 4、6、11 拥有较多的容量容纳乘客，连边（4，9）、（9，14）拥有更大的乘客流量。初始时刻，整个公交系统运转正常，当公交站由于突发原因而出现人员拥挤导致人流量转移时，人流量按照一定规则转移至其他站台，旅客流也同样具有异质特性，向各站台转移的人数并不相等。

图 4-14 展示了与之对应的各节点状态转移的示例。其中，图 4-14（a）是该交通网络的初始状态，所有节点处于初始状态，即所有节点均正常运行。图 4-14（b）中节点 6 出现了触发故障，其上负载转移至与之相邻的节点 5、11、12、13，从而导致节点 12 的状态转移至失效状态，而节点 5、11、13 由于其未达到极限负载而处于安全状态，但是其负载水

平上升，发生故障的概率也在提升，处于故障积累状态。稳定后整个网络由于上述节点 5、11、13 负载的积累而使整个网络发生积累故障的风险增加。图 4-14（c）中随着网络负载重分配的持续进行，网络中越来越多的节点处于高故障风险的状态。图 4-14（d）中整个级联失效过程结束，网络中大部分节点失效，网络处于失效状态。

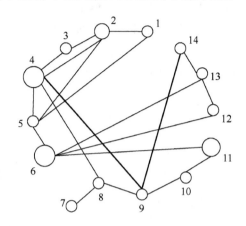

图 4-13　公交系统

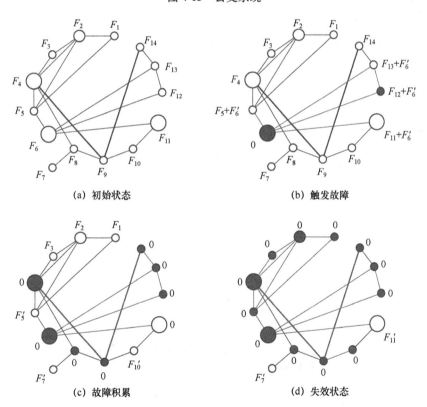

图 4-14　各节点状态转移的示例

4.3.3　目标体系级联失效分析案例

下面以航空网络为例，对其级联失效的过程进行建模分析。航空网络是重要基础设施，也是一类重要的目标。在航空网络中，节点代表机场，连边代表航线。在一个地区的航空网络中拥有多个不同的机场，每个机场都拥有不同的飞机或航班数目，表示每个机场都拥有不同的搭载乘客的能力，机场的飞机或航班数目越多，说明该机场能够搭载乘客的数目越多，能力越强；反之越弱。机场与机场之间通过航线相连，能够相互连接，表现为物理上的双向性，这里作无向边处理。各条航线由于其相关机场之间的距离以及机场航班数量的影响，其航线上所能承载的飞机数量不同，航线能够承载的飞机数量越多，其能力越强，反之越弱。

采用标准的北美航空网络上的数据[31]，按照节点状态演化的重分配方式和经典的近邻重分配方式进行实验分析。图 4-15 给出了两种重分配方式在北美航空网络上的脆弱性分析结果，为按节点负载从大到小排序选取负载最大的前 50 个节点进行失效处理，取其失效节点比例的平均值作为衡量网络脆弱性的指标。图中选取了容量参数 $\beta = 0.03$，初始负载参数 $\alpha \in (0.1, 2)$，每次增加 0.1，纵坐标表示网络的失效节点比例。航空网络的初始负载模型均采用 $F_i = ak_i^{\alpha}$ 计算，其中 $a = 1$，容量模型采用 $C_i = (1 + \beta)F_i, i = 1, 2, \cdots, N$。在表 4-10 中的方式 1 表示基于近邻重分配方式 $\Delta F_i = F_f \dfrac{F_i}{\sum\limits_{j \in \Gamma_f} F_j}$，方式 2 表示基于节点状态演化的近邻重分配方式。

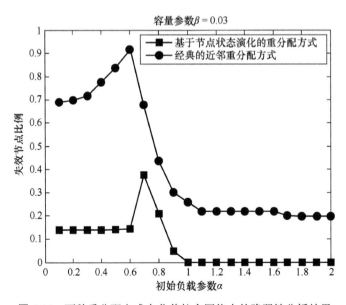

图 4-15　两种重分配方式在北美航空网络上的脆弱性分析结果

从图 4-15 中可以看出，失效节点的比例变化过程都是随着初始负载参数 α 的增大先上升再下降，最后趋于平缓。基于节点状态演化的重分配方式的网络健壮性要明显优于经典重分配方式，这也说明了这种负载重分配方式相比于经典重分配方式具有较强的合理性。

表 4-10 中给出了方式 1 和方式 2 两种重分配方式在不同参数下北美航空网络的脆弱性对比。从表中的结果来看，以方式 1 为例，当 α 不变时，随着 β 的增加，网络的健壮性逐渐增强；当 β 固定时，随着 α 的增加，网络的健壮性是呈先下降再上升的动态过程，且方式 1 和方式 2 的失效过程规律是一致的。由此，可以给出目标选择上的启发，如在选择打击目标对象时，尽可能选择 α 参数在 0.5 左右，β 参数低的目标网络，或者等待当目标网络的状态参数符合 $\alpha \approx 0.5$，β 尽可能小的条件时，乘虚而入，以最小的打击代价获取最大打击收益。

表 4-10　网络模型参数与健壮性分析

α	β	方式 1	方式 2 $\gamma=1$	方式 2 $\gamma=2$	方式 2 $\gamma=31$
0.1	0.03	0.6906	0.4100	0.1380	0.1403
	0.06	0.1731	0.0929	0.1381	0.1424
	0.09	0	0	0.1538	0.1451
0.3	0.03	0.7183	0.4909	0.1380	0.1384
	0.06	0	0	0.1448	0.1420
	0.09	0	0	0.4216	0.1511
0.5	0.03	0.8362	0.6186	0.1380	0.1412
	0.06	0	0	0.6314	0.3348
	0.09	0	0	0	0.1666
1.0	0.03	0.2589	0.1732	0.0431	0
	0.06	0.0398	0.0260	0	0
	0.09	0	0	0	0

4.4　目标优化选择技术

目标优化选择在目标价值评估、目标体系能力分析的基础上，进一步综合权衡打击的成本、风险与效益，以及时间、交战规则、附带损伤等约束条件，优化生成打击目标清单。目标优化选择本质上是一个多目标、多约束的优化问题，其主要技术为数学规划技术，具体模型及求解算法取决于具体问题。网络阻断模型是一种考虑了攻防对抗性的目标优选模型，旨在攻防双方都达到目标最优的条件下，给出攻击方的阻断策略和防御方的调整策略，是目标优选中的一类重要且典型的模型。本节将介绍基于网络阻断的目标优选模型，以及三种网络阻断求解算法。

4.4.1　基于网络阻断的目标优选模型

网络阻断（Network Interdiction，NI）是指通过妨碍、破坏网络中的某些节点或链路，以达到降低网络的某项或某些性能的行为。阻断行动的对象是具有特定功能的网络，而行动的目标是最大化地降低网络的某项功能指标。网络阻断问题通常包含网络的攻防双方：攻击方和防御方，二者在斯塔克伯格（Stackelberg）博弈中相互竞争。防御方维护一个网络系统以优化其目标函数（如最短路、最大流、最小费用流等），攻击方则试图阻断其网络中的某些边或节点以降低其网络性能。网络阻断模型根据问题差异有多种形式。

1. 基础网络阻断

基础网络阻断问题有如下假设。

（1）假设一：攻防双方都知道阻断问题中的所有数据。

（2）假设二：攻击方确定地知道其阻断行为对于防御方问题的效果。

（3）假设三：攻击方和防御方进行零和博弈，即博弈的价值由防御方的目标给出，攻击方寻求通过约束优化使防御方能够达到的最小值最大化（或最大值最小化）。

（4）假设四：在每一轮阻断博弈中，攻击方和防御方分别做出一组决策，攻击方在前，防御方在后。

（5）假设五：只进行一轮博弈。

满足假设一到假设五的基础网络阻断问题，根据防御方的优化目标不同，有着不同的变体，其中最常见的是最短路阻断问题和最大流阻断问题。在最短路阻断问题中，防御方希望找到一条从指定起点到指定终点的权值最小路径；而在最大流阻断问题中，防御方则希望寻找在指定的起点与终点间具有最大网络流的路径。在某些应用背景下，防御方问题不再规定起点终点对，而是寻求网络结构中的某项指标；相应地，攻击方则在资源约束下，通过删除网络中的一些节点或链路，使得剩余图中防御方问题的网络指标最大或最小。例如：使得剩余图中的最大子图最小（以节点数和边数的某个函数作为评价指标）、最大独立集最小以及最大匹配权值最小等。

假设攻击方的决策变量为 $x \in R^{n_L}$，其中，R^{n_L} 是 n_L 维实向量的集合；防御方的决策变量为 $y \in R^{n_F}$，其中 R^{n_F} 是 n_F 维实向量的集合；n_L 与 n_F 均为正整数。令 $\Theta(x)$ 表示攻击方的目标函数，则阻断问题可以表示为

$$\max \Theta(x) \tag{4-69}$$

$$\text{s.t. } x \in X \tag{4-70}$$

式中，X 是 R^{n_L} 上的一个非空集合，用来描述决策变量 x 的约束。目标函数 $\Theta(x)$ 定义为

$$\Theta(x) = \min f(x, y) \tag{4-71}$$

$$\text{s.t. } y \in Y(x) \tag{4-72}$$

式中，$f(x,y)$ 表示防御方的目标函数；$Y(x) \in R^{n_F}$ 表示给定攻击方决策变量 x 后，y 的可行域。

2. 最短路阻断

最短路网络阻断（Shortest Path Network Interdiction，SPNI）是一类典型的网络阻断问题，在此问题中，防御方试图在网络中寻找由源节点到目标节点的最短路径，而攻击方试图通过使用有限的资源阻断网络中的某些边或节点以使得其最短路径最大化。

最短路阻断问题包括内层的求解最短路问题和外层的阻断资源分配问题两部分，这两个问题分别对应双层规划模型中的最小化和最大化问题。双层规划问题的求解可以通过对内层的最小化问题进行线性对偶，将最小化问题转化为最大化的问题，使得原问题中的最大–最小值冲突得到化解，从而原始的双层规划问题转变成单层规划问题。

最短路阻断模型可以描述如下。定义网络 $G(V,A)$，其中 V 为点集，A 为边集。对于边 $(i,j) \in A$，防御方经过它的代价为 c_{ij}，而当攻击方在这条边上部署了阻断措施后，代价将变为 $c_{ij} + d_{ij}$。攻击方和防御方的决策变量的分量 x_{ij} 和 y_{ij} 的取值为 0 或 1，其中值 1 分别表示攻击方选择阻断边 (i,j) 以及防御方选择使用边 (i,j)。假设起点为 s，终点为 t，则防御方问题可以表示为

$$\Theta(x) = \min \sum_{(i,j) \in A} (c_{ij} + d_{ij}x_{ij})y_{ij} \tag{4-73}$$

$$\text{s.t. } \sum_{(k,j) \in A} y_{kj} - \sum_{(i,k) \in A} y_{ik} = \begin{cases} 1, & k = s \\ 0, & \forall k \in V, k \neq s, k \neq t \\ -1, & k = t \end{cases} \tag{4-74}$$

对于给定的阻断策略 x，上面的式子实际上是一个单纯的最短路径问题。一般来说，攻击方用于采取阻断策略的资源是有限的，阻断策略受到背包约束等条件的限制。例如，在本例中，我们设定被阻断的边数不超过 R 条，即

$$X = \left\{ x \in \{0,1\}^{|A|} : \sum_{(i,j) \in A} x_{ij} \leq R \right\} \tag{4-75}$$

在式（4-71）的资源约束限制下，这个问题描述了在防御方评价指标下，网络中最重要的 R 条边。在某些应用背景下，资源约束不容易有一个明确的上界 R，攻击方往往需要权衡阻断效果与其所需的阻断资源。通过将目标函数设置为与 $\Theta(x)$ 和 R 这两个目标相关的函数，寻求其帕累托最优解，可建立并求解多目标的网络阻断问题。

3. 随机网络阻断

当阻断问题中涉及不确定数据时，假设一和假设二有可能不再成立，如防御方使用边的成本或者阻断效果不再是确定值，而是随机变量。考虑如下的最短路阻断问题：防御方

使用边的成本为 $\tilde{c}(\xi)$，阻断效果为 $\tilde{d}(\xi)$，其中 ξ 是一个服从已知联合概率分布的随机向量。需要注意的是，由于不确定性的引入，决策者除了考虑阻断收益的期望，往往还需要考虑决策的风险。此处，我们将最大化最短路的期望长度作为攻击方的目标，即

$$\max_{x \in X} E[f(x, \xi)] \tag{4-76}$$

式中

$$f(x, \xi) = \min \sum_{(i,j) \in A} (c_{ij}(\xi) + d_{ij}(\xi)x_{ij})y_{ij} \tag{4-77}$$

随机网络阻断问题是随机规划的一种特殊情况，求解随机规划具有一定的挑战性。在式（4-72）的例子中，即使固定了阻断决策变量 x，计算也涉及高维积分。求解随机网络阻断问题有两种常用的方法：序列近似和样本平均近似。前者先设计出复杂问题的近似模型，使用随机规划中的边界技术，递归地缩紧边界，逼近最优解；后者使用 ξ 的一系列场景中的经验分布来逼近其原始分布，其中计算经验分布的常用方法是蒙特卡罗采样。在计算随机网络阻断问题时，通常采用分解算法而不是对偶法，尤其是当场景的数量很大时，因为分解算法往往可以在并行计算框架中实现，充分利用高性能计算资源。由于阻断决策的可行域 X 通常涉及整数约束，将本德斯分解算法集成到分支定界的框架中效率会更高。

4. 逻辑–物理双层网络阻断

逻辑–物理双层网络最短路阻断[32]（Logical-Physical Network Shortest Path Interdiction，LPNSPI）是一个建立在逻辑–物理双层网络上的二人零和博弈问题，图 4-16 展示了一个逻辑–物理双层网络示意图。

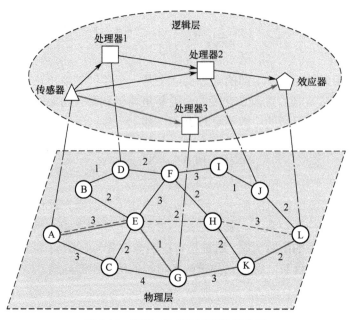

图 4-16　逻辑–物理双层网络示意图

LPNSPI 是经典的单层网络最短路阻断问题在逻辑–物理双层网络上的拓展和延伸，但由于逻辑–物理双层网络的特殊性，适用于单层网络最短路阻断问题的求解方法并不能直接应用到双层的情况中。在 LPNSPI 问题中，防御方在物理层网络中部署阻断策略，而进攻方希望找到的最小代价路径位于逻辑层，两个层级的网络间有着实体的对应关系，而路径的代价又需要通过层级间的路径映射关系进行确定。逻辑层和物理层网络的分离使得LPNSPI 数学模型的目标函数中出现非线性项；同时，双层结构的网络往往具有更大的规模。网络阻断问题一般具有较高的复杂度，即便是单层网络中的最短路阻断问题也是 NP 难问题，因此在逻辑–物理双层网络中，阻断问题的求解将面临更大的挑战。

5．动态网络阻断

动态网络阻断（Dynamic Network Interdiction，DNI）问题是在静态网络阻断问题的基础上，引入博弈双方决策与行动的动态性。在该问题中，博弈双方的决策过程不再分为简单的一先一后两次决策过程，而是变为博弈双方先后多次决策并实施行动的多阶段（回合）过程，在每个阶段内双方决策具有先后顺序，称之为多阶段主从博弈（Multi-Stage/Period Leader-Follower Game），也称为拓展型斯塔克伯格博弈（Extensive-Form Stackelberg Game）。

动态网络阻断问题的动态性体现在两个方面：一方面是网络本身的结构、属性是变化且具有时序特征的，如 Rad 提出的动态最大流网络阻断问题中，网络流通过一条链路需要一定的时间；动态性的另一方面体现在假设五不再成立，即双方将进行多轮（或是在时间域上）的博弈。例如，Sefair 和 Smith 研究了一种动态最短路阻断[33]问题，其中假设双方仍具有完全信息，攻击方和防御方轮流采取行动。攻击方根据当前防御方的位置，决定阻断网络中的一组边（也可以选择不阻断），然后防御方选择经过一条边移动至下一个节点，重复此过程直至防御方到达目标节点。在攻防双方信息不对称条件下，动态最短路阻断可以用动态规划来表示，其中每个状态由到目前为止被阻断的边集和防御方在网络中的位置组成，状态空间的大小是攻击方总阻断资源的指数函数。

4.4.2　网络阻断求解算法

网络阻断问题是 NP 难问题，随着网络规模的扩大，求解网络阻断问题变得十分困难。经典的求解算法包括对偶法和本德斯分解算法，较新的求解算法是利用机器学习，通过大量训练自动学习较优的阻断策略，如基于深度强化学习的算法。

1．对偶法

对偶法的核心在于将问题进行对偶表示，使得其与外层的攻击方问题具有相同的优化方向，即将原本的最大–最小值问题（或最小–最大值问题）变为最大–最大问题（或最小–最小问题），原问题将从双层优化问题退化为单层优化问题。对偶法实施过程如下。

（1）固定主导层决策变量，将其视为常参数。

（2）对从属层凸优化问题进行线性对偶。

（3）释放主导层决策变量，将两层决策问题组合为一个单层混合整数规划（Mixed Integer Programming，MIP）问题。

如果主导层的决策变量影响到从属层的定义域，则组合得到的问题会出现决策变量的双线性项，此时可以采用标准的麦考密克不等式（McCormick Inequality）进行等价线性化转换。

2. 本德斯分解算法

本德斯分解算法的核心思想是将问题双方的决策变量分离，分离出的变量和其对应的目标函数构成两个新的独立的问题，这两个问题被定义为主问题（Master-Problem）和子问题（Sub-Problem），每个问题都有其目标函数和变量，与原问题相比更容易求解。通过求解两个相对简单的问题，分别得到原问题目标函数值的上界和下界。通过交替求解两个分离得到的新问题，直到上下界相等或者小于某个阈值，从而得到原始问题的解。本德斯分解算法求解过程如下。

（1）将原双层规划问题分解为交替迭代求解的主问题和子问题。

（2）在迭代过程中，求解子问题不断生成新的极点解，主问题是原问题在极点解集合上的松弛问题；

（3）当极点解集合为有限集时，本德斯分解算法将收敛到原问题的最优解。

本德斯分解算法可视为一种割平面方法（Cutting Plane Approach），因而一些成熟的提升割平面方法效率的技巧也可以用于加速本德斯分解算法。例如，水平束方法（Level Bundle Method）、割选择策略（Cut Selection Strategies）等。

3. 深度强化学习算法

基于深度强化学习的最短路网络阻断（SPNI-DRL）的框架[34]，其核心思想是用图表示法将图的结构数据和属性数据映射到低维向量空间，结合强化学习模型，通过大量仿真生成的阻断案例进行训练，使模型自动学习最优的阻断策略。

SPNI-DRL 框架主要包括编码器和解码器两部分，编码器搭建了多层图神经网络，用于将图结构数据和属性数据编码为低维的特征表示向量；解码器则搭建深度 Q 网络，通过大量数据的训练，能够自学习到一种较好的节点阻断策略。

1）整体概述

SPNI-DRL 框架获取目标节点集合主要包含两个阶段，分别是训练阶段和应用阶段，流程图如图 4-17 所示。

在训练过程中，对每一个阻断案例（给定图 G，起始节点 s 和目标节点 t），SPNI-DRL 将节点阻断过程看作一个马尔可夫过程，智能体首先感知环境的状态 $s_t \in \mathcal{S}$，得到观察 $o \in \mathcal{O}$，然后根据观察做出动作 $a \in \mathcal{A}$，环境基于智能体的动作给予奖励 $r_w \in R_w$，进而状态更新为 $s_t' \in \mathcal{S}$，重复此过程，智能体通过与环境不断交互产生状态、动作、激励的序列。

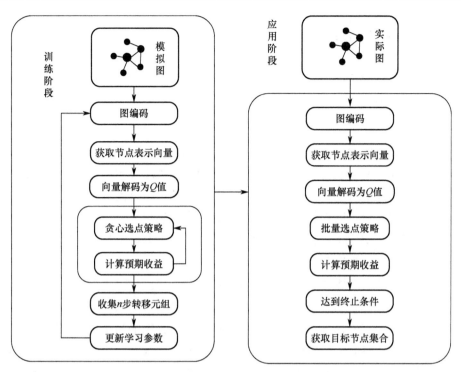

图 4-17　基于强化学习获取目标节点集合流程图

马尔可夫过程中各个要素可定义如下。

环境：给定的图 G 。

状态：阻断节点后更新的图 G' 。

动作：阻断节点 α_i 。

奖励：采取行动后 SPNI-DRL 目标函数的增益。

其中，智能体感知环境的观察过程，对应攻击方获取网络的信息如结构、路径长度、当前阻断情况等；智能体做出动作对应进行一个轮次的阻断；环境给予智能体动作的奖励对应图中最短路径的改变；状态更新对应图中节点被阻断后新的网络状态。

阻断过程建模完成后，需要考虑在某个状态下，选择哪一个动作是相对"正确"的，SPNI-DRL 先对当前的图 G 进行编码，得到每个节点的特征表示向量：获取节点的位置信息、属性信息（阻断代价）以及与其他节点间的联系。然后 SPNI-DRL 将获得的特征表示向量解码映射为 Q 值，用于预测阻断该节点带来的收益，Q 值越大，则表示选择该节点进行阻断的优先级越高。基于对每个节点解码得到的 Q 值，SPNI-DRL 训练阶段采用贪心策略来选择动作，即以概率 $(1-\varepsilon)$ 选择 Q 值最高的节点，以概率 ε 随机选择其他的任意节点。当节点 (s,t) 之间没有路径时，一个轮次的阻断结束，在阻断过程中保存 j 步的状态-动作-奖励转移元组存入经验回放池，用于学习来更新模型参数。其中，j 步的转移元组为

$(S_i, A_i, R_{(i,i+1)}, S_{i+1}, \cdots, S_{i+j-1}, A_{i+j-1}, R_{(i+j-1,i+j)}, S_{i+j})$，累积奖励值 $R_{(i,i+j)} = \sum_{k=i}^{i+j} R_k$。

通过上述 SPNI-DRL 框架，逐步更新模型参数，获取指定终止状态下的最优节点集合，即为目标优选节点集。

2）编码器

SPNI-DRL 编码器试图将图 G 映射到低维度的向量空间，包括获取节点的位置信息、属性信息（阻断代价）以及与其他节点间的联系编码为每个节点的特征表示向量，即动作表示向量，作为可能的行动 a；构建一个虚拟节点与图中所有的节点相连，但图中的实际节点不指向该虚拟节点，同样将其他节点的信息汇聚到虚拟节点进行编码得到一个特征表示向量，即图状态表示向量，作为图状态表示 s_t。这样得到的动作表示向量和图状态表示向量能够充分获取有关动作和状态所包含丰富信息量的特征，从而能够更有效地用来估计在图状态 s_t 下采取行动 a_i 所带来的行动收益 $Q(s_t, a_i)$。

动作表示向量和图状态表示向量都对应于网络中的节点表示向量，因此，编码生成节点表示向量时，需要同时捕捉节点、链路的属性信息以及图的结构信息。除此之外，由于不同的阻断案例具有不同的图结构或起始节点目标节点对 (s,t)，能对防御方最短路产生影响的节点总是相对于当前阻断案例以及节点对 (s,t) 的，因此节点表示向量还要能够获取该节点在整个图中的相对位置信息。

基于上述考虑，编码器部分基于图神经网络（GNN）架构，采取信息汇聚的方式用于图结构的特征传播。首轮特征传播，每个节点（包括虚拟节点）汇聚所有邻接节点的信息；之后每一轮特征传播，节点都增加一跳范围内的所有邻接节点的信息。由于复杂网络的小世界特性，任意一个节点都能在 6 轮特征传播以内获取图中任意节点的信息。最终，在 $n+1$ 个节点的图上，经过 K 次信息汇聚，得到虚拟节点的表示向量作为图的状态表示向量，其余节点的表示向量作为动作表示向量。下面给出 SPNI-DRL 的编码算法 SPNI-DRL-EC。

算法　SPNI-DRL-EC：SPNI-DRL 的编码算法

输入：图 $G(N,A)$，节点特征 $\{X_i \in R^{1\times c}, \forall i \in N\}$，收敛迭代次数 K，学习参数 $W_1 \in R^{c \times p}$，$W_2 \in R^{p \times (p/2)}$，$W_3 \in R^{p \times (p/2)}$

输出：节点向量 $\hat{h}_i, \forall i \in N \cup \{g\}$

1:　　　　输入虚拟节点 g 并连接图中所有节点

2:　　　　初始化 $\boldsymbol{h}_i^{(0)} \leftarrow \text{ReLU}(X_i, W_i)$，$\boldsymbol{h}_i^{(0)} \leftarrow \boldsymbol{h}_i^{(0)} / \left\| \boldsymbol{h}_i^{(0)} \right\|_2, \forall i \in N \cup \{g\}$

3:　　　　**for** $K=1$ to K **do**

4:　　　　　　**for** $i \in N \cup \{g\}$ **do**

5:　　　　　　　　$h_{N(i)}^{(k-1)} \leftarrow \sum\limits_{j \in N(i)} h_j^{(k-1)}$

6:　　　　　　　　$h_i^{(k)} \leftarrow \mathrm{ReLU}\left(\left[W_2 \cdot h_i^{(k-1)}, W_3 \cdot h_{N(i)}^{(k-1)}\right]\right)$

7:　　　　　　**end for**

8:　　　　　　$h_i^{(k)} \leftarrow h_i^{(k)} / \left\| h_i^{(k)} \right\|_2, \forall i \in N \bigcup \{g\}$

9:　　　　**end for**

10:　　　$\hat{h}_i \leftarrow h_i^{(k)}, \forall i \in N \bigcup \{g\}$

3）解码器

由上述编码器可得到输入案例的动作表示 a 和状态表示 s_t，解码器的任务则是将每一个动作都分别联合状态映射到实数值 $Q(s_t, a)$，$Q(s_t, a)$ 用于预测在状态 s_t 下执行动作 a 所能带来的最大收益。传统的 Q 学习方法使用 Q 表格来更新记录每一对状态-动作值，当遇到大规模问题时，状态-动作的空间将变得非常大，此时更新状态-动作值的代价将会变得更加困难。而现在的工作则更多使用函数来估计 $Q(s_t, a)$，通常这个函数是由学习的方法得到的，如搭建神经网络进行学习等。当估计 $Q(s_t, a)$ 的函数为深度神经网络时，相应的方法则是深度 Q 网络 DQN。

这里用带激活函数 ReLU 的两层感知机来参数化 Q 函数，将其定义为

$$Q(s_t, a) = W_5^{\mathrm{T}} \mathrm{ReLU}(z_a^t \cdot z_{s_t} \cdot W_4) \tag{4-78}$$

式中，$W_4 \in R^{p \times 1}$，$W_5 \in R^{p \times 1}$ 是模型中可学习的参数；$z_a, z_{s_t} \in R^{1 \times p}$ 分别是编码算法输出的动作表示向量和状态表示向量。

4）训练算法

由上述描述的内容可知，SPNI-DRL 包含两部分可学习的参数，分别是编码器的参数 $\theta_E = \{W_1, W_2, W_3\}$ 和解码器的参数 $\theta_D = \{W_4, W_5\}$。模型能够对每一对动作-状态预测 Q 值，即 $Q_{\mathrm{pred}}(a, s_t) = f(s_t, a; \theta_E, \theta_D)$。一般情况下，案例或数据有真实的标签 $Q_{\mathrm{true}}(s_t, a)$，那么就可以使用最小化 Q_{pred} 和 Q_{true} 的差距来更新参数，但是在最短路网络阻断问题中，并没有真实的标签用于回归学习。

基于贝尔曼方程，将 $Q_{\mathrm{pred}}(a, s_t)$ 视作 $Q_k(a, s_t)$，将 Q_{true} 视作 $r + \gamma \max\limits_{a'} Q_k(a', s_t')$，进而考虑最大限度地保持并利用好图的原始结构，设计出损失函数如下：

$$\begin{aligned}
\mathrm{Loss}_{\mathrm{SPNI\text{-}DRL}} = &E_{(s_{t_i}, a_i, r_{i,i+j}, s_{t_i+j}) \sim U(D)}[(r + \gamma \max\limits_{a'} \hat{Q}(a', s_{t_i+j}; \hat{\theta}_Q) - \\
&Q(s_{t_i}, a_i; \hat{\theta}_Q))^2] + \alpha \sum\limits_{i,j=1}^{n} s_{i,j} \left\| y_i - y_j; \theta_E \right\|_2^2
\end{aligned} \tag{4-79}$$

式中，$\theta_Q = \{\theta_E, \theta_D\}$。式（4-75）包含了 Q 学习损失和图重构损失两部分，Q 学习损失部分最小化 Q_{pred} 和 Q_{true} 的差距；图重构损失部分用于在编码向量空间中保持图的结构信息。α 是权衡 Q 学习损失和图重构损失比例的超参数，γ 是折扣因子，用来决定未来奖励的权重，当 $\gamma = 0$ 时，表示模型只考虑当前的奖励，不考虑未来的奖励，当 $\gamma = 1$ 时，表示模型更看重未来的奖励。在训练时，从经验回放池中随机采样批量的训练样本 $(s_{t_i}, a_i, r_{i,i+j}, s_{t_{i+j}}) \sim U(D)$ 用于训练。$\hat{\theta}_Q$ 表示目标网络的参数，目标网络间隔一定步数，然后将 Q 网络的参数 θ_Q 复制过来，放到模型中保持不变。在图重构损失中，n 是节点个数，$s_{i,j}$ 表示节点 i 和节点 j 是否相连，y_i 和 y_j 则是其表示向量。参数更新采取批量梯度下降的方法进行。

4.4.3 典型案例

以下以深度强化学习算法求解最短路网络阻断问题为典型案例，通过仿真数据和真实网络数据两类数据集实验分析算法的有效性。其中，使用 BA 模型、ER 模型、WS 模型产生模拟图数据，每个模型产生了 30～50、50～100、100～200、200～300、300～400 和 400～500 共六组不同规模的图，每个规模随机生成 100 个图。模型使用 TensorFlow 框架实现，根据模型在验证集上的表现调整超参数，最终实验时超参数的取值，如表 4-11 所示。

表 4-11 SPNI-DRL 超参数及取值

超 参 数	取 值	描 述
表示向量维度	64	节点、状态表示向量的维度
信息汇聚次数	5	编码器邻接信息汇聚的次数
经验回放池大小	5×10^5	经验回放池的容量大小
批量样本大小	64	批量训练样本数量
更新间隔	1000	Q 学习中目标网络参数更新频率
折扣因子	0.99	Q 学习损失中的折扣因子 γ

为了验证 SPNI-DRL 在解决最短路网络阻断问题中的求解优势，将 SPNI-DRL 算法与经典求解算法模型求解效率对比实验，使用 BA 进行了无标度网络仿真数据进行测试，每个规模测试 100 个图，记录这 100 个图平均的求解时间和路径完全阻断时的平均阻断节点数目。表 4-12 给出了在不同规模的仿真数据中，SPNI-DRL 与本德斯分解算法（Benders）的性能比较。

表 4-12 SPNI-DRL 与 Benders 分解算法的性能比较

规 模	平均求解时间/s		平均阻断节点数/个	
	SPNI-DRL	Benders	SPNI-DRL	Benders
30～50	0.03	1.16	9	7
50～100	0.05	1.48	19	16

（续表）

规　模	平均求解时间/s		平均阻断节点数/个	
	SPNI-DRL	Benders	SPNI-DRL	Benders
100~200	0.09	4.26	49	47
200~300	0.16	26.45	98	84
300~400	0.21	74.64	145	125

从表 4-12 中可以看出，SPNI-DRL 对最短路网络阻断问题的求解效率远远高于本德斯分解算法，同时其求解时间受问题规模的影响较小，随着网络规模的增加并没有呈现明显的增长趋势；而本德斯分解算法迭代次数随着问题规模的增加而增加，导致求解时间受到问题规模的影响较大，且求解时间随着问题规模的增加而变得越来越慢，远远超过了 SPNI-DRL。从阻断效果来看，当阻断资源充足时，由于 SPNI-DRL 求的是近似解，因而要比最优解多阻断部分节点，虽然牺牲了部分精度，但是换来了求解效率很大的提升，这与预期的情况也相符。

上述实验是在 BA 模型生成的数据中进行训练并测试的，为了测试 SPNI-DRL 在其他类型图上的泛化能力，接下来再分别在 BA 模型、ER 模型、WS 模型生成的数据上进行训练，训练得到的每个模型又分别在上述模型生成的数据中测试，评价指标由统一的 ANPL（Accumulated Normalized Path Length）值来衡量，该值表示归一化后的路径长度值，计算公式如下：

$$\mathrm{ANPL}(\alpha_1,\alpha_2,\cdots,\alpha_k)=\frac{1}{n}\sum_{k=1}^{n}\left(1-\frac{L(G\{\alpha_1,\alpha_2,\cdots,\alpha_k\})}{L(G)}\right) \tag{4-80}$$

式中，α_i 表示阻断网络中的第 i 个节点；$L(G\{\alpha_1,\alpha_2,\cdots,\alpha_k\})$ 表示阻断后网络的路径长度，$L(G)$ 表示完整网络的路径长度。实验结果如表 4-13 所示。

表 4-13　SPNI-DRL 在不同类型图上训练–测试的表现

训练类型	测试类型		
	BA	ER	WS
BA	**25.23%**	45.46%	34.75%
ER	27.92%	**43.78%**	34.89%
WS	32.57%	48.61%	**31.28%**

结果表明，当训练用图和测试用图的类型相同时，SPNI-DRL 取得最佳效果；当训练用图和测试用图类型不同时，也能取得不错的效果，这表明 SNPI-DRL 具有一定的泛化能力。这也启示我们，要想提升模型在目标网络上的效果，一个较好的方式就是使用与目标网络类型、分布更为相似的网络数据进行训练。

参 考 文 献

[1] 陈邓安，胡化安，陈榕.美军联合空中作战目标选择研究[J]. 飞航导弹，2016，(5): 59-62+70.

[2] ORGANISATION, N A T. Allied Joint Doctrine for Joint Targeting [M]. Edition A Version, 2016, 1.

[3] 邱继进，周冬华，梅建庭.目标打击价值的灰色决策分析[J]. 情报指挥控制系统与仿真技术，2005，27(4)：36-38.

[4] 张道延，冯传茂，王海军.基于 D-S 证据理论的炮兵战场目标价值分析[J]. 指挥控制与仿真，2007，29(4)：66-69.

[5] 陈培彬，赵毅，郑华利.基于熵法的炮兵战场目标价值分析[J]. 火力与指挥控制，2004，29(5)：85-87.

[6] 张杨，袁宏伟.复杂电磁环境下炮兵火力打击目标价值分析[J]. 舰船电子工程，2009，29(2)：172-175.

[7] 李新其，骆明君，王明海.常规导弹毁伤目标的复合打击战法[J]. 战术导弹技术，2008，(2): 46-48+74.

[8] 邓志宏. 常规导弹目标选择中目标价值分析方法研究[D]. 国防科学技术大学，2009.

[9] 王斌，王基策，尚颖，等.防空反导体系网络攻击效能评估与防御策略建议[J]. 现代防御技术，2023，51(3)：57-65.

[10] 王巍，燕雪峰.基于面向对象贝叶斯网络的威胁评估模型[J]. 计算机技术与发展，2016，26(5)：7-11.

[11] 王昊冉. 基于多实体贝叶斯网络的空中目标意图识别方法研究[D]. 长沙：国防科技大学，2011.

[12] WATTS D J. A simple model of global cascades on random networks [J]. Proceedings of the National Academy of Sciences, 2002, 99(9): 5766-5771.

[13] 张剑锋，温柏华，刘常昱，等. 联合信息作战目标价值的分析方法研究[J]. 计算机仿真，2008，25(6)：17-19.

[14] 李茂林，龙建国，张德群. 基于复杂网络理论的作战体系节点重要性分析[J]. 指挥控制与仿真，2010，32(3)：15-18.

[15] 喻飞飞，胡友涛，王剑. 基于网络最大流的网络目标选择模型[J]. 指挥控制与仿真，2017，39(1)：17-19.

[16] 罗金亮，金家才，王雷. 基于功能贡献度的网络化防空节点重要性评价方法[J]. 计算机科学，2018，45(2)：176-179.

[17] 赵丹玲，谭跃进，李际超，等. 基于作战环的武器装备体系贡献度评估[J]. 系统工程与电子技术，2017，39(10)：2240-2247.

[18] 李际超.基于作战网络模型的装备体系贡献度研究[D]. 长沙：国防科技大学，2015.

[19] 刘晓亮，谭守林，牛国华，时少旺，赵冠光.基于多属性决策的打击目标选择[J]. 四川兵工学报，2010，31(9)：135-138.

[20] 王剑锋，方纪篝，柳佳佳，等. 目标价值评估指标的研究[J]. 北京测绘，2008(2)：9-11.

[21] DUTTA V, HALDAR S, KAUR P, et al. Comparative Analysis of TOPSIS and TODIM for the Performance Evaluation of Foreign Players in Indian Premier League [J]. Complexity, 2022, 2022.

[22] SALUNKE A, LOKHANDE A, NEHARKAR A, et al. Selection of engine oil using multi-attribute decision-making methods[J]. International Journal of Industrial and Systems Engineering, 2022, 42.

[23] KITSAK M, GALLOS L K, HAVLIN S, et al. Identification of influential spreaders in complex networks [J]. Nat Phys, 2010, 6: 888–893.

[24] HIRSCH J E. An index to quantify an individual's scientific research output [J]. Proc Natl Acad Sci USA, 2005, 102: 16569.

[25] BRIN S, PAGE L. The anatomy of a large-scale hypertextual web search engine [J]. Comput Netw ISDN Sys, 1998, 30: 107–117.

[26] KLEINBERG J M. Authoritative sources in a hyperlinked environment [J]. JACM, 1999, 46: 604–632.

[27] XU X, ZHU C, WANG Q, et al. Identifying vital nodes in complex networks by adjacency information entropy [J]. Scientific Reports, 2020, 10(1), 2691.

[28] GROVER A, LESKOVEC J. Node2vec: Scalable Feature Learning for Networks [J]. ACM, 2016.

[29] 韩云炎. 网络空间关键资产识别方法研究[D]. 长沙：国防科技大学, 2018.

[30] GUIHAIRE V, HAO J K. Transit network design and scheduling: A global review [J]. Transportation Research Part A: Policy and Practice, 2008, 42(10), 1251-1273.

[31] CHEUNG T K, WONG C W, ZHANG A. The evolution of aviation network: Global airport connectivity index 2006−2016 [J]. Transportation Research Part E: Logistics and Transportation Review, 2020, 133, 101826.

[32] 肖开明. 面向博弈对抗的动态最短路网络阻断问题研究[D]. 长沙：国防科技大学, 2021.

[33] SEFAIR J A, SMITH J C. Dynamic shortest-path interdiction [J]. Networks, 2016, 68(4), 315-330.

[34] 戴周璇. 基于最短路的网络阻断问题研究[D]. 长沙：国防科技大学, 2021.

第 **5** 章

任务规划技术

任务规划使用智能化和工程化的方法生成作战方案、行动计划及指令，将作战行动明确化、具体化、精确化，是指挥决策中的重要环节。任务规划技术通过任务分配、资源规划调度、行动路线规划等技术手段，根据作战意图生成具体可实施的方案计划，并实现效果与资源的优化。本章主要介绍任务分配技术、资源规划调度技术、部署方案规划技术、行动路线规划技术和方案推演评估技术。

5.1 概述

一般认为，任务规划是结合信息化战争的特点，用智能化和工程化的方法设计战争，将作战行动明确化、具体化、精确化，以便快速生成作战方案、行动计划及任务指令，从而提高指挥员及其指挥机关的指挥效能[1]。任务规划的核心是，基于技术手段，对各类作战资源的科学配置和优化，以及对作战行动过程的科学调度和安排[2]。

从层次上看，任务规划涵盖了战略战役层的任务规划和战术层及以下的任务规划。战略战役层的任务规划，主要面向指挥决策，核心是作战设计；战术层任务规划，主要面向部队行动，核心是行动设计，武器层任务规划，主要面向武器导航，核心是航路（迹）设计[3-4]。本书主要介绍战术层任务规划的相关技术。从内容上看，任务规划包括战术规划和技术规划。其中，战术规划主要包括攻击规划、突防规划、侦察规划、保障规划、协同规划等，技术规划主要包括航迹规划、用频规划、制导规划等，从时机上看，任务规划主要包括周密规划和危机规划，前者即预案规划，后者即临机规划。从体系角度来看，任务规划系统不仅包含计算机、服务器、应用终端、输入/输出设备等硬件系统和应用程序、基础数据等软件系统，还包括相关的体制机制、条令条例、标准规范、指挥流程等支撑环境，同时还包含经过专业培训和考核认证的专业技术人才队伍[1]。

任务规划在军事领域的起源可以追溯到军用飞行器遂行作战任务，而军用飞行器出现在 20 世纪初，也就是说，任务规划的历史并不长。美军的任务规划系统发展最早、最全面，遥遥领先于其他国家。美军的任务规划最早可追溯到 20 世纪 60 年代。为了减轻人工作业的工作量，美军将初步发展的计算机技术应用于军事活动，以计算机自动规划来代替手工规划，但受限于当时计算机的成本和性能，任务规划未能得到广泛应用[4]。

1970－1990 年，随着计算机性能大幅提升，单一兵种战术级的任务规划得到蓬勃发展。这一时期以飞机和导弹的武器投放和航迹规划为主，典型的任务规划系统有美国空军的任务支持系统（MSS）系列、海军的战术飞行器任务规划系统（TAMPS）。这一阶段虽是任务规划发展最为迅猛的时期，但没有打破军兵种的壁垒，各类任务规划系统独立发展[4]。

1991 年海湾战争中，任务规划系统在飞行器和战斧巡航导弹等高技术装备中的应用，成倍地发挥了武器效能，受到世界各国的广泛关注。但海湾战争、阿富汗战争等一系列信息化局部战争实践也暴露了任务规划系统不通用、不兼容的弊端。之后，美军开始注重将各类任务规划系统集成到统一的框架之中，加强任务规划系统之间的互联、互通、互操作。例如，1993年美军开发的便携式飞行规划软件（PFPS），可以支持空军多种类型飞机以及制导武器的任务规划；2002 年美军着手研发的联合任务规划系统（JMPS），将陆、海、空等不同军兵种的飞机、导弹、无人机的任务规划集中化，形成统一的任务规划平台，适用于联合部队作战行动[4]。

为支撑任务规划系统的实现，任务规划技术已经发展为技术系列齐全、标准体系完备、内涵外延丰富的多层次技术群。以运筹学、控制理论、优化算法、人工智能等数学和计算机科学相关理论为代表的一系列理论，为任务规划提供了有力的理论支撑[5]。

围绕规划方案的生成，任务规划可分为任务分配、资源规划调度、部署方案规划、行动路线规划、方案推演评估等技术，如图 5-1 所示。其中，任务分配技术支持将多个相互关联的作战任务分配到不同的作战平台，确保任务能够顺利完成；资源规划调度技术支持资源的合理分配和使用，优化任务流程，避免任务在时序上的冲突，提高任务完成效率；部署方案规划技术支持基于任务需求，将作战资源部署到最佳位置；行动路线规划技术支持基于任务需求、战场态势，规划出部队或平台的最优行动路径；方案推演评估技术支持对任务规划生成的具体方案进行仿真推演，评估方案优劣，为指挥员提供参考和建议。

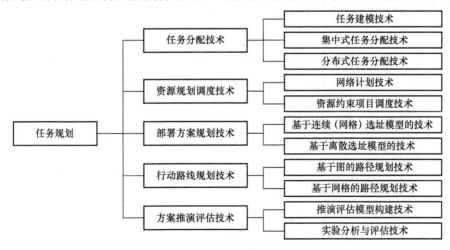

图 5-1　任务规划技术分类

1. 任务分配技术

任务分配技术根据不同的场景要素、约束条件和目标使命，将众多不同的作战任务分配给各个作战单元，以达到整体作战任务完成效果的最优化。根据不同的使命任务和问题场景，任务分配技术包括任务建模技术、集中式任务分配技术、分布式任务分配技术。

任务建模技术的主要目标是将复杂作战任务进行定量化和符号化描述，并根据敌情、我情和战场环境等因素，将其细分成可由各作战单元完成的具体、明确且相互关联的子任务。

集中式任务分配技术由中心节点负责，根据全局信息计算最优的分配方案。集中式任务分配技术的优势是能够在具备全局信息的情况下生成最优方案，然而其不足之处是在强对抗条件下，全局信息的获取可能不及时准确，从而难以实现全局最优。基于指派模型的任务分配技术和基于马尔可夫决策过程的任务分配技术是集中式任务分配技术的两种类型。前者以经典的指派问题为模型，将 n 个任务指派给 m 个单位，以完成任务收益的最大化为目标，主要关注最优任务分配、资源配置和成本最小化，通常用于解决确定性问题。然而，在处理不确定因素时，基于指派模型的任务分配技术可能局限性较大。基于马尔可夫决策过程的任务分配技术考虑战场环境的不确定性，通过将任务和资源状态建模为随机过程，使用马尔可夫链来表示不确定性，动态调整和优化任务分配策略。这种方法不仅可以处理不确定因素，还能保持较高的任务分配和执行效率。然而，马尔可夫决策过程涉及大量状态和动作的搜索，对于任务量大且决策复杂的情况，可能导致计算复杂度高、不切实际。此外，基于马尔可夫决策过程的方法需要对环境和不确定性进行准确建模，在实际应用中往往难以获取精确的概率转换模型，这可能影响决策效果。因此，应根据具体情况选择合适的任务分配方法。对于较低不确定性和较高实时性要求的任务，基于指派模型的任务分配技术可能更合适；而面对较高不确定性的战场环境，基于马尔可夫决策过程的任务分配技术可能更具优势[6]。在某些情况下，两种方法还可以结合使用，以充分利用它们的优点，更好地解决实际任务分配问题。

分布式任务分配技术不依赖于中心节点、通过多个参与任务的节点之间的交互与协商完成任务分配。各节点根据自身掌握的局部信息独立地进行任务选择，并根据协作规则进行调整。分布式任务分配技术具有稳健性强、适应强对抗环境的优势，但难以保证分配方案的全局最优性。该技术主要包括基于拍卖的任务分配技术、基于合同网的任务分配技术和基于分布式约束满足的任务分配技术等。基于拍卖的任务分配技术充分利用市场竞争机制来实现任务分配，但在对实时性要求较高、竞价时间受限的情况下可能无法获得最优解。因此，基于拍卖的任务分配技术适用于可充分利用市场竞争的情况，但在实时性要求较高且竞价时间受限时可能不太适合。基于合同网的任务分配技术强调协同，能够适应一定程度的复杂情况，具有一定的灵活性。然而，在面对大量任务和智能体时，其协商过程可能变得相对复杂且耗时较长。基于分布式约束满足的任务分配技术能够很好地处理任务之间的依赖关系和优先级，但计算复杂度较高[7]。

2．资源规划调度技术

资源规划调度在任务分配完成后，根据作战任务的执行时序关系、优先级和资源需求，对所分配的任务进行任务开始时间和所需资源的调度安排，以避免任务时序冲突并提高任务完成效率。资源规划调度技术主要包括网络计划技术和资源约束项目调度（Resource Constrained Project Scheduling Problem，RCPSP）技术等。

网络计划技术是用于项目计划与控制的一项技术。它是 20 世纪 50 年代末发展起来的，依据其起源有关键路径法（CPM）与计划评审法（PERT）之分。网络计划技术适用于资源非常充分的情况，不需要考虑资源约束，而对任务完成时间进行优化[8-9]。

RCPSP 技术是调度问题中研究最深入且应用最广泛的技术。RCPSP 技术是在受限资源和活动时序关系的约束下，最优安排每个任务的开始时间，使得任务总工期最短。作战领域，任务间约束更多，条件更复杂，为 RCPSP 技术的应用带来了更大的挑战。

3．部署方案规划技术

部署方案规划技术主要是对作战资源在战场环境中的部署进行优化，以便于完成作战任务和实现作战目的。根据不同的应用场景，部署方案规划技术可分为两大类：基于连续（网格）选址模型的技术和基于离散选址模型的技术。

当陆地作战单元受到地形等因素的限制时，部署选址往往只能在部分离散的候选位置上进行，因此通常采用基于离散选址模型的技术。而基于连续（网格）选址模型的技术则适用于作战资源可以在给定范围的任意位置进行部署的情况。该问题具有两个特点：一是解的空间是连续的；二是距离是可测量的。例如，海上无人侦察设备（浮标、无人船、无人潜航器等）的部署问题，可以在给定海域内任意位置部署给定数量的单元，以实现侦察区域的最大化。

根据应用场景的特点，可选择基于离散选址或基于连续（网格）选址模型的部署规划技术进行资源部署规划。在连续选址问题中，通常需要通过离散化的方式来求解，借助运筹优化、启发式搜索或机器学习等算法。

4．行动路线规划技术

行动路线规划技术旨在优化设计各作战单元的行动路线，以确保它们能够顺利完成分配到的任务。根据不同的作战场景和作战环境，行动路线规划技术可以分为基于图的路径规划技术和基于网格的路径规划技术两大类[10]。

基于图的路径规划技术主要适用于陆地上作战单元的路径规划问题。它依赖于地面路网，将路网抽象为由顶点和边组成的图结构。通过运筹学图论方法、启发式搜索算法、机器学习算法等，求解最优路径[11]。在这种方法中，决策变量主要是作战单元在每个节点或位置选择下一步要行走的弧或道路。

基于网格的路径规划技术不依赖于固定的道路网络，具有更大的灵活性和自主性，主要用于空中和海上作战单元的航迹规划。该技术主要采用的求解算法包括 A*算法、蚁群算法、强化学习算法等。在这种技术中，主要决策变量是作战单元当前所处的网格，并选择下一步将要访问的网格。

基于图的路径规划技术适用于陆地作战单元，依赖于地面路网；基于网格的路径规划技术适用于空中和海上作战单元，在自由二维或三维空间中进行航迹规划。两者分别采用不同的求解算法，但都以寻找最优路径为目标，通过选择合适的决策变量来进行路径规划。

5. 方案推演评估技术

方案推演评估技术以蒙特卡罗仿真为手段，对规划方案进行评估，以验证方案的可行性、评估任务的完成效果和效率。通过推演评估，可以全面考虑问题场景的动态性和不确定性，以科学、可靠的方式评估各方案的可行性和效果。推演评估在实施过程中通常分为模型构建、实验运行、实验分析与评估三个阶段。首先，需要根据军事想定设计仿真想定，明确评估对象、评估目标和评估指标，明确实验设计方案，并对想定中涉及的各要素进行整体性认知，构建模型体系。其次，根据实验设计，利用蒙特卡罗仿真运行想定，并获取相应的输出结果。最后，根据输入数据和输出数据，分析和评估作战效能以及实验影响的关键要素，形成评估结论，用于进一步迭代方案。

随着战争形态的变化与技术的发展，任务规划技术的发展呈现如下五个趋势。

（1）任务规划技术作用于战争全流程。任务规划的核心是对作战资源的科学配置和优化，但这种规划不是一劳永逸的，因为战争不是静态的、一成不变的，不确定性随时可能发生，不管预先规划生成的方案有多完美，一旦执行就面临调整和修改，因此任务规划技术必须贯穿作战的全流程，依据态势变化快速调整规划方案，牢牢掌握战场主动权。

（2）通过信息技术改进任务规划。未来的任务规划，将更多地融合和使用各种信息化工具和技术，如数字地图、数字模拟、数字数据分析等，从而改进任务规划的流程和决策。借助信息化技术，能够更快地收集和分析信息，从而提高决策效率；能够更准确地评估各种情况，从而提高决策准确性；能够更有效地管理作战任务的信息，从而提高决策的可持续性。例如，21世纪初，DARPA启动"深绿"计划，期望通过智能辅助和计算机仿真技术，推演多个方案的效果，从而在博弈对抗中预判对方的行动。

（3）更加关注任务规划技术的实时性、全局性和自适应性。注重实时性是因为任务规划技术的时间复杂度不能太高，需要在可以接受的时间范围内收敛，保证其可用价值，特别是应对突发的不确定性，其时间窗口小，必须快速给出应对方案。美军2015年进行战斧Block IV巡航导弹飞行试验，导弹实时接收控制平台发出的新目标指令和数据，当目标位置变动或者发现更具价值的目标时，给飞行中的导弹重新分配目标并规划航迹[4]。注重全局性是因为面对复杂的任务规划问题，任务规划技术无法在有限的时间内获取全局最优解，必须在局部最优和全局最优之间进行平衡。注重自适应性是因为不确定性的难以预知和不可避免。当不确定性未发生时，要从敌情、我情和战场环境出发尽可能全面地考虑影响因素，利用已知有限信息做满意的决策，增强方案的健壮性和可靠性。美军在21世纪伊始开始设计的"自适应规划与执行系统（APEX）"，拥有很好的同步协作能力，降低了计划协同拟制过程中的不确定性，并且能够快速滚动生成任务规划方案，可以应对方案执行过程中的一些不确定性。

（4）深度强化学习算法或成为任务规划技术发展的新引擎。战场态势的快速演化和战争各方的激烈博弈使得现代战争具有高度的不确定性，任务规划迫切需要及时准确掌握态势、快速精确做出决策的能力。深度强化学习算法是现今比较受关注的算法，深度学习具有优秀的拟合能力，在目标识别、行为预测等态势理解领域应用广泛，强化学习则能在复杂的环境中学习，依据环境中有限信息快速做出判断并给出最优决策，尤其在实时连续决策上表现不俗。深度强化学习将具有感知能力的深度学习和具有决策能力的强化学习相结合，契合不确定性下任务规划技术的需求[4]。2020 年，美军推进越野自主技术研究，采用人工智能算法，使无人作战平台能够在动态对抗环境下高效自主决策，完成多种作战任务。

（5）多元化将有助于考虑各种因素对决策的影响，并加强决策的灵活性和预防性。多元化是指在任务规划中考虑多种因素和视角。这意味着决策者不仅要考虑军事因素，还要考虑经济、政治、社会、环境等多个因素。多元化是一种现代军事决策的重要趋势，因为随着社会发展的复杂化，作战行动不仅仅与作战目标有关，还与多种因素有关。通过考虑多种因素，决策者可以更全面地评估各种情况，从而有助于提高决策的稳健性，使作战行动能够应对各种不确定因素。

5.2　任务分配技术

任务分配的目的是将任务合理分配至各作战平台，优化作战效果、满足作战要求。任务分配的前提是任务建模与分解，即需要将复杂的作战任务进行建模，并分解为若干可由部队或作战平台等执行的子任务。针对不同的问题场景，任务分配通常有集中式任务分配和分布式任务分配两种方式。

5.2.1　任务描述与建模

军语中任务一般是指指派给部队或平台完成的具体工作或行动。任务通常由上级指挥部门下达，包括任务目标、任务地点、任务时间、任务内容、任务方法、任务要求等方面的具体规定和解释。任务的完成情况通常由上级进行评估和考核。在军事行动中，任务的完成情况直接关系到部队的战斗力和作战效果，因此任务的规定和解释非常重要，需要确保任务目标明确、可执行、符合实际情况，并在任务执行过程中及时进行调整和指导[12]。

在联合作战过程中，为了有效凝聚各军（兵）种和各作战主体的作战能力，发挥"1+1>2"的联合效益，必须解决行动和认知上的一致性，构建一套通用的、标准化的、能够被各军（兵）种和各作战主体理解认同，并充分适应现代化战争需要的作战任务参照体系[12]。因此，需要对作战任务进行规范化描述。任务清单作为作战任务的序列化形式化表现方式，有助于打通各军（兵）种之间、各指挥信息系统之间的沟通壁垒，最大化保证各军（兵）种和各作战主体能够快速受领任务、共同理解任务、高效地实施作战行动。例如，美军作战任务清单主要包括《通用联合任务清单》《海军通用任务清单》《空军通用任务清单》《陆军通用任务清单》等，是美军法规体系的重要组成部分[13]。

1．任务清单

任务清单（Task List）是对任务、完成任务的标准及遂行任务的条件进行定性定量描述的分组说明和分级列表，一般由作战任务（Task）、作战任务指标（Indicator）和作战任务条件（Condition）组成。具体表示为

$$\text{Task List} = (\text{Task}, \text{Indi}, \text{Cond})$$

式中，Task 表示作战任务，可区分为总体任务、子任务。总体任务是完成使命时执行的活动或者行动的抽象描述，任务清单中所有任务的有序组合就构成了总体任务。Indi 表示作战任务指标，一项作战任务由一个或多个衡量尺度以及为每个衡量度量设立的一个标准构成，是评价与衡量部队对于某一项任务执行情况的衡量尺度与标准。Cond 表示影响作战任务执行的环境变量，由自然环境、战场环境和民事环境等要素组成。

2．作战任务的形式化描述

在任务清单中，作战任务的描述主要解决"什么'人'在什么时间什么地点干什么事"这个基本问题。因此，作战任务的描述可通过八元组表示为

$$\text{Task} = (\text{T\_id}, \text{T\_type}, \text{T\_level}, \text{T\_time}, \text{T\_area}, \text{T\_force}, \text{T\_aim}, \text{T\_desc})$$

式中，T_id 为任务标识符，是区别于其他任务的唯一标识符或字符串，是行动的角色名称；T_type 表示任务类型，是对作战样式、作战手段等的区分；T_level 表示任务级别，包括战略级、战役级、战术级；T_time 表示执行任务的时间；T_area 表示执行任务的区域；T_force 表示执行任务的主体，即本级各作战单元和力量；T_aim 表示所要达成的作战目标；T_desc 为任务的详细说明。

设所有任务构成的集合为 $S_T = \{t_1, t_2, \cdots, t_{N_T}\}$，其中 N_T 为作战任务数量，t_i 表示其中某个具体的任务。

对于其中任意任务 t_i，$t_j \in S_T$，主要关注如下属性。

（1）坐标位置 (x_i, y_i)，与执行任务的区域 T_area 相关。

（2）任务 t_i 和 t_j 在地理空间的物理距离 d_{ij}。

（3）任务的持续时间记为 τ_i，对应于执行任务的时间 T_time。

（4）资源需求向量 $(R_{i1}, R_{i2}, \cdots, R_{iL})$，$R_{il}(1 \leq l \leq L)$ 表示成功完成任务 t_i，对于资源 l 的需求量，其中资源可以进一步分为可重复使用资源和不可重复使用资源。

任务的实现需要作战平台作为支撑，其中作战平台是各种功能性作战资源有机聚合而成的作战实体，如战机、舰艇、侦察卫星等。所有作战平台构成的集合记为

$S_P = \{P_1,\ P_2, \cdots,\ P_{N_p}\}$，其中 N_P 为作战平台数量。对 $\forall P_i \in S_P$，其基本属性包括坐标位置 $(x_{P_i},\ y_{P_i})$、最大移动速度 v_{P_i}、可提供资源向量 $(U_{i1}, U_{i2}, \cdots, U_{iN})$，$U_{il}(1 \leqslant l \leqslant N)$ 表示为平台 P_i 提供的资源 l 的数量。

3．作战任务的分解

作战任务的分解实际上是将上级意图转化为部队行动的一个动态过程，必须建立在对上级意图的全面分析和准确理解的基础上，再根据敌情、兵力编成、作战能力、地形、天候等情况，把作战任务分解为若干具体相互关联的作战任务集，最后结合这些任务的等级、性质、特点等情况，将其分配给下属某一个作战单元执行。

4．任务间的逻辑关系

不同任务之间具有以下时序逻辑关系。

（1）同步接续关系，即有的任务开始后其他任务才能开始，如对敌方目标进行电子干扰后才能继续采取攻击行动。

（2）异步接续关系，即有的任务结束后其他任务才能开始，如攻击行动结束后才能对目标进行毁伤效果评估。

（3）并发关系，即有的任务需要和其他任务同时开始，如从不同方向对一个目标进行饱和攻击。任务间复杂的时序逻辑关系可用有向加权图表示。

任务时序逻辑关系示例如图 5-2 所示，图中节点表示任务，节点间的有向边和边的权重表示节点间的时序关系。

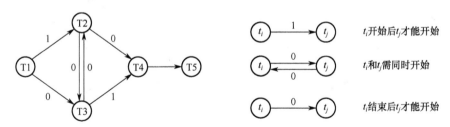

图 5-2　任务时序逻辑关系示例

5．作战任务指标

作战任务指标由一个或多个衡量尺度以及对应的标准构成。其中，衡量尺度与作战任务直接关联，为描述作战任务的不同执行程度提供基础。标准是作战任务中每一个定量评价项目的具体取值，通常表示作战任务执行的最低可接受程度，一般以数字+度量单位的形式表示。作战任务指标将与作战任务有关的数据科学组织起来，以表明对作战任务的理解和执行要求，以及部队在遂行作战任务时必须具备的能力。

作战任务指标可通过一个五元组表示：

$$\text{Indi} = (\text{Indi\_id}, \text{Indi\_meas}, \text{Indi\_stan}, \text{Indi\_unit}, \text{Indi\_prim})$$

式中，$Indi\_id$ 表示指标的标识符；$Indi\_meas$ 表示指标的衡量尺度；$Indi\_stan$ 表示指标的标准，一般以数字表示；$Indi\_unit$ 表示度量单位，域值范围包括小时（h）、分（min）、千米每小时（km/h）、平方千米（km^2）等；$Indi\_prim$ 表示指标的重要程度分级。

6. 作战任务条件

作战任务条件是影响作战任务执行的环境变量，部队执行作战任务时应充分考虑自然环境、战场环境和民事环境三个方面的因素。其中，自然环境包括地形、地貌、天候、水文等；战场环境包括任务能力、敌我部署、综合保障、机动输送等；民事环境包括区域性政策、民族、宗教、文化等。

每一个作战任务条件可通过一个三元组表示：

$$Cond = (Cond\_id, Cond\_name, Cond\_level)$$

式中，$Cond\_id$ 表示条件的标识符；$Cond\_name$ 表示条件的名称；$Cond\_level$ 表示条件的等级，域值包括高、中、低，支持、中立、反对，高度、中等、有限等。

7. 案例描述

图 5-3 所示为一个渡海登岛作战场景示意图[14]，作战想定具体设计如下。假设我方部队计划组织一次抢滩登陆作战任务，目的是占领敌方的港口和机场两个目标地点。此时，抢滩登陆作战就是一个具体的任务，这是一个总体任务，如果要给下属力量下达作战任务，就需要根据敌情、我情和战场环境等因素进一步将任务分解。

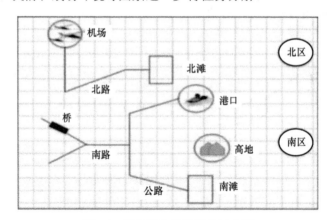

图 5-3　渡海登岛作战场景示意图

经分析可知，适合登陆的海滩有南滩和北滩两处，我方主要使用远程火力和地面突击力量对敌目标进行协同火力打击，同时由地面突击力量具体执行抢滩登陆和港口、机场夺控任务，使用防空火力防御敌空中目标。其中，地面突击力量初始部署于沿岸附近，便于进行抢滩登陆；防空火力分散部署于近沿岸隐蔽区域，构建对空防御火力网；远程火力部署于后方，对敌目标实施远程火力打击。根据预先侦察的情报，南滩和北滩两处附近海域可能存在雷场，南滩登陆有可能受附近高地的火力点威胁，由南滩行进可到达港口，途中可能存在雷区和驻防敌军部队的威胁；北滩登陆受敌机场起飞的飞机威胁，北滩阵地经北路可到达机场，北路行进可能会受敌增援部队的威胁。机场和港口附近可能存在移动的导弹发射车队和固定的导弹阵地。

根据敌情、我情、战场环境，可初步形成如图 5-4 所示的任务分解方案。为了实现占领机场的作战任务，需要将该任务分解为，先占领北滩，然后在北区实施防御，继而沿北路行进，最终占领机场。而夺占港口的任务更为复杂，首先需要抢占高地，消灭高地的火力点威胁，然后再占领南滩并在南区实施防御，为了阻断敌方后援，需要炸毁桥梁，继而沿南路行进，最后抢占港口。

针对以上登陆作战任务，有以下八种资源需求，每种资源能够提供相对应的能力。

（1）防空资源（AAW）；

（2）水面战资源（ASUW）；

（3）反潜作战资源（ASW）；

（4）地面突击资源（GASLT）；

（5）中程火力资源（FIRE）；

（6）装甲资源（ARM）；

（7）扫雷资源（MINE）；

（8）目标指示资源（DES）。

任务资源需求向量表如表 5-1 所示。

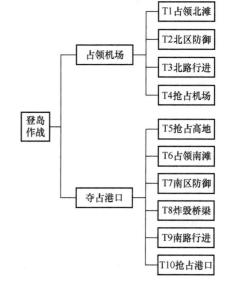

图 5-4　任务分解方案

表 5-1　任务资源需求向量表

任务 ID	任务名称	AAW	ASUW	ASW	GASLT	FIRE	ARM	MINE	DES	位置		时间
1	占领北滩	0	0	0	10	14	12	0	0	28	73	10
2	北区防御	5	0	0	0	0	5	0	0	28	73	10
3	北路行进	0	0	0	0	0	10	5	0	25	45	10
4	抢占机场	0	0	0	20	10	4	0	0	5	95	15
5	抢占高地	0	0	0	10	14	121	0	0	24	60	10
6	占领南滩	0	0	0	10	14	12	0	0	28	83	10
7	南区防御	5	0	0	0	0	5	0	0	28	83	10
8	炸毁桥梁	0	0	0	8	6	0	4	10	5	60	20
9	南路行进	0	0	0	0	0	10	5	0	5	95	10
10	抢占港口	0	0	0	20	10	4	0	0	25	45	15

通过自上而下的层次分解，将目标任务分解为子任务，从而找出行动方案。子任务的优先顺序表示原子任务执行的序列关系，子任务间可能存在串行或并行关系，不允许存在循环链接，因此原子任务间的序列关系通常用图表示，子任务的序列关系图描述了任务执行的先后顺序，如图 5-5 所示，描述了上述登岛任务初步分解后的子任务的执行顺序。其

中虚线表示上一个任务开始后，下一个任务才能开始，实线表示上一个任务结束后，下一个任务才能开始。

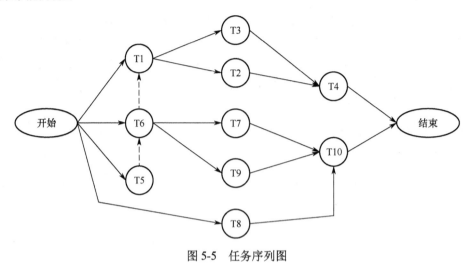

图 5-5　任务序列图

5.2.2　集中式任务分配技术

根据对不确定性的考虑，集中式任务分配技术主要包括基于指派模型的任务分配技术和基于马尔可夫决策过程的任务分配技术。

1. 基于指派模型的任务分配技术

指派问题是一类经典的运筹学问题，在任务分配中有着广泛的应用背景，可以抽象为 m 个单位与 n 个任务的匹配问题，传统的指派问题（Assignment Problem，AP）所研究的是一对一匹配问题，而在现实作战中，任务数远远大于单位数，且每个单位完成的任务数量不唯一，但是每个单位完成任务的能力有限，这就产生了广义指派问题。广义指派问题可以看作指派问题与背包问题的结合，抽象为 n 个物品指派到 m 个背包，$n > m$，且每个背包有容量限制。其数学模型为

$$\min z = \sum_{i}^{m}\sum_{j}^{n} c_{ij} x_{ij} \tag{5-1}$$

$$\sum_{i=1}^{m} x_{ij} = 1, j = 1, 2, \cdots, n \tag{5-2}$$

$$\sum_{j=1}^{n} r_{ij} x_{ij} \leqslant b_i, i = 1, 2, \cdots, m \tag{5-3}$$

$$x_{ij} = 0 或 1 \tag{5-4}$$

式中，c_{ij} $(i = 1, 2, \cdots, m, j = 1, 2, \cdots, n)$ 表示物品 j 放入背包 i 的成本；b_i 为背包 i 的容量限制；

r_{ij} 表示物品 j 放入背包 i 的重量或体积，目标函数是使得总成本最小。

针对广义指派问题，通常可采用拉格朗日松弛算法求解问题，一种松弛技巧是对较难的背包容量约束进行松弛，消除背包约束，问题就变为一个很容易求解的指派问题；另一种松弛技巧是对匹配约束进行松弛，通过消除匹配约束，将问题等效为多个容易求解的背包问题。此外，可以采用一个 n 维数组对问题编码，分别设计遗传算法、变邻域搜索、禁忌搜索等启发式算法对问题求解。基于神经网络的机器学习算法也能够通过网络训练，直接得到输入问题的解，这也是一个目前热门的研究思路。针对指派问题，目前主要研究的机器学习方法包括深度学习、强化学习、图神经网络、深度强化学习等。

二次指派问题（QAP）是对简单指派问题的一种扩展，其最早是由 Koopmans 和 Beckmann 在研究 n 个设施选址问题时提出的。考虑设施选址问题，总成本是设施之间距离与设施之间流量的函数，再加上设施选择一个地址的固定成本。目标是为每一个设施选定一个地址，使得总成本最小。问题一般可描述为三个矩阵，$F = (f_{ij})$，$D = (d_{kl})$，$B = (b_{ik})$，其中 f_{ij} 表示设施 i 和 j 之间的流量，d_{kl} 表示位置 k 和 l 之间的距离，b_{ik} 表示设施 i 位于位置 k 的成本。由 n 个设施和 n 个地址构成的问题模型可描述为

$$\min \sum_{i=1}^{n}\sum_{k=1}^{n}\sum_{j=1}^{n}\sum_{l=1}^{n} f_{ij}d_{kl}x_{ik}x_{jl} + \sum_{i=1}^{n}\sum_{k=1}^{n} b_{ik}x_{ik} \tag{5-5}$$

问题约束条件与广义指派问题相同，即每个设施只能选择一个位置，每个位置只能被一个设施选择。

传统的指派问题目标是单一的，但在实际问题中，需要考虑的因素较多，如在火力打击过程中，如何指派 n 个不同的火力单元去打击 m 个不同的目标，就既要考虑各火力单元具有不同的射程、杀伤力、精确度和可靠性，还要考虑各目标的位置、距离、速度和重要性等。这种问题属于多目标的指派问题，其数学模型为多目标的 0-1 整数规划模型。目前解决多目标问题往往是将多目标转化为单目标来求解，常用的方法有线性加权法、乘除法、主要目标法、理想点法、ε 约束法等。此外，基于帕累托最优（Pareto optimality）的性质，可以采用多目标进化算法对问题进行求解，包括 NSGA-II、MOEA/D 等。

问题中涉及的可靠性、安全性、风险性等指标在实际问题中往往很难用精确值量化。相反，按照模糊数学的原理，通过专家咨询采用模糊数或语言变量来刻画它们则显得更为合理。

设有 n 项任务要 n 个人完成，第 i 个人完成第 j 项任务的时间为 $\tilde{c}_{ij}$，$i,j = 1,2,\cdots,n$，$\tilde{C} = (\tilde{c}_{ij})_{n \times n}$ 为其模糊系数矩阵，因此描述指派问题的数学模型为

$$\min_{x_{ij} \in R} \sum_{i=1}^{n}\sum_{j=1}^{n} \tilde{c}_{ij}x_{ij} \tag{5-6}$$

其约束条件与广义指派问题相同。

不同于传统的确定性指派问题和随机指派问题，稳健区间指派问题的效率矩阵参数不确定，并且其概率分布未知，通常仅知道每一个效率参数的下界和上界，即效率参数可以表示为一个区间数。所以，稳健区间指派问题的效率矩阵可表示为 $\boldsymbol{C} = ([c_{uv}^-, c_{uv}^+])_{n \times n}$，其下界矩阵为 $(c_{uv}^-)_{n \times n}$，上界矩阵为 $(c_{uv}^+)_{n \times n}$，其中 $u \in U$，U 为任务的集合，$v \in V$，V 为人的集合。定义 S 表示不确定区间 $[c_{uv}^-, c_{uv}^+]$ 的笛卡儿乘积，则 S 中的任意元素 s 称为一个场景，即效率矩阵可能实现的向量。[15]

令 A 表示问题的所有完美指派，即每个人完成一项任务，每项任务由一个人完成。针对任意的 $X \in A$ 和 $s \in S$，令

$$F(s, X) = \sum_{(u,v) \in X} c_{uv}^s \tag{5-7}$$

针对一个特定场景 s 的常规指派问题可描述为

$$\text{Minimize } \{F(s, X) \mid X \in A\} \tag{5-8}$$

令 $F^*(s)$ 表示指派问题的最优目标函数值。对于任意的 $X \in A$ 和 $s \in S$，定义函数 $R(s, X) = F(s, X) - F^*(s)$ 表示场景 s 下指派 X 的后悔值。对于任意的指派 $X \in A$，$Z(X) = \max\limits_{s \in S} R(s, X)$ 称为指派 X 在最坏场景下的后悔值。最小-最大后悔值指派问题可描述为

$$\text{Minimize } \{Z(X) \mid X \in A\} \tag{5-9}$$

上述问题被称为稳健指派问题，Z^* 表示稳健指派问题的最优目标函数值。问题 $Z(X) = \max\limits_{s \in S} R(s, X)$ 称为指派 X 对应的最坏场景。

对于任意 $X \in A$，定义场景 $s(X)$ 为

$$c_{uv}^{s(X)} = \begin{cases} c_{uv}^+, & \text{如果} (u, v) \in X \\ c_{uv}^-, & \text{否则} \end{cases} \tag{5-10}$$

场景 $s(X)$ 称为指派 X 诱导的场景。令 $\hat{Y}(s)$ 表示指派问题的最优解。

决策变量为

$$x_{uv} = \begin{cases} 1, & \text{如果} (u, v) \in X \\ 0, & \text{否则} \end{cases} \tag{5-11}$$

健壮指派问题可建模描述为

$$\min_{X \in A} \left(\max_{s \in S} \left(\sum_{(u,v) \in E} c_{uv}^s x_{uv} - \min_{Y \in A} \left(\sum_{(u,v) \in E} c_{uv}^s y_{uv} \right) \right) \right) \tag{5-12}$$

$$\text{s.t.} \quad \sum_{u \in U} x_{uv} = 1, v \in V \tag{5-13}$$

$$\sum_{v \in V} x_{uv} = 1, u \in U \tag{5-14}$$

$$x_{uv} \in \{0,1\}, u \in U, v \in V \qquad (5\text{-}15)$$

其中，式（5-12）为目标函数，式（5-13）表明每个人完成一项任务，式（5-14）表明每项任务由一个人完成，式（5-15）表明决策变量只能取整数 0 或 1。

案例：在一次联合演习中，红方共有 15 个作战平台需完成 10 项打击任务，由于目标的性质和难度不同，完成每个目标打击任务需要的火力也有所不同，已知有 8 项任务仅需 1 个作战平台即可完成，另有 2 项任务由于打击难度较高，需要 2 个作战平台同时参与才能顺利执行。为确保各作战平台高质量地完成任务，指挥中心要求每个作战平台最多接受一项打击任务。[16]

为方便表述，将仅需 1 个作战平台完成的任务编号 1～8，需要 2 个作战平台同时参与完成的任务编号 9～10，作战平台编号 1～15。已知各作战平台完成 1～8 项任务的时间如表 5-2 所示，其中表格的行表示作战平台编号 P1～P15，表格的列表示任务序号 T1～T8，表格中的数据表示各作战平台完成相应任务需要的时间 $c_{i,k}(i=1,2,\cdots,15;k=1,2,\cdots,8)$（单位：小时），时间系数为 ∞ 表示该作战平台无法完成相应的任务。

表 5-2　1～8 项任务完成时间

	P1	P2	P3	P4	P5	P6	P7	P8	P9	P10	P11	P12	P13	P14	P15
T1	6	∞	∞	∞	13	8	9	∞	13	15	∞	∞	∞	15	12
T2	∞	5	8	∞	6	14	∞	∞	15	5	9	∞	13	13	∞
T3	13	∞	6	15	11	∞	8	11	∞	∞	6	15	5	∞	13
T4	6	9	∞	13	∞	12	5	∞	5	∞	13	13	∞	12	∞
T5	∞	5	8	∞	6	14	∞	8	5	5	∞	9	13	∞	7
T6	10	9	12	∞	13	8	∞	12	6	6	∞	15	8	∞	7
T7	∞	∞	10	12	14	∞	11	6	∞	7	14	∞	13	7	∞
T8	8	7	∞	11	10	8	14	∞	11	15	8	13	∞	9	11

两个作战平台同时参与完成第 9、10 项任务需要的时间分别如表 5-3、表 5-4 所示，其中表格的行、列均表示可参与任务的作战平台编号，表格中的数据为作战平台之间两两合作同时参与完成第 9、10 项任务需要的时间 $c_{j_1,j_2,9},c_{j_1,j_2,10}(j_1=1,2,\cdots,15;j_2=1,2,\cdots,15)$（单位：小时），时间系数为 ∞ 表示对应的两个作战平台无法合作完成该项任务。如果某一行或某一列全部为 ∞，则省略。

表 5-3　第 9 项任务完成时间

	P1	P3	P4	P5	P7	P8	P9	P11	P13	P14
P1	∞	16	15	23	27	29	17	24	22	15
P3	16	∞	20	17	27	19	23	17	24	19
P4	15	20	∞	25	26	26	22	16	18	29
P5	23	17	25	∞	17	28	23	30	16	22
P7	27	27	26	17	∞	16	30	15	27	28

（续表）

	P1	**P3**	**P4**	**P5**	**P7**	**P8**	**P9**	**P11**	**P13**	**P14**
P8	29	19	26	28	16	∞	28	16	21	19
P9	17	23	22	23	30	28	∞	27	21	29
P11	24	17	16	30	15	16	27	∞	17	19
P13	22	24	18	16	27	21	21	17	∞	17
P14	15	19	29	22	28	19	29	19	17	∞

表 5-4 第 10 项任务完成时间

	P2	**P4**	**P5**	**P8**	**P9**	**P10**	**P12**	**P14**	**P15**
P2	∞	17	28	24	23	17	28	24	20
P4	17	∞	23	21	16	18	18	21	25
P5	28	23	∞	29	30	22	22	20	29
P8	24	21	29	∞	20	16	27	21	16
P9	23	16	30	20	∞	17	30	30	24
P10	17	18	22	16	17	∞	15	18	20
P12	28	18	22	27	30	15	∞	28	15
P14	24	21	20	21	30	18	28	∞	15
P15	20	15	29	16	24	20	15	15	∞

可知，要解决的问题是如何指派作战平台才能在最短时间内完成所有打击任务，可用广义指派模型描述该问题。为方便模型描述，引入如下记号：设 i, j, j_1, j_2 表示待指派的作战平台序号，k 表示待分配的任务序号；L_k 表示第 k 项任务需要指派 L_k 个作战平台同时参与才能完成；I_{k,L_k} 表示能够和其他作战平台合作同时完成任务 k 的作战平台的集合；N_k 表示能够和其他作战平台合作同时参与完成任务的作战平台的数量，即集合 I_{k,L_k} 中的元素个数；$c_{i_1,i_2,\cdots,i_{L_k},k}$ 表示从 I_{k,L_k} 中挑选作战平台 $i_1, i_2, \cdots, i_{L_k}$ 同时参与完成第 k 项任务需要的时间，显然对于第 k 项任务，这样的挑选方式有 $C_{N_k}^{L_k}$ 种。具体模型如下。

定义决策变量为

$$x_{i,k} = \begin{cases} 1, & \text{指派第} i \text{个平台去完成第} k \text{项任务} \\ 0, & \text{未指派第} i \text{个平台参与完成第} k \text{项任务} \end{cases}$$

数学模型为

$$\min Z = \sum_{k=1}^{8} \sum_{i \in I_{k,i}} c_{i,k} x_{i,k} + \sum_{k=9}^{10} \sum_{j_1, j_2 \in I_{k,2}} c_{j_1,j_2,k} x_{j_1,k} x_{j_2,k}$$

$$\text{s.t.}\begin{cases} \sum_{k=1}^{10} x_{j,k} \leqslant 1,1 \leqslant j \leqslant 15 \\ \sum_{j\in I_{k,1}} x_{j,k} = 1,1 \leqslant k \leqslant 8 \\ \sum_{j\in I_{k,2}} x_{j,k} = 2,9 \leqslant k \leqslant 10 \\ x_{i,k},x_{j,k},x_{j_1,k},x_{j_2,k} = 1\text{或}0; j_1 \neq j_2 \end{cases}$$

其中，目标函数表示使作战平台在最短时间内完成所有任务；第一个约束保证每个作战平台最多参与完成一项任务；第二个、第三个约束表示第 k 项任务需要 L_k 个作战平台同时参与才能完成，第二个约束表示第 1～8 项任务需要 1 个作战平台即可完成，第三个约束表示第 9、10 项任务需要 2 个作战平台同时参与才能完成；第四个约束保证决策变量只能取 0 或 1，且必须是两个不同的作战平台才能合作参与完成同一项任务。

根据表 5-2～表 5-4 可知参与完成各项任务的作战平台集合 $I_{k,L_k}(1 \leqslant k \leqslant 10)$，$(1 \leqslant L \leqslant 2)$，如表 5-5 所示。

表 5-5　参与完成各项任务的作战平台集合

I_{k,L_k}	作战平台集合	I_{k,L_k}	作战平台集合
$I_{1,1}$	{1,5,6,7,9,10,14,15}	$I_{6,1}$	{1,2,3,5,6,8,9,10,12,13,15}
$I_{2,1}$	{2,3,5,6,910,11,13,14}	$I_{7,1}$	{3,4,5,7,8,10,11,13,14}
$I_{3,1}$	{1,3,4,5,7,8,11,12,13,15}	$I_{8,1}$	{1,2,4,5,6,7,9,10,11,12,14,15}
$I_{4,1}$	{1,2,4,6,7,9,11,12,14}	$I_{9,2}$	{1,3,4,5,7,8,9,11,13,14}
$I_{5,1}$	{2,3,5,6,8,9,10,12,13,15}	$I_{10,2}$	{2,4,5,8,9,10,12,14,15}

将已知数据代入上述模型中，通过 LINGO 软件编程求得结果，根据结果可得最优指派方案如表 5-6 所示。根据最优指派方案可以得到完成所有任务的最短耗费时间为 79 h（各项任务耗费时间累加之和）。

表 5-6　最优指派方案

任　务	1	2	3	4	5	6	7	8	9	10
平台集合	1	2	3	7	10	9	8	6	11, 13	12,15

在本次案例求解过程中，将数据代入模型后，可以在很短时间内求得最优解。对决策者而言，在建立数学模型后，能够迅速给出指派方案，满足实际指挥控制的需要。

2. 基于马尔可夫决策过程的任务分配技术

传统的指派问题都是静态指派问题，即所有任务和资源事先已知，并且成本参数是确定的，一次决策即可得到最优指派决策。然而，现实战场环境是千变万化的，随时有可能面临目标状态发生变化及己方武器装备、通信出现故障不能继续执行任务等突发情况，因此需要根据实时作战情况动态地进行任务分配策略的调整和优化。动态任务分配问题通常采用马尔可夫决策过程建模。

以动态武器目标分配为例，武器是分阶段发射的。在第二阶段分配剩余武器前，首先要观察第一阶段的交战结果，即敌方的剩余目标数。由于第一阶段不一定完全满足预期射击效果，在后续阶段中，要调整武器目标再行决策，即遵循"打击–观察–调整–再打击"的过程。建模之前，需要做适当假设[17]，如下。

各个目标到达防御方杀伤区的时间间隔 $t_{m+1} \sim t_m$，其分布函数记为 $A(t)$。首先根据 4.2 节目标价值评估技术来确定目标各特征的影响权重，然后结合 3.3 节威胁估计技术评估各目标的威胁程度大小，从而将目标分为 m 类，第 $i(1 \leqslant i \leqslant m)$ 类目标的威胁程度记为 r_i，第 i 类目标进入杀伤区域的概率记为 p_i。

每个武器单元射击目标所需要的时间是相互独立、同分布的随机变量，即服从参数为 μ 的负指数分布。

武器系统火力杀伤区的纵深很小，从发现并识别目标到目标通过防区的时间间隔很短。当 n 个火力单元都未完成发射时，新到来的目标将突破防区；若存在空闲武器单元，则系统将做出对该目标是否分配武器进行打击的决策。

武器分配策略 π 定义为

$$\pi = [\pi_0, \pi_1, \ldots, \pi_n]$$

式中，决策 π_i 是当系统处于状态 i 时，进行分配的目标类型的集合。

若对防区内的目标采用了策略 π，则对新到来的目标进行分配的条件是该目标的种类 $k \in \pi_{nt}$，下一时刻系统的状态为

$$n_{t+l} = \begin{vmatrix} n_t + 1 - l_t, & k \in \pi_{nt} \\ n_t - l_t, & k \notin \pi_{nt} \end{vmatrix}$$

式中，k 为第 k 个目标的类型；l_t 为第 t 与第 $t+1$ 个目标到达时刻间隔内完成射击的火力单元数；n_t 为马尔可夫决策过程中的动态系统，其状态转移矩阵为

$$\boldsymbol{p}(t) = \begin{bmatrix} p_{00}(\pi_0) & p_{01}(\pi_0) & \cdots & p_{0n}(\pi_0) \\ p_{10}(\pi_1) & p_{11}(\pi_1) & \cdots & p_{1n}(\pi_1) \\ \vdots & \vdots & & \vdots \\ p_{n0}(\pi_n) & p_{n1}(\pi_n) & \cdots & p_{nn}(\pi_n) \end{bmatrix}$$

其中

$$p_{ij}(\pi_i) = \begin{cases} 0, & j > i+1,\ i < n-1 \\ \sum_{k \in \pi_i} p_k \int_0^{+\infty} c_{i+1}^j (1-\mathrm{e}^{-\mu t})^{1+i-j} \mathrm{d}A(t) + \sum_{k \in \pi_i} p_k \int_0^{+\infty} c_i^j (1-\mathrm{e}^{-\mu t})^{i-j} \mathrm{e}^{-j\mu t} \mathrm{d}A(t), & j \leqslant i \leqslant n \\ \sum_{k \in \pi_i} p_k \int_0^{+\infty} \mathrm{e}^{-(i+1)\mu t} \mathrm{d}A(t), & j = 1+i,\ i \leqslant n \\ \int_0^{+\infty} c_n^j (1-\mathrm{e}^{-\mu t})^{n-j} \mathrm{e}^{-j\mu t} \mathrm{d}A(t), & j \leqslant i = n \end{cases}$$

$$(5\text{-}16)$$

在选择决策 π_i 的条件下，分配射击一个目标后所能获得的期望效益为

$$r(\pi_i) = \sum_{k \in f_i} p_k r_k \qquad (5\text{-}17)$$

那么，系统长期的平均效益可用下式给出：

$$\begin{aligned} F(i,\pi) &= \lim_{N \to \infty} \frac{1}{N} \sum_{k=1}^{N} E(R_k(i,\pi) \mid n_1 = i, \pi) \\ &= \lim_{N \to \infty} \frac{1}{N} \sum_{k=1}^{N} \sum_{j=0}^{n-1} r(\pi_j) p\{n_k = j \mid n_2 = i, \pi\} \end{aligned} \qquad (5\text{-}18)$$

式中，$R_k(i,\pi)$ 为按决策 π 第 k 个目标到达后获得的效益，$p\{n_k = j \mid n_1 = i, \pi\}$ 为矩阵 $[p(\pi)]^{k-1}$ 的第 i 行第 j 列的元素，记为

$$F(\pi) = \begin{vmatrix} F(0,\pi) \\ F(1,\pi) \\ \vdots \\ F(N,\pi) \end{vmatrix}, \; r(\pi) = \begin{vmatrix} r(\pi_0) \\ r(\pi_1) \\ \vdots \\ r(\pi_n) \end{vmatrix} \qquad (5\text{-}19)$$

因此，系统长期的平均效益可用下式给出：

$$F(\pi) = \lim_{N \to \infty} \frac{1}{N} \sum_{k=1}^{N} [p(\pi)^{k-1} r(\pi)] \qquad (5\text{-}20)$$

式中，$F(\pi)$ 是目标函数。这样一来，优化火力分配就变为一个马尔可夫动态系统输入过程的最优控制问题，意味着选择一个最优策略 π，使系统长期平均效益的期望值 $F(\pi)$ 的所有分量均达到最大值。

案例： 在一次保卫要地的防空作战中，某地空导弹营的探测雷达发现空中有 4 批敌目标对我保卫要地构成了威胁，已识别出 4 批目标的类型分别为战术弹道导弹、巡航导弹、歼轰机、武装直升机，且已测得各批目标当前时刻的飞行速度、航路捷径及到达发射区的时间。分别利用 x_1、x_2、x_3 来表示飞行速度、航路捷径和到达发射区的时间。各个因素的数量指标如表 5-7 所示。假设某防空体系的单通道火力单元数 $n=3$，各火力单元的一次射击时间相互独立且服从参数为 $\mu=1$ 的负指数分布；通过该系统火力杀伤区的目标类型为 $m=2$，Ⅰ型战术弹道导弹有 3 个，Ⅱ型目标有 2 个，目标到达时刻间隔的分布为 $A(t) = 1 - e^{-3t}$，怎样合理选择空袭目标才能进行最有效的拦截呢？[18]

首先计算空袭目标威胁度，在某一地空导弹指挥模型中，利用第 4 章介绍的多指标目标价值评估方法，通过对目标类型，飞行速度，航路捷径，到达发射区的时间特征 4 个指标进行两两比较，得到 4 个因素的权重向量 $W = (0.6, 0.1, 0.15, 0.15)$。

表 5-7　各个因素的数据指标

因　素	目　标			
	战术弹道导弹	巡 航 导 弹	歼 轰 机	武装直升机
x_1/(m/s)	1680	150	230	180
x_2/km	5	10	15	4
x_3/s	100	150	80	120

然后采用 3.3.1 节介绍的威胁程度排序技术计算威胁度最大的目标以及其余各个目标的威胁系数，具体步骤如下。

（1）写出因素特征矩阵：

$$A = \begin{bmatrix} 25 & 15 & 10 & 5 \\ 1680 & 150 & 230 & 180 \\ 5 & 10 & 15 & 4 \\ 100 & 150 & 80 & 120 \end{bmatrix}$$

（2）将特征矩阵规范化得到决策矩阵：

$$R = \begin{bmatrix} 1 & 0.6 & 0.4 & 0.2 \\ 1 & 0.09 & 0.14 & 0.11 \\ 0.8 & 0.4 & 0.27 & 1 \\ 0.8 & 0.53 & 1 & 0.67 \end{bmatrix}$$

（3）求出综合决策向量：

$$D = WR = [0.6\ 0.1\ 0.15\ 0.15] \begin{bmatrix} 1 & 0.6 & 0.4 & 0.2 \\ 1 & 0.09 & 0.14 & 0.11 \\ 0.8 & 0.4 & 0.27 & 1 \\ 0.8 & 0.53 & 1 & 0.67 \end{bmatrix} = [0.94\ 0.5085\ 0.4445\ 0.3815]$$

从而可以得到：首先战术弹道导弹的威胁度最大，然后是巡航导弹、歼轰机、武装直升机。

由前面给出的假设条件描述的作战过程构成了一个具有马尔可夫性的动态系统，已知进入火力杀伤区的来袭目标属于战术弹道导弹和巡航导弹的概率分别为

$$p_1 = 0.3,\ p_2 = 0.7$$

利用马尔可夫决策过程的动态选择方法进行目标的选择。

（1）首先任意选取一个初始策略：

$$\pi = [\pi_0\ \pi_1\ \pi_2\ \pi_3]^T = [\{1,2\}\ \{1,2\}\ \{2\}\ \{1\}]^T$$

此处 1、2 分别代表战术弹道导弹和巡航导弹。

（2）利用式（5-16）可以计算出转移概率矩阵为

$$p(t) = \begin{bmatrix} p_{00}(\pi_0) & p_{01}(\pi_0) & p_{02}(\pi_1) & p_{03}(\pi_0) \\ p_{10}(\pi_1) & p_{11}(\pi_1) & p_{12}(\pi_1) & p_{13}(\pi_1) \\ p_{20}(\pi_2) & p_{21}(\pi_2) & p_{22}(\pi_1) & p_{23}(\pi_2) \\ p_{30}(\pi_3) & p_{31}(\pi_3) & p_{32}(\pi_2) & p_{33}(\pi_3) \end{bmatrix} = \begin{bmatrix} 0.2 & 0.8 & 0 & 0 \\ 0.3 & 0.4 & 0.3 & 0 \\ 0.4 & 0.1 & 0.3 & 0.2 \\ 0.5 & 0.1 & 0.3 & 0.3 \end{bmatrix}$$

利用前面给出的战术弹道导弹和巡航导弹的威胁度以及它们进入火力杀伤区的概率可以求出：

$$r(\pi_0) = \sum_{k \in \pi_0} p_k r_k = 0.63795, r(\pi_1) = \sum_{k \in \pi_1} p_k r_k = 0.63795$$

$$r(\pi_2) = \sum_{k \in \pi_2} p_k r_k = 0.35595, r(\pi_3) = \sum_{k \in \pi_3} p_k r_k = 0.282$$

（3）利用式（5-20）比较各策略效益，经过循环计算以后可以求出最优策略为

$$\pi_0 = \{1,2\}, \quad \pi_1 = \{1,2\}, \quad \pi_2 = \{1\}, \quad \pi_3 = \varnothing$$

决策 π_i 是系统处于状态 i 时，进行分配的目标类型的集合。最优策略 π_0 表示当第一批敌目标到达发射区时防空系统选择的空袭目标为战术弹道导弹和巡航导弹，π_1 表示第二批敌目标到达时选择战术弹道导弹和巡航导弹，π_2 表示第三批敌目标到达时选择战术弹道导弹，π_3 表示第四批敌目标到达时不用选择。

5.2.3　分布式任务分配技术

分布式任务分配技术主要包括基于拍卖的任务分配技术、基于合同网的任务分配技术、基于分布式约束满足的任务分配技术等。

1. 基于拍卖的任务分配技术

基于市场机制的拍卖算法最早由 Bertsekas 提出，模拟人类交互中常见的拍卖行为，通过信息共享和传递得到分配方案。基于市场的拍卖算法因其高时效性和分布式结构，被广泛应用于分布式任务分配问题中。

拍卖算法结构示意图如图 5-6 所示。拍卖者生成一个任务拍卖顺序并发布合同，拍卖算法首先生成一个竞拍个体随机排序的拍卖轮次方案；个体计算任务的收益和代价等信息作为竞拍依据，决定是否参加竞标，若参加竞标则将结果反馈给拍卖者；拍卖者根据收到的竞标信息选择中标者，并向中标者发布合同，直至拍卖轮次结束。竞拍个体完成了任务集的分配，整体的任务分配方案也随之得到。

拍卖的基本特点如下。

（1）需要至少两个竞标者参与对任务的竞拍，这样才能达成对任务的出价进行竞争的条件。

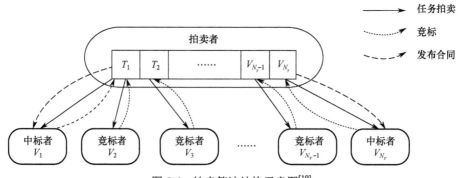

图 5-6 拍卖算法结构示意图[19]

（2）被拍卖的任务的价格在竞拍过程中不断变动，竞拍的过程不是待拍任务持有固定价格等待售出，也不是拍卖者与竞标者双方协商价格，而是在对该任务感兴趣的多个竞标者间的不断竞价中选择出价最高的确定其归属。

（3）在对任务的竞价过程中，竞价信息必须公开透明，不同的竞标者在投标过程中是知晓其对手对该任务的出价的，这样才能保持与对手间的价格竞争关系，如果失去了竞价的行为，那么就失去了拍卖的意义。

拍卖算法分配，具有计算复杂性低、运行效率高的优点。拍卖算法的基本步骤如下。

（1）初始化：指挥中心（拍卖者）设计并发布任务。执行部队（竞标者）根据发布的任务准备竞标。

（2）竞标准备：执行部队根据任务需求评估完成任务的代价（如时间、燃料消耗、弹药或风险等）。执行部队按照自己的评估得出收益与代价，决定是否参加竞标。

（3）竞标过程：执行部队将竞标结果反馈给指挥中心。指挥中心根据竞标结果，按照特定的规则（如最小代价、最高收益等）选取中标执行部队。

（4）任务分配：中标的执行部队被分配相应的任务。如果拍卖轮次尚未结束，则返回步骤（2）并进行下一轮拍卖。否则，整个任务分配流程结束。

2. 基于合同网的任务分配技术

合同网模型是 Davis 和 Smith 在 20 世纪 80 年代初提出的，是应用范围最广的一种分布式任务分配方法。它模仿经济行为中的招标–投标–中标机制，以标值为纽带，将系统中的成员角色区分为管理者和合同者。管理者负责招标、评标和授权中标者，并监视任务执行，处理执行结果；合同者负责发出投标信息、接受合同和接受合同后的任务执行；标值是系统中 Agent（能自主感知环境并采取行动实现目标的智能体）间任务协调和分配的控制变量，可以使任务分配问题的求解由局部最优达到全局最优。从系统决策的角度看，基于合同网的任务分配过程主要包括四个阶段：招标阶段、投标阶段、中标阶段和签约阶段，如图 5-7 所示。

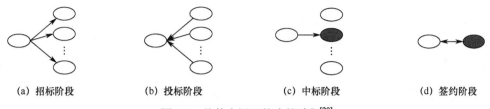

(a) 招标阶段　　　　(b) 投标阶段　　　　(c) 中标阶段　　　　(d) 签约阶段

图 5-7　传统合同网的决策过程[20]

　　具体过程为：产生任务的 Agent 进行任务宣告，向其他 Agent 公告存在的任务，然后作为该任务在工作期间内的管理员。接到任务通告的 Agent 对所宣告的任务进行评估，对感兴趣的任务向管理员投标；管理员在一定的时间内收集并评估这些投标，选出最合适的 Agent 作为中标者，与之建立合同并授予任务。在任务的执行过程中，管理员监督任务的进展，中标者完成任务后，向管理员报告任务完成情况。基于合同网协议的任务协商过程示意图如图 5-8 所示。

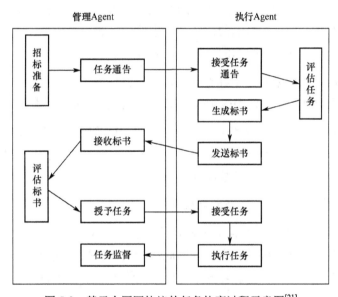

图 5-8　基于合同网协议的任务协商过程示意图[21]

　　传统的合同网模型可以成功地解决一个任务在多个 Agent 之间的分配问题，特别适合单任务、单中标者、单回合的招投标场景。但是，利用传统的合同网解决多个任务、多个中标者、多回合的任务分配问题，却存在以下突出问题。

　　（1）通信量大，耗费资源多。

　　（2）不确定性突出，决策效率低。

　　（3）忽略任务间的依赖关系，影响系统绩效的发挥。

　　对此有学者提出了多阶段协商的合同网模型，允许签约的中标合同者将接受的任务再划分，进一步使用合同网将任务分配给其他的合同者，形成合同网的层次结构，从而有效地分散了系统中的通信量，降低了管理者的决策复杂性。

从合同网模型的发展看，它是在特定应用环境中问题求解需求的驱动下实现进化的，对于不同的应用环境需要做出改进、扩展模型。合同网模型在任务规划场景中的应用可参照以下步骤。

（1）招标阶段：招标指的是指挥中心发布任务。在军事任务规划场景中，指挥中心是管理者，负责将任务分解为多个子任务，并对这些子任务进行招标。招标的任务可以是侦查、打击、防御等不同类型的军事任务，这些任务将由任务执行部队（如无人机、地面部队等）完成。

（2）投标阶段：投标表示执行部队对收到的招标任务进行评估，并决定是否竞标。执行部队会根据自身的能力、资源和风险进行任务评估，然后提出自己的投标。投标中包括完成任务所需的代价，如时间、燃料消耗、部队风险等因素。

（3）中标阶段：指挥中心收集并评估所有投标信息，然后根据特定的评估标准（如最低代价、最高收益等）选出最合适的部队作为中标者。这一阶段可以帮助确保任务分配能有效利用资源，同时实现任务分配的全局最优解。

（4）签约阶段：指挥中心与中标者建立合同，将任务正式授权给这些部队。合同可能包括任务具体要求、时间表和资源限制等信息。这一阶段完成后，执行部队开始实施任务。

在整个任务执行过程中，指挥中心作为管理员，会监控任务进展和执行情况，确保任务按照预定计划和目标要求得以实施。完成任务的执行部队需要向指挥中心报告任务完成情况，以便对整个任务规划进行调整和优化。

3. 基于分布式约束满足的任务分配技术

分布式约束满足（DCSP）结合了约束满足技术与多 Agent 技术，在求解大规模、多约束、分布式问题时表现出很强的生命力，因此成为人工智能领域的一个研究热点，在其求解算法、形式化与应用、信息负载与安全、分布式约束程序设计等方面有大量相关研究。

DCSP 问题主要考虑变量及变量间的约束分布在不同智能体时如何满足约束，通过将问题形式化为智能体、智能体控制的变量及其值域、智能体内及智能体间的约束，从而构成了一种多智能体系统。问题的求解包括两个步骤：首先求解智能体内的约束，通过智能体自己的计算和约束满足来处理；然后满足智能体间的约束，不仅需要智能体计算，更需要智能体间的通信来处理。

在多智能体系统（MAS）任务分配的问题域中，有智能体和任务两类主体，因此有如下两种建模思路。

（1）以智能体为中心，将各智能体映射为 DCSP 中的变量，任务分配围绕智能体进行，以各智能体所能提供的能力/资源集合为分配的约束，只有这个智能体具有某个任务所必需的能力时，才有可能将这个任务分配给该智能体。构建一个分配矩阵，矩阵的行设为任务集合，列设为智能体集合，一行表示某智能体被分配任务的情况，当任务分配给智能体时记为 1；否则记为 0。

（2）以任务为中心，将待分配的任务映射为 DCSP 中的变量，各个智能体以任务为中心进行分配，以任务为中心的方式是在任务间约束基础上叠加任务分配的约束，这样有利于任务间的约束首先被满足。如果一个变量被赋值，则这个值满足与之相关的所有约束，也就是这个变量代表的任务被分配给了合适的智能体，称这个变量是满足的。构建一个分配矩阵，矩阵的行设为智能体集合，列设为任务集合，一行表示一个任务的分配，当智能体被分配给某任务时记为 1；否则记为 0。

以智能体为中心的模型是在智能体间约束的基础上叠加任务分配的约束，因此更适合对智能体间多约束的问题进行建模。以任务为中心的模型则可以首先满足任务间的约束，适合于任务集多约束的问题。

4．案例

在规定的作战区域内，存在 12 架无人机和需要无人机执行的 15 个任务，无人机 i 与无人机 j 之间的通信链路是双向的，并且可以随时启用或禁用，这样无人机之间的通信拓扑图 $G(t)=(V,\varepsilon(t))$ 是一个动态的无向图，其中 $V=\{1,\cdots,12\}$ 代表无人机序号的顶点集，$\varepsilon(t)=\{(i,j)|i,j\in V\}$ 代表无人机之间的动态通信链路的集合，由于无人机之间的通信是双向的，所以当 $(i,j)\in\varepsilon(t)$ 时，必有 $(j,i)\in\varepsilon(t)$。定义单射：$\alpha:\{1,\cdots,12\}\to\{1,\cdots,15\}$，$\alpha(i)=j$ 即代表任务 j 被分配给了无人机 i 执行，且无人机 i 执行任务 j 得到的收益为 β_{ij}，将任务合理地分配给无人机，让无人机执行任务的总航程、完成任务花费的总能量、执行任务花费的总时间等代价最小，即总收益 $\sum_{i=1}^{12}\beta_{i\alpha(i)}$ 最大，可以用分布式拍卖算法来求解。[22]

在这个分配问题中，无人机集群需要满足的条件如下。

（1）通信拓扑需要满足在任一时刻任意两架无人机集群的通信链路都是联通的，即 $G(t)$ 始终是联通图。

（2）$m\geqslant n$，即任务的个数不少于无人机的架数，一个任务不能被重复分配，每一架无人机也最多只能认领一项任务。

（3）因为分布式通信结构，所以无人机只能与自己的邻居交换信息。

与通常拍卖流程类似，无人机作为拍卖者，任务作为被拍卖的物品，无人机会考虑多方面的因素对任务进行竞拍，必要时会根据邻居传来的信息与其他无人机进行竞价，这是一个完全自主的过程，准确的拍卖信息是正确投标所必需的，因为任意两架无人机之间的通信链路是联通的，经过多次信息传递，无人机最终会获得所有竞争者的拍卖信息并且准确更新竞标价。

根据上述场景，假设在 t 时刻每架无人机执行任务 j 需要付出的价格为 $p_j(t)\geqslant 0$，得

到的净收益为 $\beta_{ij} - p_j(t)$，所以任务 j 应该更合理地分配给无人机 i，使其得到的净收益最大，即

$$\beta_{ij} - p_j(t) \geq \max_{1 \leq k \leq m} \{\beta_{ik} - p_k(t)\} \tag{5-21}$$

如果所有无人机所分配的任务均满足式（5-21），那么分配和价格集合处于均衡状态。

在实际拍卖流程中，每一轮对物品的竞价都必须以最小的正增量提高其价格，拍卖者会冒一定风险拍下中意的标的。特别是，在常数 $\varepsilon > 0$ 时，当每架无人机 i 去执行任务 j 能获得最大收益时，定义一个近似均衡的分配和价格集：

$$\beta_{ij} - p_j(t) \geq \max_{1 \leq k \leq m} \{\beta_{ik} - p_k(t)\} - \varepsilon \tag{5-22}$$

当所有无人机满足条件式（5-22）时，这个价格集就被称作满足 ε 互补松弛条件的，当 $\varepsilon = 0$ 时，条件式（5-22）就是一般条件式（5-21），一架无人机 i 内部的分配算法在 t 时刻迭代计算所需的拍卖信息输入：

（1）当前时刻的分配向量 $\alpha_i(t+1)$ $\{1, \cdots, m\}$，它是无人机 i 在 t 时刻被分配的能获得最大净收益的任务序号；

（2）每个任务的价格集 $p_j(t) \geq 0 (1 \leq j \leq m)$。

无人机 i 当前时刻所接收到的价格信息中所有对任务 j 给出最高竞价的多架无人机中序号最大的无人机 $b_{ij}(t)$，定义其为竞价胜出者，其作用是在多架竞价最优但相等的无人机中做出选择，防止分配混乱。

无人机 i 的任务拍卖算法计算流程如图 5-9 所示，详细步骤可参考文献[22]。

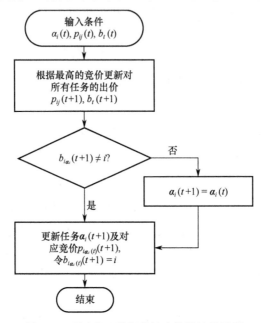

图 5-9 无人机 i 的任务拍卖算法计算流程

在 MATLAB 仿真环境下搭建 Simulink 模型，Simulink 模型能更加直观地模拟无人机间的信息交换的模式，对分布式拍卖算法做仿真分析，分别对 6 架无人机、9 个目标及12 架无人机、15 个目标的问题场景进行了仿真,将收益矩阵里的所有元素都取值为随机数，初始价格矩阵的所有元素取值为 0~1 的随机数，MATLAB 仿真中赋值为

$$\beta_{ij} = 1 + \text{rand}(1)$$

$$p_{ij} = \text{rand}(1)$$

分别统计了参数取不同值时，计算出最终分配结果所需的迭代计算次数，如表 5-8 所示，该表显示了对算法收敛速度的影响。

表 5-8　无人机得到最终分配结果的迭代计算次数

无人机数量/架	参数取值/次				
	0.01	0.1	0.5	1	1.5
6	962	486	104	56	13
23	1095	551	117	61	13

ε 值也会对最终的分配结果产生影响，虽然较大的 ε 值会让算法收敛得更快，但是会导致算法优化程度不高，得到的最终分配方案与最佳分配方案总收益之间有偏差，设置12 架无人机、15 个目标，无人机的初始价格向量为 0，收益矩阵中每个元素取 15~23 之间的随机数，即 MATLAB 仿真赋值。用匈牙利算法求解验证得知，在 ε 取值为 0.1 时得出的分配结果已经是最佳分配方案了，最终分配总收益与最佳分配总收益偏差值如表 5-9所示。

表 5-9　最终分配总收益与最佳分配总收益偏差值

ε 值	0.01	0.1	0.5	1	1.5
偏差值	0	0	0.3557	0.7338	2.8695

5.3　资源规划调度技术

本节主要考虑在单个平台被分配各项任务后，如何安排各项任务开始时间和所需要的资源，从而可以在满足任务优先级关系和合理高效利用资源的前提下达到既定目标。针对单平台多任务的资源规划调度，主要使用基于网络计划图和基于资源约束项目调度（Resource Constrained Project Scheduling Problem，RCPSP）的技术。

5.3.1　基于网络计划图的调度技术

网络计划发源于美国，从 20 世纪 50 年代发展至今，被普遍认为是行之有效的计划管理方法之一。网络计划是以网络图为基础的计划模型，其最基本的优点是能直观地反映各

工作项目之间的关系，使计划的各项工作构成一个系统的整体，从而为实现整个计划的定量分析奠定基础。我国在 20 世纪 60 年代初期引入网络计划方法，应用在国民经济的各个方面，取得了良好效果。该方法同样可以运用于军事领域，优化军事资源和缩短行动时间[8]。

网络计划图的基本思想是，首先应用网络计划图来表示工程项目中计划要完成的各项工作，完成各项工作必然存在先后顺序及其相互依赖的逻辑关系；这些关系用节点、箭线（带箭头的线）来构成网络图。网络计划图是由左向右绘制的，表示工作进程，并标注工作名称、代号和工作持续时间等必要信息。通过对网络计划图进行时间参数的计算，找出计划中的关键工作和关键路线；通过不断改进网络计划，寻求最优方案，以求在计划执行过程中对计划进行有效的控制与监督，保证合理地使用人力、物力和财力，以最小的消耗取得最大的经济效果。

使用网络计划图的主要步骤：一是绘制网络计划图，在网络计划图上标注时标和时间参数，制定一套网络计划图专用的术语和符号，从而正确表述工程项目中各个工作的相互连接关系并正确绘制网络计划图；二是计算网络计划图中的时间参数，确定关键路径，得到一个初始计划方案；三是结合上级要求和实际资源的配置，对初始方案进行调整和完善，即进行网络计划优化。

网络计划图是比较成熟的技术，下面结合一个舰艇作战资源的调度案例介绍网络计划图的应用[8]。舰艇作战资源保障效率直接关系到舰艇作战出动速度，为提高舰艇作战资源保障效率，使用网络计划图对作战资源调度过程进行优化。通过分解任务流程，绘制网络计划图，计算时间参数并确定关键路线，对耗时较长的关键任务进行针对性调整，缩短任务时长，从而缩短整个调度流程耗时，多次反复该过程至达到任务目标要求，实现提高舰艇作战资源保障效率的目的。

1．绘制网络计划图

分析现有作战资源调度流程，将所有任务分解为表 5-10 所列工序。根据工序相互间的关系绘制作战资源调度的网络计划图，如图 5-10 所示。

表 5-10　作战资源调度工序

工序编号	工序名称	用时/单位时间	紧前工序
A	下达任务	1	—
B	制定调度方案	2	A
C	人工移至转移区 1	5	B
D	人工移至转移区 2	5	B
E	人工从转移区 2 移至吊装准备区	4	D
F	平移机构移至储存舱甲板	2	C、E
G	人工转运过程 1	6	D
H	人工转运过程 2	4	D

（续表）

工序编号	工序名称	用时/单位时间	紧前工序
I	机械转运过程1	2	F
J	人工转运过程3	3	I
K	机械转运过程2	1	J
L	机械转运过程3	2	K
M	机械转运过程4	2	F
N	机械转运过程5	6	G
O	人工转运过程4	4	H
P	机械转运过程6	1	O
Q	机械转运过程7	2	M、L
R	人工转运过程5	3	P
S	运至吊装区	2	Q、N、R
T	装载作业	3	S

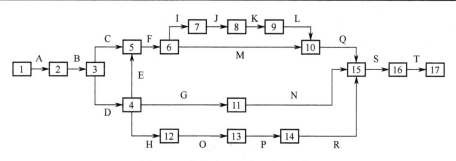

图 5-10　作战资源调度网络计划图

2. 时间参数计算

计算网络计划图中的时间参数的目的在于找出关键路线，为网络计划的优化、调整和执行提供明确的时间概念。所需要的时间参数包括各项工作所需时间、最早开始时间、最早结束时间、最迟开始时间、最迟结束时间以及时差等，这些时间参数的关系可以用图 5-11 表示。

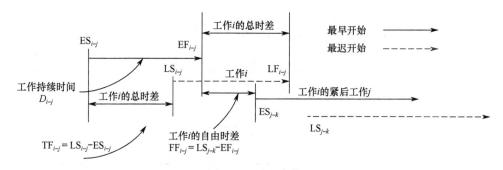

图 5-11　时间参数

1）工作最早开始时间 ES 和最早结束时间 EF

从网络计划图起始点，沿箭线方向逐项计算。工作 i 最早开始时间记为 ES_{i-j}，（起始点 $ES_{i-j}=0$），工作持续时间为 D_{i-j}，则该工作的最早结束时间为 $EF_{i-j}=ES_{i-j}+D_{i-j}$，其中，下标 $i-j$ 表示当前工作 i，其后续工作为 j。在有多个紧前工作时，该工作的最早开始时间 $ES_{i-j}=\max_h(EF_{h-i})=\max_h(ES_{h-i}+D_{h-i})$，其中 h 表示工作 i 的紧前工作。

2）工作最迟开始时间 LS 和最迟结束时间 LF

从网络计划图终点算起，逆箭线方向逐项计算。最后一项工作最迟完成时间由工作计划确定，在未给定时有 $LF_{i-j}=EF_{i-j}$。在有多个紧后工作时，最迟结束时间为 $LF_{i-j}=\min_n(ES_{i-n})$，即最迟开始时间不得晚于紧后工作的最早开始时间，最迟开始时间为 $LS_{i-j}=LF_{i-j}-D_{i-j}$。

3）工作时差

工作时差是指工作机动时间。常用参数有总时差 TF 和自由时差 FF。总时差是指在保证工期的前提下工作的机动时间。自由时差是指不影响其紧后工作最早开始的前提下工作的机动时间。计算方式为

$$TF_{i-j}=EF_{i-j}-ES_{i-j}-D_{i-j}=LS_{i-j}-ES_{i-j} \tag{5-23}$$

或

$$TF_{i-j}=LF_{i-j}-EF_{i-j}$$
$$FF_{i-j}=ES_{j-k}-ES_{i-j}-D_{i-j} \tag{5-24}$$

或

$$FF_{i-j}=ES_{j-k}-EF_{i-j} \tag{5-25}$$

在计算完时间参数之后便可以对关键路线进行确定——在路线上从起点到终点均无机动时间，总时差 TF 为 0 的路线即为关键路线。

根据以上计算方法，可以得到各任务的工作时间参数如表 5-11 所示。

表 5-11　各任务的工作时间参数　　　　　　　　单位：单位时间

工序编号	ES	EF	LS	LF	TF	FF
A	0	1	0	1	0	0
B	1	3	1	3	0	0
C	3	8	3	8	0	4
D	3	8	3	8	0	0
E	8	12	8	12	C	0
F	12	14	12	14	C	0
G	8	14	12	18	4	0
H	8	12	12	16	4	0

（续表）

工序编号	ES	EF	LS	LF	TF	FF
I	14	16	14	16	0	0
J	16	19	16	19	0	0
K	19	20	19	20	0	0
L	20	22	20	22	0	0
M	14	16	20	22	4	6
N	14	20	18	24	4	4
O	12	16	16	20	4	0
P	16	17	20	21	4	0
Q	22	24	22	24	0	0
R	17	20	21	24	4	4
S	24	26	24	26	0	0
T	26	29	26	29	0	0

根据 TF 进行选择，发现关键路线上关键任务为 A—B—C—D—I—J—K—L—Q—S—T，总工作时间为 29 单位时间。

3. 流程优化

由所得的关键路线可以计算出工作的最长时间需要 29 单位时间，对处于备战状态下的舰艇来说较长，需要进行流程优化。网络计划的优化主要包括 3 个方面，即工期优化、资源优化和时间-成本优化。对于舰艇作战资源调度问题，应考虑工期优化，即完成任务效率最高。

（1）通过计算分析可以发现，初步调度流程关键路线中耗时较久的几项工作为人工转运作业，缩短工作用时以缩短这几项工作耗时为主。经简化存取工作，可缩短工作 C、J 耗时 $\Delta_C = 1$，$\Delta_J = 0.8$。此外，做到转运设备专物专用，规范转运路线使用，可缩短工作 I、L、S 耗时，分别为 $\Delta_I = 0.3$，$\Delta_L = 0.4$，$\Delta_S = 0.2$。

（2）初步优化后，计算新用时下调度工作时间参数。得到新的关键路线为 A–B–C–D–E–F–I–J–K–L–Q–S–T，总工时缩短为 27.3 单位时间。可发现，新关键路线上耗时较多的工作仍旧为人工转运作业 D、E。通过简化操作，可缩短工时 $\Delta_D = 1.5$，$\Delta_E = 1$。

再次计算时间参数，得出关键路线。发现路线不变，而任务时长缩短为 24.8 单位时间。进一步改善调度任务实现条件，规范任务完成步骤，缩短耗时较长任务完成工作时间。可计算相应的时间参数，寻找关键路线，直至达到要求为止。

5.3.2　基于 RCPSP 的调度技术

使用网络计划图进行项目调度，并未考虑资源约束，求解项目在满足任务偏序关系约束情况下最早完成时间。但在实际项目中，资源约束是普遍存在的。为此，可以通过在项目调度问题中加入资源约束构建新的模型。Davis 首先将这类模型命名为资源约束项目调度问题[23]（RCPSP）。

RCPSP 是典型的组合优化问题，主要研究在资源与任务时序逻辑关系的约束下，如何最优地安排每个任务的开始时间，实现最优目标。其最优目标可分为净现值最大化、工期最小化、资源均衡、费用最小化等，其中最常见的是最小化最大任务完成时间。RCPSP 结合实际问题衍生出许多分支，如车间作业调度、柔性开放车间作业调度等。在作战任务规划领域，资源调度的约束条件更多、更加复杂，同样可基于 RCPSP 技术来进行建模与求解。

1. 基本数学模型

经典 RCPSP 模型可以简单描述为：一个工程由 N 个任务（活动）组成，每个任务的开始和实施都要依赖于一定数量的资源，每个任务都必须在前导任务完成以后才能开始执行，要求合理地安排这 N 个任务，使整个工程的完成时间最短。经典 RCPSP 模型通常假设的条件是：

（1）前序任务完成后，后续任务马上开始；

（2）目标函数为工期最小化；

（3）每项任务均不可中断；

（4）只考虑可更新资源（指每个时刻的供应量有限且不随项目进展而消耗的资源）的限制。

经典 RCPSP 模型的数学表达如下[24]：

$$\begin{cases} \min S_{n+1} \\ S_j - S_i \geq d_i \ (i,j) \in A \\ \sum_{P(t)} r_{ik} \leq R_k \ \ t=1,\cdots,T, \ k=1,\cdots,K \\ S_i \geq 0 \ \ \forall i \end{cases} \qquad (5\text{-}26)$$

式中，S_i 表示任务 i 的开始时间；d_i 表示任务 i 的耗时；$(i,j) \in A$ 表示任务 j 依赖于任务 i；$P(t)$ 表示在 t 时刻正在执行任务的集合。假设此工程共有 K 种资源，第 k 种资源的同时最大使用量为 R_k，第 i 个活动进行期间需要持续占用第 k 种资源 r_{ik}。模型的优化目标是使整个工程的完成时间最短。

通过对经典的资源约束项目调度问题的介绍可知，该模型中的约束条件及求解目标有很大的扩展空间，因此针对不同的问题需求，很多研究者对经典 RCPSP 模型进行了扩展。

2. RCPSP 的扩展模型

RCPSP 模型并没有考虑资源和任务之间的匹配，而对军事任务来说，资源调度并非只简单地考虑任务间的关系，还要考虑资源是否满足任务的执行要求，对此 LEVCHUK G M 等[25]提出了一种联合战场资源分配和调度的模型，下面给出该模型的描述。

1）符号描述

记 T 为使用启发式算法任务完成时间上限，T_0 为任务初始化时间（启动时间），T_{s_i} 为

任务 i 开始时间，T_{t_i} 为任务 i 的处理时间，TF 为任务完成时间，D_{ij} 为任务 i 和任务 j 之间的距离，ORcap_{kl} 为资源 k 的各项能力值，OTcap_{il} 为任务 i 的各项能力值需求，N 为任务数，K 为资源数。另外，记 w_{ik} 为分配变量：

$$w_{ik} = \begin{cases} 1, & \text{如果资源}k\text{分配给任务}i \\ 0, & \text{否则} \end{cases} \tag{5-27}$$

记 x_{ijk} 为任务转移变量：

$$x_{ijk} = \begin{cases} 1, & \text{如果资源}k\text{完成任务}i\text{后分配给}j \\ 0, & \text{否则} \end{cases} \tag{5-28}$$

无前序或后续任务的转移变量为 $x_{0jk} = x_{i0k} = 1$。

任务之间的关系记为 a_{ij}：

$$a_{ij} = \begin{cases} 0, & \text{如果任务}j\text{开始时任务}i\text{必须完成} \\ 1, & \text{否则} \end{cases} \tag{5-29}$$

2）约束条件

由于资源同时只能够处理一个任务，资源首次和最后参与分配，则

$$\sum_{j=0}^{N} x_{ijk} = \sum_{j=0}^{N} x_{jik} = w_{ik} \tag{5-30}$$
$$i, j = 1, \cdots, N, k = 1, \cdots, K$$

任务 i 要想能够开始执行，就必须满足分配到执行该任务的平台组集合的各项平台能力值之和不小于任务 i 的各项能力需求，因而有

$$\sum_{k=1}^{k'} \text{OTcap}_{kl} \cdot w_{ik} \geqslant \text{OTcap}_{il} \tag{5-31}$$
$$i = 1, 2, \cdots, N, l = 1, \cdots, L$$

式中，k' 为分配到任务 i 的资源数；L 为能力向量维数。任务和资源的能力向量值可以通过德尔菲（Delphi）等方法确定。

任务 j 执行的开始时间等于处理任务 j 的所有资源都到达任务执行地点的时间，于资源 R_k 来说则等于处理最后一个任务 i 的开始时间加上处理时间和机动到任务 j 的时间。如果任务 j 有前序任务，则开始时间不小于它的前一任务的结束时间。任务 j 的开始时间约束关系可以表达为

$$T_{s_i} + T_{t_i} + x_{ijk} \left(\frac{D_{ij}}{v_k} + a_{ij} \cdot T \right) \leqslant a_{ij} \cdot T + T_{s_i} \tag{5-32}$$

D_{ij} 是任务 i 到任务 j 之间的距离，所以有

$$D_{ij} = \sqrt{(x_j - x_i)^2 + (y_j - y_i)^2}$$
$$i, j = 1, \cdots, N, k = 1, \cdots, K \tag{5-33}$$

目标函数为所有任务的完成时间等于最后完成任务的时间，也是所有任务完成时间中的最大值，可以表示为

$$\mathrm{TF} = \max(T_{s_i} + T_{t_i})$$
$$i = 1, 2, \cdots, N \tag{5-34}$$

此模型优化的目标是使所有任务完成的时间最短，因此，目标函数为 minTF。

3）模型表达

综合上述的约束条件以及目标函数，整个模型可以表达如下：

$$\mathrm{minTF}$$

$$\begin{cases} \sum_{j=0}^{N} x_{ijk} = \sum_{j=0}^{N} x_{jik} = w_{ik} \\[2mm] \sum_{i=0}^{N} x_{i0k} = \sum_{i=0}^{N} x_{0ik} = 1 \\[2mm] i, j = 1, \cdots, N, k = 1, \cdots, K \\[2mm] T_{s_i} + T_i + x_{ijk}\left(\dfrac{D_{ij}}{v_k} + a_{ij} \cdot T \right) \leqslant a_{ij} \cdot T + T_{s_i} \\[2mm] D_{ij} = \sqrt{(x_j - x_i)^2 + (y_j - y_i)^2}, \\[2mm] i, j = 1, \cdots, N, k = 1, \cdots, K \\[2mm] \sum_{k=1}^{k'} \mathrm{ORcap}_{kl} \cdot w_{ik} \geqslant \mathrm{OTcap}_{il}, \\[2mm] i = 1, 2, \cdots, N, l = 1, \cdots, L \\[2mm] \mathrm{TF} = \max(T_{s_i} + T_{t_i}), \\[2mm] i = 1, 2 \cdots, N \\[2mm] 0 \leqslant \mathrm{TF} \leqslant T, T_{s_i} \geqslant 0; x_{ijk}, w_{ik} \in \{0,1\} \end{cases} \tag{5-35}$$

Levchuk 提出的这个模型综合考虑了任务以及资源之间的关系，虽然还是以任务的完成时间为优化目标，但是模型考虑了任务与资源之间的匹配关系，通过任务需求和资源能力两个参数，指出了任务执行的条件，相比于经典 RCPSP 模型，它更符合军事应用的实际情况。这个模型是一个混合二元线性规划问题（含有多个连续变量和二进制变量），是一个 NP 难的组合优化问题。

3. 求解算法

RCPSP 是 NP 难问题，求解并不容易。总的来说，求解算法分为两大类：精确算法与启发式算法。精确算法可以求得最优解，但因为 RCPSP 模型相对复杂多变，随着规模的增大势必解空间会变大，这对精确算法的求解时间造成了很大的影响，但对精确算法的研究可以为启发式算法设计带来灵感。在实际应用中，启发式算法则更加适用，因为它可以较快地求解大规模问题。

精确算法主要包括整数规划、分支定界、动态规划等。整数规划是将 RCPSP 模型与求解目标用数学公式的方式表示出来，然后使用最优化方法，对问题进行求解。一般只要问题模型存在解，且给出足够的时间，该方法肯定可以求出最优解。但是它最大的缺点就是随着问题规模的增大，它的求解时间会急剧增大，一般处于不可接受的范围。因此，该算法相关的研究文献相对较少，其可应用性有限。分支定界算法利用枚举的思路，将问题的解进行逐一尝试比较，从而求出最优解。它是精确算法中较常用的一种。它的基本思想是先通过工序的逻辑约束确定其最早可开始时间序列，然后在资源约束下，逐步修正最早可开始时间序列，在这个过程中，它会利用规则产生不同的解空间，形成不同的分支。这时再利用定界的方法，去除相对不优解，缩小解空间。在不同的分支定界方法中，定界的好坏决定算法的执行效率。最早提出分支定界方法来解决 RCPSP 问题的人是 Johnson 等[26]，后来学者们在此基础上研究出了很多搜索策略与剪枝规则。

相对于精确算法，启发式算法具有很高的求解效率，但是它不一定可以求出最优解。启发式算法可以达到效率与求解质量的平衡，并且更易于解决实际问题，可以获得较优的解。该类算法的特点是给定原问题的一个初始解，然后通过该类算法不断优化，最终产生更优解。此类算法大多来自自然现象或者生活经验。当前研究较广的元启发式算法如遗传算法（GA）、模拟退火（SA）、禁忌搜索（TS）、迭代局部搜索（ILS）、蚁群算法（ACO）等。

4．案例分析

基于 5.2.1 节中的渡海登岛的作战场景如图 5-3 所示，文献[25]对任务进行进一步分解、扩展，形成最终子任务集合，根据各个子任务之间的约束关系和执行顺序，生成最终作战任务网络图如图 5-12 所示。

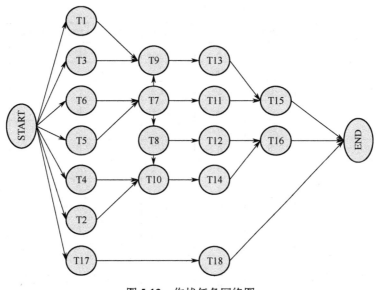

图 5-12　作战任务网络图

不同的作战任务资源需求量如表 5-12 所示，假设有登陆舰、导弹驱逐舰、直升机等不同的作战平台一共 20 个，可以提供不同的资源能力，如表 5-13 所示。

表 5-12 作战任务资源需求量

使命任务	作战任务资源需求量								任务耗时/单位时间
	r1	r2	r3	r4	r5	r6	r7	r8	
T1	5	3	10	0	0	0	0	6	30
T2	0	3	10	0	0	0	0	6	30
T3	0	3	0	0	0	0	0	0	10
T4	0	3	0	0	0	0	10	0	10
T5	0	3	0	0	0	0	0	0	10
T6	0	0	0	10	14	12	0	0	10
T7	0	0	0	10	14	12	0	0	10
T8	0	0	0	10	14	12	0	0	10
T9	5	0	0	0	0	5	0	0	10
T10	5	0	0	0	0	5	0	0	10
T11	0	0	0	0	0	10	5	0	10
T12	0	0	0	0	0	10	5	0	10
T13	0	0	0	0	0	8	0	6	20
T14	0	0	0	0	0	8	0	6	20
T15	0	0	0	20	10	4	0	0	15
T16	0	0	0	20	10	4	0	0	15
T17	0	0	0	0	0	8	0	4	10
T18	0	0	0	8	6	4	0	10	20

表 5-13 平台提供资源能力

平台 ID 号	平台名称	AAW	ASUW	ASW	GASLT	FIRE	ARM	MINE	DES	速度
1	DDG	10	10	1	0	9	5	0	0	2
2	FFG	1	4	10	0	4	3	0	0	2
3	CG	10	10	1	0	9	5	0	0	2
4	ENG	0	0	0	2	0	0	5	0	4
5	INFA	1	0	0	10	2	2	1	0	135
6	SD	5	0	0	0	0	0	0	0	4
7	AHI	3	4	0	0	6	10	1	0	4
8	CASI	1	3	0	0	10	8	1	0	4
9	CAS2	1	3	0	0	10	8	1	0	4
10	CAS3	1	3	0	0	10	8	1	0	4
11	VF1	6	1	0	0	1	1	0	0	45
12	VF2	6	1	0	0	1	1	0	0	45
13	VF3	6	1	0	0	1	1	0	0	45
14	SMC	0	0	0	0	0	0	10	0	2

（续表）

平台ID号	平台名称	AAW	ASUW	ASW	GASLT	FIRE	ARM	MINE	DES	速度
15	TARP	0	0	0	0	0	0	0	6	5
16	SAT	0	0	0	0	0	0	0	6	7
17	SOF	0	0	0	6	6	0	1	10	15
18	INF	1	0	0	10	2	2	1	0	1.35
19	INF	1	0	0	10	2	2	1	0	1.35
20	INF	1	0	0	10	2	2	1	0	135

使用基于 RCPSP 的扩展模型建模，输入数据，使用 CPLEX、Gurobi[①]等直接求解。由于调度问题都是 NP 难问题，所以一般会使用启发式算法、遗传算法、蚁群算法等方法求解、寻找一个较优的调度方法，针对本案例，使用文献[27]中设计的嵌套多维动态链表的遗传算法进行求解，可得平台资源调度方案，如表 5-14 所示。

表 5-14　平台资源调度方案

任　务	开 始 时 间	结 束 时 间	执 行 平 台
T1	0	30	P2 P10
T2	60.15	90.150	P2 P10
T3	0	10	P1
T4	0	10	P8
T5	14	24	P4 P8
T6	0	10	P3 P7
T7	24	34	P5 P8 P9
T8	48	54	P5 P8 P9
T9	34.88	44.885	P9 P13
T10	58.74	68.740	P9 P13
T11	39.84	49.844	P7 P14
T12	87.95	97.955	P7 P17
T13	50.80	70.806	P7 P17
T14	97.45	117.450	P7 P17
T15	63.54	78.540	P1 P18
T16	117.3	132.376	P1 P18
T17	14	24	P7 P17
T18	24	44	P17 P20

5.4　部署方案规划技术

资源的部署是行动方案规划的重要组成部分，对作战效果有直接的影响。本节针对作战资源部署问题，将之抽象为选址问题，并介绍两类重要的选址模型，连续（网格）选址模型和离散选址模型，同时给出相应的应用案例。

---

① Gurobi是由美国Gurobi公司开发的新一代大规模数学规划优化器。

5.4.1 基于连续（网格）选址模型的技术

1．基本模型

在连续选址问题中，大多数的研究主要对区域内单个设施的位置进行求解选取。最经典的连续选址问题就是单设施韦伯问题，该问题研究的是在平面上选择一个位置建立仓库，从而使得这个仓库与多个需求之间的距离总和最小。

在连续选址问题中，所考虑的设施候选位置与需求区域是连续的，即在区域中的任何一个位置都可以作为候选设施位置，为连续分布的需求提供服务。连续最大覆盖模型的目标为在一定设施数目内最大化区域的覆盖范围，模型目标函数为

$$\max \sum_m \sum_k \iint_{\Omega_k} \delta(G) \mathrm{d}(G) \tag{5-36}$$

变量设定如下。

G：表示所要建立设施的区域。

m：表示所要建立设施的个数。

$(x,y):(x,y) \in G$ 表示设施候选点在区域 G 中的位置坐标。

$d(G)$：表示当设施建在 (x,y) 处时的覆盖范围。

Ω：表示所有设施覆盖的区域。

Ω_k：表示 Ω 中第 k 个区域 $(\Omega = \bigcup_k \Omega_k), k \in \{1, \cdots, m\}$。

$\delta(G)$：表示在区域 G 内连续需求分布函数。

式（5-36）为连续最大覆盖模型的目标函数，其目标是最大化覆盖范围。连续最大覆盖模型最终需要求解出来是在哪里建立设施，即需要确定设施在区域中的 x 和 y 的坐标。另外，规定当需求存在于设施的服务区域 S 以内时，则视为该需求区域被设施提供服务。Ω 表示所有设施覆盖的区域，它是由每一个 Ω_k 求并集所得到的。

在多个设施连续选址问题中，由于连续选址问题有无限数量的候选设施位置，其建模本身存在很大难度，所以在求解上存在较大的困难。此外，连续选址问题往往是非线性优化问题，而离散选址问题往往是整数规划问题或组合优化问题，因此多个设施的连续选址问题主要通过采用离散设施选址模型来解决。为了减少搜索的候选设施位置和计算时间，需要预先定义一组有限的点，从中选出一组最优解。现在广泛采用的求解连续最大覆盖模型的方法是通过空间离散化后应用离散最大覆盖模型进行求解的。与连续选址问题相比，处理有限的离散点集使得数据采集、模型的构建和问题求解更容易实现，不同的离散化方法已经被用于连续最大覆盖设施选址的建模中。

网格选址问题是连续选址问题离散化的一个实例，该方法将规划区域划分为许多小单元，每个设施占据其中有限个单元，可以简单直观地求解问题。如地面接力的通信平台部署问题，就可以建模成连续选址模型。

2．案例应用分析

1）案例描述

此案例来自文献[28]，假设设备通信保障范围为 200 km×100 km 的陌生区域，现有通信装备如表 5-15 所示，如何在该区域内架设通信装备，实现最佳通信保障？

表 5-15　通信装备

装 备 类 型	数　　量	通信距离/km
综合业务数字网装备	35	50
战术电台	30	30
升空平台装备	10	100

设 D 为通信装备选址区域范围，设选址点的坐标为$(x, y) \in D$；设有 n 个通信装备选址点，分布在不同坐标点 (x_i, y_j)，$i, j = 1, 2, \cdots, m$。选址的目的主要是保障通信的最大覆盖范围。其可表示为

$$\max F = \frac{w_1 \sum_{k=1}^{n} V_k + w_2 \sum_{k=1}^{n} I_k + w_3 \sum_{k=1}^{n} M_k + w_4 \sum_{k=1}^{n} C_k + w_5 \sum_{k=1}^{n} E_k}{\sum_{k=1}^{n} \cos_k} \qquad （5-37）$$

式（5-37）包括选址区域重要度目标 V_k、通视目标 I_k、机动性目标 M_k、伪装能力目标 C_k、电磁环境目标 E_k 等。

该案例需要考虑的约束条件主要包括通视约束、机动性约束、伪装约束、电磁环境约束、装备数量约束、通信距离约束等。

2）网格化方法

本案例将使用网格化方法，将一个连续选址问题离散化，进行求解。案例详细资料参考文献[28]，由于篇幅因素，这里对通信目标及约束不做详细介绍，而是着重介绍网格化的过程及求解过程。

网格化方法如下：令问题描述的保障区域为 P，将整个保障区域划分为 M 个等面积（边界向外扩展）子区域，$P = (p_1, p_2, \cdots, p_m)$。在每个子区域 p_i，不区分区域内各点的差异性，即将 p_i 作为一个整体考虑重要性、机动性、伪装性、地形地物数据等。

以图 5-13 中的西南角为原点，向东延伸为 x 轴，表示该六角格的横坐标；向北延伸为 y 轴，表示该六角格的纵坐标；按照右手法则确定 z 轴的方向，表示该六角格的高程，建立该作战地域的三维坐标系。每个六角格用(x, y, z)表示。因为代表每个六角格的高程坐标 z 旨

在利用通视公式求解两点之间是否通视时使用，所以只用相对平面直角坐标表示每个网格的坐标。根据该作战地域的地形地貌，制作了以下六角格地图，该作战区域高程分布在3500～5700 m，高程使用灰度表示，浅色为山丘，深色为湖泊，其中坡度为20°～30°的山丘一座（白色格子），湖泊一个（黑色格子），沼泽一片（左侧两个六角格）大部分区域为较为平坦的戈壁地形（灰色格子），村庄两个（带人形图案），工厂一座（带厂房图案，含外围的占地），金属矿山两座（M标识区域），通信光缆一条（长虚线）。山丘、湖泊、村庄、工厂被特殊标记的部分无法停驻和展开装备，将地形地物标绘于地图上。

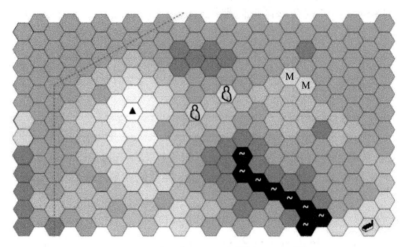

图 5-13　六角格地图

3）基于分块的遍历求解方法

基于六角格划分的装备选址问题进行求解时，遍历求解是一种牺牲计算效率寻求全局最优解的搜索求解方法。

从所有六角格开始无差别布设通信装备。在整幅地图上，首先选择1个网格放置装备，依次变换位置，观察目标覆盖函数值。接着使用2个、3个、4个装备，分别考察目标覆盖函数值，在有限数量装备的前提下，目标函数值最大的方案为最佳覆盖方案。

在计算覆盖值时，按照其通信覆盖范围计算，其周边被覆盖的六角格计为1，用计算机计算出每个六角格的覆盖叠加值，值越大的网格通信覆盖源越多，达成通信的概率越高，可作为装备的备选地址点。采用最少的装备实现保障区域最大的通信覆盖。整个遍历求解过程如图5-14所示。

4）结果分析

通过以上遍历算法，得到最终部署方案，如图5-15所示，其中横向条纹状纹理填充（字母Z标记）的六角格为综合业务数字网装备部署位置，坐标网格状条纹填充（字母F标记）的六角格为升空装备部署位置，点纹状填充（字母A标记）的六角格为战术电台部署位置。相应的扇形或者圆形为上述装备的覆盖范围。通过升空装备将战术电台和综合业务数字网装备互联，从而实现作战地域全覆盖的同时占用较少数量的装备，实现最优部署。

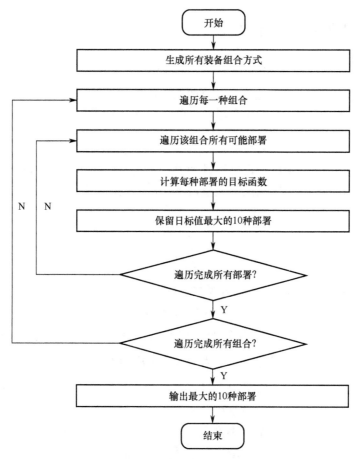

图 5-14 遍历法求解过程

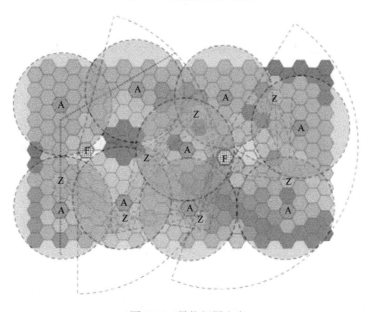

图 5-15 最终部署方案

5.4.2 基于离散选址模型的技术

1. 基本模型

离散选址问题中候选设施选址点是离散的。离散选址问题主要包括集合覆盖问题、P-中值问题、P-中心问题等，其中集合覆盖问题又可以分为完全覆盖问题和最大覆盖问题。

1）P-中心问题和 P-中值问题

P-中心问题是在网络中给定设施数目为 P 的情况下，找出最佳的设施位置，使得每一个需求点到与其最近设施点距离的最大值最小，该模型在选址问题上有着较为广泛的应用。该问题描述为

$$\min D$$
$$D \geqslant \sum_j d_{ij} Y_{ij} \quad \forall i \tag{5-38}$$

式中，i 为需求点；j 为设施点；d_{ij} 为需求点 i 与设施点 j 的距离。目标函数求需求点与最近设施距离 D 的最大距离的最小值。约束条件限定了任何需求点 i 与最近设施 j 的最大距离。当点 i 需求被设施 j 满足时，决策变量 Y_{ij} 为 1，否则为 0。中心问题包括无权重与有权重两种。如果需求点需求规模相同，则为无权重中心问题，否则为有权重中心问题。

P-中值问题是在给定设施数目 P 的情况下，找出最佳的设施位置并使得需求点到其所被分配的设施距离与相应的需求量乘积之和最小，该模型在网络选址问题中具有广泛的应用。在整个网络中，网络中的节点不仅表示需求点也表示候选设施位置，且网络中至少存在一个最优解使得规定的目标函数最小。该问题可以描述为

$$\min \sum_i \sum_j h_i d_{ij} Y_{ij}$$

式中，h_i 为需求点 i 的需求量，目标函数为最小化分配的设施距离与相应的需求量乘积之和。

2）集合覆盖问题

集合覆盖问题可分为两类：完全覆盖问题与最大覆盖问题。完全覆盖问题是指建设设施能够覆盖所有需求点，其目标函数为设施建设成本总和最小，针对军事问题，建设成本不仅是设施建设的经济成本，也可能是战争造成的潜在风险，如果每个设施成本相同，那么目标函数即为修建设施数量最小。完全覆盖问题模型为

$$\min \sum_j c_j X_j$$
$$\text{s.t.} \sum_{j \in N_i} X_j \geqslant 1 \quad \forall i \tag{5-39}$$
$$X_j \in \{0,1\} \quad \forall j$$

式中，c_j 为设施建设成本。约束条件要求所有需求点都必须被给定的设施满足。如果在 j 点

修建设施，那么 X_j 为 1，否则为 0。应该注意的是，该方程没有考虑需求的规模和数量，即不论需求多大都可以被设施点满足。

另外，如果边缘的节点有非常小的需求量，建造此类设施的投入产出比将非常低。因此部分学者研究最大覆盖问题。当决策者没有足够的资源去满足所有的需求时，他们不得不寻求变通的方法，即在给定建设投入（设施数量）、特定距离条件下，最大化所能满足的需求。最大覆盖模型可描述为

$$
\begin{aligned}
&\max \sum_i h_i z_i \\
&\text{s.t. } z_i \leqslant \sum_{j \in N_i} X_j \quad \forall i \\
&\quad\quad \sum_j X_j \leqslant P
\end{aligned}
\tag{5-40}
$$

h_i 为需求点 i 的需求量；当节点被覆盖时，z_i 为 1，否则为 0。目标函数为有限资源条件下最大化所能覆盖点的需求量。第一个约束条件确定设施为哪个在特定距离内的需求点提供服务。第二个约束条件限定设施数量小于或等于 P。

在大多数覆盖问题中，设施能否为需求点提供服务取决于设施与需求之间的距离。在覆盖问题中，需求可以从与其距离小于或等于预定义值的每个设施接收服务。这个关键的预定义值被称为服务范围或覆盖半径。其中，最大距离或旅行时间通常被用作评估此类覆盖的服务标准，设施服务范围通常是以最大距离或机动时间为半径的圆形区域。

2. 案例

战区应急服务对地观测资源包括卫星、飞艇、无人机三类平台。各类平台资源工作方式各异，响应战区对地观测需求各具优势，而又存在各自的不足，因此，三类平台资源需要协同观测，以满足用户复杂多变的对地观测需求。如何优化部署三类平台对地观测资源，实现资源协同组网是协同观测，提高观测效益的重要基础和前提，具有重要意义。

卫星、飞艇、无人机三类平台资源工作方式差异较大，在一定时间约束下覆盖范围各异，如图 5-16 所示。

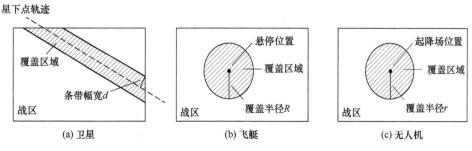

图 5-16 三类对地观测平台资源覆盖范围示意图

（1）卫星覆盖范围是以星下点轨迹为中心的条带，条带幅宽 d 与卫星载荷侧摆能力有关。

（2）飞艇覆盖范围是以悬停位置为圆心的圆形区域，覆盖半径 R 与飞艇最大巡航速度、载荷侧摆能力有关。

（3）无人机覆盖范围是以起降场位置为圆心的圆形区域，覆盖半径 r 与无人机最大巡航速度有关。

基于网格点的观测资源部署示意图如图 5-17 所示，它描述了观测区域离散化后，各类平台对地观测资源，以及覆盖情况。其中，卫星 1、卫星 2 的星下点轨迹如虚线所示，卫星覆盖网格点为 2、3、4、6、7、9、10、11、15；飞艇 1 部署在网格点 14，飞艇 2 部署在网格点 17，飞艇覆盖网格点为 9、12、13、14、15、16、17、18、19、22；无人机部署在网格点 24，覆盖网格点为 19、23、24、25；未能覆盖的网格点为 1、5、8、20、21。

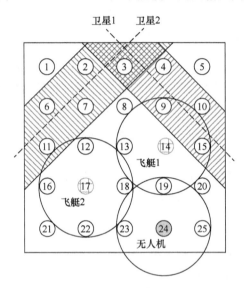

图 5-17 基于网格点的观测资源部署示意图

假设观测区域为纬度 50°～60°，经度 120°～130°，网格粒度为 10 km。无人机编队资源部署可选网格点数量为 200，在观测区域内服从均匀随机分布。卫星资源为 IKONOS-2、QuickBird-2 和 SPOT-5，卫星覆盖信息由仿真工具 STK 获得，仿真场景时间设置为 Jun 1 2012 12:00:00 到 Jun 2 2012 12:00:00。所有飞艇资源最大巡航速度均为 60 km/h，视场半径为 20 km，所有无人机资源最大巡航速度均为 120 km/h。基于上述网格离散化思想，可以考虑在响应时间有限的条件下，建立问题数学模型，使得卫星、飞艇、无人机三类平台覆盖观测区域覆盖率最大，具体数学模型可参考文献[29]。

采用文献[29]中提供的遗传算法，得到部署方案如图 5-18 所示，它描述了 3 个飞艇资源、5 个无人机编队资源条件下，遗传算法迭代过程中种群最优个体的编码及其对应的部署方案，图中星形表示飞艇资源，菱形表示无人机资源。如图 5-18 所示，通过遗传算法的迭代进化，提高了资源覆盖率，优化了资源部署方案。

在不同的飞艇和无人机数量下，即不同数量资源部署，得到的仿真结果如表 5-16 所示，可知，随着飞艇或无人机编队数量的增加，资源部署方案覆盖率增加。此外，随着资源数量增加，算法计算时间不断增加，这是由于虽然迭代次数不变，但是由于资源数量增加，单个染色体长度增加，导致每一步迭代过程中交叉、变异等遗传操作时间延长，使得算法总时间增加。

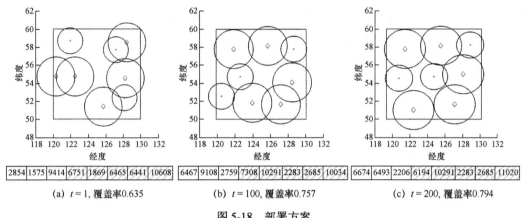

| 2854 | 1575 | 9414 | 6751 | 1869 | 6465 | 6441 | 10608 | | 6467 | 9108 | 2759 | 7308 | 10291 | 2283 | 2685 | 10034 | | 6674 | 6493 | 2206 | 6194 | 10291 | 2283 | 2685 | 11020 |

(a) $t=1$，覆盖率0.635　　　　(b) $t=100$，覆盖率0.757　　　　(c) $t=200$，覆盖率0.794

图 5-18　部署方案

表 5-16　不同数量资源部署仿真结果

无人机编队数量	飞艇数量 $N=3$		飞艇数量 $N=6$		飞艇数量 $N=9$		飞艇数量 $N=12$	
	覆盖率	计算时间/s	覆盖率	计算时间/s	覆盖率	计算时间/s	覆盖率	计算时间/s
$P=5$	0.2422	526	0.2899	684	0.3374	843	0.3849	1003
$P=10$	0.4195	790	0.4679	947	0.5144	1110	0.5663	1267
$P=15$	0.5864	1085	0.6281	1198	0.6779	1362	0.6932	1518
$P=20$	0.7253	1305	0.7587	1454	0.7841	1622	0.7918	1789

5.5　行动路线规划技术

行动路线规划是任务规划的重要组成部分，需要移动的作战平台应根据当前战场态势、任务要求，做出最优的路径规划。在进行路径规划前，首先需要选择合适的环境表示方法。环境表示方法是路径规划算法的基础，主要可分为基于图的环境表示和基于网格的环境表示两种，相应的路径规划技术被称为基于图的路径规划技术和基于网格的路径规划技术。基于图的路径规划技术主要应用于陆地上作战单元的路径规划问题，它依赖于地面路网，将路网抽象为一个由顶点和边组成的图，采用运筹学方法求解最优路径。而基于网格的路径规划技术不依赖于固定的道路网络，可以在二维、三维空间中自由探索路径规划，主要用于空中和海上作战单元的航迹规划。

5.5.1　基于图的路径规划技术

对于二维平面内的路径规划问题可将其环境抽象为一个无向带权图，其中边的权值代表相应路径的长度或代价。根据不同任务需求，基于图的路径规划问题可分为最短路径问题、最大流问题、最小费用流问题、车辆路径问题等。

1. 最短路径问题

在一个赋权图（有向或无向）$D = (V, A, W)$ 中，V 为顶点集合，A 为边集合，设 μ 为连接两个顶点 v_i 和 v_j 之间的一条路，则 μ 上所有边的权值总和称为路 μ 的权，简称路权，定义为 W。求两个顶点 v_i 到 v_j 的一条路 μ^*，使这条路上的路权是从 v_i 到 v_j 之间的所有路中最小的，即满足：

$$W(\mu^*) = \min\{W(\mu_{ij})\}$$

如兵力机动问题，是典型的最短路问题。考虑在如图 5-19 所示的交通网络上进行兵力机动，已知部队驻地在左边顶点处，目的地在右边顶点处，图中弧（示意图为直线）上的数字为相应顶点间路线的长度（单位：km），目的获取一条兵力机动路线最短的行军方案。

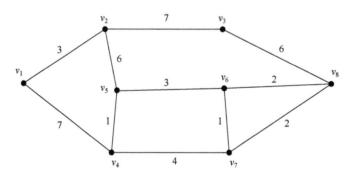

图 5-19　兵力机动交通网络

显然，在所给路线范围内，从起点到终点的方案不止 1 个。例如，存在 $\mu_1 = \{v_1, v_2, v_3, v_8\}$，$u_2 = \{v_1, v_4, v_7, v_8\}$ 等不同的方案，所对应的路线长度也不同。例如，μ_1、u_2 所对应的路线长度分别为 $3 + 7 + 6 = 16$ 和 $7 + 4 + 2 = 13$，问题目的是求路线长度最短的方案。

2. 最大流问题

在许多实际的网络中都存在如何发挥一个网络系统的能力，使得系统在一定条件限制下通过的流量最大的问题。如兵力投送问题，考虑如图 5-20 所示的道路网络，部队所在地在顶点 v_s，目的地在顶点 v_t，图中弧上的数字为道路情况及在规定时间内道路上能够运输的最多人数（单位：百人），确定运输方案，能够在规定时间内向目的地运输人数最多。这个问题是典型的最大流问题，每条弧都按照最大运输量运输，这样的方案往往并不可行，因此需求解流量最大的可行方案。

在图 5-20 中，v_1 与 v_3 间如果按照最大运输人数运输，会发现到达后，无法将多于 200 人（弧上最大运输量仅为 200 人）的运输量进一步送出，最终也无法到达目的地。由此，图中任意一组数字的组合并不一定能形成可行方案，需要界定"可行流"的概念，进而在所有可行流中寻找最大的流量，其基本思路类似寻找线性规划问题的最优解，可以从任意可行解开始，逐步增大流量，直到最后"增无可增"，从而找到最大流。

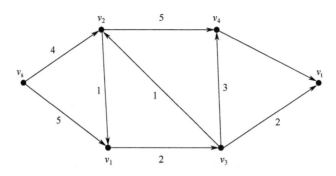

图 5-20 道路网络及道路上的最多通行人数

对于一个赋权有向图 $D = (V, A, C)$，如果满足如下两个条件，则称其为一个容量网络。

（1）顶点集 V 中存在一个出度不为 0，但入度为 0 的顶点 V_s（称为发点或源点），以及一个入度不为 0，但出度为 0 的顶点 V_t（称为收点或汇点），顶点集 V 中其他顶点的出度和入度均不为 0，称为中间点。

（2）对于赋权有向图 D 中的每条弧 $(v_i, v_j) \in A$，其上都有一个权值 $c_{ij} \geqslant 0$（称为弧的容量），所有弧的容量 c_{ij} 构成的集合用 C 表示。

容量网络是现实中不进行存储的网络的一般模型，如公路网络、水系网络等，其中发点是根据需要设定的网络流起点，收点是设定的网络流终点。弧的容量表示相应顶点间的最大通过能力（不是实际通过的流量）。在图 5-20 中的道路网络显然符合上述两个条件，是一个容量网络。

进一步，在容量网络 $D = (V, A, C)$ 中，如果每条弧 $(v_i, v_j) \in A$ 上除容量外，还有一个权值 f_{ij}，则称 f_{ij} 为相应弧的流量，容量网络 D 上所有流量的集合 $f = \{f_{ij}\}$ 称为容量网络的一个网络流，简称流。如果流 $f = \{f_{ij}\}$ 满足如下 3 个条件，则称其为可行流。

（1）容量限制条件：每条弧上的流量都不超过其容量，即 $0 \leqslant f_{ij} \leqslant c_{ij}$。

（2）中间点流量平衡条件：对于容量网络中任意中间点 v_k，其总输出量等于总输入量，即 $\sum_i f_{ik} = \sum_j f_{kj}$。

（3）总流量守恒条件：发点的总流出量等于收点的总流入量，即 $\sum_j f_{sj} - \sum_i f_{is} = \sum_i f_{it} - \sum_j f_{tj} = v(f)$，其中 $v(f)$ 为这个流的流量。

可行流实际上是指在容量网络中现实、可行的流，考虑容量网络的物理含义，上述 3 个条件显然是成立的。

在图 5-21 中，每条弧上均有两个数字，第 1 个数字为弧的容量，第 2 个数字为当前流量，该流可表示为 $f = \{f_{ij}\} = \{4,1,1,4,1,2,0,4,1\}$。

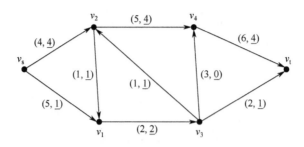

图 5-21 道路网络对应容量网络中的一个可行流 f

容易判定，这个流满足上面的容量限制条件、中间点流量平衡条件及总流量守恒条件，是一个可行流。

在容量网络 $D = (V, A, C)$ 的所有可行流中，找一个流量最大的问题称为网络最大流问题，简称最大流问题。

3. 最小费用流问题

不同于最大流问题，最小费用流问题进一步考虑了网络费用方面的要素，要求在达到一定通过能力的条件下，使总费用最小。在军事应用中，"费用"可以理解为完成任务所需的资源，如时间、燃料消耗或风险等。

考虑图 5-22 所示的道路网络，已知弧上括号中第 1 个数字是相应道路上一定时间内的最大运载量，第 2 个数字为单位费用，确定从发点到收点运载量最大且总运费最小的实际运输方案。

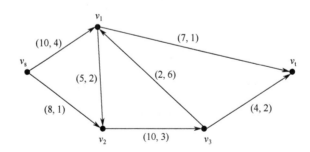

图 5-22 求费用最小的道路网络

这是一个典型的最小费用流问题。在这类问题中所求的流量首先要是可行流，其次要满足一定的总流量要求（否则零流总是费用最少的），当然如果所求流量是网络所能提供的最大流量，得到的就是最大流中的最小费用流。还需注意，由于流经过所有弧均会产生费用，在计算流的总费用时不仅要考虑发点流出的弧和收点流入的弧，还要考虑所有流量大于 0 的弧。

设容量网络 $D=(V,A,C)$ 中每条弧 $(v_i,v_j)\in A$ 的容量为 $c_{ij}\geqslant 0(c_{ij}\in C)$，单位流量通过的费用为 $b_{ij}\geqslant 0(b_{ij}\in B)$，指定一个流量 c^*，当一个可行流 f^* 满足如下两个条件时，则称其为流量 v^* 下的最小费用流，这样的问题称为最小费用流问题。

（1）f^* 的流量 $v(f^*)\geqslant v^*$。

（2）f^* 的总费用为所有流量不少于 v^* 的流中最小，即

$$b(f^*)=\sum_{(v_i,v_j)\in A}(b_{ij}f_{ij}^*)=\min\left\{\sum_{(v_i,v_j)\in A}(b_{ij}f_{ij}^*)\mid f_{ij}\in f,v(f^*)\geqslant v^*\right\}$$

特别地，指定流量要求为网络的最大流量，相应的流称为最小费用最大流，相应的问题称为最小费用最大流问题。

4．车辆路径问题

车辆路径问题（Vehicle Routing Problems，VRP），最早于 1959 年由著名学者 Dantzig 和 Ramser 提出。VRP 可以概述为：从实际的角度出发，在各种限制条件下，车辆从一个或者多个配送中心出发，按照一定的顺序经过随机分布的若干个配送点，且每一个配送点保证有且仅有一辆车经过提供服务。对于此类 VRP 的设计就是要求规划出一条效率最高、配送所付出的代价最低的路径，其目的在于设计一条最合理的路径，使得配送代价最低。当约束条件不同时，选择求解的算法当然也不相同。

标准 VRP 就是有能力约束的车辆路径问题（Capacitated Vehicle Routing Problem，CVRP）。在此系统内，每辆车都有限制最大载重量。VRP 中只给出了一个约束条件，根据现实中约束条件的不同，还有其他各种模型。CVRP 模型只是其中最基本的模型之一。[30]

CVRP 模型有一个配送中心、若干个地理上随机分散的配送点，车辆从配送中心出发为这些配送点提供服务，要从众多配送方案中找出车辆行驶的最佳路线，使得整个系统配送时间最短，成本最低，同时需要满足如下 3 个条件。

（1）每辆车的最大载重量要大于或等于每条配送路线上的最大需求量。

（2）每辆车能够行驶的最大距离不小于每次交付路径所需距离的最大值。

（3）配送中心只有一辆配送汽车。

例如，一个军事物流配送中心派出车辆，向多个单位输送物资，然后车辆返回该配送中心，要求每辆车所装运的货物总重量不得超过自身所能承受的最大载重量，每个客户点只能由一辆车送货，每条路径的起点和终点都必须是配送中心，请合理安排行车路线，满足各单位需求。

已知条件：

（1）客户点数为 n，每个点的编号为 i，需货量为 $r_i(i=1,2,\cdots,n)$；

（2）配送中心拥有的车辆数为 m，每辆车的编号为 k，载重量为 $w_k(k=1,2,\cdots,m)$；

（3）配送中心到各客户点的费用及各客户点之间的费用为 $c_{ij}(i=1,2,\cdots,n-1;$ $j=1,2,\cdots,n;i<j,i=0)$。

模型的目标就是要使总的运输成本最小，通常车辆的行驶路径越短，司机工作时间越少，车辆耗油量越低，总的运输成本也就越小。因此，以车辆行驶路径最短为目标函数建立数学模型：

$$\min z = \sum_{i=0}^{n}\sum_{j=0}^{n}\sum_{k=1}^{m}c_{ij}x_{ijk} \tag{5-41}$$

$$\text{s.t.} \sum_{i=1}^{n}r_iy_{ik}\leqslant w_k, k=1,2,\cdots,m, r(\pi_i)=\sum_{k\in f_i}p_kr_k \tag{5-42}$$

$$\sum_{k=1}^{m}y_{ik}=1, i=1,2,\cdots,n \tag{5-43}$$

$$\sum_{k=1}^{m}x_{ijk}=y_{jk}, j=0,1,2,\cdots,n;k=1,2,\cdots,m \tag{5-44}$$

$$\sum_{k=1}^{m}x_{ijk}=y_{ik}, i=0,1,2,\cdots,n;k=1,2,\cdots,m \tag{5-45}$$

$$y_{ik}=1 \text{ 或 } 0, i=0,1,2,\cdots,n;k=1,2,\cdots,m \tag{5-46}$$

$$x_{ijk}=1 \text{ 或 } 0, i=0,1,2,\cdots,n;k=1,2,\cdots,m \tag{5-47}$$

在上述模型中：

式（5-41）为目标函数。

式（5-42）是为了保证每辆车装载的货运总量不得超过其自身的最大载重量。

式（5-43）表示每个需求点由且仅由一辆车送货。

式（5-44）表示若单位 j 由车辆 k 送货，则车辆 k 必由点 i 到达点 j。

式（5-45）表示若单位 i 由车辆 k 送货，则车辆 k 送完该点的货后必到达另一点 j。

式（5-46）中 y_{ik} 表示单位 i 的货运任务由车辆 k 来完成，当事件发生时取 1，否则取 0。

式（5-47）中 x_{ijk} 表示车辆 k 由点 i 驶向点 j，当事件发生时取 1，否则取 0。

求解路径规划问题的常用方法有 Floyd 算法、Dijkstra 算法、Bellman-Ford 算法、SPFA 算法、启发式算法、群智能算法以及强化学习算法等。

车辆路径问题模型除了可以用于解决军事物流配送车辆路径规划问题，还适用于无人机规划等领域。在规划时可以将无人机看作车辆，机场看作配送中心，每个目标点看作用户需求点，无人机打击目标消耗一定数量的弹药可看作车辆为需求点送到的相应数量的货物，无人机航程约束看作车辆行驶距离约束，无人机载弹约束看作车辆最大载重量约束，规划目标为无人机总飞行距离（或总航时）最短。通过求解模型可以得到各无人机需要访问的目标点集合，从而规划出无人机航线。

5．案例

某部队奉命从驻地出发，采取"人装一体"方式，运用铁路、公路、航空 3 种投送方式，机动至指定地域。其联合投送网络如图 5-23 所示。该输送梯队包含 200 名官兵和 30 辆装备，其中装备为某轮式装甲突击车，可摩托化机动并装运少数兵力（9 人）。应急情况下能用于部队成建制航空投送的大中型运输机有限，一次性能调动参与部队航空投送的运输机 5 架、客机 1 架，其技术参数如表 5-17 所示。[31]

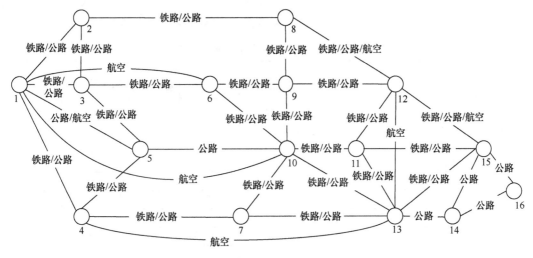

图 5-23　联合投送网络

表 5-17　运输机、客机技术参数

装 备 参 数	某型运输机	某 型 客 机
货舱长度/m	20	—
货舱宽度/m	3.4	—
货舱高度/m	3.4	—
最大航程/km	4300	3565
最大载重/t（载客数/人）	47(0)	0(179)
数量/架	5	1

从部队装备实力和飞机装运能力、实际数量情况看，要完成该部航空投送，需要 12 架次飞机，即单机需往返 1 次，则可以根据航空运输装运卸时间的计算式来求解实际装载、运行、卸载时间。假设该输送梯队以铁路、公路、航空投送方式在各路线的投送时间如表 5-18 所示，各节点装卸载、换乘时间如表 5-19 所示（航空投送时间已综合考虑了航空运力和单机往返次数等因素）。

表 5-18　各投送方式在各线路的投送时间　　　　　　　　　单位：h

节点间	1—2	1—3	1—4	1—5	1—6	1—10	2—3	2—8	3—5	3—6	4—5	4—7
铁路	5.0	5.3	5.2	—	—	—	2.9	6.2	6.2	4.6	3.3	8.9
公路	7.3	7.3	7.7	8.9	—	—	6.3	8	6.9	6.5	4.2	9.1
航空	—	—	—	7.0	9.6	8.0	—	—	—	—	—	—
节点间	4—13	5—10	6—9	6—10	7—10	7—13	8—9	8—12	9—10	9—12	10—11	10—13
铁路	—	—	5.2	7.2	13.0	9.1	5.5	7.2	4.0	6.2	4.7	7.0
公路	—	16.7	8.0	7.0	13.8	10.0	6.1	14.6	5.0	10	4.1	8.6
航空	10	—	—	—	—	—	—	8	—	—	—	—
节点间	11—12	11—13	11—15	12—13	12—15	13—14	13—15	14—15	14—16	15—16		
铁路	3.6	12.9	21.2	—	22	—	12.8	—	—	—		
公路	4.1	11.3	23.0	—	28	12.9	16.6	14.9	21	8		
航空	—	—	—	7.6	10	—	—	—	—	—		

表 5-19　各节点装卸载、换乘时间　　　　　　　　　单位：h

序　号	铁路标/卸载	航空装/卸载	换乘时间					
			铁路—公路	公路—铁路	铁路—航空	航空—铁路	航空—公路	公路—航空
1	1.5/1	2/1.5	—	1.5	—	—	—	2
2	2/1	—	1	2	—	—	—	—
3	2/1.5	—	1.5	2	—	—	—	—
4	1.5/1	3/2	1	1.5	4	3.5	2	3
5	2/1.5	4/3	1.5	2	5.5	5	3	4
6	3/2	4/4	2	3	6	7	4	4
7	2/1.5	—	1.5	2	—	—	—	—
8	2/1.5	4/3	1.5	2	5.5	5	3	4
9	2/1.5	—	1.5	2	—	—	—	—
10	1.5/1	2/1.5	1	1.5	3	3	1.5	2
11	2/1.5	—	1.5	2	—	—	—	—
12	1.5/1	2/1	1	1.5	3	2.5	1	2
13	2/1.5	3/2	1.5	2	4.5	4	2	3
15	2/1.5	3/3	1.5	2	4.5	5	3	3
16	3/2		3	—	—	—	—	—

设陆空联合投送网络为 $G=(N,E)$。其中，N 为节点集合，E 为边（弧）集合。设 M 为铁路、公路、航空 3 种投送方式集合。设 x_{ij}^k 表示从节点 i 到节点 j 是否选择第 k 种投送方式，y_i^{kl} 表示在节点 i 处是否由第 k 种投送方式转换为第 l 种投送方式，t_{ij}^k 表示由节点 i 到节点 j 选择第 k 种投送方式的投送时间，t_i^{kl} 表示在节点 i 处由第 k 种投送方式转换为第 l 种投送方式的换装时间，t_z^k 表示在第 1 个节点处第 k 种投送方式的装载时间，t_x^k 表示在第 n 个节点处第 k 种投送方式的卸载时间，E_i^- 为与节点 i 相连的从节点 i 出发的边指向的节点集合，E_j^+ 为与节点 j 相连的指向节点 j 的边尾上的节点集合。

根据上述分析，建立以时间为最短的陆空联合投送路径优化数学模型：

$$\min T = t_z + t_y + t_x + t_h = \sum_{i=1} \sum_{k \in M} x_{ij}^k \cdot t_z^k + \sum_{i \in N} \sum_{j \in E_i^-} \sum_{k \in M} x_{ij}^k \cdot t_{ij}^k + \sum_{i \in E_j^+} \sum_{j \in N} \sum_{k \in M} x_{ij}^k \cdot t_{ij}^k + \sum_{i \in N} \sum_{k \in M} \sum_{l \in M} y_i^{kl} \cdot t_i^{kl}$$

$$(5\text{-}48)$$

$$y_i^{kl} \in \{0,1\} \tag{5-49}$$

$$\sum_{k,l \in M} y_i^{kl} \leqslant 1 \tag{5-50}$$

$$x_{ij}^k + x_{jp}^l \geqslant 2 y_i^{kl} \, j \in E_i^-, p \in E_j^+, k \in M, l \in M \tag{5-51}$$

$$x_{ij}^k \in \{0,1\} \tag{5-52}$$

$$y_i^{kl} \in \{0,1\} \tag{5-53}$$

式（5-48）表示使陆空联合投送的时间最短，式（5-49）保证从任一节点出发只能选择一种投送方式，式（5-50）保证任一节点至多发生一次换装，式（5-51）保证投送方式的连续性，式（5-52）和式（5-53）表明决策变量只能取整数 0 或 1。

根据网络节点数可知，有效染色体的基因个数小于 48 个。设遗传算法的群体大小规模为 300，交叉概率为 0.85，变异概率为 0.05，最大迭代次数为 300 次。

对于此路径优化问题，经遗传算法求解后得到染色体为 1-3、10-1、13-1、15-2、16，其运输路径为 1→航空→10→铁路→13→铁路→15→公路→16，时间为 42.30 h。

5.5.2　基于网格的路径规划技术

基于图的环境表示是对环境的高度简化，一般适用于环境比较简单的情况。基于网格的环境表示可根据环境特点和任务需要选择合适的网格单元尺寸以适用于环境比较复杂的情况，尤其在需要对不确定环境进行搜索和侦察的任务中有较多应用。

1. 基本模型

网格（Grid）也称栅格，按照维度可以划分为二维网格与三维网格，其中二维网格往往应用于水面舰艇路径规划问题，三维网格常应用于航迹规划问题。

二维栅格是将二维平面按照一定的准则进行分解的产物。按照单元格的大小和形状是否相同，网格可以分为均匀网格和非均匀网格。均匀网格中以正多边形网格最为常见，包括正三角形网格、正方形网格和正六边形网格。非均匀网格中以对均匀网格局部单元递归分解得到的递阶网格最为多见。

与二维栅格地图相比，三维栅格地图能够更加真实和精确地对环境加以描述，适用于包含各种高度障碍物的复杂环境。最常使用的是基于 2^n 及整型一维数组全球等经纬度剖分网格（Geographical coordinate Subdividing grid with One dimension integer coding on 2^n-Tree，GeoSOT），其通过地球表面经纬度范围空间经过 3 次扩展后再对其进行严格的递归四叉剖分，由此将整个地球分割为大到全球、小到厘米级的整度、整分、整秒和秒以下的层次网格体系，如图 5-24 所示。其中，第 1 次空间扩展是将整个地球表面扩展为 512°×512°，如图 5-25（a）所示，面片中心与赤道和本初子午线的交点重合，然后递归四叉剖分，直到 1° 网格单元；第 2 次空间扩展是将 1° 网格单元从 60′扩展为 64′，如图 5-25（b）所示，然后递归四叉剖分，直到 1′ 网格单元；第 3 次空间扩展是将 1° 网格单元从 60″扩展为 64″，如图 5-25（c）所示，然后递归四叉剖分，直到 1″网格单元。1″ 以下部分单元直接采用四叉分割，直到 32 级（1/2048）″。这样，整个地球表面经纬度空间在经线方向和纬线方向通过严格的二分方法，将整个地球表面分割为覆盖全球的多级网格体系。[32]

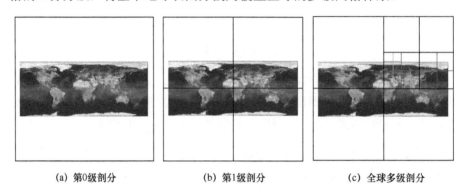

(a) 第0级剖分　　　　　　(b) 第1级剖分　　　　　　(c) 全球多级剖分

图 5-24　GeoSOT 网格多级剖分示意图

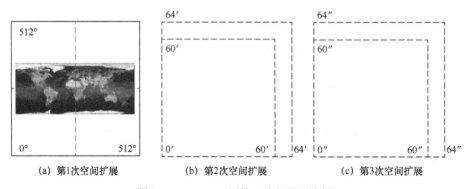

(a) 第1次空间扩展　　　　(b) 第2次空间扩展　　　　(c) 第3次空间扩展

图 5-25　GeoSOT 网格 3 次扩展示意图

　　在基于网格的环境表示中，正方形或矩形网格由于意义明确、描述方便而最为常用。正六边形网格具有一些良好的平面几何性质。对于一定大小的二维平面区域，均匀网格单元的几何尺寸越小，则描述精度越高，但是所需的存储空间也越大，相应的计算量也急剧增加。为解决这一对矛盾，可以使用递阶网格来描述环境。通过递归分解得到的递阶网格能用多叉树数据结构来描述，以便于计算机处理。

　　在基于网格的环境表示中，单位、目标可以用单一网格来表示，威胁等障碍物可以用成片网格来表示，而目标的移动路径则用依次相邻的网格串来表示。规划得到的路径通常也需要进行平滑处理。

环境地图的栅格化处理降低了实际环境中障碍物处理的难度。当环境地图经栅格化转化为栅格地图时，路径规划问题就转化为在栅格地图中寻找两个给定网格点之间的最优路径问题，可以通过基于栅格的搜索方法来解决。

A*算法是一种启发式的搜索算法，在 Dijkstra 算法的基础上发展起来的，它通过构建以当前节点与起始节点两者间的实际距离代价加上当前节点与目标节点的预估代价的启发式评价函数来对当前节点进行对比筛选。在路径规划过程中，A*算法的评价函数为

$$f(V_i) = g(V_i) + h(V_i) \tag{5-54}$$

式中，$f(V_i)$ 表示由当前节点 V_i 和目标节点 G 组成的评价函数；$g(V_i)$ 表示起始节点 S 到当前节点 V_i 的实际距离代价；$h(V_i)$ 表示当前节点 V_i 与目标节点 G 之间的估算距离代价。$f(V_i)$ 值越小，表示经由 V_i 到达目标节点 G 的总代价越小。A*算法具有较强的灵活性与适应性，根据不同的搜索任务可以设计针对性的代价函数。估算距离代价 $h(V_i)$ 属于启发函数，决定 A*算法效率的高低，在评价函数中起关键作用。若 $h(V_i)$ 为 0，则只有 $g(V_i)$ 起作用，A*算法简化为 Dijkstra 算法。

对于启发函数的计算方法有很多种，对于栅格法建立的环境模型，传统的计算方法有两种，一种是欧几里得距离估计，另一种是曼哈顿距离估计。

欧几里得距离估计：

$$h(V_i) = a \cdot \sqrt{(x_i - x_g)^2 + (y_i - y_g)^2} \tag{5-55}$$

曼哈顿距离估计：

$$h(V_i) = a \cdot (|x_i - x_g| + |y_i - y_g|) \tag{5-56}$$

其中，当前节点 V_i 的坐标为 (x_i, y_i)，目标节点 G 的坐标为 (x_g, y_g)，a 表示单位长度代价，即正方形栅格的边长。从起始节点 S 到达目标节点 G，在栅格地图中搜索最优路径（A*算法）的流程如图 5-26 所示。

2．案例

我方战机在敌方领空执行空中突防任务。任务要求战机躲避敌方防空系统，抵达一个指定的目标地点完成任务。指挥中心采用栅格化地图，利用 A*算法来规划最佳突防航线，战机通过与地面指挥中心进行通信获得突防航线以安全完成任务。

1）环境准备

采用栅格布局划分规划空间，航迹由相邻的栅格节点连接而成，每个网格中可能存在禁飞区、地形、大气、雷达等威胁。

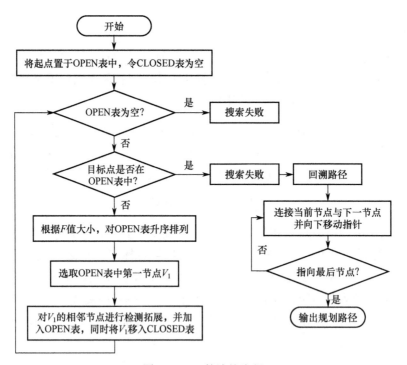

图 5-26 A*算法的流程

从基站到目标点的航迹示意图如图 5-27 所示,其中以 P_k 和 P_{k+1} 为航迹上两个连接点,由此整个航迹的规划可以描述为 $P_1 \xrightarrow{\tau(q)} P_2 \cdots P_k \xrightarrow{\tau(q)} P_{k+1} \cdots P_{n-1} \xrightarrow{\tau(q)} P_n$,整条航迹需要避免威胁的同时,也需要使 $P_1 \sim P_n$ 的航迹长度最短。其中,P_1 为战机的初始位置,P_n 为目标位置,$P_2, \cdots, P_{n-1}$ 为中间航迹节点,$\tau(q)$ 为约束条件,q 为约束参数。

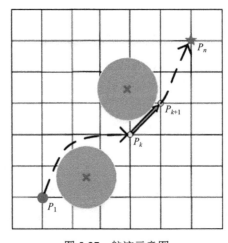

图 5-27 航迹示意图

2）禁飞区和威胁区约束

战机航迹规划要考虑禁飞区和各种威胁,主要包括天气与地形威胁、敌方的侦察雷达与武器威胁等，这些威胁有一定的覆盖范围，在进行航迹规划时要躲避这些威胁，否则认为规划出的航迹不满足安全性原则。

禁飞区是场景中未知区域，表示可能存在威胁，在任务执行期间尽可能地不让无人机飞过，相应的约束模型表示为 $\{x_i(t), y_i(t)\} \notin \Omega_3, i \in \{1,2,\cdots,N\}, t \in [0,+\infty)$。$x_i(t), y_i(t)$ 为战机 i 在时间 t 的坐标，Ω_3 为禁飞区中所有点的集合。

威胁区是场景中已知可对我方无人机造成破坏的区域，由于航迹规划是在把战机飞行高度作为切面高度的，整个场景视为战机飞行高度所在的二维平面下进行，敌方如侦察雷达与武器威胁等球形模型都可在此平面下看作半径为 R 的圆形，其模型如图 5-28 所示。

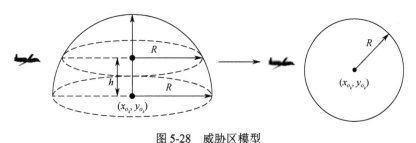

图 5-28　威胁区模型

此时，假设该威胁区的覆盖的球体半径为 R，战机的飞行高度为 h，则在战机飞行高度上，威胁区覆盖的半径为

$$R' = (R^2 - h^2)^{\frac{1}{2}}$$

战机应避免进入威胁区的辐射范围，满足的约束条件为

$$\|(x_i(t) - x_{ok}, y_i(t) - y_{ok})_2\| > R'$$

式中，$i \in \{1,2,\cdots,N\}$，$t \in [0,+\infty)$，$k \in \{1,2,\cdots,M\}$；x_{ok}、y_{ok} 为威胁 k 的中心坐标。

3）A*算法

在 A*算法的节点扩展过程中，节点扩展方式采用 8 个相邻的节点单元。如果相邻节点位于禁飞区或威胁区，则取消其作为待扩展节点的资格，距离代价采用欧几里得距离估计。

规划区域经过处理后为一个大小是 50 km × 50 km 的栅格地图，其中每个栅格大小为 1 km×1 km。所有威胁经过处理后加入规划区域，威胁均用威胁圆来描述。战机飞行的起点坐标为(5,1)，目标点坐标为(50,50)，均用☆表示。规划目标为找到一条参考航迹使到达目标点的路径长度最短，且规划路径不穿越所有的威胁圆。

利用 A*算法搜索最优突防航线，得到的突防航线如图 5-29 所示，飞行路径的长度为 60.6691 km。[33]

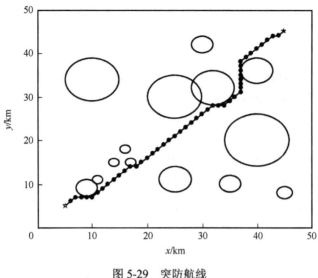

图 5-29　突防航线

5.6　方案推演评估技术

方案推演评估技术是以大数定律为基础理论、以蒙特卡罗仿真为实现手段的方法，其目的是通过仿真推演来揭示和分析作战过程的不确定性，从而分析规划方案在作战场景中的期望结果。方案推演评估技术已被广泛应用于不同的仿真系统中，如 JTLS（Joint Theater Level Simulation，联合战区级仿真，20 世纪 80 年代）[34]、EADSIM（Extended Air Defense Simulation，扩展防空模拟系统，1987 年）[35-37]、JSIMS（Joint Simulation System，联合仿真系统）[38]和 STOW（Synthetic Theater of War，战争综合演练场）[39]等，并在大型的演习演练中得到应用检验。实验运行作为方案推演评估技术的基础，这一部分在仿真领域已经有相对成熟的研究，读者可参考仿真领域的相关书籍，这里不展开介绍。本节重点介绍方案推演评估的另外两项关键技术——仿真模型构建技术和实验分析与评估技术。

5.6.1　仿真模型构建技术

1. 军事想定与仿真想定

由于军事问题的复杂性，方案推演评估需要根据研究目的，由军事人员拟制相应的军事想定来限定军事冲突的范围和边界，以聚焦研究范围，而模型体系则是在军事想定的基础上构建的。军事想定由基本想定、补充想定以及企图立案组成，如图 5-30 所示。其中企图立案是指根据训练课目、目的和训练问题而设想的敌我双方作战企图的方案，是想定编写的依据。基本想定是指进行战役、战斗演习或作业前，对敌我双方情况的基本设想和描述。补充想定是指在基本想定的基础上，对战场态势、战况以及友邻通报等进行更细致的补充。仿真想定描述的第一步是将军事想定进行结构化和形式化的描述，对推演仿真中涉及的作战实体、作战过程、环境、关系、交互和实验控制等要素进行设定，限定推演仿真

的问题边界和范围，确保计算功能够理解推演仿真要素。从内容要素上讲，仿真想定应该
包括想定基本情况、时间、空间、作战编成、作战阶段、作战计划以及战场环境等要素[40]。

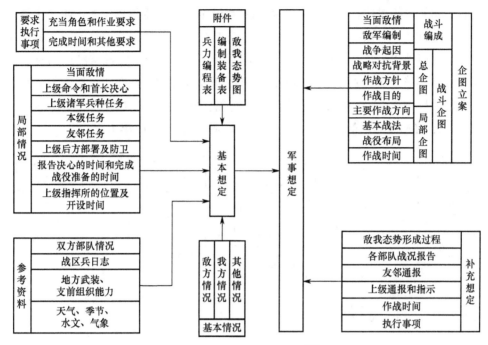

图 5-30　军事想定的组成[41]

仿真想定描述的第一步是将军事想定进行结构化和形式化，对推演仿真中涉及的作战
实体、作战过程、环境、关系、交互和实验控制等要素进行设定，限定推演仿真的问题边
界和范围，确保计算功能够理解推演仿真要素。从内容要素上，仿真想定应该包括想定基
本情况、时间、空间、作战编成、作战阶段、作战计划以及战场环境等要素[40]。

在仿真想定构建完毕后，研究人员会首先确定评估对象、评估目标以及评估指标，而
实现推演评估的基础环节就是构建模型体系。模型体系是各种类型、不同层次以及和作战
仿真相关的模型及其相互关系的集合。

组件化建模是现阶段通用的一种模型体系构建方法，其核心思想是将仿真实体按照专
业或功能拆分为不同的组件，再通过组装的形式形成仿真实体，其示例如图 5-31 所示。仿
真模型组件具有高内聚、低耦合的特点，在可扩展的仿真框架基础上进行组合可以动态构
建功能多样、大小可伸缩的仿真系统，面向模型的组件化建模方法更贴近于模型的本质描
述，具有更强的仿真组合能力。通过将实体组件化，可大大提高模型的重用性。

2. 实体模型构建技术

实体模型是建立真实世界军事作战行动描述与仿真环境作战行动描述一致性的起点。
为尽可能地建立仿真模型和真实世界的映射关系，同时满足推演评估的目的，建模人员需
要对作战系统具有深刻的理解，包括军事知识、指挥调度、武器装备、交互演变等内容。

任务空间概念模型（Conceptual Model of the Mission Space，CMMS）是在设计人员和开发工具的支持与帮助下，由军事人员对独立于具体实现的真实世界中作战任务、实体、环境以及它们之间关系的描述。CMMS 的开发和利用通常都是由用例出发的，通过一系列的任务分解，实现对类、对象的描述，这种开发方法是对真实世界的一种特定的知识切片，但是由于其可重用性较差，且对作战行动认知的不断提升，该方法无法持续地为模型构建提供支撑[41]。从实践上看，对任务空间概念模型的研究没有达到预期的目标，美军的任务空间概念模型项目也于 2000 年截止，并转向了使命空间功能模型（Functional Model of the Mission Space，FMMS），但由于可重用性差，该项目也于 2003 年中止。

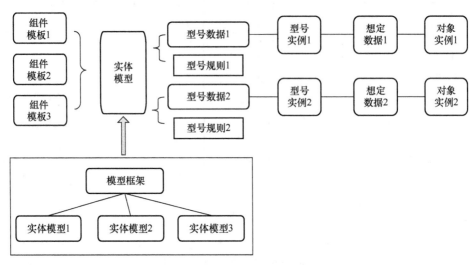

图 5-31　组件化模型体系构建示例

由此可见，由于军事问题涉及规模大、影响因素多、动态变化强、结构关系复杂，所以如何构建模型是一个亟须解决的重大问题，这里重点介绍三类主流的建模方法——面向过程的建模方法、面向实体的建模方法和面向对象的建模方法。

1）面向过程的建模方法

面向过程的建模方法是一种自顶向下的建模方法，以抽象作战过程为主，侧重对作战过程和现象的分析，该方法的建模过程如图 5-32 所示。首先确定整个作战活动的使命，进行使命任务分析得到各高层组织的子过程，再根据"自顶向下、逐步分解"的思想，将子任务进一步细分。任务的分解依据时间维和空间维两个维度进行，时间维注重行动之间的先后关系、同步关系、时间期限等，如行动 A 必须在行动 B 之后执行；空间维注重行动的组织关系和空间约束，如行动 A 需单位 1 在区域 a 进行，行动 B 需要绕开区域 a 等情况。将任务分解直至成为具有清晰的时间阶段、明确的组织关系与空间、执行不可打断的行动，并确定所有的物理实体和关系。

面向过程的建模方法可以分为基于事件和基于任务的建模方法[42]。

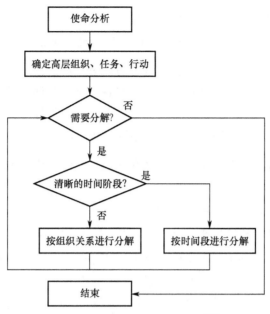

图 5-32　面向过程的建模过程[42]

基于事件的建模方法是将作战计划表示为一组推演事件（Deducing Event，DE），并将推演事件序列按时间进行排列，一般将时间约束作为最主要的表达约束，可以采用时间约束网（Time Constraint Network）的方法进行表达[43]。DE 描述了作战实体在特定的时间和空间内，采用一系列行动完成作战任务，可表示为一个六元组 $DE = \langle E, T, A, R, \text{Time}, \text{Space} \rangle$，其中 E 表示作战实体；T 表示作战任务；A 表示作战行动；R 表示作战资源，Time 表示推演事件的时间属性；Space 表示推演事件的空间属性。

基于任务的建模方法一般采用任务分层或层次任务网络（Hierarchical Task Network，HTN）的方法进行。HTN 是对传统的计划问题的一般化，具有任务表达和分解、任务分派、任务完成的能力[44-46]。采用 HTN 对规划任务进行顺序分解、逐层细化，可以产生一系列满足约束的原子行动，以达到对作战计划进行建模的目的[47]。

2）面向实体的建模方法

面向实体的建模方法以作战系统中的实体为核心，描述执行不同行动的实体间的关系和交互，并将实体与使命任务相联系，是一种关注作战过程、自底向上的描述方法。该方法的一般分析过程为：从分析作战过程入手，抽象提取双方的作战实体，归纳每一类实体可能担负的作战任务，总结完成这些任务时要做哪些动作，特别需要关注在动作过程中需要遵守的军事规则，最后考察实体在完成任务和动作的过程中可能产生的交互[40]。

在面向实体的建模方法中，实体-动作-任务-交互（Entity-Action-Task-Interaction，EATI）方法是其中最具有代表性，同时也是目前大型军用仿真系统设计与建模比较有效的方法之一[40]。EATI 也是美军在建模与仿真主计划中提出的一种基于实体军事系统建模方法，并应用于著名的使命空间概念模型（CMMS）中[41]。EATI 方法使用实体（Entity）、动作（Action）、任务（Task）、交互（Interaction）四个要素来描述作战过程。

其中，实体可以是想定场景中的任务执行者或者是动作的完成者，可以是人员也可以是武器装备，如导弹、驱逐舰、飞机等武器或装备，某营某连、某战斗分队、机械化步兵连等动作完成人员。这些参与者之间存在一定的关联性，如指挥关系、操作关系、协同关系、对抗关系等，各种实体之间可以通过关系联系到一起。

动作是用于执行任务的具体指令，实体在完成动作过程中遵循一定的规则，在想定场景下受到的条件约束，如下发攻击命令，由指挥所在接收到上级指令后进行，若任务取消或人员受损严重不足以支撑攻击动作则动作中断，命令顺利发布则动作完成。动作的描述应包括动作名称 N、执行动作实体 EN、触发条件 SC、中断条件 IC、终止条件 EC。

任务指的是在想定条件下某个实体执行的若干个动作，在确定的条件规则下组成的有序序列。在仿真世界中，一个任务可以分解成多个子任务，每个子任务都是一个序列。实体在想定的条件下完成具体活动的序列也就是仿真模型进行推演仿真的过程。对任务进行描述应包括任务名称 TN、执行任务实体 EN、相关实体 XN、任务所包含的动作集 AX、动作执行顺序 AR、任务终止条件的逻辑表达式 EC。

交互包括行动任务中同方实体之间的信息传递、动作协同，也包括不同方实体之间的对抗攻击。交互描述应包括交互名称 IN、发送实体 FN、接收实体 JN、交互内容 JR。

美军在任务空间概念模型技术框架中将 EATI 建模思路表述为：任一实体（Entity）为完成某一特定任务（Task），必然会产生多项动作（Action），同时与其他实体产生一个或多个交互（Interaction）。也就是说，当每个实体执行一项具体的军事任务时，均会产生一个任务空间概念模型，而其中的作战实体、作战任务、军事动作和交互均可提炼出来，形成一系列的基于实体的名词词典和基于动作的动词词典。

3）面向对象的建模方法

面向对象的建模方法源于复杂适应性系统（Complex Adaptive Systems，CAS），是一种自底向上的建模思想。CAS 理论是复杂科学的先驱者之一美国学者 Holland 在 1994 年提出的，其基本思路是：CAS 由大量的按一定规则或模式进行非线性相互作用的行为主体所组成的动态系统。这种主体具备主动的适应能力，可根据行为效果修改自己的行为规则，以保证更好地在环境中生存；同时，由这种主体构成的系统，在主体之间以及主体与环境之间的相互作用中发展，表现出复杂的演化过程[40]。在基础主体之上，系统不断演化，发生新层次的产生、分化和多样性的出现，以及新的、经聚合而成的、更大的主体的出现等变化。

面向对象的建模方法的具体实现形式是基于 Agent 的建模与仿真（Agent-based Modeling and Simulation，ABMS）。ABMS 起源于 20 世纪 40 年代，但由于密集型计算资源与技术的限制，直到 20 世纪 90 年代才被广泛使用，成为当前最具有活力、有所突破的仿真方法学，它既是 CAS 的基础，又是当前所流行的面向对象范式的自然继承、扩充与发展。该方法将复杂系统中各个仿真实体用 Agent 的方式来建模，并通过自底向上的方式逐步构建整个系统。换言之，Agent 是组成系统的个体，也就是对象，对 Agent 自身的属性、行为及其之间的交互关系、社会性进行刻画，对复杂系统中的基本元素及其之间交互的建模与仿真，可以将复杂系统的微观行为和宏观"涌现"现象有机地结合在一起[40]，共同描述对象模型、动态模型和功能模型。在具有多个主体的场景中，多 Agent（Multi-Agent）的理论同样得到了广泛应用。Agent 与多 Agent 理论与技术为复杂系统的建模与仿真实现提供了一个崭新的途径。

Agent 模型的具体实现通常采用面向对象的软件建模方法，通过将 Agent 模型的能力和行为用软件工程定义的属性和方法来描述，同时规定不同 Agent 模型之间的裁决、交互[48-50]。例如，在定义坦克模型时，可以对坦克 Agent 模型的行为设置其移动动作、打击动作等，同时可以将火炮的打击能力、车载雷达的观察能力等作为其属性信息。

3. 典型案例

以上 3 种建模方法是当前进行作战仿真模拟的主流方式，每种方式都有各自的优点，也有各自的局限性，在面对极为复杂的问题时，仅仅采用一种建模方法可能是远远不够的，需要将各种方法融会贯通、灵活选用，针对具体问题场景构建最适合作战场景与实验想定的仿真系统。下面以 NavySim 仿真系统作为典型案例来介绍。

NavySim 是以 C4ISR 为中心的"构造型"（Constructive）海军综合仿真系统，具有基于事件推进的高效仿真引擎，提供了覆盖空战、海战、合同作战、联合作战、信息作战和特种作战等几乎全部作战领域的、具有不同层次粒度的模型体系，并采用了基于随机事件统计分析的蒙特卡罗方法，能进行战役、战术，以及战役与战术相结合的对抗仿真，适用于信息化条件下多军兵种联合作战计划分析评估，武器装备发展论证，试验、演练和演习，情报分析应用研究等。

NavySim 采用面向对象和体系结构建模方法，对联合作战指挥控制、作战方案、任务方案、通信方案、电磁辐射控制方案、数据融合、电子干扰等信息系统进行了建模，构建了以信息系统为核心的联合作战仿真模型体系，可用于多国参与，敌友关系灵活设置的红、蓝、绿等多方对抗仿真模拟。它支持的仿真规模可从战术级行动到战役级作战，仿真的作战时间可持续几小时到几十天，仿真实体数可达上千个。其工作流程如图 5-33 所示。

NavySim 支持多分辨率全要素模型构建，模型分类及组成要素如图 5-34 所示。图 5-34 中分别描述了指挥官和兵力资产的类别及建模要素。NavySim 中的指挥官是一个相对抽象的概念，可代表真实的某个或几个指挥员，或者是某个真实的指挥机构。而兵力资产则代表了战场空间中的具体兵力实体，主要包括系统和设施两类。

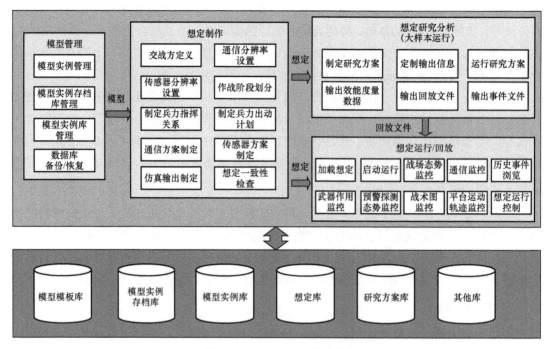

图 5-33 NavySim 工作流程

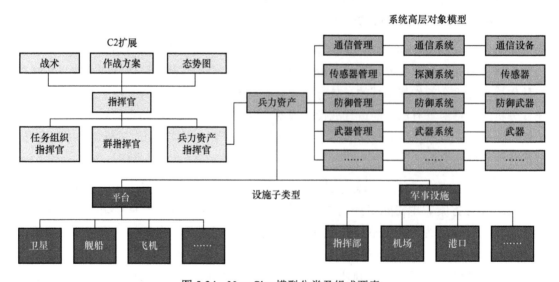

图 5-34 NavySim 模型分类及组成要素

以 NavySim 模型为例，其包括通信、信息/侦察/监视、数据融合、交战以及后勤等系统。每个系统又细分为具体的类型，并对模型粒度的层次和实现细节进一步展开。在根据模型管理模块构建想定时，模型管理可根据构建好的模型模板，参数化后形成能够在想定中直接使用的模型实例。其模型体系构建如表 5-20 所示。

表 5-20　NavySim 模型体系构建

	通　信	信息/侦察/监视	数　据　融　合
类型	• 卫星 • 点对点 • IP 网 • 广播网 • 移动自主网 • 战术数据链	• 雷达 • ELINT • IR • 光学 • 雷达干扰	基于空间未知的点迹到航迹关联与融合
模型粒度 层次	• 确定性通信 • 不确定性通信 • 路由通信 • 通信协议	• 简单参数 • 复杂参数 • 针对特定型号	• 使用完全关联的 DR 法 • 使用不完全关联的 DR 法 • 使用不完美关联的卡尔曼滤波法
细节	• 消息类型可定制，包括点迹、航迹、指令、状态、回执 • 多网络路由 • 备份和冗余路由 • 多种限制因素，可视性、距离、时延等	• 能报告的内容包括位置、速度、敌我属性、ID、数量 • 准确度和不确定性 • 复杂的三维探测范围	• 航迹初始化 • 点迹与航迹关联 • 航迹状态评估和预测

5.6.2　实验分析与评估技术

实验分析与评估技术主要解决如何设计实验方案，如何分析实验数据获取评估结果的问题，主要包括实验设计、探索性评估、关键要素分析等技术。

1. 实验设计技术

在对复杂作战场景下的作战效能评估时，不同实体之间影响非线性，实验空间（有时也称为情景空间）巨大，因此需要借助实验设计来制定实验方案，从而对实验空间进行合理采样，降低实验成本，提高实验效率。

实验因子是指影响实验结果的因素，一般可根据是否可控分为可控因子和不可控因子。因子水平是实验因子有限数量的可能值。只有一个因子的实验，称为单因子实验。具有两个以上因子的实验，称为多因子实验。同时具有多因子和多水平的实验又叫多因子多水平实验。响应是指实验的结果或输出，一般指通过实验改善后要达到的性能。实验效应随着因子的变化响应值的变化，主要分为主效应和交互效应。

根据实验是否一次性完成，可以将实验设计分为非序贯实验设计和序贯实验设计。其中非序贯实验设计的优势在于实验是一次性设计，适用于研究对象的影响因素众多且不清楚其内在关联的情况，实验设计与分析评估没有必然的耦合关系，对整个推演评估的构造要求较低。其缺点在于由于不确定实验对象的内在关系，需要设计多个实验样本点，实验周期往往较长，且缺少针对性的调整。序贯实验设计是另一种"边实验边调整"的实验设计思路。它将实验设计看成一个多次迭代的过程，每次迭代都要运行目标系统得到实验数据，通过分析数据得出下一轮迭代需要重点采样的区域，并据此进行下一轮迭代。

由于序贯实验设计只能用于单指标实验，因此主要适用于实验目标相对明确的医药、材料等领域。在军事领域的推演评估中，更多采用非序贯决策来制定实验方案，通过改变一个或多个实验因子生成不同的想定样本，在推演结束后，比较不同样本的推演结果。军事场景大多数为多因子多水平情况，为尽可能地覆盖实验空间，主要采用的设计方法包括全面析因设计、正交实验设计、田口实验设计、均匀实验设计和拉丁超立方实验设计等。

2. 探索性评估方法

探索性评估方法属于探索性范式，强调处理复杂问题的不确定性、方法手段应用的灵活性与综合性，以及评估论证的辅助性。首先采用分解等手段，将问题框架化、结构化，然后综合集成人机、人人求解方式以及多类别问题求解工具，逐步细化量化决策框架、减小问题的不确定性，最终得到符合目标需求或者接近目标需求的满意解。研究人员将基本想定中要素映射为计算机模型，设计指标体系，设计需要展开的实验，用仿真引擎开展推演评估，进行多次推演评估并收集数据。

如何从海量的数据中分析实验因子对作战效能各指标的影响是方案评估的重点。在获得数据后，针对想要探索的实验因子的类型不同，可以分为基于数学计算的方法和基于可视化的分析方法。

1）基于数学计算的方法

对于单个的可直接计算类型的指标，如人员死伤率、装备损毁率、前进速度、时间消耗等可以直接采用统计计算、数学解析的方法，以经典的概率论和数理统计为理论基础，对数据进行统计分析、回归、估计等，或者对作战方案评估指标进行计算，如平均数、倍数、百分数、简单的加减或加权计算得到相应的数值。

在对不同实验因子使用控制变量法进行重复分析时，平均数、中位数、众数能够直观地反映该实验因子对整体作战效能的影响；分析数据中的奇异值、离群值能够删除可能存在异常的实验设置；分析其数据分布的置信区间可以对实验的稳定性、可信性分析提供支撑；分析数据的方差、标准差则可以对数据的波动状态有较为准确的认知。

2）基于可视化的分析方法

使用基于可视化（图表）的分析方法进行数据分析，一是可以更快读取原始数据，检验假设；二是可以观察数据的分布特征，得到不同水平实验因子下对作战效能影响的发展趋势，从数据中寻找规律、趋势和异常，是一种十分直观、简洁、有效的数据分析方法。图表包括柱状图、直方图、茎叶图、箱状图、线状图、饼状图、散点图、雷达图等。

柱状图等可以分析表示一个或多个实验因子在不同水平取值下对某一指标或作战效能的影响，如人员素质对作战成功率的影响、武器数量对杀伤效果的影响等。线状图、散点图等可以用于观察数据趋势，主要展示数据随时间或有序类别的波动情况的趋势变化，基于线状图、散点图等还可以使用插值法、时序分析模型预测变化以节省计算资源。饼状图表示一组数据的占比，如战场中人员素质组成、武器装备组成等，也可以全面分析同一个指标的多个影响因素对其影响程度的大小，如天气状况、人员编队、某一武器装备数量等对作战成功率的影响。雷达图可以将多个分类的数据量映射到坐标轴上，对比某方案不同属性的特点，适用于了解方案的不同属性的综合情况，以及比较不同竖向的相同方案的差异。

3. 关键要素分析方法

作战效能评估通常可以从底层指标中直接获取，或者通过不同底层指标的综合计算获得，而对于想要更深刻地理解推演评估中模型要素的内在关系，探寻关键要素对作战实验整体的影响程度，则需要采用更进一步的分析方法。

关键要素的概念十分广泛。从作战要素来说，关键要素包括对作战过程影响重大的人员和部队、承担主要攻击作用的武器装备、能够提供后勤支持或通信保障的平台；从作战环境来说，关键要素包括利于进攻的关键地形、对后续作战计划顺利进行十分重要的关键场所、作战行动相关时间发生较为集中的作战热区、合适的进攻时间等；从指挥作战的角度来说，关键要素包括需要集中火力攻击必须攻下的关键目标、影响作战进程的关键行动、影响人员武器配置与整体作战方式的关键攻击方式等。一般而言，关键要素主要包括三个维度：

（1）找出在作战过程中对作战效能的影响程度极为显著的要素；

（2）在原有作战效能评估的基础上，通过改变某个要素的取值或调整某种顺序挖掘该要素对作战效能的影响；

（3）找出在作战过程中关联密切的要素。

关键要素分析主要有聚类分析、贝叶斯网络推断、关联关系分析等方法。

1）聚类分析

聚类是无监督学习方法的一种，不需要先验知识，简单地说就是"物以类聚"的思想，寻找数据之间的内在结构，依据数据对象的特征将数据对象划分成多个类或簇，同一个类中的对象具有较高的相似度，而不同类中的对象差别较大。聚类可分为基于层次的聚类、基于密度的聚类和基于网格的聚类等。使用聚类分析对海量的推演结果数据进行处理，可以发现数据中隐藏的模式、关系与信息，如可以依据作战发生的地理位置和频次识别作战热区，依据所有部队所在的地理位置、保障程度和承担的作战任务来识别孤立部队，确认部队是否需要支援等。

2）贝叶斯网络推断

如果想分析实验因素对整体作战效能的影响，包括增加或删除某一作战行动、调换行动之间的顺序、某一行动的完成程度不同，则可采用贝叶斯网络来进行推断。贝叶斯网络包括结构学习[45]和参数学习[46]。结构学习是有向无环图构建的过程，包括专家知识构建和数据学习构建；参数学习是在给定的网络机构基础上，从训练数据中学习条件概率分布表的过程[40]。根据贝叶斯网络的特点和进行仿真推演的需求，对作战效能评估进行模型构建，再根据根节点的先验概率以及子节点的条件概率等来推断不同要素之间的影响关系。

3）关联关系分析

关联关系分析是指分析实验过程中因素对因素的关系，也就是从数据中分析相互关联的因素，挖掘作战中存在的关联规则。关联规则也属于无监督学习方法，通过对数据的关联分析揭示数据中隐含的关联特征，反映一个事物与其他事物之间的相互依存性和关联性，从而挖掘出事物之间隐藏的联系规律，帮助用户找到有用的信息，为用户合理决策提供有效支撑。当前作战实验所采集的数据规模更加庞大、种类更加丰富、类型更加多样，其中的隐性知识也更多，价值也更高。在大数据中进行关联规则分析，可以借助分布式集群处理方式，解决存储和计算能力不足的问题。关联规则的挖掘方法可以通过扫描数据集合，发现其中的频繁项集，并在此基础上构造关联规则[40]。

4．典型案例

下面以美国智库兰德公司的 2009 年的一份报告[51]中探索性评估方法的应用为例进行说明。该报告对 2010 年来某地方政治形势和军事平衡的演变、2015 年前后影响该地区政治形势和军事平衡的关键因素等进行了评估，采用了战区级战斗建模、更简单的数学模型和历史分析的组合。早在 2000 年的报告中已经得到结论：战斗制空权为"成功进行两栖或空降攻击的绝对先决条件"，因此 2009 年报告对任务规划后的空战力量和其他要素进行分析，分析过程分为以下几步。

（1）建立空战模型。

（2）选取影响空战的 9 个关键要素（实验因子）及水平取值，如表 5-21 所示。水平取值分为基本力量、大规模力量两类，其中基本力量表示基于对 2013 年预测框架的战斗机数量；大规模力量表示对红方发展的假设，表 5-22 为预估红方战斗机数量表，表 5-23 为预估蓝方战斗机数量表。

表 5-21　报告实验参数取值

变　量	采用的实力
红方空军规模和组成	基本力量、大规模力量
蓝方空军的规模和组成	基本力量、大规模力量
红方空军机组人员的相对素质	其表现与第三方飞行员一样好、40%、60% 和 80%
红方空军协调大规模空袭及多架次战斗机出动的能力	基本力量案例：战斗机限制为每天出动一次 大规模力量案例：增强型战斗机每天飞行多个架次
蓝方和第三方空军基地是否针对精确制导弹药和巡航导弹的存在防御措施	将精确制导弹药和巡航导弹的效能降低了 75%
蓝方空军和位于某地的第三方空军在受到猛烈攻击的空军基地中出动战斗机架次的能力	原全面运作的基地可以生产的数量六分之一、四分之一和二分之一
蓝方地对空导弹（SAM）的生存能力	见表 5-24

（续表）

变　量	采用的实力
蓝方空军和第三方空军基地的避难所数量	基本力量案例：每个空军基地有 50 个避难所 大规模力量案例：每个基地的避难所数量增加到 66 个，第三方的 73 个，第四方的 36 个
第三方陆基和海基空中力量参与蓝方防御的程度	第三方航母打击群（CSG）：两个、一个或没有 在区域外作战：没有战斗机、一个 72 架 F-15C 飞行编队或一个 72 架 F-22 飞行编队

表 5-22　预估红方战斗机数量表

战斗机类型	2013 年估计	
	基本力量	大规模力量
S-30	73	150
S-27/F-11	116	130
某 A 型号歼击机	100	250
某 B 型号歼击机	62	100
某 C 型号歼击机	280	0
多角色战斗机	631	630
某 A 型号歼轰机	40	40
某 A 型号强击机	200	0
某 A 型号轰炸机	46	60
某 B 型号轰炸机	50	40
全方位攻击机/轰炸机	336	140
总计	1934	1540

表 5-23　预估蓝方战斗机数量表

战 机 类 型	基 本 力 量	大规模力量
某 A 型号歼击机	132	198
某 B 型号歼击机	57	57
某 C 型号歼击机	128	128
总计	317	383

表 5-24　蓝方 SAM 导弹拦截有效性

情　况	有效性/%			
	第 一 天	第 二 天	第 三 天	第 四 天
防空配置 1	50	0	0	0
防空配置 2	75	50	25	0
防空配置 3	90	80	70	60

（3）确定实验因子的水平取值。

（4）仿真采用全因子析因设计，对所有实验可能情况进行遍历，进行超过 3100 种案例仿真。

（5）通过仿真推演，得到结论。

① 图 5-35 显示了案例的运行结果，根据红方空对地交付的架次和战斗机损失的比率，底层柱状表示蓝方军队几乎肯定能阻止红方的进攻；中间柱状表示蓝方至少能够稳住阵脚；最上层柱状表示大约 40% 的案例是红方直接获胜。除了对所有仿真实验的整体分析，还分析了其他实验因子对任务目标的影响。

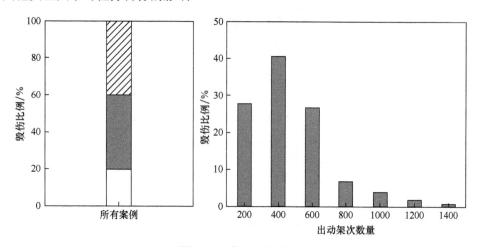

图 5-35　案例运行结果

② 红方空军规模和组成中，战斗机越好，升级比例越高，空中进攻就越成功，空对空指标中红方"获胜"的数量越多，如图 5-36 所示。

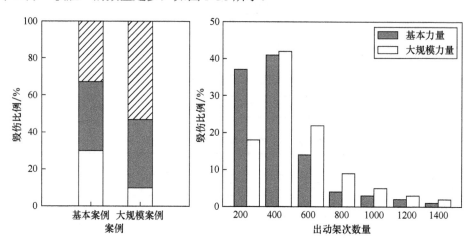

图 5-36　不同空军升级比例影响实验运行结果

③ 在机组人员素质中，红方空军机组人员素质对作战影响十分强烈，人员素质高低的比例从 80% 下降到 40%，红方"获胜"的比例从大约从 60% 下降到 15%。

除以上分析外，兰德公司 2009 年的报告中还对比分析了多项实验结果，并从蓝方的军力发展和第三方的援助等方面得出了相应结论。由此可以看出，探索性评估方法在作战效能评估方面可以发挥重要的作用，从"定性-定量-定性"的角度挖掘和分析作战效能评估中的不确定性。

参 考 文 献

[1] 谢苏明，毛万峰，李杏. 关于作战筹划与作战任务规划[J]. 指挥与控制学报，2017，3(4)：281-285.

[2] 武剑，王鸿，刘波. 军民融合推动战区作战规划系统建设[J]. 军民两用技术与产品，2018 (23)：5.

[3] 赵国宏，罗雪山. 作战任务规划系统研究[J]. 指挥与控制学报，2015，1(4)：391-394.

[4] 朱晓庆. 作战任务规划大数据建设探析[J]. 科学技术创新，2018(28)：2.

[5] 孙鑫，陈晓东，曹晓文，等. 军用任务规划技术综述与展望[J]. 指挥与控制学报，2017，3(4)：289-298.

[6] 卢锐，彭鹏菲. 基于深度强化学习的海上编队防空任务分配[J]. 火力与指挥控制，2023，48(6)：35-41.

[7] 唐苏妍，朱一凡，李群，等. 多 Agent 系统任务分配方法综述[J]. 系统工程与电子技术，2010(10)：7.

[8] 彭绍雄，申晨龙. 网络计划在舰艇后勤物资调度中的应用[J]. 项目管理技术，2014 (12)：98-100.

[9] DEMEULEMEESTER E L，HERROELEN W S. Project scheduling: a research handbook[M]. Springer Science & Business Media，2006.

[10] 袁利平，夏洁，陈宗基. 多无人机协同路径规划研究综述[J]. 飞行力学，2009，27(5)：1-5.

[11] 李志猛，刘进，李卫丽. 运筹学基础[M]. 2 版. 北京：电子工业出版社，2021.

[12] 尚鹏，戴剑伟，张剑伟，等. 任务清单规范性描述研究[C]//中国指挥与控制学会（Chinese Institute of Command and Control）. 第十届中国指挥控制大会论文集（上册）. 兵器工业出版社，2022：5.

[13] 董亚卓，郭颖辉，王成飞，等. 美军作战任务清单及其度量指标构建方法[J]. 指挥信息系统与技术，2023，14(2)：38-43.

[14] 杜伟伟，陈小伟. 作战任务层次化分解方法[J]. 兵工学报，2021，42(12)：2771.

[15] PEREIRA J，AVERBAKH I. Exact and heuristic algorithms for the interval data robust assignment problem[J]. Computers & Operations Research，2011，38(8)：1153-1163.

[16] 熊圣，孙志森，王孝国，等. 任务分配问题中的一种广义指派模型及其求解[J]. 军事通信技术，2016，37(4)：55-59.

[17] 王志坚. 导弹部队协同作战的组织和效能评价研究[D]. 哈尔滨：哈尔滨工业大学，2010.

[18] 解武杰，冯锦丽. 基于马尔可夫过程的防空武器目标选择[J]. 空军工程大学学报：自然科学版，2009，10(3)：37-42.

[19] 丁臻极. 城市环境下多无人机应急救灾任务分配技术研究[D]. 南京：南京航空航天大学，2016.

[20] 马巧云. 基于多 Agent 系统的动态任务分配研究[D]. 武汉：华中科技大学，2006.

[21] 闫路平. 多机器人合作追捕目标问题研究[D]. 哈尔滨：哈尔滨工业大学，2008.

[22] 林晨. 面向无人机集群任务分配的分布式算法研究[D]. 成都：电子科技大学，2019.

[23] DAVIS E W. Project scheduling under resource constraints—historical review and categorization of procedures[J]. AIIE Transactions，1973，5(4)：297-313.

[24] 方晨，王凌. 资源约束项目调度研究综述[J]. 控制与决策，2010 (5)：641-650.

[25] LEVCHUK G M，LEVCHUK Y N，LUO J，et al. Normative design of organizations. I. Mission planning[J]. IEEE Transactions on Systems, Man, and Cybernetics-Part A: Systems and Humans，2002，32(3)：346-359.

[26] JOHNSON T J R. An algorithm for the resource constrained project scheduling problem[D]. Massachusetts Institute of Technology，1967.

[27] FU Z，QU L. Research on Resource Rescheduling of Joint Operations Based on GA-MDLS[C]//2019 IEEE 3rd Information Technology, Networking, Electronic and Automation Control Conference (ITNEC). IEEE，2019：1944-1948.

[28] 蒋仕强. 高寒山地通信装备选址问题及求解方法研究[D]. 长沙：国防科技大学，2019.

[29] 王建江，徐培德，邱涤珊，等. 面向应急对地观测任务的多平台资源部署优化研究[J]. 运筹与管理，2019(2)：1-7.

[30] 顾蕾. 车辆路径规划算法及其应用综述[J]. 物流工程与管理，2019，41(8)：100-101，33.

[31] 侯小平，胡坚明，陈兴德. 部队陆空联合投送路径优化[J]. 军事交通学院学报，2017，19(5)：5-9.

[32] 宋树华，程承旗，濮国梁，等. 全球遥感数据剖分组织的 GeoSOT 网格应用[J]. 测绘学报，2014，43(8)：869.

[33] 李季，孙秀霞. 基于改进 A-Star 算法的无人机航迹规划算法研究[J]. 兵工学报，2008，29(7)：788-792.

[34] BOWERS A，PROCHNOW D，ROBERTS J. JTLS-JCATS: design of a multi-resolution federation for multi-level training[C]//Proceedings of the Fall 2002 Simulation Interoperability Workshop，2002.

[35] 殷兴良. EADSIM 仿真系统概况介绍[J]. 现代防御技术，1993(2)：47-52.

[36] BOURASSA N R. Modeling and simulation of fleet air defense systems using EADSIM[D]. Monterey, California. Naval Postgraduate School，1993.

[37] 唐忠，魏雁飞，薛永奎. 美军 EADSIM 仿真系统机理与应用分析[J]. 航天电子对抗，2015，31(3)：25-29.

[38] BENNINGTON R W. Joint simulation system (JSIMS)-an overview[C]//Proceedings of the IEEE 1995 National Aerospace and Electronics Conference. NAECON 1995. IEEE，1995，2：804-809.

[39] BUDGE L，STRINI R，DEHNCKE R，et al. Synthetic Theater of War (STOW) 97 Overview[C]//1998 Spring Workshop on Simulation Interoperability，1998.

[40] 刘树斌，王永明. 战役想定作业方法探要[M]. 北京：国防大学出版社，2003.

[41] 吴永波，沙基昌，谭东风. 基于本体的两阶段任务空间概念模型开发方法[J]. 国防科技大学学报，2005，27(6)：6.

[42] 李锋，万刚，曹雪峰，等. 作战计划时空建模与冲突检测算法[J]. 测绘科学技术学报，2015，32(4)：412-415.

[43] NAU D，AU T C，ILGHAMI O，et al. Applications of SHOP and SHOP2[J]. IEEE Intelligent Systems，2005, 20(2)：34-41.

[44] EROL K，HENDLER J，NAU D. Semantics for hierarchical task-network planning[R]. Technical Report CSTR-3239，Computer Science Dept. University of Maryland，1994.

[45] EROL K. Hierarchical task network planning: formalization, analysis, and implementation[M]. University of Maryland，College Park，1995.

[46] 罗旭辉，刘忠，张维明，等. 层次任务网络的作战计划建模及生成技术[J]. 火力与指挥控制，2009(12)：22-26.

[47] 葛永林，徐正克. 论霍兰的 CAS 理论——复杂系统研究新视野[J]. 系统辩证学学报，2002，10(3)：65-67.

[48] WOOLDRIDGE M，JENNINGS N R. Intelligent agents: Theory and practice[J]. The knowledge engineering review，1995，10(2)：115-152.

[49] 郭超，陈勇. 基于 Repast 的多 Agent 建模方法仿真实现研究[J]. 装备学院学报，2012，23(6)：97-100.

[50] 郑华利，杜伟伟，赵晓晓，等. 作战构想风险性评估模型[J]. 火力与指挥控制，2021，46(4)：110-115，121.

[51] DAVID A S，DAVID T O，TOY I R, et al. A question of balance: Political context and military aspects of the China-Taiwan dispute[M]. Washington DC：Rand，2009.

第 **6** 章

战场管理技术

战场管理的目的是实现作战域和作战资源的高效管理，支撑打击链的敏捷构建，是行动控制的重要前提。战场管理技术基于信息化、智能化手段，应对战场海量信息资源与多域作战环境的复杂性，构建数字战场，支撑战场资源与作战域的高效管理。本章主要介绍战场信息资源管理技术、作战域管理技术和数字战场技术。

6.1 概述

传统的战场管理是指对战场及战场上部队的各项管理，包括严格执行战场纪律、加强警戒勤务和交通调整勤务、构筑工事、严密伪装、疏散隐蔽和加强阵地生活管理等[1]。在信息化条件下的联合作战中，多域作战要素紧密融合，各军兵种之间作战领域交叉、作战效果重叠，作战的进程、范围、影响等都需要进行更精密复杂的管控，才能做到行动的协调一致。因此，战场管理已发展为通过运用数字孪生、人工智能、虚拟现实等手段[2]对包含网络、电磁等新型作战环境下各类作战资源进行动态组织和有效配置，提高对战场要素和作战环境的管理效率，支撑跨域协同。

战场管理需要解决的主要问题包括：如何对战场信息资源进行有效组织、治理、管理与服务，如何管理关键作战域以协调多域联合行动，如何构建数字战场提高战场管理的效率等。其中，战场信息资源管理是战场管理的前提，作战域管理是战场管理的主要应用，数字战场是战场管理的理想形态和落脚点。

1. 战场信息资源管理技术

一体化联合作战需要对战场资源进行统一管理，按需调度聚合计算存储、通信网络、战场感知、武器平台和后勤保障等各类资源，构建面向全军各类用户的共享服务体系，实现资源在全网全域的安全有序共享，以及战场资源的"可见、可管、可用"。

目前，对于战场信息资源管理的基本概念及其内涵存在着多种不同的见解。综合不同的观点，本书认为，战场信息资源管理是指面向战场环境，围绕战略、战役、战术目标，对战场资源进行感知获取并以数据形式传输、处理、存储、分发，为达成战场信息优势而进行的一系列活动的总称。战场信息资源管理是顺利开展和实施各项作战活动的重要前提和基础，是提高作战力量打击速度与精度的重要手段。

战场信息资源管理技术通过战场信息资源组织治理、战场信息资源处理管控和战场信息资源分发共享等技术实现战场信息资源的统一管理与分发使用。战场空间中的敌情、我情和环境等影响战场态势的重要信息构成战场信息资源。对战场信息资源进行有效管理，需要首先构建信息资源体系，对信息资源进行统一编码，再完成战场信息资源的组织与治理。战场信息资源处理管控采用分级存储的方式对战场信息资源分类存储，并在不同条件下利用集中或分散方式进行数据同步，并且通过身份识别与访问控制等技术对信息资源进行安全控制。战场信息资源分发共享利用发布订阅或主动推送等方式，向资源需求方按需分发共享信息，达到信息高效利用的目的。信息资源的发布订阅主要采取基于主题和基于内容两大类技术。主动推送的方式可以针对用户特点进行个性化、多元化的推荐，包括用户建模技术、对象建模技术和推荐算法等，可有效实现军事信息的精准服务。

2. 作战域管理技术

随着战争形态的变化，作战域已从传统的陆、海、空等域，拓展到太空、网络、电磁、认知等域。指挥机构需要根据战场态势与作战任务，对各作战域统一管控与高效利用，支撑多域作战行动的同步。

作战域管理的主要对象是作战行动密集、需要协调冲突、高效利用的公共作战域，包括空域、频域、网络域等。与之对应，作战域管理技术主要包括空域管理技术、频谱管理技术、网络域管理技术等。

空域管理技术主要包括空域规划设计技术和空域冲突检测与消解技术。其中，空域规划设计技术主要支撑空域划分、空域协同规划、临机规划及动态调整，基于"杀伤盒"将空域划分为多个三维立体作战空间，进行统一编码并作为空域管理的基本单元。在此基础上，支持协同空域规划、临机规划及动态调整，确保为联合作战中每一个空中平台（群）或武器分配合理的作战空间，满足其执行任务和作战机动的需要。空域冲突检测与解脱技术依据空域基础数据模型、飞行计划和空域管控计划，通过冲突检测技术及时发现可能的空域冲突，并根据预先定义的空域活动规则，生成空域冲突解脱方案。

频谱管理技术通过频谱信息获取、频谱分析决策、频谱管理控制及频谱应用服务等环节，对军事频谱资源实施有效管控。频谱信息获取通过频谱检测体系对战场中用频设备进行监测、分析与评估，指导战场频谱监测和使用计划编制。频谱分析决策基于获取的频谱信息对作战区域内用频设备进行统一的频谱规划和调整，对特定任务用频需求进行筹划，实现与电子战行动的协调。频谱管理控制根据频谱使用情况采用频率指派算法对战场频谱资源进行动态分配，动态调整并分配频谱资源。频谱应用服务为各类用频设备提供有效的频谱接入手段，保障用频设备有效运行。

网络域管理技术通过对网络资源进行监视、配置、分析、评价和控制，实现对网络硬件、软件的使用、综合与协调，以保持或维护对网络信息和网络运行活动的控制权。根据网络域资源的管理和共享方式，相关技术可以分为中心化管理、边缘网络资源共享、跨域异构自组网等三类技术。其中，中心化管理技术是通过集中化的方法将资源和数据保护在尽可能受控的环境中，以严格的身份认证、密级配置、区域划分等来保护系统和数据安全。边缘网络资源共享技术面向一线作战任务部队，采用边缘计算、云计算等技术来完成资源的实时共享和聚合。跨域异构自组网技术重点解决如何将不同作战单位、不同协议规范的网络资源连接起来的问题，实现面向任务、面向指控的战场自组网。

3．数字战场技术

数字战场的含义是：

（1）将战场上的各种信息转换成数字信息；

（2）利用数字式传输、处理系统将这些数字信息在各种作战平台和各作战单位（直至单兵）之间传输、处理，实现实时信息资源共享；

（3）形成及时掌握战场态势、具备战场控制能力的多维信息空间。

数字战场技术主要包括数字战场环境技术、计算机兵力生成技术和基于数字战场的平行控制技术等。

数字战场环境技术主要包括三维重建技术、测绘技术和人机交互与虚拟现实技术等。三维重建技术根据传感器接收信息的不同方式可以分为"主动式"和"被动式"两大类。"主动式"主要包括结构光、飞行时间（Time of Flight，ToF）和主动立体视觉等，"被动式"主要包括双目视觉和多视角立体视觉等。近年来，测绘技术的发展逐渐从模拟测绘过渡到数字测绘再到信息化测绘。模拟测绘多以光学测绘仪器手工测绘为主。数字测绘开始使用电子测绘仪器，全球定位系统（GPS）、遥感技术（RS）和地理信息系统（GIS）等技术。信息化测绘则基于航空航天遥感影像、LiDAR 点云数据等多源遥感数据，运用先进测绘地理信息技术得到地理实体、实景三维模型等多元化地理信息产品。随着人工智能技术的发展，人机交互与虚拟现实技术也在不断迭代，主要包括虚拟现实（Virtual Reality，VR）、增强现实（Augmented Reality，AR）、混合现实（Mixed Reality，MR）和扩展现实（Extended Reality，XR）等技术。

计算机兵力生成（Computer Generate Force，CGF）技术指的是由计算机自动生成并能对其全部或部分动作和行为实施自主控制或指导的仿真兵力，它主要关注模拟装备和虚拟兵力的物理与认知行为表达。CGF 通过对作战实体行为建模从而根据输入态势输出应执行行动的行为模型，达到构建自主兵力（Automated Forces，AF）的目的。AF 的行为从模拟人的理性和行为获取方式两个维度出发，主要包括以下几种方式：像人一样行动——基于专家经验的行为建模方法，像人一样思考——基于规划决策的行为建模方法，以及人完全理性的合理行动——基于人工智能的行为建模方法。

基于数字战场的平行控制技术主要包括实时态势数据引接与处理、仿真实体动态生成、多分支态势智能生成、平行仿真推演引擎和态势要素分析预测等。这一控制方法可定义为通过虚实系统互动的执行方式来完成任务的一种特殊的控制方法，其特点是以数据为驱动，采用复杂系统建模工具，利用计算实验对系统行为进行分析和评估，是数据驱动控制和计算控制的有机结合。

本章的主要内容如图 6-1 所示。

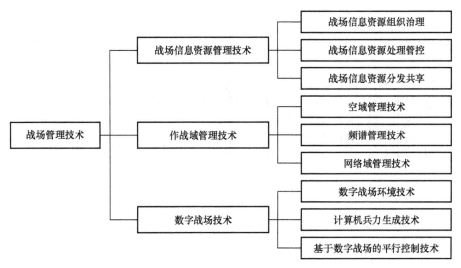

图 6-1　本章的主要内容

6.2　战场信息资源管理技术

战场信息资源管理是顺利展开和实施作战活动的重要前提和基础，其主要技术包括战场信息资源组织治理、战场信息资源处理管控和战场信息资源分发共享等。

6.2.1　战场信息资源组织治理

战场信息呈现出海量、多元、复杂、动态、异构等特点，增加了信息组织、存储、检索和分发的难度。不同军兵种之间的信息系统往往独立建设和发展，容易形成信息孤岛。因此，需要对战场信息进行统一的组织与治理，整合各个孤岛上的信息，这是信息服务与共享的前提。

1. 战场信息资源组织技术

战场信息资源组织技术的目的就是把无序的战场信息转化为有序的战场信息，以方便信息的有效处理和利用[3]。

1）战场信息资源体系构建

战场信息资源包括战场空间中与敌情、我情、战场环境密切相关的，以及支撑作战行动中侦察预警、指挥控制、火力打击、效果评估、综合保障等活动的所有信息资源[1]。战场信息不同于一般的军事信息，其具有强烈的战场属性，与作战地域、作战力量、作战环境密切相关。根据战场信息资源对象可将其分为战场己方信息、战场环境信息和战场目标信息，如图6-2所示。

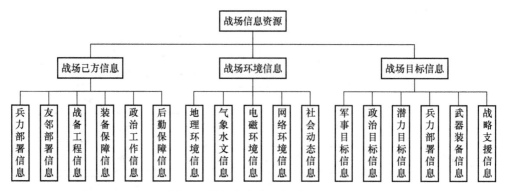

图6-2 战场信息资源体系示意图

战场己方信息资源包含己方所有态势情报信息，用于帮助指挥员掌握己方状态，主要包括以下几种：兵力部署信息、友邻部署信息、战备工程信息、装备保障信息、政治工作信息、后勤保障信息等。

（1）兵力部署信息反映联合作战部队实时或准实时地理位置的信息，以及部队人员编制、实力、临战训练、作战准备、战场管理、战损战果等方面的信息。

（2）友邻部署信息反映作战友邻部队实时或准实时地理位置的信息，以及编制、实力等信息。

（3）战备工程信息是指为战备需要修建的各种工程的相关信息，包括交通工程、通信工程、人防工程等战备工程的位置、类别、属性等方面的信息。

（4）装备保障信息由装备保障机关各业务部门负责收集汇总、编目存储的有关军队装备性能、调配、维修等方面的信息。

（5）政治工作信息由政治机关各业务部门负责收集汇总、编目存储的包含人员士气、"三战"能力、组织结构、干部任免、宣传工作、保卫工作、群众工作等方面的信息。

（6）后勤保障信息主要包括为满足军队作战需要，组织实施的财务、被装、卫勤、交通运输、基建营房等方面的信息。

战场环境信息是指战场及其周围自然地理情况、电磁环境、社会条件等信息，主要包括：地理环境信息、气象水文信息、电磁环境信息、网络环境信息、社会动态信息等。

（1）地理环境信息是指作战区域及其周围对联合作战活动和作战效果有影响的各种地理因素和条件，包括战场地理环境、导航定位、各类测绘导航成果、军事地理与兵要地志等信息。

（2）气象水文信息是战场自然环境的有机组成部分，由战场空中气象环境、海洋水文气象环境以及地面气象水文环境构成，是战场自然环境的重要组成部分，包括战场上与遂行作战任务、保障作战活动相关的气象水文状态与活动信息。

（3）电磁环境信息是指战场空间内对作战行动有影响的电磁活动情况等信息，包括敌我双方进行指挥通信、电子对抗时，各种武器装备所释放的高密度、高强度、多频谱的电磁波，以及民用电磁设备的辐射和自然界的电磁波等信息。

（4）网络环境信息是反映当前网络通联状态、终端可控状态等敌我网络环境的信息，由信息保障部门技术人员侦测或依靠网络安防软件自动感知。

（5）社会动态信息是反映战场内民众或组织进行集会、游行、示威、实施暴动等实时社会动态信息，以及社会运行机制、宗教信仰、舆论等信息。

战场目标信息是关于敌方目标状态情况的信息，主要包括以下几种：军事目标信息、政治目标信息、潜力目标信息、兵力部署信息、武器装备信息、战略支援信息。

（1）军事目标信息是指敌方军事目标状态及趋势变化信息，包括敌军的体制、编制、实力、武器装备数量情况与性能、训练情况、作战特点、战史、指挥员特点、宗教信仰等信息，以及指挥通信、侦察预警、火力打击、联合训练、武器装备试验、后勤保障等设施或平台信息。

（2）政治目标信息是指具有政治性质且与军事目的或者军队作战行动有直接关联的目标信息。此类目标主要由担负着一个国家或地区的政策制定、具体执行、宣传监督等职能，是保证国家或地区正常运转的组织和领导中枢，对国家政治行政安全有重大影响。它通常包括各级政府机构、党派团体机构、首脑要员官邸及传媒机构等。

（3）潜力目标信息主要包含用于支撑战争的物质生产设施，如电力工业设施、石化工业设施、军工企业设施、冶金工业设施等目标信息。这类目标决定一个国家或地区经济发展和战争潜力，是战争中优先选择与打击的重要目标。

（4）兵力部署信息反映敌方兵力地理位置，以及部队人员编制、实力、临战训练、作战准备、集结地域机动路径等信息。

（5）武器装备信息反映武器平台配置等情况，包括车辆、飞机、舰船、导弹、火炮、枪支、网络、通信平台等信息。

（6）战略支援信息包含敌方非直接参战支援力量，包含其他联盟提供的网络、卫星、情报、通信等支撑资源有关的信息。

2）战场信息资源组织编码

战场信息资源组织编码是存储、处理、交换及共享信息资源的基础，建立一个完善的战场信息资源组织编码体系，对战场资源基础数据库建设、信息共享和各类应用系统运行都至关重要。信息分类是根据信息内容或特征，将信息按照一定的原则和方法进行区分和归类，建立起一定的分类系统和排列顺序，并用一种易于被计算机识别的符号体系表示出来的过程。分类是人类认识世界的工具，它把客观对象按照一定的概念组织起来，成为一个有条理、便于理解的系统。编码是指对分类结果进行标识，以便计算机能够识别。任何信息系统都必须有信息分类与编码体系，信息的存储、管理、分析、输出和交换都必须以其分类与编码为前提和标准。

代码结构是指构成代码的符号集、代码长度和符号排列规则。不同的代码结构有不同的符号集，如有的用数字，有的用字母，或者二者兼用。代码长度和符号排列规则是结构的关键属性，不同长度代表不同的信息量，一般来说，代码越长，信息量越大，但太长不利于记忆、理解和处理。在代码中，符号排列规则是信息表达的核心。

代码有两大类，即无含义代码和有含义的代码。无含义代码是指代码本身无实际含义，代码只作为信息的唯一标识，起替代信息名称的作用，代码本身不能提供任何有关信息。有含义代码是指代码本身具有某种实际含义，不仅作为信息的唯一标识，还能提供有关信息便于记忆和操作。一般的编码方法有：顺序编码、重复编码、成组编码、十进制编码、专用编码、组合编码等几种，编码原则如下。

（1）唯一性。每个编码对象仅被赋予1个代码，在整个系统中，1个代码唯一表示1个对象。

（2）简单性。代码结构应尽量简短，以节省计算机存储空间和减少代码的差错率，提高计算机处理效率。

（3）可扩展性。代码结构必须能适应同类编码对象不断增加的需要，必须对新的编码对象留有足够的备用码，以适应不断扩充的需要。

（4）规范性。在一个信息编码标准中，代码的结构、类型以及编写格式必须统一，并且保证同类信息的代码长度相同。

（5）适用性。代码要尽可能地反映分类对象的特点，易识别，便于记忆，便于填写。同时，代码结构要与分类体系相适应，空间信息编码应兼顾制图与GIS空间分析。

除以上原则外，还必须考虑编码要能反映数据的级别、时态、状态等信息。

代码空间可以简单地理解为可能编码的范围，即构成代码的符号集的大小，如某一代码长度为2位，数值型，则可知其代码空间为90，即代码范围为10～99。如果代码空间划分不当，则会造成各类信息的代码长度相差太大，这给代码的设计和管理带来许多不便。代码空间需根据实际统计出的信息种类多少来确定。

2．战场信息资源治理技术

战场信息来源众多，质量参差不齐，需要针对这些信息资源进行数据治理以提升数据的可用性。战场信息资源治理技术主要包括数据质量治理与数据资产管理。

1）数据质量治理

数据质量治理需要从多源异构数据源中构建业务元数据，包括数据标准、数据模型和数据质量规则。对异构数据源数据进行分类，区分出数据基础属性、描述信息和原始数据。对于基础属性和描述信息，基于构建的业务元数据对这两类数据的关键数据项进行校验分析，通过人工校验和自动化校验区分出噪声数据和重要数据，对于校验发现的有问题的重要数据，通过数据覆盖、数据过滤、数据补齐的数据清洗手段，保证数据的规范性、有效性和关联性。数据覆盖以信息数据的唯一标识为基准，对于汇聚的重复数据，使用时间上靠后的数据覆盖较早的数据，保证数据的唯一性。数据过滤通过业务元数据中设定的过滤规则将脏数据和不完整的数据过滤掉，不允许空值或数值超范围。数据补齐基于业务元数据定义，对汇聚的信息数据中的缺失项、错误项以及数据间的关联关系进行补充或修改。对于基础属性和图像描述信息，基于构建的业务元数据实现数据标准转换、代码翻译和字段归一化。数据标准转换将异构源数据中非标准的数据结构转换为标准的实体标签模型，将非标准的数据字典转换为标准的数据字典。异构源数据中某种类型的数据可能存在不同的表达方式，如时间类型数据可能存在"yyyyMMddhhmmss、yyyyMMdd、ssmmhhddMMyyyy"不同的表现方式，需要对这类数据字段进行转换，从而提供准确的时空信息。

数据具有时间和空间强关联的特性，采集的数据应具备完整的采集时间与位置信息。当时间或空间数据异常时，会严重影响数据相关业务应用的成效。因此，对于资源基础属性数据、数据描述信息以及原始数据，需要进行质量、时间、采集经纬度、数据量等方面的关键属性治理。

2）数据资产管理

数据资产管理，根据数据的采集位置、内容的敏感程度对数据进行分级，以数据资产的形式确定哪些数据是完全开放的、对部分用户开放的或私有的。不同级别的数据根据数据来源、业务属性进行分类。在分级分类的基础上，构建数据资产目录和元数据，对分级分类后的数据进行描述。同时，对数据的资产变更情况进行详细记录，查看每类数据的总量情况和变化情况，对数据库及数据表的数据量进行分析。设计策略对海量的信息数据进行自动化数据归档、清理，通过对数据的生命周期进行管理，有效控制在线数据规模，提高数据访问效率以减少系统资源浪费。针对跨级跨域汇聚数据面临的来源多样、数据量大、非结构化特性、元数据不规范、数据质量参差不齐等问题，结合接入汇聚数据的方式特点和内容特点，对数据通过一系列数据质量管理手段和数据资产管理功能进行治理，为后续的数据应用提供资源支撑。

6.2.2　战场信息资源处理管控

战场信息资源处理管控可实现海量战场信息资源的分级存储与高效管理，支撑信息资源的按需快速提取，提高战场信息资源的利用率。

1. 战场信息资源分级处理技术

单一的服务器难以处理每时每刻都在增长的海量战场信息，并且面临单点失效的风险，因此需要将信息存储到不同层级的设备中，以方便处理。

1）战场信息资源分级处理

分级处理，顾名思义，就是将信息分为不同的等级，分别在不同层级的信息基础设施或设备中处理。根据其在网络中所处的位置，可以划分为云、边、端3个层次。

云，指云计算和云平台，它们位于网络中心，面向全网提供大规模的计算、存储和网络资源，能够进行大数据的分析和处理，以及复杂算法和应用的部署。此外，云服务还能提供统一管理和安全保障等服务。

边，指边缘服务器或边缘计算平台，它们位于离用户或终端较近的网络边缘，为某一特定区域提供存储、计算和通信等资源，能够减轻中心云服务的负载，提高了数据处理效率和响应速度。

端，指物联网设备、智能手机、各类移动平台上的智能处理器等终端设备。这些设备具备一定的计算、存储和通信能力，可作为用户设备访问云、边提供的服务，相互之间也能按需进行协同。

综合来看，云、边、端分别对应数据处理的不同层次和位置。这种分层分级的数据处理模式，提高了数据处理效率和响应速度，降低了网络带宽和能耗，同时也提高了隐私保护和安全性。

如图 6-3 所示，美军联合信息环境（Joint Information Environment，JIE）以分级处理的方式建立多级数据处理节点，通过整合数据中心的方式管理数据，目前中心整合工作已取得明显进展，计划关闭接近 50% 的国防部数据中心，剩余的数据中心将整合成为军事要地处理节点、特殊用途处理节点和战术处理节点[2]。其中，军事要地处理节点将向国防部的军事要地提供中心云服务，并为无法使用核心数据中心的系统提供主机。未来规模较小、安全、有弹性、高效的军事要地处理节点将合并为 800 个。特殊用途处理节点是固定设施中的一种固定的边缘云，将提供不能或不应由核心数据中心和军事要地处理节点提供的专用功能，如气象、医学、建模仿真、试验靶场、教学活动，以及研究、开发、试验与鉴定等相关功能的计算处理服务。战术处理节点作为端服务将为战术前沿作战人员提供支持，能够适应战术环境或可部署的需求。战术处理节点可利用多种不同的接入方法连接到联合信息环境的网络中[2]。

2）战场信息资源同步

常见的战场信息资源主要有以下几种同步方式。

（1）自然同步方式。当数据写入一个节点后，其余节点均复制一份相同的数据。这个过程是自动同步的，意味着所有节点的数据都是相同的。

（2）相对同步方式。当一个节点的数据发生变更后，只传输同步发生变更的那部分数据。这种方式可以有效地节约网络带宽资源。

图 6-3　美军联合信息环境资源分级处理示意图

（3）周期同步方式。按固定的更新周期，将一个节点中发生变更的数据同步至网络中的其他节点。每个节点都可以独立对数据进行调用或修改。

（4）容量同步方式。设置变化数据容量门限，当变化数据的容量达到门限值后，向其他节点发送同步数据，避免数据无更新时的频繁周期同步操作。

同步分发技术调用分发管理数据库访问接口获取分发规则和用户信息，通过分发规则进行匹配计算，将满足用户分发规则的数据向用户发送，如图 6-4 所示。

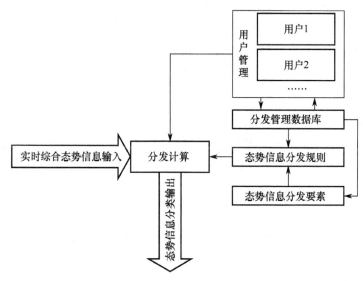

图 6-4　同步分发技术示意图

2. 战场信息资源安全管控技术

战场信息资源安全管控技术通过对信息资源使用者的身份识别与管理访问权限，实现用户按照权限访问数据的目的。

1）信息资源访问控制技术

信息资源访问控制技术对系统中各主体对信息资源的访问及其安全进行控制，包括自主访问控制和强制访问控制两类。自主访问控制允许基于访问对象的属性来制定针对该对象的保护策略，通过授权列表（或访问控制列表）来限定哪些主体针对哪些信息资源可以执行什么操作，并允许对策略进行灵活调整。强制访问控制给主体和信息资源分配不同的安全属性，而且这些安全属性不像访问控制列表那样可以轻易被修改。系统通过比较主体和信息资源的安全属性决定主体是否能够访问信息资源，可以防范用户滥用权限，具有更高的安全性，但实现的代价也更大，适用于安全级别要求较高的场景。随着安全需求的不断发展和变化，自主访问控制和强制访问控制等基于实体属性的安全控制已经不能满足需求。与之不同，基于角色的访问控制的基本思想是针对安全需求构建用户集和角色集，用户通过被指定为一个合适的角色来访问信息资源，以实现灵活和细粒度的安全控制。每一个角色都具有其对应的权限，而用户在不同场景下可被指定为不同的角色。其中，角色是安全控制策略的核心，可以分层且存在偏序、自反、传递、反对称等关系。

在构建跨域安全体系中，可以采用零信任安全模式进一步增强安全性，其基本假设是"永不信任，永远验证"。与传统的安全模式不同的是，零信任安全模式默认不信任网络内的任何人、设备和系统，对所有用户和设备保持严格的访问控制和验证。这种模式通过不断验证和授权用户及设备，采用整体的安全方法，最大限度地减少潜在的攻击载体，能够在跨域资源访问过程中最大限度地保护信息资源的安全性。

例如，美军在联合信息环境中，实现了身份管理认证与授权服务的多样化组合解决方案[4]。在其中运行的所有设备、系统、应用和服务都需要贯彻实施统一和严格的身份认证与访问管理策略，要遵循相关的指导方针及实施标准。其最终目标是，确保人员和非人员实体不管在任何地点、任何时间都能够安全地访问所有经过授权的国防部资源。

2）信息资源可信流转技术

数据已经成为一种"资产"和"战斗力"，需要有效共享和利用。但由于作战中的保密要求，数据一旦跨域流转，就面临控制与溯源的难题。同时，它还需要具备合理的评价机制，用于确定数据提供方的贡献、界定数据失控时的责任。

针对这一问题，区块链技术可用于在跨域部门之间建立信息流转的信任机制，实现信息资源的可信溯源与认证，促进信息跨域流转与融合[5]。通过数字水印将标识信息嵌入到数据载体内部，采用 SHA256 或更加安全的哈希算法生成唯一哈希值，可作为战场信息资源在流转时的唯一标识。同时，将数据流转的时间、轨迹、访问等信息记录在区块链上，可利用区块链分布式防篡改的特点确保数据流转日志的安全性。一旦发生信息资源的使用权责问题，可以根据链上存证的流转记录，确认信息资源的所有权与流转过程，界定信息资源是否存在泄露或越权问题。同时，可以利用区块链通证机制激励网络中节点参与数据共享，贡献资源力量。记录信息资源流转的区块链节点越多，越能增强信息流转记录的安全性与可信性。

例如，2021 年，美军明确将数据定位为战略资产，加强数据融合共享，发挥数据价值。美空军为了确保增材制造部件的全寿命流转跟踪，与 Simba 公司签订合同，开发区块链技术，实现装备部件和军用物资的全程追踪溯源。

6.2.3　战场信息资源分发共享

战场信息资源可通过发布订阅或者智能推荐的方式进行分发共享。如果数据量大或安全限制而无法直接共享数据，则可利用机器学习技术从数据中提取出模型或知识后再进行共享。

1．战场信息资源发布订阅技术

发布订阅技术根据订阅模式可分为基于主题和基于内容两大类。基于主题的订阅系统将所有事件按照主题划分成组，每个事件只属于一个主题，订阅者在订阅信息时，指明对哪个主题感兴趣，当发布该主题下的事件时，系统会自动将其发送给订阅者。基于内容的订阅系统则由订阅者指定感兴趣事件的约束条件，表达兴趣，系统根据是否满足订阅约束条件来判断是否需要将某个事件相关数据转发给订阅者。订阅可表达为对事件某些属性取值约束的组合。

战场信息分发系统是一种使发布者和订阅者以匿名方式进行战场信息共享的分布式系统，是发布订阅技术在军事上的一个典型应用，具有异步、松耦合、透明传输的特点。它由接入战术网络的信息分发代理服务器及客户端组成，每个服务器是一个代理信息分发的节点，每个代理服务器节点为一定数量的本地客户端提供服务，所有分发代理节点形成一个分布式的拓扑结构。战场信息分发系统工作流程如图 6-5 所示。首先，作战用户根据自身的信息需求通过订阅客户端向所在的信息分发代理服务器进行订阅，即图中的流程①。为保证发布的信息能够准确、及时地分发给相应的订阅用户，各分发代理服务器会实时地同步用户的订阅信息，即流程②。流程③是用户通过发布客户端进行战场信息（事件）发布的过程。流程④是分发代理服务器将用户订阅与事件进行匹配的过程。流程⑤是事件与部分用户订阅匹配成功后，向其进行分发的过程。

2．战场信息资源智能推荐技术

战场信息资源智能推荐技术可以针对用户特点进行个性化和多元化的推荐，是一种有效解决军事信息精准服务问题的技术。该技术主要包括用户建模技术、对象建模技术和推荐算法等三个方面。

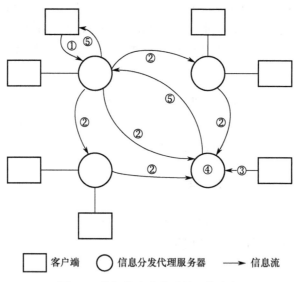

客户端　　○ 信息分发代理服务器　　→ 信息流

图 6-5　战场信息分发系统工作流程

1）用户建模技术

不同的军事信息用户关注的信息内容是不同的。在进行信息的智能推荐之前需要先对用户进行建模，描述不同用户的信息偏好。用户建模的过程如图 6-6 所示。

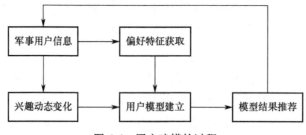

图 6-6　用户建模的过程

对于用户的显性特征，可通过用户注册填写或个性化标签设定等主动方式获取，该方式的优点是简单高效，能够快速定位用户偏好；缺点是浪费用户浏览时间，泄露用户隐私。对于用户的隐性特征，可通过数据挖掘技术，对用户的浏览、转发等信息交互行为数据进行分析挖掘，从而得到用户潜在的偏好特征。该方式的优点是可自动挖掘出用户潜在的信息偏好，缺点是结果未必完全准确，可能出现与实际不符的现象。

用户的信息偏好可能动态变化，因此还要考虑区分用户的长期偏好和短期偏好。以作战人员为例，平时可能更多地关注训练动态的信息，战时可能更多地关注战场作战的信息。在构建军事信息用户偏好特征模型时应加入情景（如时间、地点、天气、需求等）特征。情景感知还需要对情景进行建模，可以采用逻辑模型（规则表示）、本体模型（对客观存在进行抽象）、图模型等方法来实现。

2）对象建模技术

常见的军事信息对象主要包括文本、图像、视频、音频等，对于不同类别的推荐对象要分别建模。下面以军事应用中常见的文本对象为例进行说明。对于文本可以采用基于内容的建模方法，利用关键词抽取算法对文本内容进行关键词抽取，基于文本内容对关键词进行相似度计算，进而判断文本间的相似性。目前可用的关键词抽取方法主要有词频－逆文本频率（Term Frequency–Inverse Document Frequency，TF-IDF）算法、文本排序算法、潜在语义分析（Latent Semantic Analysis，LSA）算法和线性判别分析（Linear Discriminant Analysis，LDA）算法。TF-IDF 算法是一种基于统计的计算方法，常用于计算文档中一个词对该份文档的重要程度。文本排序算法的基本思想源自谷歌的页面排序算法，主要用于文本关键词抽取。它的优点是可以不依靠语料库，具有较高的独立性。通过对某一文本内容的单独分析，可实现关键词的自动提取。其基本原理是将文本划分成若干语句，基于句子组成成分分析，利用图模型对单词重要性进行排序，最后，选择前 n 个词语作为该文本内容的关键词。LSA 算法与潜在语义索引算法可以认为是同一种算法，但又有些区别。其相同点是都要统计大量文本集，对文本的潜在语义进行分析，不同点是潜在语义索引算法还会在统计分析结果的基础上创建相关的索引。LDA 算法是人工智能领域中的经典算法，其基本思想是先假定文本中主题与文本关键词服从狄利克雷分布，根据先验分布和数据观察，拟合出多项式分布规律，得出 Dirichlet-multi 共轭结果，并根据共轭结果预测文本中主题与文本关键词的后验分布，即对应关键词抽取结果。

图像、视频一般可以采用基于图像特征的建模方法，通过图像处理技术对视频的内容特征进行抽取，包括视频关键帧向量、封面图向量、图像清晰度、图像标签等。图像、视频也可以采用基于标签的建模方法，抽取图像、视频的语义特征，包括标题、关键词、标签、视频源等。在此基础上，根据一定的规则去关联用户和内容。

3）推荐算法

目前主流的推荐算法大致可以分为四类：协作过滤的推荐算法、基于内容的推荐算法、基于网络结构的推荐算法和混合推荐算法。

其中，协作过滤的推荐算法可以分为基于用户和基于对象的算法。基于用户的算法是指经过对用户间的相似度计算，从而把相似用户感兴趣的内容推荐过来。例如，用户甲偏好 A 类信息，用户乙偏好 A 类和 B 类信息，就能够将 B 类信息推荐给用户甲。基于对象的算法是指经过计算对象间的相似度，从而把与某一用户感兴趣的对象的相似对象推荐出来。如某用户偏好 X 类对象，Y 类与 X 类对象较为相似，就能够将 Y 类对象推荐给该用户。基于内容的推荐算法是指依据用户浏览的信息内容特征进行推荐，需要计算出用户与不同内容信息间的相似度，而后根据相似度值的大小排序，将前 n 个对象推荐出来。其优点是简单高效，缺点是推荐内容较为相似，缺乏多样性。基于网络结构的推荐算法是将用户和对象间的行为关系转换为网络中的节点和边，通过对网络结构的分析进行推荐。其优点是可扩展性强，新用户或新对象可以作为新的节点加入网络，不存在"冷启动"问题，缺点是网络结构较为复杂，计算量大。混合推荐算法是指采取混合策略使用多种推荐算法，这样可以弥补单一算法的不足，从而将更佳的推荐结果展示给用户。但对于不同的推荐用户和对象，如何选择推荐算法进行混合推荐是关键。此外，针对军事用户的特殊性，还可以基于各类作战场景设计推荐算法。例如，为作战行动单元进行基于地理条件、气象环境的推荐，基于情报分析结果为心理战、舆论战人员提供情感与社会域分析的推荐等。

例如，美军在近几年"融合项目"演习中，美军的杀伤链构建中的每一步都与战场信息资源分发共享密不可分。在侦察阶段，通过战斗云服务器收集并整合来自不同传感器的探测数据，运用智能算法分析找到威胁和目标，并制定相关的打击策略。然后，利用战场信息资源推送服务将相关的目标信息推送至相应的射手平台，帮助其完成打击任务。"造雨者"系统可以收集来自低轨侦察卫星、F-35B 隐身战机、无人机等多个平台搭载的各类传感器获得的信息资源，经过融合处理后，转化为射手可直接使用的目指信息，根据订阅者需求，发布给不同指挥员与射手调用，打通传感器到射手平台的数据链路，为射手平台执行任务提供信息资源支撑。在 2020 年 9 月的美陆军"融合项目"演习中，通过将传感器数据及时分发给武器系统，实现了从发现目标到打击目标 20 s 的杀伤链闭环。

6.3 作战域管理技术

作战域主要包括陆域、海域、空域、太空（天）域、频域和信息（网络）域等作战领域，如何针对作战域自身特点获取战场信息，联合各作战域作战力量，控制关键公共作战域，从而实现对全局作战域的管理整合，是作战域管理技术需要解决的难题。本节重点介绍空中、频谱及网络三大公共作战域的管理技术。

6.3.1 空域管理技术

空域作为地球陆地和海洋上空的大气空间，是航空器进行空中航行的活动场所。联合作战需要对空战场进行有效管控，包括对空战场进行规划设计，对空域资源进行配置运用，对用空行动进行协调控制，确保作战顺利实施以及提升联合作战效能。联合作战空战场管控的基本概念如下[6]。

（1）空战场管控的主体是参与联合作战的各级指挥员及其指挥机关。联合作战战场空域规划的主体由战略、战役和战术各级指挥机构空域管理部门组成。

（2）空战场管控的对象是整个战场空域，管控活动涉及战场上所有空域用户。管控活动涉及整个战场所有用空单元，不仅包括战场空域内各类航空器，还包括导弹、高炮和气球等占用空域并影响空中飞行的各种用空单元。

（3）空战场管控的目的是确保诸军兵种各类用空行动顺畅有序，通过合理配置空域资源，从源头上消除各类行动的用空矛盾冲突，有效保障联合作战行动的顺畅实施，提升联合作战效能。

针对空域空间范围广阔、航空器灵活的特点，需要对空战场进行规划设计，并及时进行冲突检测与消解。

1．空域规划

空域用户的空域规划设计是支持协同空域规划、制定空域总计划的基础，主要是为联合作战中每一个空中平台（群）划设或分配合理的作战空间，满足平台执行任务和作战机动性的需要。空域规划主要包括空域划分、空域协同规划、空域临机规划、空域动态调整。

1）空域划分

面向空域管理的空间位置基准多采用平面地图，既可在平面地图上切分出规则或不规则的区域，也可根据航路航线网与飞行空域结构进行平面地图分区。

为了有效整合联合作战区域的联合火力，提升联合作战效能，在空中和面（地/水面）火力联合打击面目标时，通过网格坐标建立一个立方体"盒子"——杀伤盒（Kill Box）。杀伤盒是为空中力量有效实施空中遮断行动划设的三维作战空间[7-8]，其实质是利用空间进行火力协同的一种协同方式，如图 6-7 所示为杀伤盒示意图[9]。

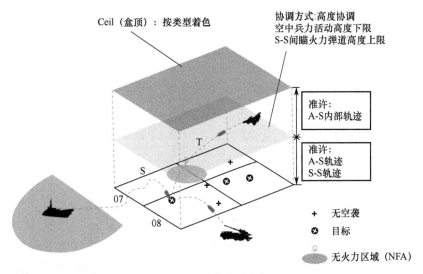

图 6-7　杀伤盒示意图

杀伤盒的核心是明确联合火力区域，目的是减少联合部队指挥员、军兵种指挥员的协调工作量。联合火力区域由效果区域、空间区域、时间区域共同组成。效果区域是火力打击武器可以进行有效打击的地表或者空间底部区域，即"盒底"，由军种指挥员基于联合部队指挥员指令，在全球区域参考系统中选择确定；空间区域是效果区域上面的部分，即"盒身"，该区域意在保证空对地火力安全有效的同时，避免地对地火力、地对空火力对作战飞行器构成威胁；时间区域是联合火力区域保持有效的时间段，共分为"计划""有效""取消"3 种类型，联合火力区域依据时间按"计划"被激活，进行"有效"使用或"取消"使用划分[10]。根据应用场景，杀伤盒分为两种类型：蓝色杀伤盒和紫色杀伤盒[11-12]。

基于杀伤盒技术划分的三维立体作战空间，可用于制定空域规划方案，及时发现空域冲突，调整空域使用计划，减少面对面火力对空中己方兵力误伤风险。

2）空域协同规划

空域协同规划[13-14]是根据空域使用总需求生成空域规划方案的过程，包括空域规划草案生成、空域冲突检测、空域冲突解脱、空域冲突协调、空域规划仿真评估和空域规划方案生成六个阶段，其活动模型如图 6-8 所示。

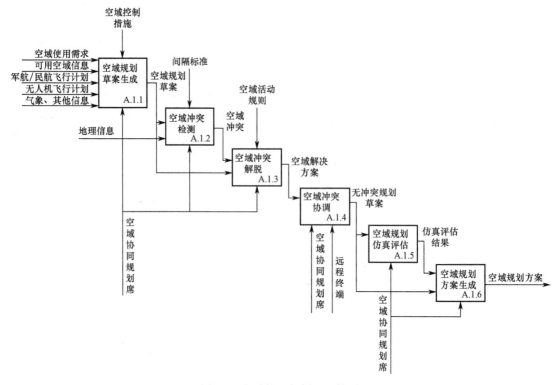

图 6-8　空域协同规划活动模型

在空域规划[15]草案生成阶段，联合作战指挥部收集任务部队空域使用需求，结合军航/民航/通航飞行计划、气象信息、无人机飞行计划，在空域控制措施的指导下生成空域规划草案，或者搜索空域规划预案库，选择基本匹配的空域规划预案，进行"微调"形成空域规划草案。

在空域冲突检测阶段，若发现空域冲突，则由指挥员根据任务/武器优先级，在计算机辅助下进行空域冲突解脱，并提出空域冲突解脱的建议。

在空域冲突协调阶段，联合作战指挥部对各任务部队的空域冲突进行协调，并最终形成无冲突的空域规划草案。该草案经空域规划仿真评估后，转换为可执行的空勤任务分配计划和空域控制计划，即空域规划方案，向空域用户发布。

3）空域临机规划

空域临机规划[16]包括空域计划变更情况和需求收集、临机规划与冲突排解、生成协调措施三个阶段。该模块接收空域运行一致性监视模块生成的空域潜在冲突和用户发出的空域计划变更，由空域监视管理席根据间隔标准完成空域冲突检测，对临机产出的空域冲突进行排解，生成空域协调措施。由空域监视管理席收集空域计划更改信息和空域仿真冲突信息，按照飞行间隔标准和空域活动规则发现未来时间段的空域冲突检测结果。空域临机规划活动模型如图 6-9 所示。

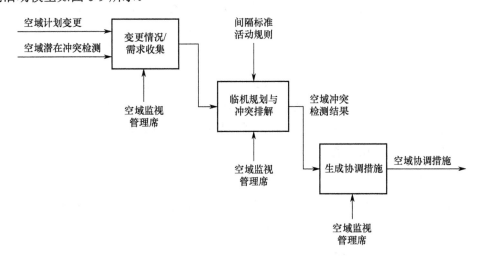

图 6-9   空域临机规划活动模型

4）空域动态调整

空域动态调整[17]接收并显示多源输入的空域态势信息，结合飞行情报、气象信息、航行资料与情报、地理信息和空域基础数据，生成战术空域态势图像，监视空域计划执行情况，发现潜在冲突。它主要包括空域控制计划和空勤任务计划的执行监视。前者按时间、地点等条件将空情态势与任务计划进行关联匹配和判断，后者针对在空域中合作的目标，进行目标间的相撞可能判断、目标与地物的碰撞可能判断，以及目标误入各类危险区、飞行禁区的判断等。

战术空域执行各类作战任务，必须进行任务、航路的规划和设计。在空域使用中，最优的航迹是保证空域资源最大限度使用的前提，尽可能没有大速率的机动转弯，并且飞向目标区域的航迹尽可能短，还要尽量避开敌方的雷达或者在飞行过程中暴露在敌方雷达下的概率最小等。其核心技术点包括以下三个方面。

一是飞行轨迹预测：根据航空器和导弹性能和平台信息（载荷、油量）建立轨迹模型，根据用空计划、飞行数据（飞行态势信息）推测运行轨迹。

二是多兵种协同任务调度：一个资源异构性强、高度非线性、带有较强约束的复杂优化问题，建立战术空域协同任务调度模型，优化模型求解方法，提供一种灵活的适应环境变化的战术空域任务调度机制。

三是战术空域航路规划算法：根据战场环境态势信息，研究三维约束条件下的多平台航路规划和在线重规划算法，引入基于智能算法的航路优化策略，实现战术空域管控安全

高效，并基于当前空情态势快速预览调整结果，及时发现并排除冲突，形成新的空域管控
计划和空域协调措施。

2. 空域冲突检测与解脱

空域冲突检测与解脱，依据空域基础数据模型、飞行计划和空域管控计划，对空域飞
行计划进行冲突的检测，并制定消解方案，确保安全。

1）空域冲突检测

空域冲突检测[18]主要用于发现作战区域内多个空域间的使用冲突、飞机类和导弹类计
划轨迹与空域间的使用冲突、航空器之间的计划冲突等。根据空域的时间、空间、频域属
性以及作战计划，检测各类冲突，包括同一时间内空域间的重叠情况、飞行轨迹与空域的
重叠情况以及频率间的重叠情况等。

（1）空域结构冲突检测。

空域结构冲突检测基本算法是遍历作战空域内所有待检测空域，进行两两之间的冲突
检测，其流程图如图 6-10 所示，具体步骤如下。

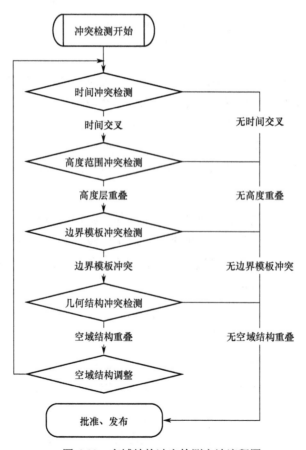

图 6-10 空域结构冲突检测方法流程图

步骤 1，时间冲突检测。针对空域的时间属性，为待检测空域设置激活时间标签，通过比较激活时间标签确定两空域是否存在冲突。时间冲突的判定是进行空域结构冲突判定的前提，如无冲突则结束本次循环，否则转入步骤 2。

步骤 2，高度范围冲突检测。针对空域的空间属性，为待检测空域设计高度范围标签，通过比较两空域的高度范围，确定是否存在高度冲突，若无冲突则停止，否则转入步骤 3。高度范围冲突检测在排除了高度上不存在重叠的规划空域后，对存在高度范围冲突的空域冲突检测只需在二维平面上进行运算。

步骤 3，边界模板冲突检测。对空域的平面投影建立外切矩形模板，通过比较直角坐标系中矩形坐标点之间的大小关系，对矩形模板的位置关系进行判定，若无冲突则结束本次循环，否则转入步骤 4。

步骤 4，几何结构冲突检测。采用计算几何中成熟的多边形求交算法，对边界模板存在冲突的空域进一步进行详细的结构冲突检测，若空域的几何结构无相交则结束检测，进入与下一个待检空域的冲突检测流程，否则进行空域结构调整并重新进入步骤 1。

（2）空域活动冲突检测。

空域活动冲突检测基本算法是遍历作战空域内所有待检测空域和计划，进行两两之间的空域冲突检测，其流程图如图 6-11 所示，基本步骤如下。

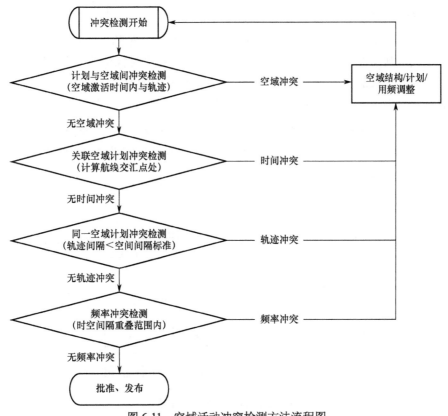

图 6-11　空域活动冲突检测方法流程图

步骤 1，计划与空域冲突检测。在空域激活时间范围内，计算航空器计划轨迹，检测计划轨迹与空域是否存在空间冲突，若有冲突则进行调整，重新进入步骤 1，否则转入步骤 2。

步骤 2，关联空域计划冲突检测。针对不同空域的计划，计算航线交汇点，检测计划轨迹在交会点处是否存在时间和高度冲突，若有冲突则进行调整，重新进入步骤 1，否则转入步骤 3。

步骤 3，同一空域计划冲突检测。针对同一空域的不同计划，计算轨迹空间间隔，检测轨迹间隔小于空间间隔标准的计划是否存在时间冲突，若有冲突则进行调整，重新进入步骤 1，否则转入步骤 4。

步骤 4，频率冲突检测。针对装载有用频设备的平台，在时空冲突检测后，检测用频冲突，若有冲突则进行调整，重新进入步骤 1，否则结束检测。

2）空域冲突解脱

空域冲突解脱[19]主要根据预先定义的空域活动规则，生成空域冲突解脱策略，形成空域冲突解脱方案，包括对空域控制程序的调整，对空中任务计划的修订等。空域冲突解脱后的空域控制程序和空中任务计划，经仿真推演和用户协调后，向空域用户发布。空域冲突解脱包括航空器与地形冲突解脱、计划阶段空域冲突解脱、实时阶段空域冲突解脱以及空域用频冲突解脱等。

空域活动规则是空域冲突排解的依据。可按照对海、对陆、防御、反击等作战任务属性以及空域限制条件，设定空域使用优先级，之后按打击目标价值、作战行动准备难度、武器平台机动性、武器使用要求等设定优先级。在相同的情况下，按照航空器小让大、轻让重、油多让油少、无人让有人等原则确定优先级。

航空器与地形冲突解脱的主要策略是调整航空器高度及航向，其影响因素包括气象条件、设备精度、飞行规则等。在不同的影响因素下，地形冲突解脱的方法和安全裕量均有不同，地形冲突解脱策略如图 6-12 所示。

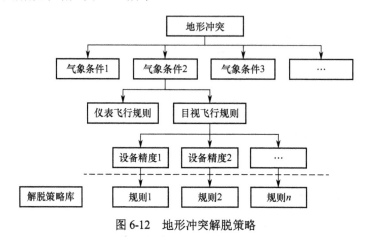

图 6-12　地形冲突解脱策略

在以上技术的支撑下，可以构建空天地一体化的动态高效空域管理系统，面向有人无人作战场景，提升空中交通和战场空域管制能力。例如，FlightHorizon[20]是由美国国家航空航天局（National Aeronautics and Space Administration，NASA）设计的下一代自主飞行安全系统，为无人驾驶飞机和完全自主的无人驾驶飞机提供了一个完整的自主防撞解决方案，为无人驾驶和自主驾驶飞机提供态势感知、自动分离命令和防撞解决方案，其工作流程如图 6-13 所示。

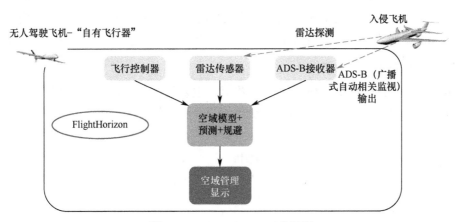

图 6-13　FlightHorizon 工作流程

FlightHorizon COMMANDER 是 FlightHorizon 系统中空域管理系统，用于空域管理的态势感知，可关联和显示各种来源的空中交通和其他数据，包括地面和机载传感器、民用空中交通数据、军事数据和专有数据源。同时，可提供自动交通警告和冲突消除。其主要功能如下。

（1）实时空域可视化，提供用于安全和管理的 2D 和 3D 地理空间视图和高分辨率航空摄影图。

（2）提高无人驾驶飞机操作员和空域管理人员的态势感知能力并降低风险。

（3）主动监控、警报、冲突检测和自我隔离咨询，提供声音、文本和视觉警告以及消除冲突的指导。

（4）跨多个数据源的数据融合，包括广播式自动相关监视（Automatic Dependent Surveillance-Broadcast，ADS-B）、雷达和飞行控制器遥测。

6.3.2　频谱管理技术

频谱管理[21]（Spectrum Management，SM）是通过确定规定、规则和程序以确保无线电频谱资源被用户合理地分享，保证有限的频谱资源能够被充分利用，确保各种无线电业务能够无冲突地开展。

频谱管理的对象是频谱资源及卫星、雷达等用频设备，管理的活动包括规划、分配、指派、利用和控制无线频率有关的所有活动。其中，频率指派是指对无线电设备指定具体的使用频率，是实现频率管理的体现，其目标是确保允许的无线电服务在无相互干扰的前提下正常运行。其核心是频率的最优指配，可利用数学规划方法进行问题建模与求解。

战场频谱管理[21-22]（Battlefield Spectrum Management，BSM）是指在特定的军事作战行动中通过技术手段对军事频谱资源实施有效管控。其核心任务包括：对频率进行统一分配和指配，监督和管理无线电设备是否遵照预先的规定进行频率的使用；对战场电磁环境实施有效和准确的监测；必要时实施战场无线电管控，协调各部门的业务关系，解决己方用频装备的互扰问题等。

图 6-14 是战场频谱管理的典型实施流程[22]，主要包括 4 个环节：频谱信息获取、频谱分析决策、频谱管理控制及频谱应用服务[23]。

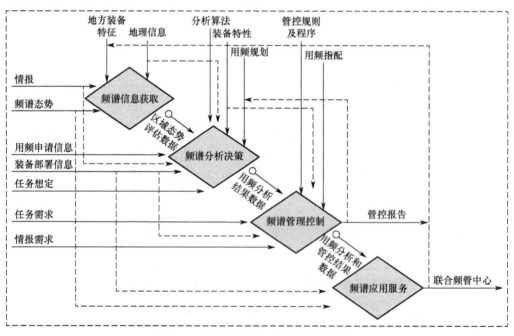

图 6-14 战场频谱管理的典型实施流程

（1）频谱信息获取。实施战场频谱管理的首要手段是构建全方位的频谱监测体系，对战场中各用频装备的频率使用情况实施有效监测，对频谱监测计划进行编制。频谱监测计划包括对电磁频谱监测力量的协调、管理和应用等内容。

（2）频谱分析决策。战场频谱分析决策主要用于进行战前的频谱规划、用频筹划以及电子干扰协同等。频谱规划主要基于频率使用的各种规定、无线电通信设备的频率特性、电磁频谱监测获得的战场电磁环境数据以及实际经验数据等信息，对整个区域内各种指挥通信、导航定位、雷达探测、电子对抗、测控制导、情报侦察等用频装备的工作频率、工作波道进行统一规划和调整，对整个区域内频谱资源进行统一管理，对生成的用频参数进行分析，避免同一区域内装备之间产生的用频冲突和干扰。用频筹划主要基于特定任务需求，根据任务规划实施流程，基于当前的可用信息和任务想定，对用频装备的用频需求进行规划、分析和决策，并生成任务用频筹划方案报告，以最大范围消除己方用频装备之间的冲突和干扰，合理利用战区电磁频谱空间，保障任务顺利实施。电子干扰协同是为了在作战行动的不同阶段保障己方通信与非通信系统网络，以及对作战行动至关重要的设备不受己方电子战行动影响，或者将影响降到最低限度，而采取的频谱管控措施。

（3）频谱管理控制。频谱管理控制主要是通过技术手段对战场频谱资源进行动态分配，一般按照网络/平台优先级、主用/备用设备、用频时间、用频地点、抗干扰需求等原则进行。动态频谱分配要求能够精确预测战场所有用频装备在时域、频域、空域等方面的频谱使用情况，从而动态调整并分配频谱资源。

（4）频谱应用服务。频谱应用服务为战场各类导航系统、卫星定位装备、通信装备、电子战装备、雷达装备等提供有效的频谱接入手段，保证各用频装备之间不会因为频率使用而相互干扰，从而影响武器装备的作战效能；同时，还可以根据敌方频谱使用情况，对装备用频进行有效调整，为各类装备提供频谱资源按需接入的频谱应用服务。

联合频谱管理规划工具（Coalition Joint Spectrum Management Planning Tool，CJSMPT）[24]是由美国陆军通信/电子研发与工程中心（Communications-Electronics Research Development and Engineering Center，CERDEC）从 2005 年开始为美国陆军开发的，是"全球电磁频谱信息系统（Global Electromagnetic Spectrum Information System，GEMSIS）"计划的一部分。CJSMPT 能够为整个网络或单个网络节点进行频谱资源管理和规划，架构[25]如图 6-15 所示，它由 5 个主要的组成部分协同完成需求分析、频谱筹划和射频（Radio Frequency，RF）冲突消解的流程。

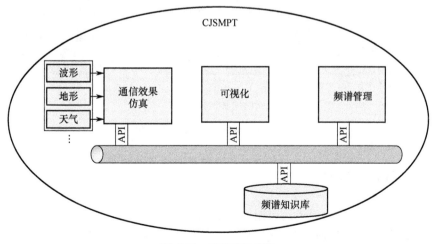

图 6-15 CJSMPT 架构

（1）频谱管理（SM）模块是核心控制模块，负责协调系统的总体运行，并执行冲突消解核心算法。

（2）通信效果仿真器（CES）对规划的任务进行仿真，预测可能存在的冲突。CES 的参数包括功率、波形、天线特征（即高度、极化方式、方向性、地形影响），并预测在规划场景下是否存在设备间的干扰。

（3）观测器（VIZ）通过 2D/3D 地图来显示部队位置和移动状况，以及频谱使用情况，包括电子战（EW）效果。

（4）频谱知识库（SKR）包含任务仿真用的关键的场景数据，如部队结构、辐射特性、频谱使用等数据。

（5）系统整体框架提供开放的面向服务的体系结构和组件数据的交换机制。

频谱冲突消解迭代流程如图 6-16 所示，CJSMPT 通过可视化的频谱规划、用频冲突分析检测、用频冲突消解等流程迭代实现频谱规划的优化[26]，具体步骤如下。

（1）从频谱知识库加载场景想定。

（2）通过通信效果仿真器和可视化冲突报告对场景进行分析。

（3）通过频谱规划建议器解决冲突。

（4）将修改的频谱规划反馈到通信效果仿真器。

（5）如果需要，可经过多次迭代来修改频谱规划。

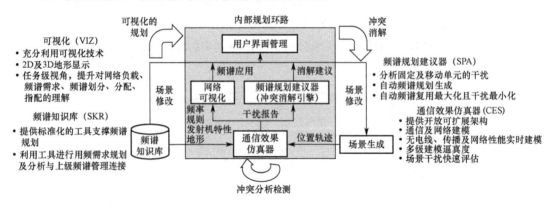

图 6-16　频谱冲突消解迭代流程

6.3.3　网络域管理技术

网络空间是一个由各类设备通过组网所形成的虚实结合的作战域[27]。网络域管理的核心是基于信息系统和技术构建信息运行环境，保持并维护对其中信息和信息活动的控制权，确保消息传递的准确性和实时性，同时提高网络资源的利用率。

网络域管理的内容包括故障管理、配置管理、性能管理与安全管理等。其中，前三种管理模式与基础互联网的管理模式一致，如通过记录运行日志来检查系统的故障情况，以及采用监视和分析软件实时监控系统性能及状态等。安全管理在军事信息网络中与民用网络存在较大不同，管理的手段包括对硬件、软件和人力的使用、综合与协调，以便对网络资源进行监视、测试、配置、分析、评价和控制。战场互联网与普通互联网相比，不仅具有普通互联网异构、互联的特点，而且在管理上更是对保密性、互操作性、可靠性、敏捷性提出了更高的要求。本节主要对三种典型的网络域管理技术进行介绍。

1. 中心化管理技术

为了更加便捷和方便地分配网络资源，首先需要做的是创建标准化的服务和管制措施，将更多数据和资源控制在受保护的环境中，达到数据统一（核心数据中心集）、网络统一（一个网络）、系统统一（全面标准化）。美国国防部信息网（DODIN）采用的联合信息环境（JIE）是一个联合、安全、可靠的指挥、控制、通信及计算企业信息环境，其主要目的就是通过减少基础设施和人员配置来提高运营效率，增强网络安全性，并将军事网络延伸到战术前沿。JIE 由共享的 IT 设施、通用的服务和单一安全架构组成，通过规范、集中建设 IT 设施和提供业务，改变了过去试图保护所有分散建设的 IT 设施的做法，能够实现统一网络运营、单一安全架构、统一的通用服务（如邮件、电话等）、统一身份与访问管理，达到缩小攻击面、支持全局态势感知的效果。

在使用过程中，可通过单一安全架构将集中建设的 IT 和网络设施划分为可管理的安全区域（分区），部署一致的安全防护策略和标准化方法，并在不同层次的最佳网络位置设置标准化安全套件，通过全网安全大数据提供全局态势感知和安全分析，统一运营、监控所有安全机制，将缩小攻击面与提升抗攻击能力统一起来。中心化管理技术通过单一的安全架构，将管理的重点从保护系统和网络转移到保护数据及其使用上，以确保网络用户间的动态信息共享。

2. 边缘网络资源共享技术

随着网络域与其他各个作战域的深度融合，需要收集、存储、处理、计算的数据量越来越大，对计算速度的要求越来越高。尤其是作战边缘，计算能力相对中心较弱，还可能面临通信降级甚至中断的情况。能否在时断时续、低带宽的战术边缘环境中，处理任务关键性数据，以及恢复连接后能否立即实现数据同步，是保障作战部队顺利完成任务的一个关键。

云能够为数据的托管和传输提供一个标准化的基础平台，部署随遇接入的数据托管和计算架构，以应对通信被中断或降级等突发情况。云区域能够在与其他部分断开连接的情况下仍然正常运行，使得战术云能够在低联通性或无连接的环境中正常工作，许多战术边缘的作战能力就托管在这些云区域中[28-29]。通过使用软件开发工具、授权账户并利用自动化工具，可以有效扩展云计算的能力，将数据托管和计算能力推进至战场前沿。例如，美国陆军"龙云"计划[30]强调远程与本地的资源请求能力，既能够在战术边缘部署和配置小型云终端，快速向战术边缘交付云计算能力，以响应不断变化的需求，同时也设计和远程部署定制的 AI 工作负载，以提高战术边缘的数据收集和分析能力，有效利用边缘设备构建从战术边缘传感器到战略分析平台的数据管道。

3. 跨域异构自组网技术

在军事信息网络中，网络域管理面临的第三个重要挑战在于如何将不同军种、不同协议的网络资源连接起来，自组成一个可实时面向不同任务需求、不同资源请求的战场网络。在"马赛克战"等新型作战概念的牵引下，多域指挥控制节点及相互协作的有人/无人系统需要以低成本的方式灵活组合，实现多样化作战场景，形成不对称优势，因此跨域异构自组网技术是支撑分布式、智能化作战的关键。

例如，DARPA 于 2016 年启动"面向任务的动态自适应网络"（Dynamic Network Adaptation for Mission Optimization，DyNAMO）项目，旨在开发新型技术，使独立设计的网络能够互操作，并使网络能在动态射频环境下根据任务需求实时调整。2020 年 12 月，DARPA 宣布该项目完成现场测试。测试期间，该项目开发的新型软件连接多个不同无线电网络，使 Link16 数据链、战术目标瞄准组网技术（TTNT）、通用数据链（CDL）以及 Wi-Fi 网络等相互间能够通信。

6.4 数字战场技术

数字战场技术包括数字战场环境技术，计算机兵力生成技术，以及基于数字战场的平行控制技术等。

6.4.1 数字战场环境技术

数字战场环境主要针对战场地理环境、兵力、信息系统等要素构建相应的数字孪生体，通过在数字空间实时构建物理对象的精准数字化映射，模拟、控制数字孪生体的各种可能行为，从而推演预测复杂系统的各种可能变化，支撑复杂问题的高效决策。它主要包括以下几种技术。

1. 三维重建技术

在数字战场中，物理对象的数字化身被表达为三维模型，这一数字化的表达和展示过程就是三维重建。目前三维重建技术[31-33]通常可以分为两大类，一类为"主动式"，另一类为"被动式"，主要区别在于传感器接收信息的不同方式。一般而言，"主动式"三维重建需要先通过硬件投射出预设的信号，经由物体以后再被传感器捕捉；而"被动式"三维重建是指利用周围环境如自然光的反射，使用相机获取图像，然后通过特定算法计算得到物体的立体空间信息。常见的"主动式"三维重建技术有结构光、飞行时间（Time of Flight，ToF）、主动立体视觉等；而"被动式"三维重建技术包括被动立体视觉、多视角立体视觉等。常见三维重建技术如图 6-17 所示。

结构光：该技术对硬件要求较高，需要精密且复杂的投影设备和成像设备进行操作。首先，通过投影设备将预设的编码图像投射到物体表面，然后编码图像因受物体形状影响而发生变化，进而通过这些变化估算出物体的深度信息，实现模型重建。其中预设的编码图像包括随机散斑（激光或红外光）、条纹编码和二维结构编码等。结构光技术的原理是三角测量法，只需找到变形图像中的编码特征与投射编码的对应位置关系，即可计算出物体的深度信息，三角测量法示意图如图 6-18 所示。

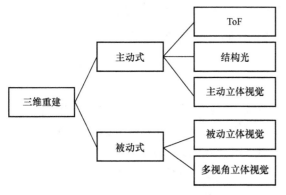

图 6-17　常见三维重建技术

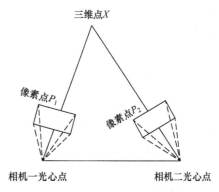

图 6-18　三角测量法示意图

飞行时间：该技术的测距方式是主动式测距，利用如激光等光源发射至目标物体，然后再通过接收返回的光波来获取物体的深度信息。即在光速及声速一定的前提下，通过测量发射信号与接收信号的飞行时间间隔来获得距离。

被动立体视觉：该技术不需要额外的装置，只需要利用相机直接对物体成像即可。根据参与重建的相机视角个数，可以分为双目（2 个相机视角）和多目（>2 个相机视角）两种情形。该技术同样基于三角测量法原理，通过连接不同相机光心与同一个物理点的对应像素位置来获取三维重建信息；而对应像素点的寻找则通过图像特征的匹配来实现。

主动立体视觉：该技术是在被动立体视觉的基础上，添加了与结构光方法类似的投射装置，但它投射出来的图像不需要有编码，更多的只是去改变物体表面的纹理性状，以增强被拍摄物体的图像特征，方便不同相机与图像之间的特征匹配。

2. 测绘技术

为了能够"真实地"再现战场环境，准确地反映作战区域的战场态势和各种环境特征，虚拟战场环境除了基本的地形、地貌外，还需要集成各种地理要素和实体（如道路、桥梁、建筑等）以构建更加符合真实情况的战场环境，能够清晰流畅展示战场态势和作战细节，展示信息化作战要素[34-36]。随着信息化的发展，测绘技术逐渐从模拟测绘到数字化测绘再到信息化测绘阶段。在模拟测绘阶段，多以光学测绘仪器手工测绘为主。在数字化测绘阶段，该阶段开始使用电子测绘仪器，全球定位系统（GPS）、遥感技术（RS）和地理信息系统（GIS）这"3S"技术逐步融合。该阶段的产品以数字栅格地图 DRG（纸制地形图的栅格形式的数字化产品）、数字正射影像（DOM，将航空相片、遥感影像经象元纠正后按图幅范围裁切生成的影像数据）、数字线划地图（DLG，在地形图上将基础地理要素分层存储的矢量数据集）和数字高程模型（DEM，用高程表达地面起伏形态的数字集合）这 4D 产品为主。

以三维 GIS 为例，这个系统主要是先通过对地理数据的集成、存储、操作和分析等操作，然后生成并输出各种三维的地理信息。三维 GIS 最大的优点是可以真实地再现现实物理环境中的地理信息，如地形地貌等。利用三维 GIS，DEM 和纹理数据，可以实现真实感地形地貌的生成，以及实时漫游等功能。进入信息化测绘阶段后，基于航空航天遥感影像、LiDAR 点云数据等多源遥感数据，运用先进测绘技术可得到实景三维模型，能有效支持包括目标跟踪监视、飞行器定位、导航与武器制导、打击效果评估等多方面的数字战场应用。

3. 人机交互与虚拟现实技术

人机交互是指挥员依托系统做出决策的重要方式。当前人机交互主要依靠指挥人员观察显控台显示和操作显控台的单点交互模式，而面对信息化、网络化的联合作战时，敌我攻防态势瞬息万变，任务更加复杂，以往单点人机交互模式已无法满足新型的作战需求。虚拟现实技术主要以构建三维模型为基础，实现三维场景可视化，并具备沉浸感，交互性，带来指挥手段和方式的更新。虚拟现实技术涉及多个领域，如人工智能、计算机及图像科学等，它能够模拟出用户需要的一种"真实"环境，可以让用户有种身临其境的感受，并且用户能够在"真实"的环境中，与环境中的物品进行交互。虚拟现实技术主要包括虚拟现实（VR）、增强现实（AR）、混合现实（MR）、扩展现实（XR）等类型。其中，VR 关注于虚拟环境中的沉浸和临场感；AR 将虚拟内容叠加到现实世界空间中，达到虚拟内容实际场景可视化；MR 则是在 AR 的基础上实现虚拟物体与现实实体的人机可反馈交互机制；XR 则是以上三种技术关联后，达到虚拟与现实场景沉浸式切换。基于虚拟现实技术的人机交互环境模拟平台主要包括态势三维显示、人机交互设备及流程仿真系统，其交互关系如图 6-19 所示。

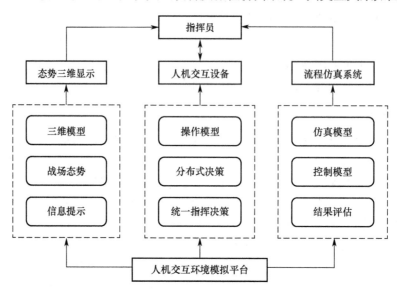

图 6-19　基于虚拟现实技术的人机交互环境模拟平台交互关系

其中，人机交互环境模拟平台基于各类三维模型和态势信息，构建三维战场态势，将真实的战场环境呈现给指挥员；人机交互设备基于操作模型，支持指挥员进行分布式决策或统一指挥决策；流程仿真系统可根据指挥员的作战决策，依据仿真模型和控制模型快速做出仿真评估并反馈指挥员。

6.4.2　计算机兵力生成技术

计算机兵力生成[37]（Computer Generate Force，CGF）指的是由计算机自动生成并能对其全部或部分动作和行为实施自主控制或指导的仿真兵力，计算机兵力生成技术能够以计算机程序代替系统中的人员和装备参与仿真运行，生成的虚拟兵力灵活多样，使得对仿真的灵活控制和预测成为可能[38-39]。通过 CGF 能够构造真实、智能、灵活可扩展的虚拟战场环境，服务于作战问题分析与战法研究等各类仿真场景。

CGF 的核心是对作战实体的行为进行建模，目标是构建能够根据输入观察态势输出应执行行动或动作的 CGF 行为模型[40-41]。CGF 行为建模一般分为物理行为建模和认知行为建模两部分，其中物理行为建模围绕作战实体与环境发生的直接交互作用，如环境探测、物理通信、兵力机动、火力打击等，其行为效果的真实性可根据物理规律进行校验。认知行为建模聚焦于作战实体内部，主要是对作战实体进行智能决策分析的过程建模，涵盖从物理观测、态势感知、规划决策到具体战术行动的完整的人类思维与心理过程，内容涉及推理与判断、记忆与知识、情感与情绪、想象与学习等一系列基础认知能力[42]。认知过程具有很高的复杂性，难以准确建模，其对抗能力和真实性也亟待提高。

CGF 的建模方法主要包括基于专家经验的行为建模方法、基于规划决策的行为建模方法和基于人工智能的行为建模方法三类。

1. 基于专家经验的行为建模方法

基于专家经验的行为建模方法是目前多数作战仿真系统中 CGF 行为建模所采用的方法，它针对具体的作战任务，收集领域专家知识，直接描述决策行为输出。其主要方法包括有限状态机（Finite State Machine，FSM）、行为树[43]、脚本规则[44]、Petri 网[45]、统一行为框架[46]等。该方法一般基于军事专家提供领域相关的军事条令、决策逻辑等知识，通过建模人员与军事专家反复交互形成直接描述仿真对象行为逻辑的特定模型。例如，美军 MASA Sword 系统、EADSIM 系统、美军空战仿真的自主智能体建模、基于 Petri 网的海军反潜战术模型[46]等均采用上述方法进行建模。该类方法能够构建出完全符合专家期望的决策行为表现，且构建的模型通常容易理解，模型可控性高、易于进行行为定制和模型校验。然而对于日趋复杂的仿真想定过程，该方法存在领域知识获取困难，建模工作量大、效率低的缺点，且生成的行为固定、缺乏适应性。

2. 基于规划决策的行为建模方法

基于规划决策的行为建模方法，可结合军事领域知识与通用的认知架构，模拟大脑的认知过程，进行内部推理决策，产生决策输出，一般采用自动规划、决策理论、模糊逻辑、分层任务网（Hierarchical Task Network，HTN）等技术，实现针对问题的推理、搜索，输出最优的决策行为。例如，《F.E.A.R》游戏针对非玩家角色（Non-Player Character，NPC）规划智能行为[47]，模拟人类大脑的认知过程，通过面向目标的规划（Goal-Oriented Action Planning，GOAP）使 NPC 可规划达到目的状态的最优行动序列；美军反潜作战战术训练仿真器中使用目标驱动的自动机（Goal-Driven Autonomy，GDA）[48]，对反潜作战计划的执行进行监管，并在探测到隐藏的敌方潜艇时进行目标转换，生成新的行动序列。这种方式主要应用了认知科学的成果，但由于人类大脑内部机理的复杂性，人类决策机理至今尚没有统一的结论，因此难以构建准确的决策认知模型，对其正确性一直存在争论。

3. 基于人工智能的行为建模方法

基于人工智能的行为建模方法，通过强化学习、深度学习、遗传算法等技术手段，对人类决策推理过程进行近似实现，达到人类层次的智能，其通常假设人的行为是完全理性寻优的，强调合理的行动。例如，动态脚本（Dynamic Scripting，DS）技术[49]通过基于规则的强化学习，解决了空战个体对抗战术自适应问题，以及分布式协调编队对抗问题。生成对抗模仿学习算法[50]以收集到的专家示例数据作为输入，采用强化学习方法构建生成模型，生成拟合专家数据分布的行为模型。还有结合模糊逻辑和神经网络来实现虚拟飞行员的智能决策[51]、基于遗传模糊系统（Genetic Fuzzy System，GFS）[52]的 ALPHA 空战战术模型、基于遗传算法进行行为树表示的 CGF 战术机动模型的生成[53]等都是采用的这种建模方法。人工智能方法能在很大程度上缓解人工编码带来的知识工程挑战，同时所生成的行为自主性、适应性更强[54-55]，成为克服传统知识工程方法面临的建模效率低、自适应差等问题的重要途径和发展方向。然而，由于机器学习方法自身还存在学习效率低、可解释性差、校验困难等问题。

6.4.3 基于数字战场的平行控制技术

平行控制方法[56]是 ACP（Artificial societies、Computational experiments、Parallel execution）方法在基于数字战场的平行控制领域中的具体应用，是一种利用从定性到定量的知识转化，面向大数据，以计算为主要手段的控制与管理复杂系统的方法。平行控制方法的核心思想为：针对复杂系统，构造与实际系统并行互动的平行系统，目标是使实际系统趋向人工系统，而非人工系统逼近实际系统，以此实现复杂系统的控制与管理。在 ACP 方法的基础上，平行控制可定义为通过虚实系统互动的执行方式来完成任务的一种控制方法；其特色是以数据为驱动，采用人工系统为建模工具，利用计算实验对系统行为进行分析和评估。这一控制方法是自适应控制方法向复杂系统问题扩展的自然结果，是一种迈向数据驱动控制和计算控制的有效途径。

例如，我们可以将真实的环境、兵力、信息系统的信息输入到数字化环境，数字战场在虚拟场景下会随之演变。我们也可以"制造"出一个事件，看"数字化场景"怎么反应，即计算实验。我们可通过把人为制造的情况跟实际组织和过程的情况并行起来，看它们怎么互动，从而为决策和实施者提供支持。

图 6-20 所示为平行系统运行的基本框架与模式^[57]。此框架主要包括三种主要的工作模式：（1）学习与培训，此时以人工系统为主，且人工系统与实际系统可能有很大的差别，而且不必平行运作；（2）实验与评估，此时以计算实验为主，人工系统与实际系统必须有相应的交互，以此可以对各种各样的解决方案进行不同程度的测试，对其效果进行评判和预估；（3）管理与控制，此时以平行执行为主，人工系统与实际系统应当可以实时地平行互动，相互借鉴，以此完成对复杂系统的有效控制与管理。

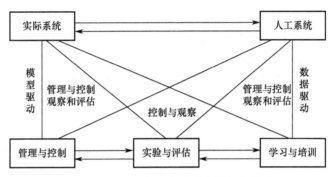

图 6-20 平行系统运行的基本框架与模式

考虑一个平行博弈的场景，平行博弈系统架构如图 6-21 所示。平行博弈将真实世界中的问题抽象到认知空间，在认知空间中建立模型，进行计算实验，用得到的结果指导真实世界中的策略执行，真实世界的执行结果反过来更新认知空间的模型，系统以这种虚实互动、平行执行的方式不断迭代，直至收敛。通过战场实体模型的超实时仿真运行，可以不断地对敌方目标可能的作战意图和行为做出判断，生成下一时刻的战场态势演化走向并反馈给真实战场指挥信息系统，辅助指挥员透视未来、防患未然，提前做好应变准备。

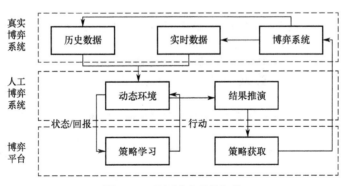

图 6-21 平行博弈系统架构

基于数字战场的平行控制技术主要包括实时态势数据引接与处理、仿真实体动态生成、多分支态势智能生成、态势要素分析预测、平行仿真推演引擎等技术。

（1）实时态势数据引接与处理：用于接收实装指挥信息系统中联合态势感知系统报送敌情、我情与战场环境等最新态势数据，对各类态势数据进行解析处理，提取态势要素特征数据。一方面存储于平行仿真推演运行支撑库中，累积形成战场实体的航迹、活动规律等知识；另一方面作为与战场实体多分辨仿真模型自动匹配的依据，支撑战场仿真实体动态生成。

（2）仿真实体动态生成：用于战场实体仿真模型的实例化与仿真模型的动态修正。一方面，根据实时态势数据引接与处理模块输出的态势要素特征数据，与多分辨率仿真模型库中实体模型进行自动匹配关联，对实体模型进行动态组合，并进行实例化，加载到系统中；另一方面，根据最新的战场态势数据，动态修正战场实体仿真模型，更新模型参数项、模型输入输出等信息。

（3）多分支态势智能生成：基于当前战场态势、历史经验知识等，结合我方兵力部署、行动计划，以及当前指挥员的需求，自动生成可能的态势分支。在此基础上，采用平行仿真推演手段，对敌我双方战场实体仿真模型进行超实时仿真推演运行，向指挥人员展现未来时刻各种可能的态势图。

（4）态势要素分析预测：基于未来不同时段推演出的敌我交战态势，对敌方行进方向、战场兵力布势变化、敌方行为意图、敌我局势优劣对比、态势要素关系变化等进行预测，输出结果及判断依据。

（5）平行仿真推演引擎：作为驱动各类仿真模型运行的核心部件，提供仿真模型动态调度、仿真时间推进管理、仿真进程控制管理、事件管理、数据记录管理、仿真快照管理等功能，控制平行仿真系统的运行与仿真时间推进。根据实时获取的战场情报数据，对战场实体行为模型进行动态调度，驱动仿真过程运行。

参 考 文 献

[1] 刘晓明，裘杭萍，等. 战场信息管理[M]. 北京：国防工业出版社，2012.
[2] 董明林，李炬. 数字化战场[M]. 北京：星球地图出版社，2009.
[3] 朱义勇，宋莉. 战场信息管理[M]. 北京：国防工业出版社，2021.
[4] 梁振兴，左琳琳，马雪峰，等. 联合信息环境——新世纪美军全球一体化作战的基石[M]. 北京：国防工业出版社，2019.
[5] 刘毅，朱承，成清，等. 面向敏捷指挥控制的区块链赋能跨域服务[J]. 指挥与控制学报，2022，8(2)：169-178.
[6] 杨任农，沈堤，戴江斌. 对联合作战空战场管控问题的思考[J]. 指挥信息系统与技术，2019，10(1)：1-6.
[7] FM 3-52.1/AFTTP 3-2.78. Multi-Service Tactics, Techniques, and Procedures for Airspace Control[S]. Air Land Sea Application (ALSA) Center，2009.
[8] FM 3-09.32/MCRP 3-16.6A/NTTP 3-09.2/AFTTP(I) 3-2.6. Multi-Service Tactics, Techniques, and Procedures for Joint Application of Fire Power [S]. Air Land Sea Application (ALSA) Center，2007.
[9] 朱涛，徐正道. 美军杀伤盒使用方法研究[J]. 电子质量，2020(10)：5.
[10] 王召辉，张臻，张昕. 美军杀伤盒指挥控制架构研究[J]. 电子质量，2020(1)：4.
[11] 高凯. 美军如何利用"杀伤盒"组织协同[J]. 军事文摘，2019(2)：2.

[12] FM 3- 09. 34/MCRP 3- 25H/NTTP 3-09. 2. 1/AFTTP 3-2. 59. Multi-Service Tactics, Techniques, and Procedures for Kill Box Employment[S]. Air Land Sea Application (ALSA) Center，2009.

[13] LIU Y H, ARIMOTO S. Computation of tangent graph of polygonal obstacles by moving-line processing[C]. IEEE Transactions on Robotics and Automation, 1994，10(6)：823-830.

[14] SZCZERBA R J. Robust Algorithm for Real-Time Route Planning[C]. IEEE Transactions on Aerospace and Electronic System，2000，36(3)：869-878.

[15] 杨波，徐肖豪，戴福清，等. 空域管理和评估系统中空域辅助系统的设计[J]. 中国民航学院学报，2004，11：5-8.

[16] Yi M，Jin-fu Zhu，Yun-ru Li. Target Localization Model and Algorithm for Radar Cooperative Detection[J]. International Journal of Earth Science and Engineering，2015(8)：1657-1661.

[17] 毛亿. 战术空域管理技术研究[D]. 南京：南京航空航天大学，2018.

[18] 徐文胜，熊光楞，肖田元. 并行工程中实践约束网络建立及冲突检测研究[J]. 系统仿真学报，2003，15(2)：185-189.

[19] 李远，彭辉，沈林成. 协同任务规划中基于约束满足的资源冲突检测与消解[J]. 系统工程与电子技术，2009，4：868-873.

[20] Vigilant Aerospace. FlightHorizon COMMANDER [EB/OL]. [2023-10-08].

[21] STING J A，PORTIGAL D L. Spectrum 101: An Introduction to Spectrum Management[R]. Virginia: MITRE Washington C3 Center Mclean，2004：65-79.

[22] Joint Staff. Joint Operations In The Electromagnetic Battlespace［R］. Washington DC：Joint Staff，2000：37-6.

[23] 刘刚. 美军战场频谱管理现状与发展[J]. 电讯技术，2014，54(11)：6.

[24] United States Department of Defense. Department of Defense Dictionary of Military and Associated Terms[EB/OL] (2010-11-08) [2023-10-08].

[25] HEISEY W，KLINE W，ZEBROWITZ H，et al. Automated Spectrum Plan Advisor for On - The -Move Networks [C] //Proceedings of 2006 IEEE Military Communications Conference. Washington DC：IEEE，2007：1-5.

[26] 霍元杰. 战场频谱态势感知及频谱筹划系统[J]. 电讯技术，2013，53(10)：1265-1268.

[27] 敖志刚. 网络空间作战：机理与筹划[M]. 北京：电子工业出版社，2018.

[28] 张满超、赵宇、王伟. 战术边缘云构建技术研究[C]//第八届中国指挥控制大会，2020.

[29] 李皓昱，赵锋. 美陆军战术云计算技术发展[J]. 中国科技信息，2020(8)：5.

[30] 李皓昱. 美国陆军的战术云解决方案："龙云"[N/OL]. 防务快讯，2023.

[31] 沙欧. 基于双目线结构光的三维重建及其关键技术研究[D]. 北京：中国科学院大学（中国科学院长春光学精密机械与物理研究所），2022.

[32] 庞巧遇. 基于无人机影像的野外场景快速三维重建技术研究[D]. 北京：军事科学院，2022.

[33] 白传睿. 基于深度相机和追踪相机的实时三维重建技术研究[D]. 济南：山东大学，2022.

[34] 王金星，刘志强. 地理信息系统在土地测绘中的应用[J]. 大众标准化，2022(18)：190-192.

[35] 李印鑫. 地理信息系统建筑物三维重建技术研究与应用[D]. 北京：北京邮电大学，2020.

[36] 廖章回，朱伟，韦敏杰. 倾斜摄影测量的城市战场环境三维建模及可视化[J]. 火力与指挥控制，2021，46(10)：131-135.

[37] 郭齐胜. 计算机生成兵力导论[M]. 北京：国防工业出版社，2006.

[38] 黄柯棣，刘宝宏，黄健，等. 作战仿真技术综述[J]. 系统仿真学报，2004，16(9)：1887-1895.

[39] 许凯，曾云秀，武万森，等. 面向计算机生成兵力的意图识别行为建模框架[J]. 系统仿真学报，2021，33 (10)：2344-2355.

[40] 张琪，曾俊杰，许凯，等. 基于机器学习的计算机生成兵力行为建模研究综述[J]. 系统仿真学报，

2021，33(2)：280-287.

[41] 亓鹏程，董志明，高昂，等. 一种基于深度强化学习的计算机生成兵力行为建模框架[C]. 第四届体系工程学术会议——数字化转型中的体系工程，2022.

[42] 岳师光. 面向计算机生成兵力的意图识别建模与推理方法研究[D]. 长沙：国防科技大学，2016.

[43] SEKHAVAT Y A. Behaivor Trees for Computer Games [J]. International Journal on Artifical Intelligence Tools，2017，1：1-27.

[44] TOUBMAN A，POPPINGA G，ROESSINGH J J，et al. Modeling CGF Behavior with Machine Learning Techniques: Requirements and Future Directions [C]. In Proceedings of the 2015 Interservice/Industry Training, Simulation, and Education Conference，2015：2637-2647.

[45] MURATA T. Petri nets: Properties, analysis and applications [J]. Proc IEEE，2010，77 (4)：541-580.

[46] M R D. The unified behavior framework for the simulation of autonomous agents [Z]. USA，2015.

[47] ORKIN J. Symbolic Representation of Game World State: Toward Real-time Planning in Games [C]. In AAAI Workshop on Challenges in Game Artificial Intelligence，2004：26-30.

[48] MOLINEAUX M，KLENK M，AHA D W. Goal-driven autonomy in a navy strategy simulation [C]. In Twenty-Fourth AAAI Conference on Artificial Intelligence，2010.

[49] TOUBMAN A. Calculated Moves: Generating Air Combat Behavior [D]. Dissertations & Thesis, Leiden University，2020.

[50] Ho J，Ermon S. Generative adversarial imitation learning [J]. In Advances in Neural Information Processing Systems，2016：4565-4573.

[51] VIJAY RAO D，BALAS-TIMAR D. A Soft Computing Approach to Model Human Fac-tors in Air Warfare Simulation System [M]//Balas V E, Koprinkova-Hristova P, Jain L C. In Innovations in Intelligent Machines-5: Computational Intelligence in Control Systems Engineering. Springer Berlin Heidelberg，2014：133-154.

[52] ERNEST N D. Genetic Fuzzy Trees for Intelligent Control of Unmanned Combat Aerial Vehicles [J]. Dissertations & Thesis-Gradworks，2015.

[53] BERTHLING-HANSEN G，MORCH E，LOVLID R A，et al. Automating Behavior Tree Generation for Simulating Troop Movements (Poster)[C]. 2018 IEEE Conference on Cognitive and Computational Aspects of Situation Management (Cog SIMA)，IEEE，2018：147-153.

[54] 高昂，段莉，张国辉，等. 计算机生成兵力行为建模发展现状[J]. 计算机工程与应用，2019，55(19)：43-51.

[55] 周志华. 机器学习[M]. 北京：清华大学出版社，2016.

[56] 曾溢豪，权文. 基于 ACP 方法的平行智能指挥控制模式[C]//第十届中国指挥控制大会论文集（上册），2022：347-353.

[57] 王飞跃. 平行系统方法与复杂系统的管理和控制[J]. 控制与决策，2004(5)：485-489+514.

第**7**章

监控与协同技术

因为战争的不确定性，不论编制计划时设想得如何全面周密，作战行动在执行过程中可能会随时发生偏差，各行动之间也可能会发生冲突，因此需要针对行动执行情况进行监控与协同。监控与协同技术是在战场管理的基础上，实现作战行动的执行监控，及时发现、纠正计划执行偏差，支持任务部队之间的有效协同，确保实现最终的作战目标。本章主要介绍计划监控技术和行动协同技术。

7.1 概述

作战行动的监控与协同，是指挥控制过程中的重要环节，是具有全局性、整体性的活动。具体而言，它是指挥员和指挥机构依据作战计划，为保证作战行动与总体作战计划一致，对作战过程中计划执行进度、资源状况以及行动过程等进行的管理与控制。

作战行动监控是指指挥员和指挥机构在作战过程中监控作战行动的实际进展情况，并将其与作战计划相比较；若出现偏差则分析产生的原因以及对时间期限的影响程度，并采取必要的调控措施。在实际作战过程中，作战行动往往会遭遇资源、环境、敌方行为等方面的影响而产生意外变化，从而影响后续计划的执行，需要及时发现对计划执行产生重大影响的偏差并加以调控。但是，调控也可能产生时空、资源、效果等方面的冲突，甚至带来不可预期的结果，因此指挥员需要准确判断调控的关键环节、生成可行的调控方案，并评估其对作战目标和作战效果产生的影响。

作战行动监控的特点可归纳如下：

（1）目标控制属性。作战行动监控是要保障实现事先拟定的作战目标，因此可将其视为一种具备目标控制属性的活动。

（2）信息双向传递。信息是作战行动监控的依据。作战计划信息自上而下传递到作战单元，实际执行的状态信息则自下而上反馈给上级指挥机构，供指挥员分析并做出决策。因此，作战行动监控是一个依托信息传递和反馈的过程。

（3）动态、循环控制。作战行动监控是随着作战行动的执行而不断进行的，是一个动态过程。调整后的行动计划在新的因素干扰下又有可能产生新的偏差，需要持续进行监控，因此它也是一个动态循环进行的过程。

（4）系统控制。作战任务间关系复杂、不确定性高，如果不按照系统的观点在作战行动监控过程中把握关键要素进行总体控制，则很难达成调控目的。

此外，作战资源调度与管理也会对作战行动监控的效果产生重要影响。如某些作战任务需要消耗的燃料、弹药等资源的供应与补给，受到生产、转运的影响，若供应不及时，则相关作战行动会受到影响。

要实现对作战行动的监控，首先需要知道实际作战行动执行与计划是否存在偏差，因此，计划的偏差识别是作战行动监控的基础性工作。本章将计划偏差分为计划目标偏差和计划过程偏差两类。其中，计划目标偏差侧重对作战最终结果的关注，是指预设作战计划目标与实际作战行动最终效果之间的差别；计划过程偏差则关注作战行动实际执行过程和预设行动过程之间的差别。

在计划目标偏差的分析识别上，针对目标打击效果情况，一般可以采用作战效果评估技术，如毁伤评估、作战模拟与计算机仿真、系统动力学与贝叶斯分析推断等，进行偏差分析和识别；针对战场整体态势的评估，一般可采取战场态势评估方法，如美国国防部实验室联席理事会（JDL）模型、专家评判、贝叶斯网络推理、D-S证据理论等，进行分析评估。

在计划过程偏差的分析识别上，作战进度偏差是作战计划执行情况的首要关注对象，可利用的方法和工具包括甘特图、S形曲线以及实际进度前锋线等。其中，甘特图是一种以任务为纵轴，时间为横轴的图表，其能够反映实际进度与计划进度的关系，但不易看出行动之间依赖和制约关系；S形曲线是一种从时间角度进行图表化描述的进度曲线，但其无法反映完成工作量、计划进度和实际进度的关系；实际进度前锋线就是在时标网络图上自上而下依次连接正在进行作战行动的实际进度位置而形成的一条折线，其可以同时结合网络计划图及时间轴三者融合在一起进行进度描述与控制，能直观表明实际进度情况。

计划偏差分析识别之后，需要对计划行动进行属性特征分析，厘清计划行动过程中关键行动项以及瓶颈资源情况，为后续偏差处理工作奠定基础。传统的计划管理分析方法主要包括甘特图法、关键路径法和计划评审技术。传统方法中的甘特图法不易描述作战行动项之间的关系，无法显示刻画关键行动项属性；同时这三类传统方法也无法对作战计划行动资源的属性特征进行分析。关键链概念是由约束理论的创始人以色列物理学家 Eli Goldratt 博士于 1997 年提出。与传统计划管理分析方法不同，关键链方法不但考虑了计划行动在时间上的紧前和紧后关系，以及人的行为因素对计划执行的影响，也考虑了支撑行动执行的资源之间依赖关系，同时还区分了关键资源和非关键资源，其高度关注关键资源并根据这些资源情况进行行动计划编制。

针对计划偏差的处理，特别是计划进度偏差，一般情况下会考虑偏差的程度大小而采取不同的技术措施。若偏差较大则主要采用重规划调整形成新的行动计划的形式进行纠偏；若偏差不大则会采用缩短关键行动项时间、增加关键资源量或调整相关行动项搭接关系等技术措施进行纠偏。

作战行动协同，目前有多种定义，如在《中国人民解放军军语》中的定义是"诸兵种的兵团、部队、分队遂行共同战斗任务而进行的协调配合"[1]；美军《联合作战概念》中将其定义为运用相互依赖的联合部队在所有必要行动点上从互不冲突发展到协调一致，并在时间上从依次展开发展到同步展开[2]；俄罗斯沃罗比约夫的《俄军合同作战原则》中提出，其是指军队或者兵力为达成战斗或者战役目的而按照目标、任务、地点以及遂行任务的时间和方法而采取的协调一致的行动[3]；美国 RAND 公司的《信息时代作战效能的度量——网络中心战对海军作战效果的影响》研究报告指出，其是参加作战的各部分为了达到共同的目标而一起努力工作的过程[3]。

上述定义中，前三种定义强调不同作战单元（部队）为实现共同目标而进行的协调，在时间上行动的协同和决策是并行的，第四种定义则突出了信息共享条件下作战行动各部分在认知上的高度一致。综合以上定义，本书认为，作战行动协同的概念内涵主要包含以下几点。

（1）作战行动协同的多个单元需具备共同的目标，且具有一定的协同关系。

（2）作战行动协同要求各单元达成一致作战意图，具有共同的态势认知，且执行行动主动积极。非一致意图、非共同认知下的行动以及非主动的行动均不属于协同行动。

（3）作战行动协同需要通信手段作为基础，同时，需依靠协同机制或者规则消解冲突实现同步。

在行动协同技术方面，一般分为"预先"和"临机"两个主要方式。预先计划协同是各作战域和各军兵种力量之间作战行动协同的一种主要方式，其中协同计划的生成和协同行动的冲突检测消解则是预先计划协同的两项核心工作。

（1）网络计划技术，是一种利用有向图编制计划、形成计划网络图，并对计划进行检查、评估、优化调整、监控和协同的技术，它采用有向网络图来表达计划中各项活动的进度和它们之间的相互关系，因此网络计划技术有时又称为计划网络图技术。20 世纪 50 年代以来，各国科学家都在探索网络计划技术。1956 年，美国杜邦公司和兰德公司为了协调公司内不同业务部门的工作，共同编制了一种系统的计划方法，即关键路径法（CPM）。1958 年，美国海军特种计划局在研制"北极星"导弹核潜艇的过程中，提出了一种新的计划管理技术，即计划评审技术（PERT）。网络计划技术是 PERT 和 CPM 的统称。PERT 有计划评审技术、计划评审法、计划协调技术等几种译法；CPM 也曾被翻译为 CMP、要径法等。因为这两种技术都建立在网络模型的基础上，所以统称网络计划技术。后来图解评审技术（GERT）、风险评审技术（VERT）等的发展，更加丰富了网络计划技术的内容。

（2）冲突检测与消解，从冲突对象上可以分为时间、资源、空间三种类型。其中，解决时间冲突问题主要分为三个步骤：首先对时间进行建模和描述，然后在时间模型的基础上进行时间冲突检测，最后对时间冲突进行消解操作。目前最为成熟的时间描述模型是简单时间网络（STN），它在任务规划和时间调度方面有广泛的应用，基于 STN 有许多一致性算法可以应用于冲突检测，但其功能也仅仅是检测，并不会把导致冲突的约束集合找出来，后续的消解工作也就难以进行了。目前已有学者针对一致性检测算法只检测冲突而不处理冲突的不足提出了解决方案。解决资源冲突问题可分为两个步骤：资源冲突检测和资源冲突消解。资源冲突检测的前提是给出资源冲突的判定原则，根据判定原则找出所有导致资源冲突的原因；资源冲突消解则可以使用基于约束满足、基于协商等方式进行消解。解决空间冲突问题可分为两个步骤：空间冲突检测和空间冲突消解，目前针对作战协同的空间冲突检测和消解的研究较少，为了保证任务行动执行期间各执行单位之间无碰撞，还需要进一步展开研究。

临机自主协同是作战行动协同的另外一种重要方式，指在不依赖指挥中心介入的条件下，依靠一线部队之间的自主协商与行动，临机构建协同关系。近年来，国内外提出了多种团队协同理论和协同框架。在理论研究方面，最具代表性的协同理论是 Cohen 和 Levesque 于 1991 年提出的联合意图理论以及 Grosz 和 Kraus 于 1996 年提出的共享计划理论。联合意图理论聚焦于团队的联合心智状态，为了在一个团队中实现有效的协同，需要在团队的所有成员间建立联合目标。共享计划理论则侧重于在协同过程中描述整个团队的意图和信念。由 Tam be 领导的 Team core 研究小组，基于联合意图理论和共享计划理论开发了通用的协同行为框架 Steam，该框架可以对团队目标、计划和联合承诺进行明确的表示，同时考虑了通信代价问题。可以看出，联合意图理论为实现具体的作战行动协同提供了基本的框架，但在具体实现时还需要根据相关领域需求对联合意图理论进行扩展，而针对临机变化的战场情况下作战行动自主协同研究目前还较少，亟待深入探究。

本章主要关注计划监控与行动协同两方面的技术。其中，计划监控技术，主要是在作战目标和计划的基础上，完成对作战计划执行过程中偏差情况的识别、分析与处理，以实现对作战行动计划执行监控的目的。行动协同技术，主要考虑预先计划协同与临机自主协同两类技术。本章主要内容如图 7-1 所示。

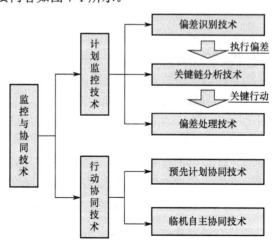

图 7-1 主要技术内容框架及关系

7.2　计划监控技术

本节主要从作战时间和资源两个角度展开论述。首先从时间方面对作战计划执行过程的偏差进行识别，然后综合时间和资源特点对作战计划过程中关键行动构成的关键链开展分析，最后在偏差识别和关键链分析的基础上进行作战计划执行偏差的处理。

7.2.1　偏差识别技术

偏差识别技术可用于分析并捕捉在作战计划与实际作战过程或目标效果之间的差别。指挥员在作战计划执行期间，必须随时收集有关进度信息，掌握作战计划进度情况，在此基础上进行偏差识别，提出可行的变更措施并进行调控。

计划进度偏差识别的工具主要有甘特图、S 形曲线、香蕉形曲线和实际进度前锋线[4]。

（1）甘特图。甘特图是一种以任务为纵轴，时间为横轴的图表。它采用不同颜色或不同线条将实际进度横道线直接画在计划进度的横道线下，从而反映实际进度与计划进度的关系。这种技术理论简单，使用直观、通俗易懂。其不足之处在于：首先，不容易看出作战行动之间的依赖和制约关系；其次，反映不出哪些作战行动决定作战计划总时长，很难判断作战行动有无伸缩余地以及有多大的伸缩余地；再次，不能实现定量分析，无法分析作战行动之间相互制约的数量关系；最后，不能在实际情况偏离原计划时进行动态调整和控制，无法实行多方案的优选。它常常用于小规模、简单情况下的作战计划进度控制。

（2）S 形曲线与香蕉形曲线。S 形曲线是一种以进度时间为横轴，累计完成时长为纵轴的图表化进度曲线。香蕉形曲线是由两条 S 形曲线组合而成的闭合曲线，一条是按各项行动最早开始时间安排进度的 ES 曲线，另一条是按各项行动最迟开始时间安排进度的 LS 曲线。利用香蕉形曲线进行实际进度与计划进度比较时，如果实际进度 S 形曲线在香蕉曲线之内，则说明作战计划时间进度正常；如果实际进度 S 形曲线位于香蕉曲线上方，则说明实际进度比计划进度超前；如果实际进度 S 形曲线位于香蕉曲线的下方，则说明实际进度比计划进度拖后，这时必须采取其他措施才可赶上计划进度。

香蕉形曲线的不足之处是：由于它主要反映计划进度、实际进度累计量与时间的关系，所以无法反映各项行动完成的工作量、计划进度与实际进度的关系、行动超前时间、滞后时间等重要信息。

（3）实际进度前锋线。实际进度前锋线就是在时标网络图上从检查时刻的时间坐标轴开始，自上而下依次连接各条路径上正在进行的作战行动实际进度前锋位置到检查时刻而在时间坐标轴上形成的一条折线，如图 7-2 所示。在标定行动的实际进度前锋位置时，对箭线的长度赋予了新的含义：它不仅表示行动时间的长短，而且表示该项行动工作量的多少，即整个箭杆的长度表示该行动工作量的 100%[5]。该技术将实际进度前锋线、网络计划图及时间轴三者融合在一起进行进度控制，能直观表明实际进度；可以在图上直接显示各项作战行动的开始时间、完成时间、时差和关键路径；也可以表达作战行动的逻辑关系；还可以用于进度优化和调整。

下面以实际进度前锋线为例进行阐述。绘制实际进度前锋线的技术是在双代号时标网络图的基础上，首先确定检查日期，根据检查日期确定检查辅助线；然后根据正在进行的各项行动的实际进度值绘制实际进度点，行动的实际进度点可通过已完成时长与行动的计划时长的比值来确定；最后连接各项行动实际进度点，就构成了计划的实际进度前锋线。在图 7-2 中折线 a-b-c-d-e 即为实际进度前锋线。

进度偏差识别就是利用实际进度前锋线与检查辅助线的关系来判断的，判断的规则和方法如下[4]。

规则 1 若作战行动的实际进度点位于检查辅助线上，则该行动实际进度与计划进度一致。

规则 2 若作战行动的实际进度点位于检查辅助线右侧，则该行动实际进度超前，超前时间为二者之差。

规则 3 若作战行动的实际进度点位于检查辅助线左侧，则该行动实际进度滞后，滞后时间为二者之差。

运用上述的判断规则，可以利用实际进度前锋线法对图 7-2 中（a）所示作战计划的进度偏差进行识别。在检查日期（图中为第 6 天），作战行动 A、B、C、D 都已完成，任务 H、J、K 尚未开始，行动 E、F、G 正在进行，根据在检查日期时行动 E、F、G 的实际完成工作量和计划完成工作量的比例关系，我们得出三个行动的实际进度点分别为 b、c、d。则行动计划的实际进度前锋线为 a-b-c-d-e。行动 E 的实际进度点位于检查辅助线的右侧，由规则 2 可知，其实际进度超前，超前时间为 7-6=1 天；行动 F 的实际进度点恰好位于检查辅助线上，由规则 1 可知，其实际进度与计划进度一致；行动 G 的实际进度点位于辅助线的左侧，由规则 3 可知，其实际进度滞后于计划进度，滞后时间为 6-4=2 天。同理，可以判断图 7-2（b）中行动 F、G 的实际进度分别滞后于计划进度 0.6 天和 0.4 天，行动 H 的实际进度与计划进度一致。

进一步讲，识别进度偏差后可开展进度偏差分析。一旦进度出现偏差，应及时进行进度偏差分析，根据进度偏差出现的位置及偏差的大小，评估该偏差是否对后续行动进度及整个作战计划进度产生影响及影响程度。对于不同性质的作战计划和行动，产生的影响和响应的措施有所不同。

（1）关键行动进度出现偏差。由于关键作战行动的时限比较紧迫，因此，无论偏差大小都将会影响后续行动及整个计划进度。如果进度滞后，则应及时采取调整措施，将滞后时间补回来；如果进度超前，可能会造成其他目标失控，则应综合分析进度超前对后续行动产生的影响，通过协商，提出合理的进度调整方案。

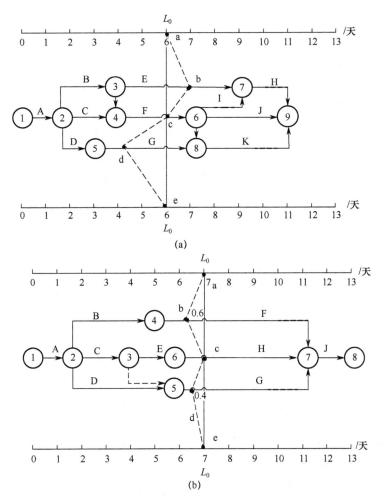

图 7-2　作战行动计划的实际进度前锋线

（2）非关键行动进度出现偏差。传统行动进度偏差分析处理主要是利用偏差与非关键行动机动时间的大小关系，来确定非关键行动进度偏差是否对后续行动及作战计划总时限产生影响，而没有考虑其中不确定性因素的影响。如果关键行动进度产生偏差，则作战计划总进度受影响是明显的；但是，当非关键行动进度产生偏差时，则作战计划总进度的影响往往不容易得到。

针对关键行动和非关键行动进度的偏差对行动计划的影响程度度量，可以用计划进度一致性程度进行分析。所谓进度一致性程度，即实际进度与计划进度相符合的程度。在不确定因素影响下，进度一致性程度必须考虑两方面：一是实际的进度偏差；二是不确定性因素的影响程度。针对进度一致性程度的具体计算模型，可以参见文献[4]，利用灰色模糊综合评估模型和隶属度函数进行分析，这里不再赘述。

7.2.2 关键链分析技术

关键链是实现作战计划进度控制的有效技术手段。在作战计划执行时间进度控制视角下，关键链是考虑作战行动项间紧前关系约束和作战行动资源约束的最长时间作战活动链，是能决定作战计划最早完成时间的有序作战活动所组成的作战行动项链条。

关键链的基本思想是考虑不确定性对任务完成时间的影响，把每个作战行动项中所包含的安全时间提取出来，以一定（给定）概率条件下的作战行动完成时间作为估计时间，同时考虑作战行动项间紧前关系约束和行动项间的资源约束，以此作为作战计划执行时间进度的评估工具。所谓的安全时间，是指作战行动项完成时间根据中值完成概率（如50%）的估计时间与根据保守完成概率（如90%）的估计时间之间的差距时间。下面以一个简单的例子来说明关键链与关键路径的区别。

图7-3是一个简单的作战行动计划进度图，行动项1.0和1.5为虚作战行动项，所需的资源有A、B、C。每个行动项的计划时长和对资源的需求已在行动项代号下标明，如行动项1.1的计划时长为5天，需要1个单位的资源A。按照网络计划中的关键路径（CPM）技术，可以识别出关键路径为1.0-1.1-1.3-1.5，计划时长8天。而按照关键链分析技术进行调度时，首先对各行动项计划时长的安全时间进行削减，按照Goldratt[6]提出的行动项持续时间估计值的一半作为安全时间，则行动项1.1、1.2、1.3和1.4的安全时间分别为2.5天、2.5天、1.5天和1天。然后考虑资源约束及行动顺序的紧前关系识别关键链。由于行动项1.3和1.4同时需要资源B，需要确定资源B在两个行动项间使用的先后顺序，这样得出的关键链为1.0-1.1-1.3-1.4-1.5或者1.0-1.2-1.4-1.3-1.5，二者的计划时长相等。由于存在多条关键链，所以只选择其中的一条。

从以上例子可以看出，关键链和关键路径的主要区别在于，关键链非常关注管理作战行动的资源需求（可进一步区分关键资源和非关键资源），并根据这些资源情况进行计划，即在编制进度计划时同时考虑了作战行动间的紧前关系约束和资源依赖关系，并将关键链而非关键路径作为计划进度的主要控制对象，这样更符合实际应用。

为了保护关键链，能够按计划实施作战行动，我们可以同时引入缓冲的概念。站在全局的角度，将各作战行动项的安全时间统一到缓冲中，其出发点是保证整个作战计划行动的如期完成而非个别行动，重点关注全局而非局部。因此，可以通过缓冲来应对作战计划中不确定因素对行动执行的影响。

缓冲主要有三种，包括输送缓冲（Feeding Buffer，FB）、项目缓冲（Project Buffer，PB）和资源缓冲（Resource Buffer，RB）[7]。其中，输送缓冲一般设置在非关键链与关键链的入口处，避免因为非关键链上的作战行动项延期造成关键链上作战行动项的延误。项目缓冲一般设置在作战计划执行的尾部，通过设置项目缓冲区将延误控制在预期的范围内，以保证作战计划如期完成。而资源缓冲实质上是一种预警机制，主要放置于有可能发生资源冲突的作战行动项上，当关键链上的作战行动准备使用某资源时，通过预警机制在行动开始前预先警告提醒做好准备，不要发生资源冲突产生进度延误。与项目缓冲和输送缓冲不同，资源缓冲并非加入作战计划执行中的安全时间，其不改变作战计划执行的时间。

按照 Goldratt 提出的剪切粘贴法[6]来设置缓冲时，针对图 7-3 示例，若选择 1.0-1.1-1.3-1.4-1.5 为关键链，则非关键链上仅有一个行动项，即 1.2，则输送缓冲等于行动项 1.2 被削减安全时间的一半，为 2.5/2=1.25。而项目缓冲等于关键链上作战行动 1.1-1.3-1.4 被削减安全时间总和的一半，即（2.5+1.5+1）/2=2.5，则作战计划行动执行计划时长为 2.5+1.5+1+2.5=7.5 天。关键链作战计划调度结果如图 7-4 所示。

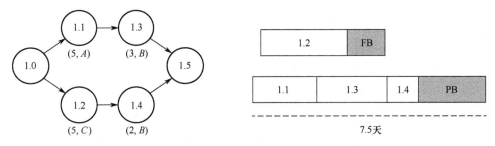

图 7-3　作战行动计划进度图　　　　图 7-4　关键链作战计划调度结果

必须指出的是，Gutierrez 和 Kouvelis（1991）[8]、Herroelen 等（2002）[9]认为关键链分析技术中的缓冲与关键路径中的时差（也叫松弛时间）是完全不同的两个概念。时差是指行动项可推迟却不会因此影响其他行动项或作战行动总计划时长的机动时间，它不能反映行动项计划时长的不确定性，不会改变作战计划时长。而缓冲则是关键链分析技术的核心思想之一，它的设置会影响作战计划时长，其大小反映路线上行动项的不确定性程度。缓冲区设置与插入位置是关键链的核心问题，缓冲设置效果的好坏也直接影响着关键链管理的水平。对于输送缓冲，如果非关键链上某项行动提前完成，则完成时间会被加入输送缓冲中，如果某项行动发生延误，则延误时间也会被输送缓冲所吸收[7]。项目缓冲对于关键链具有相同的作用。因此，可以认为关键链技术是用缓冲来评价行动计划的实施情况的。通过对缓冲区使用情况的计算和分析，可以评估当前作战计划的进度情况，为进度控制提供支撑。

在作战行动的监控过程中，各项作战行动在执行时间上对整个作战计划进度的影响，以及作战资源对作战计划整体实施的影响，是两个重要的关注点。哪些作战行动项和作战资源对作战计划进度影响最大是指挥员关心的问题，而关键链分析技术则为解决此类问题提供了一种有效的手段。在作战资源上，关键链分析技术区分了瓶颈资源和非瓶颈资源，把制约计划执行进度的资源称为瓶颈资源。对作战计划行动来说，瓶颈资源通常是一类紧缺资源，这类紧缺资源对作战计划目标的实现影响大但是数量又较少。对于紧缺资源，如果能够找到其他非紧缺资源来替代，将使关键链发生改变，进而会影响后续缓冲的设置及行动实施阶段的监控。

本节后续所介绍的资源可替代情况下关键链分析技术，基于如下假设：

（1）作战计划由有限行动项组成，各行动项之间有时序关系。

（2）行动项的先后开始时间已知。

（3）作战行动一旦开始不可中断。

（4）资源在作战行动中的使用一旦开始就不能中断，必须等当前作战行动结束后才能转入其他作战行动。

（5）在任何时刻某一特定资源只能为一个行动项服务。

（6）作战计划所需的各类资源在每个时段上是有限的，但时段之间是可更新的。

（7）紧缺资源可以被其他资源完全替代，也就是说，使用替代资源不会影响作战计划行动的质量。

（8）所讨论的资源替代主要是在同一个作战体系内产生的，不涉及不同作战体系之间的资源调用，即资源的获取是及时的不会产生额外的耗费。

前六项属于作战计划执行中的基本假设，而后两项则是关于资源可替代性的相关假设。

除了考虑资源可替代的影响，在关键链分析技术中还应该考虑资源的柔性。资源柔性是指资源在面对内外部环境变化时能够快速有效地做出反应的能力，而柔性资源则是那些具有对环境变化做出快速反应的资源。

假设一个组织或作战计划执行系统要正常运作的话需要 m 种能力，现有可供使用的资源有 n 种，每种资源各具有几种不同的能力。如图 7-5 所示，资源 i 与能力 j 用箭线连接来表示资源 i 具有的能力 j。

考虑定义资源-能力矩阵（**RA**）来描述作战计划执行系统中资源的柔性。假设系统中共有 n 种可供使用的资源，系统运作一共需要 m 种能力，**RA** 是一个 $n \times m$ 的矩阵，$\mathbf{RA} = (\mathrm{ra}_{pq})_{n \times m}$，其取值情况见式（7-1）。

$$\mathrm{ra}_{pq} = \begin{cases} 1, & \text{如果第}p\text{种资源具有第}q\text{种能力} \\ 0, & \text{否则} \end{cases} \tag{7-1}$$

【例】考虑作战行动执行人员柔性，系统中有 5 个人员，可执行 5 个不同的作战行动，每个人员具有符合某个行动需要的能力，如图 7-6 所示。

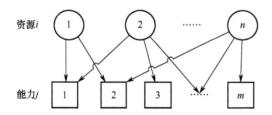

图 7-5　资源 i 具有的能力 j 的示意图

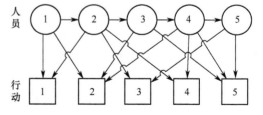

图 7-6　不同作战行动执行人员具备多种能力

图 7-6 中，人员 1 具备行动 1 和 2 所需要的能力，则人员的资源-能力矩阵 **RA** 中的 $\mathrm{ra}_{11} = \mathrm{ra}_{12} = 1$；人员 2 具备行动 1、3、4 所需要的能力，则 $\mathrm{ra}_{21} = \mathrm{ra}_{23} = \mathrm{ra}_{24} = 1$；人员 3 具

备行动 2、5 所需要的能力，则 $ra_{32} = ra_{35} = 1$；人员 4 具备行动 2、4、5 所需要的能力，则 $ra_{42} = ra_{44} = ra_{45} = 1$；人员 5 具备行动 3 和 5 所需要的能力，则 $ra_{53} = ra_{55} = 1$；其余项为 0，可以得到矩阵 $\mathbf{RA}$，见式（7-2）。

$$\mathbf{RA} = \begin{bmatrix} 1 & 1 & 0 & 0 & 0 \\ 1 & 0 & 1 & 1 & 0 \\ 0 & 1 & 0 & 0 & 1 \\ 0 & 1 & 0 & 1 & 1 \\ 0 & 0 & 1 & 0 & 1 \end{bmatrix} \tag{7-2}$$

当采用资源-能力矩阵来描述资源柔性时，资源的柔性程度可用 ϕ 来表示，见式（7-3）。

$$\phi = \left(\sum_{i=1}^{n} \sum_{j=1}^{m} ra_{ij} \right) / nm \tag{7-3}$$

当 $\phi = 1$ 时，说明资源是完全柔性的，具备所有能力；当 $0 < \phi < 1$ 时，说明资源是部分柔性的，这个比值越大说明资源的柔性程度越高；当 $\phi = 0$ 时，说明资源是刚性的，不存在柔性。

根据式（7-3），例子中的资源柔性程度计算结果见式（7-4）。

$$\phi = \left(\sum_{i=1}^{5} \sum_{j=1}^{5} ra_{ij} \right) / (5*5) = 12/25 = 0.48 \tag{7-4}$$

此外，还可以用柔性效率指标 $\rho_{i,j}$ 来衡量柔性资源。$\rho_{i,j}$ 表示资源 i 在单位时间内能够提供的能力 j 的量。

以上是对资源柔性的定量化描述，下面将在此基础上对相关条件下的关键链分析技术进行详细阐述。

（1）在计划执行时长最小化目标下考虑资源可替代性的关键链分析技术。

首先考虑计划执行时长最小为优化目标的情况，在所提出假设的前提下，暂不考虑资源的使用消耗和替代消耗。

问题描述：在一个作战计划执行过程中，包含 N 项行动，由于行动执行上的要求，某些行动之间存在紧前关系。行动项 i $(i=1,\cdots,N)$ 的完成需要第 k 种可更新资源量为 r_{ik}，行动时长为 t_i，第 k $(k=1,\cdots,K)$ 种资源在每个阶段的可用量是 R_k，但在阶段之间，资源是可更新的。紧缺资源只有一种，为 S，每个阶段的可用量是 R_S。先考虑被一种替代资源替代的情况。资源 V 为替代资源，替代资源对紧缺资源的替代并不影响其他行动项对该资源的使用。由于各行动主体的能力差异性，采用替换策略后的行动效率也将发生不同程度的变化，因此假设替换率为 $\alpha > 1$，即一个单位的紧缺资源 S 的行动需要由 α 个单位的替代资源来完成，替代后的行动时长为 t_i'。

在 Goldratt 提出的关键链分析技术[6]基础上，所提出的以计划执行时长最小化为优化目标的关键链调度步骤如下。

步骤 1，假设各行动项时长服从正态分布，取 50%可能完成时间为行动项执行时间，确定行动所需资源及资源量，画出作战计划行动的单代号网络图。

步骤 2，基于传统 PERT/CPM 技术找出行动计划的关键路径。

步骤 3，从 $t=0$ 开始逐步判断 $[t,t+1]$ 时段内，是否存在资源冲突，即该时段内同时进行的行动项所需资源量的总和 $\sum r_{ik}$ 是否超过资源供应量 R_k。对存在资源冲突的并行行动按选定的优先规则进行排序，将行动项从并行转为串行来解决冲突，这样做的直接后果是计划执行总时长延长。

步骤 4，紧缺资源冲突的解决。如果并行行动项 i 和行动项 j 发生紧缺资源冲突，即 $r_{iS}+r_{jS}>R_S$，考虑紧缺资源的可替代性，可将行动项 i 或行动 j 用替代资源来完成，这样可以保证行动项 i 和行动项 j 仍然为并行状态，以计划行动执行总时长最小的原则决定替代资源的分配。

步骤 5，得到作战计划执行的基准进度计划，计算使用替代资源后的执行时长，并与不使用替代资源所得到的关键链时长进行对比。

步骤 6，插入输送缓冲和项目缓冲。

下面用一个算例来说明上述技术的运行过程。

如图 7-7 所示，某作战计划行动执行需要 A、B、C、D 四种可更新资源，每种资源供应量是 1 消耗单位/天。每个行动项每天只需要 1 个单位的某种资源。行动项 1 为虚节点。网络图中的 (d,k) 表示每个行动时长（d 为 50%可能完成的时间）和资源需求类别。紧缺资源 B 可以用资源 V 所替代，替换率为 2，资源 V 的供应量为 1 消耗单位/天。运用上述所提出的操作步骤如下。

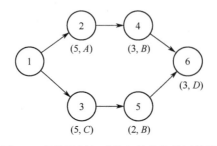

图 7-7　作战计划行动执行的单代号网络图

步骤 1，画出作战计划行动执行的单代号网络图，如图 7-7 所示。

步骤 2，根据传统 CPM 技术，可得该计划执行的关键路径为：1-2-4-6，计划执行时长为 11 天。

步骤 3，由于并行行动项 4 和行动项 5 都同时需要资源 B，按照传统的关键链分析技术，将行动项 4 和行动项 5 由并行转为串行，同时根据资源优先分配给总时差最小的行动项原则，资源 B 先分配给行动 4，这样形成关键链为 1-2-4-5-6，计划执行总时长为 13 天。

步骤 4，由于资源 B 可以用资源 V 来取代，而替换率为 2，资源 V 的供应量为 1 消耗单位/天，如果行动项 4 使用替代资源，行动用紧缺资源并行运作，则行动项 4 的计划时长变为 6 天，得到的关键链为 1-2-4-6，计划执行时长为 14，如图 7-8（a）所示；如果行动项 5 用替代资源，则其计划执行时长变为 4 天，得到的关键链为 1-3-5-6，计划执行时长为 12 天，如图 7-8（b）。从计划执行时长最小的原则出发，应将替代资源分配给行动项 5。

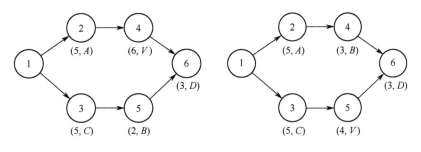

(a) 行动项4使用替代资源V　　　　　(b) 行动项5使用替代资源V

图 7-8　使用替换资源后网络图变化

步骤 5，得到计划执行使用替代资源后的关键链为 1-3-5-6，计划执行时长为 12 天。

步骤 6，计算输送缓冲和项目缓冲的大小，并分别置于非关键链汇入关键链的地方和关键链的尾部。

从以上关键链识别的步骤与结果中可以看出，采用替代资源后，计划执行的关键链发生了变化，计划执行的资源冲突得到了较好的解决，与传统的关键链分析技术相比，其能够得到较短的计划执行总时长。

（2）时长–消耗权衡目标下考虑资源可替代性的关键链分析技术。

从以上分析中可以看出，采用替代资源可以有效地缩减计划执行总时长，这对于某些以计划执行时长最小为主要目标的作战计划行动来说是有一定现实意义的。但是时长的缩减是以替代资源使用消耗的增加为代价的，如果考虑时长拖延的惩罚消耗和时长提前的奖励，时长的缩减又会带来提前完成行动的奖励，因此需要在各项消耗与收益之间进行权衡。

在上一识别技术的基础上，进一步考虑多种受限替代资源对紧缺资源的替代，即替代资源的供应量有限。设有 j 种替代资源 V_j，每种替代资源的供应量是 R_{V_j}，紧缺资源被替代资源的替换率为 α_j。假设不考虑其他资源的消耗，紧缺资源的使用消耗为 C_B，替代资源的使用消耗为 C_{V_j}，计划时长提前完成的单位时间奖励为 C_1，计划时长拖延的单位惩罚消耗为 C_2，计划执行原总时长为 T_O，d_{iK} 为行动项 i 在替代方案 K 下执行的时长，T_K 为替代方案 K 下的计划执行新总时长。可替代资源受限中计划执行时长消耗优化目标见式（7-5）。

$$\min\left\{\sum_{i\in I} d_{iK} \times C_{ik} \times R + C_2 \times \max[(T_K - T_O), 0] - C_1 \times \max[(T_K - T_O), 0]\right\} \quad (7\text{-}5)$$

式中，I 表示使用紧缺资源的行动项集；C_{ik} 表示行动项 i 在第 k 种方案下所采用资源的使用消耗。由于行动持续时间=行动工作量/资源量，因此 d_{iK} 需要根据所采用的替代资源的供应量、替换率及行动原时长来确定，$d_{iK} = (a_j \times d_i \times R_B) / R_{Vj}$，$d_i$ 表示行动项 i 原定时长，R_B 表示紧缺资源的供应量。

在图 7-8 所示算例的基础上，考虑两种替代资源对紧缺资源的替换。资源 V_1 的替换率为 2，供应量为 1 消耗单位/天，资源 V_2 的替换率为 1.5，供应量为 2 消耗单位/天。假设不考虑其他资源的使用消耗，紧缺资源 B 的使用消耗为 $C_B = 50$ 消耗单位/天，替代资源 V_1 的使用消耗为 $C_{V_1} = 30$ 消耗单位/天，替代资源 V_2 的使用消耗为 $C_{V_2} = 40$ 消耗单位/天，总时长提前完成的单位时间奖励为 $C_1 = 100$ 消耗单位/天，总时长拖延的单位惩罚消耗为 $C_2 = 150$ 消耗单位/天，计划执行的原目标时长为 $T_O = 13$ 天，d_{iK} 为行动项 i 在替代方案 K 下执行的时长，T_K 为替代方案 K 下的计划执行完成的新总时长。对每种替代方案下的总消耗求解后，找出消耗最小的替代方案，并找出对应方案下的关键链。

传统的关键链分析问题是 NP 问题，柔性资源约束下的关键链调度问题的求解则进一步复杂化。为此，可考虑利用遗传算法等启发式算法来进行模型的求解。

经过遗传算法编程计算产生的最佳方案为：在考虑紧缺资源与替代资源的计划执行消耗及总时长提前和拖延奖惩的情况下，对时长消耗目标进行权衡后，应采用替代资源 V_2 来替代行动项 4 所需的紧缺资源，行动项 5 仍然使用紧缺资源，二者并行，此时关键链为 1-2-4-6，未加入缓冲的总时长为 10.25 天，总消耗为 5 消耗单位。同时，还得到了 6 个替代方案，具体见表 7-1。

表 7-1 替换方案

序号	资源替换方案	相应的计划安排	总消耗/消耗单位	确定的关键链	时长/天
1	不替换	资源 B 先分配给行动项 4 再分配给行动项 5	250	1-2-4-5-6	13
2	只使用替代资源 V_1	行动项 4 用替代资源 V_1 替换，行动项 5 仍然使用紧缺资源，二者并行	430	1-2-4-6	14
3		行动项 4 使用紧缺资源，行动项 5 使用替代资源 V_1，二者并行	170	1-3-5-6	12
4	只使用替代资源 V_2	行动项 4 使用紧缺资源，行动项 5 使用替代资源 V_2，二者并行	70	1-2-4-6	11
5	使用两种替代资源	行动项 4 用替代资源 V_1，行动项 5 用替代资源 V_2，二者并行调度	450	1-2-4-6	14
6		行动项 4 用替代资源 V_2，行动项 5 用替代资源 V_1，二者并行调度	200	1-3-5-6	12

从表 7-1 的替代方案中可以看出，对替代资源使用的不同方案将产生不同的关键链及相应的总消耗，我们可以从中选择最优的方案，根据方案中替代资源在行动中的分配情况，使计划行动执行的时长最短，所耗费的总消耗最小。

7.2.3　偏差处理技术

偏差处理技术主要包含偏差预处理技术——缓冲设置，和针对计划执行过程产生偏差的纠偏技术。下面主要从这两个方面进行详细阐述。

1．偏差预处理技术——缓冲设置

缓冲设置的目的是要消除因为作战行动项不确定性造成的行动计划时长延误，因此，在设置缓冲时需要考虑可能引起行动延误的因素。如前所述，缓冲主要包括输送缓冲、项目缓冲和资源缓冲三种；而在确定关键链的过程中，行动间资源依赖关系和逻辑关系非常重要，缓冲区管理能力直接影响关键链。关键链引入缓冲设置，主要是通过削减每个行动上的安全时间，以增加关键链尾部的缓冲时间。

由于缓冲设置是为了吸收行动的不确定性，因此在设置缓冲时需要考虑影响行动不确定性的综合因素，如资源属性、行动计划属性和管理者的风险偏好等。三者在缓冲设置中的作用如下。

1）资源属性对缓冲设置的影响

如果行动所需的资源量接近当期总体资源可用量的上限，则作战行动所在的链路更可能发生时延，因此需要有更大的缓冲来减少时延。如果这类资源是柔性资源，则能够从外界获取替代资源，进而避免因为资源短缺所造成的行动停止的不确定性。相应地，所需的缓冲就可以适当地进行缩减。因此，在资源属性方面需要考虑两种因素。

（1）资源紧张度。

定义资源使用率指标 RF，即若作战行动 i 只需要一种资源 q，则作战行动 i 的资源紧张度为某时段资源 q 的总体使用量与总体可用量的比值，见式（7-6）。

$$\mathrm{RF}_i = \frac{\sum_{j=1}^{n}(r_{jq} \times d_i)}{R_{qt}}, t \in [\mathrm{SS}_i, \mathrm{SS}_i + d_i] \tag{7-6}$$

式中，RF_i 表示作战行动 i 的资源紧张度；R_{qt} 表示时段 t 内资源 q 的总体可用量；r_{jq} 为 t 时段内使用资源 q 的作战行动 j 所需的资源量；n 为 t 时段执行作战行动的总数；d_i 表示作战行动 i 的时长；SS_i 表示作战行动的开始时间。

若作战行动 i 同时需要多种资源，则作战行动 i 的资源紧张度为所有资源总体使用量与

总体可用量比值的最大值，即 $\mathrm{RF}_i = \max\limits_{q} \dfrac{\sum\limits_{j=1}^{n}(r_{jq} \times d_i)}{R_{qt}}$。

（2）资源的可替代性程度。

考虑作战行动 i 只需要一种资源 q 的情况，如果资源 q 具有可替代性，即有其他资源可以完全替代资源 q，当作战行动计划实施中发生资源短缺风险时，就可以寻找替代资源进行替代，避免发生行动时延。因此，作战行动 i 所需资源的替代资源种类越多，资源可替代性越高，因资源短缺发生行动时延的可能性越小，所需的缓冲越小；替代资源的紧张度越低，说明替代资源越容易获取，资源可替代性程度越高，所需要的缓冲越小。

根据以上分析，资源的可替代性可用替代资源种类与替代资源的紧张度的比值来表示，对于每种替代资源 s，在 t 时段内的使用紧密度 RF'_s 的表达方式见式（7-7）。

$$\mathrm{RF}'_s = \frac{\sum\limits_{j=1}^{n}(r_{js} \times d_i)}{R_{st}}, t \in [\mathrm{SS}_i, \mathrm{SS}_i + d_i] \tag{7-7}$$

资源可替代性 RR_i 的表达式见式（7-8）。

$$\mathrm{RR}_i = \frac{N}{\max\limits_s \{\mathrm{RF}'_s\}}, s \in [1, N] \tag{7-8}$$

式中，r_{js} 为 t 时段内使用替代资源 s 的作战行动 j 的单位需求量；N 为替代资源的种类。

若作战行动 i 需要多种资源，则资源可替代性见式（7-9）。

$$\mathrm{RR}_i = \max\limits_{q} \frac{N}{\max\limits_s \{\mathrm{RF}'_s\}}, s \in [1, N] \tag{7-9}$$

2）作战行动计划属性对缓冲设置的影响

（1）作战行动复杂度。

对一个作战行动来说，当紧前行动的数量增加，作战行动将更多地相互关联，行动计划的时延将影响它的所有紧后行动。因此，当紧前关系的数量增加时，缓冲尺寸也应该增大。行动的复杂度可以用行动所在链路的复杂度来表示。用 N_p 表示链路上行动的紧前关系数量，N_T 表示链路上的行动总数，可以通过二者的比值来反映行动的复杂度，见式（7-10）。

$$\alpha_i = \frac{N_p}{N_T} \tag{7-10}$$

（2）作战行动关键性。

作战行动的关键性越高，说明该行动延期造成的损失越大，需要有更大的缓冲来避免该行动发生延误对整个计划时长的影响。从每个行动消耗占整个计划预设总消耗的比重来看，若行动消耗占计划总消耗的比重越高，则说明行动的关键性越高。因此，从消耗考虑，作战行动的关键性可以表达为

$$\beta_i = \frac{c_i}{C} \tag{7-11}$$

式中，c_i 为作战行动 i 的消耗；C 为作战计划总消耗。

3）指挥员风险偏好对缓冲设置的影响

假设作战行动关键链路时间服从某种不确定性分布（由于正态分布具有较好的统计属性，这里以正态分布为例进行说明）。如果计划的按期完成保证率为 95%，则相应的安全时间等于 2 倍标准差，而作战行动链路发生延误的概率为 5%。在实际中，指挥员对风险的承受能力不同，根据经验和行动计划评估的结果，选择不同的风险水平。若设定风险偏好水平为 ε，则在正态分布下 $1-\varepsilon$ 保证率水平所对应的标准差倍数为 f_{rg}，对应的缓冲调整系数为

$$\delta = \frac{f_{rg}}{2} \tag{7-12}$$

进一步讲，在以上分析的基础上，确定缓冲影响因素后设定缓冲估计的模型，考虑作战资源属性、作战行动计划属性和指挥员的风险偏好下，项目缓冲与输送缓冲的表达式分别见式（7-13）、式（7-14）。

$$PB = \left\{ \sum_{i \in CC} \left[\left(1 + \frac{RF_i}{RR_i}\right) \times (1 + \alpha_i \times \beta_i) \times \delta \times \sigma_i \right]^2 \right\}^{1/2} \tag{7-13}$$

$$FB = \left\{ \sum_{i \notin CC} \left[\left(1 + \frac{RF_i}{RR_i}\right) \times (1 + \alpha_i \times \beta_i) \times \delta \times \sigma_i \right]^2 \right\}^{1/2} \tag{7-14}$$

式中，CC 为关键链；σ_i 为作战行动时长的标准差。

4）算例

下面利用一个算例来说明分析的过程。

假定有一个作战行动计划，共有 7 项作战行动，每项行动所需资源为单位可更新资源，部分资源为柔性资源，具有完全的可替代性。每项行动时长的平均值与标准差、所需资源类别等基本信息见表 7-2。资源 3 具有可替代性，其替代资源的数量、替换率与供应量等信息见表 7-3。根据前述章节对替换率的定义，若资源 3 对第一种替代资源的替换率为 a，则单位资源工作量由 a 个单位的替代资源才能完成。

表 7-2 作战行动具体信息

作战行动项	期望时间/天	标准差	方差	紧后活动	所需资源类别	资源供应量/个	行动耗费/单位
A	4	1	1	B	1	1	3
B	5	3	9	C,D	2	1	4
C	7.5	3.5	12.25	E	2	2	3
D	9	2.5	6.25	F	3	3	5
E	6	3	9	G	1	1	7
F	7.5	2	4	G	1	1	5
G	3.5	2	4	—	2	1	6

表 7-3 资源 3 替代资源的基本信息

	资源 3 对其替换率	供应量/个
第一种替代资源	2	5
第二种替代资源	3	3

根据 CPM 技术得到作战行动的关键路径为：A-B-D-F-G，由于行动 E 和 F 会发生资源争夺，因此在确定关键链时需要考虑资源约束关系，确定的初始关键链图及缓冲设置结果如图 7-9 所示。

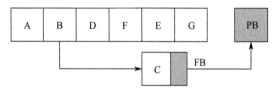

图 7-9 初始关键链图及缓冲设置结果

下面进一步分析资源可替代性的缓冲设置结果。在本例中，关键链上的作战行动为 A-B-D-F-E-G，以行动 A 为例说明每项行动的不同属性对项目缓冲的影响。

步骤 1，计算行动 A 的资源紧张度。由于行动 A 只需要一个单位的资源 1，资源的单位供应量为 1，则资源紧密度为 1。

步骤 2，计算行动 A 的可替代性程度。由于行动 A 所需的资源不具有可替代性，因此可替代性程度为 1。

步骤 3，计算行动的行动复杂度 α。行动 A 所在关键链上的紧前关系数为 4，链路上的行动总数为 6，则行动复杂度为 2/3。

步骤 4，计算行动 A 的关键性。行动 A 的消耗占行动计划总消耗的比率为 3/(3+4+3+5+7+5+6)=1/11。

步骤 5，95%完工保证率下缓冲调整系数为，$\delta = f_{rg} / 2 = 1.645 / 2 \approx 0.82$。

步骤 6，行动 A 的时长标准差为 1，则行动的不确定性对项目缓冲的贡献值为 (1+1/1)×(1+2/3×1/11)×0.82×1 ≈ 1.7。

同理，可以分别算出其他行动对缓冲的贡献值，如表 7-4 所示。

表 7-4 不同作战行动的缓冲值

作战行动项	标准差	资源紧密度	资源可替代性程度	复杂度 α	关键性 β	风险偏好水平影响 δ	缓冲贡献值
A	1	1	—	2/3	1/11	0.82	1.7
B	3	1	—	2/3	4/33	0.82	5.3
C	3.5	1/2	—	—	1/11	0.82	4.7
D	2.5	1/3	2	2/3	5/33	0.82	2.6
E	3	1	—	2/3	7/33	0.82	5.6
F	2	1	—	2/3	5/33	0.82	3.6
G	2	1	—	2/3	2/33	0.82	3.7

由此可得项目缓冲和输送缓冲的长度。

$$PB = \sqrt{1.7^2 + 5.3^2 + 2.6^2 + 5.6^2 + 3.6^2 + 3.7^2} = \sqrt{95.75} \approx 9.8$$，输送缓冲 FB = 4.7 。则行动计划的执行总时长为 44.8 天。

可利用基于 Crystal Ball 7.0 的蒙特卡罗模拟技术，在 95%的风险偏好水平下，模拟 1000 次，行动计划在 44.8 天完成的概率为 95.29%。

2. 执行过程产生偏差的纠偏技术

纠偏就是在作战计划执行过程中，根据作战计划已完成作战行动的实际进度与计划进度的偏差情况，对后续行动的时长（或者资源）进行适当的调整，以保证作战计划进度目标的实现。根据前述内容中对作战计划的进度偏差识别与分析的结果，偏差可以分为进度超前和进度滞后两种情况。相应地，在调整行动计划时，消除两种偏差对后续行动进度和作战计划进度造成影响的处理技术也不相同。

（1）当作战计划的实际进度较计划进度提前时，不要盲目乐观，应综合考虑计划行动耗费、质量及资源利用等情况，然后做出相应的决策。

① 关键行动进度提前。

若仅要求按计划总时限执行，在保证作战计划执行质量的前提下，则可利用该机会降低后续作战行动的资源强度及耗费。调度方法是，选择后续关键行动中资源消耗量大或直接耗费高的予以适当延长，延长的时间不应超过已完成的关键行动提前的量；若要求缩短计划总时长，则应将计划的未完成部分作为一个新的计划，重新计算与调整，按新的计划执行，并保证新的关键行动按新计算的时间完成。

② 非关键行动进度提前。

若仅要求按计划总时限执行，在保证作战计划执行质量的前提下，则可利用该机会降低后续作战行动的资源强度及耗费。实现方法是，选择后续非关键行动中资源消耗量大或直接耗费高的予以适当延长，延长的时间不应超过已完成的非关键行动提前的量；若要求缩短计划总时长，则在资源允许转移的情况下，将非关键行动的部分资源转移到后续的关键行动上，增加关键行动的资源强度，以缩短关键行动的时长，从而缩短计划总时长。在资源转移过程中，要注意由于非关键行动的部分资源被转移而引起其执行时间的增加，否则，可能会造成非关键路径时限延长而变成关键路径，达不到缩短计划总时长的目的。

（2）当作战计划的实际进度较计划进度滞后时，其调整方法有以下几种。

① 调整关键行动时长。

关键行动的时间紧迫，其中任一行动时长的缩短或延长都会对整个作战计划总时长产生影响。因此，关键行动的调整是作战计划进度更新的重点。调整的目标就是采取措施将耽误的时间补回来，保证作战计划按时完成。调整的方法主要是缩短后续关键行动的持续时间。

② 改变某些行动的组织关系。

若实际进度产生的偏差影响了总时长，则在行动之间的逻辑关系允许的情况下，改变关键路径上和超过计划总时长的非关键行动上有关行动之间的组织关系，达到缩短总时长的目的。这种方法调整的效果是显著的，但这种调整应以不影响原定计划时长和其他行动之间的逻辑顺序为前提，调整的结果不能形成对原计划的否定[10]。

③ 非关键行动的调整。

当非关键路径上某些行动的进度产生了滞后，但不超过其时差范围或经进度一致性程度判断不会影响作战计划的总时长时，进度计划不必调整。但是，进度滞后的时间影响后续作战行动或作战计划总时长时，则必须进行调整。调整的方法是缩短非关键行动的时长，或者调整非关键行动的开始或完成时间。

④ 增减行动或资源。

当某些资源的供应无法满足要求或由于其他原因而影响作战计划时限的实现时，需要对行动或资源进行增加或取消。对协同行动计划来说，有可能会出现资源的再选择问题，这将会导致重新进行协同行动单元选择或进度计划编制。

由于作战计划的总时长是由关键行动的时长决定的，因此，一旦出现进度偏差影响到作战计划总时长的情况，首先应考虑对关键行动的执行时长进行调整。尽管上述介绍了多种调整方法，但考虑篇幅，下面将重点研究当进度滞后影响作战计划总时长时，如何调整网络计划图中关键行动的时长，以达到缩短作战计划总时长的目的。

一般情况下，作战行动在执行过程中影响因素较多，要求指挥控制人员能够根据个人经验、领域专家及统计经验估计各种因素的影响程度和出现的可能性，在确定进度目标时考虑风险因素的影响，使进度计划留有余地，具有一定的弹性。这样，一旦在作战计划执行过程中，某一作战行动出现时间延期，则在进行进度管理时，可以利用这些弹性，缩短行动的持续时长，或者改变行动之间的关联关系，以使作战计划最终能满足总时长目标。

因此，当关键路径上某一行动的实际进度滞后于计划进度，造成计划的总时长大于计划执行时限时，需要考虑调整网络计划图中该行动后续行动的执行时长。调整行动执行时长有两种方式：第一种是在后续行动的逻辑关联关系不变的情况下，通过缩短计划后续关键行动的时长，达到缩短作战计划总时长的目的；第二种是在后续行动的时长不变的情况下，改变行动间的关系，使得具有紧前约束关系的行动间时间重叠以缩短计划总时长。在具体的计划调度中，根据不同的要求选择其中的一种调整方式，也可以同时采用这两种方式调整行动的时长，使得作战计划的总时长满足时限要求。

（3）缩短关键路径上后续作战行动的时长。

① 行动执行时长缩短的范围。

在进行计划进度规划时，首先预测出行动的最短时长SD_i和最长时长LD_i，然后以此为根据和各作战行动执行单位进行协商，最终达成一个各方都满意的行动时长T_i，则$T_i \in [SD_i, LD_i]$。因此，对行动i来说，其时长并不能无限制地压缩，在理想状态下，行动i的时长缩短的范围应该为$[SD_i, T_i]$，但是在实际操作过程中，考虑到行动的方法难度、重要程度、可追加的资源状况、耗费的增加以及承担该时长的作战行动消耗单位所能接受的最短时长等因素，行动i的时长缩短范围一般为$[T_i - P_{ri}(T_i - SD_i), T_i]$，即行动的时长可缩短$P_{ri}(T_i - SD_i)$个时间单位。其中$P_{ri}$为行动的时长紧迫度，$P_{ri}$越小表示行动的时长越难以压缩，$P_{ri}$的取值在考虑上述因素的基础上，由指控中心和行动执行单位确定。

对仅要求按原计划总时长完成的作战计划而言，缩短行动的时长，就是将先前行动拖延的时间补回来，保证行动计划按时完成。此时，如果先前行动拖延时间t_{il}小于后续行动i时长的可缩短时间，即$t_{il} \leqslant P_{ri}(T_i - SD_i)$，则可采用只缩短后续行动$i$时长的方法，这样做的好处是避免需要指控中心与各行动执行单位进行再次确定。如果先前行动拖延的时间大于后续行动时长的可缩短时间，即$t_{il} \geqslant P_{ri}(T_i - SD_i)$，无法采用压缩单个后续行动的时长来弥补，则要考虑同时压缩多个后续行动的时长。此时，既可以选择将拖延时间t_{il}平均分配到后续的每个行动的时长上去压缩，也可以选择那些容易压缩或压缩单位时间增加耗费较低的后续行动进行时长压缩，具体的选择则在下面的选择次序问题中讨论。总之，无论选择哪种缩短行动时长的方式，都应考虑在仅按计划总时长完成的情况下，后续行动时长的总压缩时间等于先前行动拖延的时间，即满足：

$$t_d = \sum_{i=1}^{m} P_{ri}(T_i - SD_i) \tag{7-15}$$

式中，m为时长被压缩的行动数目。如果计划总时长提前能获得增益，则考虑加大资源投入的耗费、增益的耗费以及节约的各种管理耗费等因素的综合效益，合理调整，使行动计划的损益最佳。

② 行动时长的压缩次序。

行动的耗费–时长关系如图 7-10 所示，压缩行动的时长会引起耗费的上升，但对不同的行动压缩相同时长所引起的耗费变化是不同的，这就引出了行动时长的压缩次序问题。

这里将行动的在时间区间 $[SD_i, T_i]$ 上的时间–耗费模型近似地定义为线性关系，即 $CT_i' = CSD_i - k_i(T_i' - SD_i)$，其中 $k_i = \dfrac{CT_i - CSD_i}{T_i - SD_i}$，$CSD_i$ 是行动 i 的时长为 SD_i 时所需的耗费，CT_i 是行动 i 的时长为 T_i 时所需的耗费，T_i' 是行动 i 压缩后的时长，$T_i' = T_i - P_{ri}(T_i - SD_i)$。在后续各项行动的 SD、$T$、CSD、CT 及 P_r 均已知的条件下，可计算后续各项行动的 k 值，当需要通过压缩行动的时长来缩短计划总时长时，可将关键路径上后续行动在其时长允许调整的范围内，按照各项行动的值从小到大依次进行时长压缩，这样就能保证每缩短一个时间单位的总时长所增加的耗费最小。

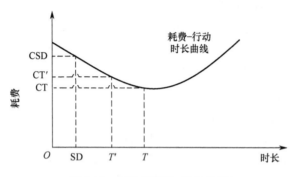

图 7-10 行动的耗费–时长关系

③ 缩短关键行动时长的方法。

缩短关键行动时长的方法有两种：一是在作战计划中所拥有的资源（包括人力、设备和物资）有严格限制的条件下，压缩关键任务的时长；二是在作战计划所需资源不构成约束的条件下，缩短关键行动的时长。第二种缩短关键行动时长的方法比较简单，就是在其他行动资源强度不变的情况下，额外增加关键行动的资源强度，达到缩短时长的目的。增加额外资源无疑会增加作战计划的消耗，需要在资源和时长之间寻求一个最优的平衡点。

④ 算例。

利用灰色嵌套规划模型[4]说明某作战计划执行过程中资源转移与行动时长调整的纠偏处理应用。由于受到不确定风险因素的影响（如设备维修等），作战计划总时长拖延了 3 个时间单位，如果其他条件不变的情况下，计划的实际完成总时长将比原计划延长 3 个时间单位，由 14 个时间单位变成 17 个时间单位，其网络计划图由图 7-11 变成了图 7-12。为了保证按时完成计划且尽量减少对后续行动时长的影响，在资源有限的情况下，某指控中心利用非关键行动的时差，将非关键行动的部分资源调配到关键行动 C 上，增强任务的行动强度，将其尚未完成的行动所需时间缩短 3 个时间单位。

为简化模型计算，假设关键行动 C 和非关键行动 K 具有相同的资源，所以可以将行动 K 上的部分资源转移到关键行动 C 上，并且只有一种资源发生转移。原网络计划图中行动 K 的资源为 25 个单位资源，关键行动 C 的资源为 60 个单位资源，由于关键行动 C 已执行了 7 个时间单位，即执行了原计划时长的一半，其所剩的资源也为原计划资源的一半，即

30 个单位资源；假设关键行动 C 在耽误了 3 个时间单位后重新开始执行，此时的时间是第 T_0+53 个单位时间，行动 K 尚未开始或此刻开始执行（这种假设是合理的，因为行动 K 的最大可执行时间窗为[25,65]）；行动 K 的时长为 t_K，从其上转出的资源量为 x_K，关键行动 C 的时长为 t_C，增加的资源量为 x_C；$\otimes a_K$ 和 $\otimes a_C$ 为行动 K 和关键行动 C 的执行时间对该资源的关联度系数，$\otimes b_K$ 和 $\otimes b_C$ 则为行动 K 和关键行动 C 的资源消耗对该资源的关联度系数，这里假设 $\otimes b_K = \otimes b_C = 1$。则上述的灰色嵌套规划模型转化为式（7-16）、式（7-17）。

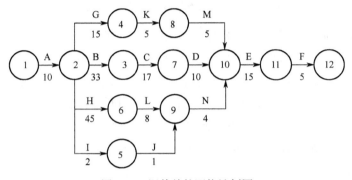

图 7-11　调整前的网络计划图

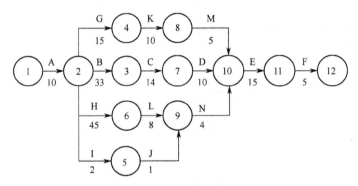

图 7-12　关键任务时间缩短后的网络计划图

$$F_{\max} = \otimes a_K x_K \tag{7-16}$$

$$\text{s. t.} \begin{cases} \otimes a_K x_K - TF_K + T_K + \otimes a_C x_C \leqslant T_{cp} \\ \otimes b_K x \leqslant b_C x_C, x_C > 0, x_K > 0; q_K, q_C = C, C > 0 \\ \text{Max}(T_i) = T_{cp} - \otimes a_C x_C \end{cases} \tag{7-17}$$

即

$$F_{\max} = \otimes a_K x_K \tag{7-18}$$

$$\text{s. t.} \begin{cases} (25 - x_K)(t_K + \otimes a_K x_K) = 25 * t_K \\ (x_C + 30)(t_C - \otimes a_C x_C) = 30 * t_C \\ x_C = x_K \\ T_{cp} - \otimes a_C x_C \geqslant 87 \end{cases} \tag{7-19}$$

其中，式（7-18）表示由于资源转移而使行动时长延长的最大值。式（7-19）中前两项表示行动 K 和关键行动 C 的工作量在调整前后不变；第三项表示关键行动 C 增加的资源量等于行动 K 转出的资源量；最后一项表示关键路径压缩后的总时长不小于其次关键路径的总时长。

由图 7-11 可知：$t_K = 5$，$T_{cp} = 87 + 3 = 90$

由式（7-19）解方程可得：$\otimes a_K x_K \leqslant 5.2941$，这里取 $\otimes a_K x_K = 5$。

计算的结果说明，将行动 K 的资源转移出 x_K，而对行动 K 产生的时延最多为 5 个单位时间。时延越大，说明转移到行动中的资源就越多，关键行动 C 的时长就会越短，整个计划的执行总时长也就越短。取极值时的情况如下：当 $x_K = 0$ 时，关键行动 C 的时长不变，为 17 个单位时间，整个作战计划的执行总时长为 90 个单位时间；当 $\otimes a_K x_K = 5$ 时，关键行动 C 的时长缩到最短，为 17-3=14 个单位时间，整个计划时长变为 87 个单位时间，从而将前期拖延的时间补了回来，满足了计划时限要求，又不会对后续行动的时长产生任何影响。

当行动 K 由于转移了资源量 x_K，而导致其执行时长延长了 5 个单位时间，结果行动 K 的时长变成 5+5=10 个单位时间。原来由 25 个单位资源花费 5 个单位时间完成的工作，现在需要 10 个单位时间完成，则大约需要 $(25 \times 5) / 10 \approx 13$ 个单位资源，因此行动 K 可以转移的资源量 $x_K = 25 - 13 = 12$ 个单位资源，时长为 10 个单位时间，而关键行动 C 由于资源的增加，使其资源变成：60+12=72 个单位资源，时长缩短为 14 个单位时间。由此可得：$\otimes a_K = 0.4167$，$\otimes a_C = 0.25$。调整后的网络计划图如图 7-12 所示。

（4）执行时长不变，调整后续行动间的搭接关系。

调整网络计划图中后续行动的执行时长，除了缩短关键路径上后续行动的时长，还可以调整后续行动间的搭接关系。即使是关键路径上的行动，也存在一定的机动时间。因此，可以利用这一特点，让具有紧前约束关系的行动之间的执行时间重叠，来调整关键行动的时长。在行动执行时长保持不变的情况下，改变后续行动间的搭接关系，即利用行动的各种时差，将后续行动的执行时间由原来的串行关系变成部分重叠关系，以达到缩短计划总时长的目的。其后果将会使后续行动的执行时间上可能存在冲突，因此，在调整过程中，有必要对执行时间冲突发生的概率采取控制措施。由于篇幅限制，本书不再针对这种情况下的纠偏技术进行详细阐述，有兴趣的读者可参考文献[4]。

7.3 行动协同技术

按照协同的时机，行动协同技术主要可分为两类：预先计划协同技术和临机自主协同技术。其中，预先计划协同需要事先编制协同计划，可视为"基本型"的行动协同技术，而临机自主协同则是针对不确定环境，依靠协同方的"自主"实现协同。

7.3.1 预先计划协同技术

通常情况下，作战行动协同是由指挥控制中心明确行动任务要求，编制协同行动计划，并依照计划提供行动支持协调。作战行动过程中遇到协同需求时，各作战单元首先考虑的是依据预先设置的协同行动计划开展合理、科学的协同行动，以达成作战行动的高度一致，进而实现协同目标。当出现新的情况、重要态势突然转变时，指挥控制中心根据实时动态具体需求及时组织作战单元，进行协同行动任务的实时重规划协同，以达到作战协同目标。预先计划协同运行框架如图 7-13 所示。

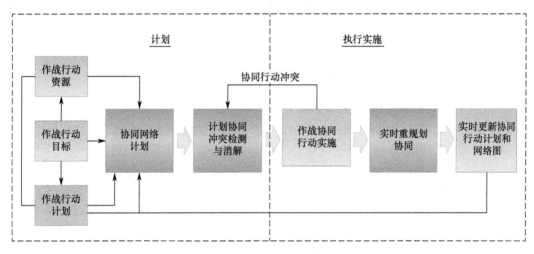

图 7-13 预先计划协同运行框架

从图 7-13 中可知，在计划阶段，指挥控制中心根据作战行动目标和初步的作战行动计划，依托现有的作战行动资源，编制协同计划，并在协同网络计划基础上设置协同冲突检测与消解方法。在执行实施阶段，指挥控制中心一方面利用所设置的协同冲突检测与消解方法，对在执行协同行动计划时产生的协同行动冲突进行检测并消除；另一方面则研判战场所出现的新变化，进行相应的实时重规划协同，实时更新协同行动计划和网络图。预先计划协同技术主要涉及三类技术：协同网络计划、协同冲突检测与消解、实时重规划协同。

1. 协同网络计划

协同网络计划是采用有向网络图来描述联合作战计划中各作战行动项进度以及不同作战域下各作战行动项之间协同关系。协同网络计划图中主要组成元素包括作战节点、作战行动有向边、作战行动路径等。

（1）作战节点，即协同网络计划图中的节点，包含作战状态节点和作战逻辑节点两类节点。作战状态节点，指协同网络计划图中作战行动作业项的瞬时状态；作战逻辑节点，指协同网络计划图中表示行动项协同关系的节点，主要包括条件判定节点、逻辑门节点、循环体节点、准备节点等[11]。协同网络计划图作战节点示意如图 7-14 所示。

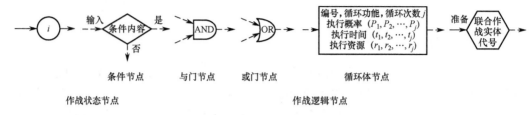

图 7-14 协同网络计划图作战节点示意

（2）作战行动有向边，即协同网络计划图中节点之间的边，对应作战计划下的作战行动项，具体包含作战行动有向实边和作战行动有向虚边两类有向边。作战行动有向实边，是指作战计划中需要消耗资源和时间的一类具体作战行动项，用实箭杆表示；作战行动有向虚边，是指作战计划中不消耗资源和时间的一类虚设的作战行动项，用虚箭杆表示。协同网络计划图行动有向边示意如图 7-15 所示。

图 7-15 协同网络计划图行动有向边示意

（3）作战行动路径，即在协同网络计划图中从开始的作战节点到结束的作战节点，由各作战行动有向边连贯而成的一条通路，路径的总长度就是这条通路中各作战行动有向边对应的作战行动项持续时间的总和。

基于以上组成要素，参考一般网络计划图的绘制规则和步骤[12]，可绘制协同网络计划图。

（1）首先根据作战计划方案描述，明确作战行动项与作战实体及资源间的对应关系，确定作战行动项代号、作战行动详细内容和行动所需时间，厘清作战行动项之间的逻辑关系（先后关系、协同关系等）。

（2）按照作战行动项的时间先后次序，从第一个作战行动项开始，以实箭杆代表作战行动项，依托时间先后顺序和逻辑关系，一根箭杆连接一根箭杆地从左至右绘图，直到最后一个作战行动项为止。

（3）在各箭杆之间进行作战节点标识，包括作战状态节点和作战逻辑节点。各箭杆之间若存在明显逻辑协同则使用逻辑节点连接，否则使用状态节点连接。各作战状态节点之间除了实箭杆，根据需要还可以添加虚箭杆。

（4）对协同网络计划图中的作战状态节点进行编号，从左至右、从小到大编写，不能出现重复编号。

（5）对各作战行动项（箭杆）进行作战域划分，区分不同作战域下的作战行动，进一步明确不同作战域间作战行动项协同关系，最终形成一个协同网络计划图。

以编队"舰机潜"联合对海打击任务为例，说明协同网络计划的拟制。作战实体包括舰载指控平台（P1）、预警机（P2）、电子战飞机（P3）、舰载机（P4）、水面舰艇（P5）、潜艇（P6），相关说明如表7-5所示。

表7-5 编队"舰机潜"联合对海打击协同行动说明

行动项代号	前序行动项代号	行动项说明	执行时间/min	所需资源（资源代号，数量）	完 成 概 率
A1	—	指控平台准备	30	(P1,1)	1
A2	—	侦察引导准备	30	(P2,1)	1
A3	—	电子干扰准备	30	(P3,1)	1
A4	—	舰载机准备	30	(P4,1)	1
A5	—	水面舰艇准备	30	(P5,1)	1
A6	—	潜艇准备	30	(P6,1)	1
A1.1	A1	出港航渡待机	60	(P1,1)	1
A1.2	A1.1	发送舰载机起飞指令	5	(P1,1)	1
A1.3	A1.2	发送对海打击命令	10	(P1,1)	1
A1.4	A1.3	等待"舰机潜"任务执行反馈	180	(P1,1)	0.95
A1.5	A1.4	待机返航	60	(P1,1)	1
A2.1	A2	预警集结起飞	10	(P2,1)	1
A2.2	A2.1	进入空域	30	(P2,1)	1
A2.3	A2.2	空域飞行	180	(P2,1)	1
A2.4	A2.2	目标搜索	10	(P2,1)	0.88
A2.5	A2.4	目标识别	10	(P2,1)	0.90
A2.6	A2.5	发送目指	10	(P2,1)	1
A2.7	A2.6	指挥引导	30	(P2,1)	1
A2.8	A2.7、A2.3	退出空域	30	(P2,1)	1
A2.9	A2.8	返航降落	30	(P2,1)	1
A3.1	A3	集结起飞	10	(P3,1)	1
A3.2	A3.1	进入空域	30	(P3,1)	1
A3.3	A3.2	空域飞行	180	(P3,1)	1
A3.4	A3.2	干扰准备	10	(P3,1)	1
A3.5	A3.4	电子干扰	60	(P3,1)	0.98
A3.6	A3.5、A3.3	退出空域	30	(P3,1)	1
A3.7	A3.6	返航降落	30	(P3,1)	1
A4.1	A4、A1.2	起飞	10	(P4,1)	1
A4.2	A4.1、A2.3、A2.7	接收引导	30	(P4,1)	1
A4.3	A4.2	空中打击准备	10	(P4,1)	1
A4.4	A4.3、A1.3	实施攻击	20	(P4,1)	0.96
A4.5	A4.4	返航降落	30	(P4,1)	1
A5.1	A5	集结出航	60	(P5,1)	1

（续表）

行动项代号	前序行动项代号	行动项说明	执行时间/min	所需资源（资源代号，数量）	完成概率
A5.2	A5.1	展开待机	30	(P5,1)	1
A5.3	A5.2、A2.6	接收目指	10	(P5,1)	1
A5.4	A5.3	水面打击准备	10	(P5,1)	1
A5.5	A5.4、A1.3	实施攻击	10	(P5,1)	0.97
A5.6	A5.5	返航	60	(P5,1)	1
A6.1	A6	集结出航	60	(P6,1)	1
A6.2	A6.1	展开待机	30	(P6,1)	1
A6.3	A6.2、A2.6	接收目指	10	(P6,1)	1
A6.4	A6.3	水下打击准备	10	(P6,1)	1
A6.5	A6.4、A1.3	实施攻击	10	(P6,1)	0.98
A6.6	A6.5	返航	60	(P6,1)	1

根据前述过程以及行动说明，可以绘制协同网络计划图，如图 7-16 所示。

2. 冲突检测与消解

从本质上讲，作战行动协同就是针对多个作战域间作战行动冲突检测和消解的循环往复过程。冲突是作战行动实施过程中无法避免的，主要包括时间、空间、资源等方面的冲突，为了实现作战行动目标，首先需要对行动过程中出现的各种冲突提供科学的、合适可行的检测方法以及时、有效发现作战行动冲突问题。下面先从时间、空间和资源三方面阐述具体作战行动计划适用的冲突检测方法[13]。

1）时间冲突检测方法

执行作战任务需要确保作战任务规划方案无时间冲突，因此需要对作战任务进行协同冲突检测，必须找到导致时间冲突的时间约束关系集合，并根据时间冲突对作战任务进行调整。简单时间约束网络（Simple Temporal Network，STN）[14]是一种基于约束的时间推理方法，可以用来判断简单时间问题是否有解。在 STN 中，$G_d = (V, E)$ 可以用来表示作战中的时间约束不等式（包括形如约束不等式 $a_k \leqslant x_j - x_i \leqslant b_k$ 和差分不等式 $x_j - x_i \leqslant b_k$，$x_i - x_j \leqslant -a_k$）。STN 距离图 G_d 的顶点 v_j 表示不等式中的 x_j，距离图 G_d 中由 v_i 指向 v_j 的有向弧 e_j^i 表示 $x_j - x_i$，$[a_k, b_k]$ 表示 e_j^i 的权重值。如图 7-17 所示为约束不等式、STN、STN 距离图的相互转换示例。

（1）有向图的负环检测方法。根据 STN 一致性判定原理，当一个 STN 距离图中不存在负环时，可以判定这个 STN 是一致的。若 STN 距离图中存在一个有向简单环所有的弧的权重相加求和为负数，那么称这个有向基本环为负环，对应的作战任务规划方案存在时间冲突。

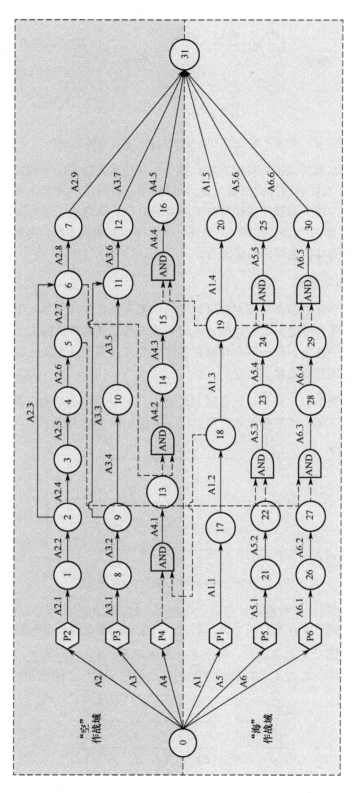

图 7-16　编队"舰机潜"联合对海打击协同网络计划图

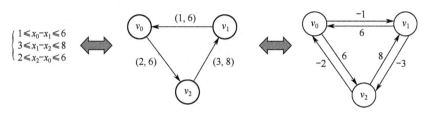

图 7-17　约束不等式、STN、STN 距离图的相互转换示例

（2）基于 Johnson 的时间冲突检测方法。由于负环检测方法只能检测规划的作战方案中有无时间冲突，为了后续时间冲突消解考虑，可以利用在有向图中搜索环的方式搜索 STN 距离图中的所有负环，找到导致作战任务时间冲突的时间约束集合。该方法基于深度优先搜索，先求解 STN 距离图中的所有有向简单环，计算环中弧的权重和，得到距离图中的负环，从而得到导致时间冲突的时间约束集合。

2）空间冲突检测方法

作战过程中，各个作战活动之间存在许多空间约束关系，如作战单元所需要的平面空间、立体空间，由于各作战部队编制作战计划时可能未考虑其他部队的实际情况，所以作战任务中可能存在空间冲突。分析联合作战任务中的空间冲突即判断同一时间点内是否有不同的目标占据的空间存在交叠。

（1）二维空间冲突检测。在作战任务规划过程中，可以将作战单元在其相邻的路径点之间进行建模，二维空间中作战单元长方形包络示意图如图 7-18 所示。

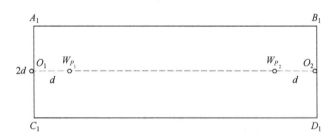

图 7-18　二维空间中作战单元长方形包络示意图

在二维空间中，当两个作战单元长方形包络在同一时刻二维空间所处位置可能交叠时，说明两个作战单元之间可能存在空间冲突，$W_{P_1}W_{P_2} = d_1$。当两个包络长方形的中心距离 d_c 小于两包络长方形外接圆半径之和 d_s 时，可能存在空间冲突。x_{c1}、y_{c1} 和 x_{c2}、y_{c2} 分别是两个路径中点的二维坐标，d_1、d_2 为两作战单元的移动路径长度。二维空间中 d_c、d_s 计算方式如式（7-20）所示。

$$d_c = \sqrt{(x_{c1} - x_{c2})^2 + (y_{c1} - y_{c2})^2}$$
$$d_s = \sqrt{(d + d_1 / 2)^2 + (d)^2} + \sqrt{(d + d_2 / 2)^2 + (d)^2}$$

（7-20）

（2）三维空间冲突检测。如果需要考虑三维空间层面是否存在空间冲突，则可以使用一个包络长方体代表作战单元在一个元时间区间内所占用的空间，其中，作战单元在相邻的路径点之间进行建模，三维空间中作战单元长方体包络示意图如图 7-19 所示。

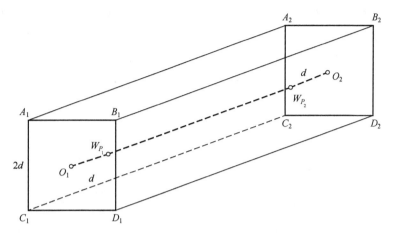

图 7-19　三维空间中作战单元长方体包络示意图

三维空间中，当两个作战单元长方体包络同一时刻中三维空间所处位置可能交叠时，说明两作战单元之间可能存在空间冲突。x_{c1}、y_{c1}、z_{c1} 和 x_{c2}、y_{c2}、z_{c2} 分别是两个路径中点的三维坐标，d_1、d_2 为两作战单元的移动路径长度，两个包络长方体的中心距离 d_c 小于两包络长方形外接圆半径之和 d_s，则可能存在空间冲突。三维空间中 d_c、d_s 计算方式如式（7-21）所示。

$$
\begin{aligned}
d_c &= \sqrt{(x_{c1} - x_{c2})^2 + (y_{c1} - y_{c2})^2 + (z_{c1} - z_{c2})^2} \\
d_s &= \sqrt{(d + d_1/2)^2 + (\sqrt{2}\times)^2} + \sqrt{(d + d_2/2)^2 + (\sqrt{2}\times d)^2}
\end{aligned}
\tag{7-21}
$$

3）资源冲突检测方法

在作战过程中，各个作战活动之间存在很多资源约束关系，如人员数量、武器装备数量等，若同一时刻作战任务规划中多个作战活动产生不能同时满足所有作战任务的要求，则出现作战资源冲突。为了作战任务的顺利执行，需要确保作战任务无资源冲突，为了对存在资源冲突的作战任务规划方案做出适当的调整，需要找到导致资源冲突的约束关系集合，进行资源冲突检测。

根据作战任务时间区间的最早发生时间、最晚发生时间、最早结束时间、最晚结束时间（四个活动顶点），判断多个作战活动可能存在的交叠状态。可以利用可能交叠图（Possible Intersection Graph，PIG）和绝对交叠图（Define Intersection Graph）来表达活动间的交叠关系，PIG 和 DIG 中都用一个顶点表示一个活动，在 PIG 中，弧表示两个活动的时间区间内存在可能的交叠关系，但是在 DIG 中，弧表示两个活动之间存在绝对的交叠关系。

如图 7-20 所示，DIG 表示 A_{c_0}、A_{c_1}、A_{c_2} 的时间区间绝对交叠，PIG 表示 A_{c_1}、A_{c_3} 的时间

区间可能交叠。如果若干活动的顶点相互连接构成一个团，则在该团中的活动所需的某种资源之和大于该资源的实际持有总量，那么便可判定该团中的活动之间存在资源冲突。可以通过 PIG、DIG 找出团，进而判断是否存在资源冲突。另外，在实际作战任务中，规模小的团往往不能完整体地体现出作战任务之间的关系，存在资源冲突的极大团（不能再被更大的团包含的团）反映了作战任务中资源冲突的全局状态，故可以将资源冲突的检测问题转换为在 PIG 和 DIG 中寻找极大冲突团的问题，其流程如表 7-6 所示，可以利用Bron-Kerbosch 算法进行查找。

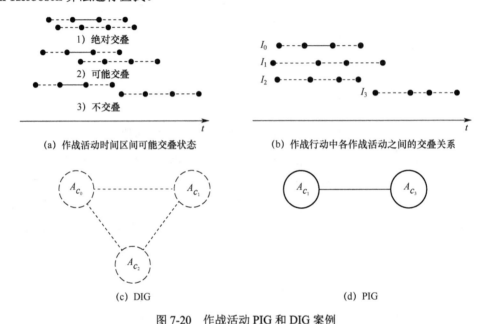

(a) 作战活动时间区间可能交叠状态　　　(b) 作战行动中各作战活动之间的交叠关系

(c) DIG　　　　　　　　　　　　　　(d) PIG

图 7-20　作战活动 PIG 和 DIG 案例

表 7-6　基于极大团的冲突检测方法流程

算法：基于极大团的冲突检测方法的递归实现 Bron-Kerbosch(R,P,X)	
算法初始化：建立集合 R 表示已加入当前极大团的顶点的集合；建立集合 P 表示可能加顶点的集合，P 初始状态包括联通图中所有的顶点；建立集合 X 表示已经加入过某个极大团的顶点的集合	
步骤一	判断集合 P 和集合 X 是否都为空，如果两个集合均为空，则说明 R 是一个极大团，判断 R 中所需要的资源量与实际持有量冲突，若冲突则说明 R 是极大冲突团，反之，R 不是极大冲突团
步骤二	创建新的集合 RR、PP、XX。遍历集合 P 中的顶点 v，将集合 R 的值赋予集合 RR，并添加此刻遍历的顶点 v 到集合 RR 中，将集合 P 中所有与顶点 v 相连接的顶点加入集合 PP，将集合 X 中所有与顶点 v 有连接的顶点加入集合 XX。 递归调用 Bron-Kerbosch(R,P,X)，将顶点 v 从集合 P 中去除，将顶点 v 添加到集合 X 中，则遍历完毕算法结束

　　典型实用的作战行动冲突消解方法主要包含三种：基于实例和规则的冲突消解方法、基于约束的冲突消解方法和基于协商的冲突消解方法[15]。

（1）基于实例和规则的冲突消解方法。

所谓实例，实质上就是作战行动协同的模板。指挥人员根据以前作战行动协同的经验，将某些典型的作战行动协同实例进行形式化描述并存储在数据库中，当在实际的作战行动协同过程中遇到类似的场景时，计划人员则遍历实例数据库，从中搜索与当前冲突相似的实例，通过提取实例中行动协同与冲突消解过程，并进行必要的需求映射和逻辑推理以解决当前行动冲突问题。

基于规则的冲突消解，是指挥员以及领域专家根据在作战领域的经验，针对不同类型的冲突建立不同冲突消解规则，并形成规则库。在规则库中，各条规则由两部分组成——适用冲突描述和冲突消解建议。适用冲突描述一般包括冲突类型、冲突特征以及冲突表现等；冲突消解一般包括指挥员以及领域专家在进行冲突消解时所使用的策略，并通过适当的需求映射和推理来解决实际的冲突问题。

（2）基于约束优化的冲突消解方法。

在作战行动协同过程中，可以将不同作战域的指挥人员和专家等的要求、目标、决策，以及各类作战资源限制条件表示为约束。进一步通过相关建模规划或仿真技术手段（如层次任务网络规划 HTN[16]、Petri 网[17]等）检验冲突是否违反约束条件，当冲突以直接违反约束形式表现出来时，可通过取消约束、松弛约束、搁置和忽略等模式满足约束以消除冲突问题。

其中基于约束优化的冲突消解模式如下。

① 取消约束：最简单的消解模式，但在作战行动协同过程中，大部分约束是不能取消的，取消也只能针对不重要或冗余的约束进行处理。

② 松弛约束：指挥人员在作战筹划阶段一般倾向于制定比较严格的约束条件，当作战行动协同过程中遇到冲突时，可以考虑松弛约束以调节消除协同行动冲突。

③ 搁置约束：如果遇到一些约束不太重要但又不能取消，可以在暂时搁置这些约束，保证部分重要的作战协同行动的顺利实施。

④ 如果某些约束在未来一段时间内能够得到满足，且不违反作战行动协同目标，则可以考虑暂时忽略这些约束。

（3）基于协商的冲突消解方法。

当作战行动协同遇到冲突时，一般先采取前两种方法进行消解，若仍无法妥善处理冲突问题，则采用基于协商的冲突消解方法。在基于协商的冲突消解过程中，各作战协同行动单元根据所执行协同行动的利益、自身经验知识对检测的具体冲突提出自己的冲突消解建议、支持理由和对其他建议接受程度等，并提交给其他协同行动单元进行讨论。在提出相关冲突消解建议后，各协同方依据自身目标、经验、偏好和利益等对相关建议进行评价，判断对相关建议的接受程度。根据评价结果，各方再确定是否让步妥协以及下一步的立场和建议。如此迭代，直至收敛形成统一的冲突消解建议。

3．案例：抢滩登陆作战中的冲突检测与消解应用[13]

1）作战想定

在对某岛屿的登岛联合作战行动中，为确保登陆舰安全登陆，首先需要火力压制，其中火力压制方式可以分为舰炮火力压制和航空火力压制，完成火力压制后，由破障部队承担破障任务以保障登陆舰能够成功登陆。在这个过程中需要对联合作战行动中可能出现的时间冲突、空间冲突、资源冲突进行检测，进行冲突消解。

2）时间冲突检测与消解

在本抢滩登陆案例中，舰炮和航空兵完成火力压制任务需要 $10\sim15$ min，破障部队到达滩头障碍区边缘需要 $11\sim16$ min，破障需要 $11\sim15$ min，登陆舰到达滩头障碍区边缘需要 $13\sim15$ min，通过滩头障碍区需要 $10\sim15$ min。完成整个抢滩登陆作战任务的时间不超过 30 min。据实际作战考虑可以得出如表 7-7 所示的时间约束。

表 7-7 抢滩登陆作战事件时间约束

作战事件时间约束 1	$P_1-P_0\geqslant0$、$10\leqslant P_2-P_1\leqslant15$
作战事件时间约束 2	$P_3-P_2\geqslant0$、$11\leqslant P_4-P_3\leqslant16$、$P_5-P_4\geqslant0$、$11\leqslant P_6-P_5\leqslant15$
作战事件时间约束 3	$P_{11}-P_6\geqslant0$、$P_7-P_2\geqslant0$、$13\leqslant P_8-P_7\leqslant15$、$P_9-P_8\geqslant0$、$10\leqslant P_{10}-P_9\leqslant15$、$P_9-P_6\geqslant0$、$P_{11}-P_{10}\geqslant0$、$0\leqslant P_{11}-P_0\leqslant30$

其中，时间点对象与作战事件的对应关系如表 7-8 所示。

表 7-8 时间点对象与作战事件的对应关系

时 间 点	事 件	时 间 点	事 件
P_0	E_{v_0}：抢滩登陆作战任务开始	P_6	E_{v_6}：破障部队破障完成
P_1	E_{v_1}：火力压制活动开始	P_7	E_{v_7}：登陆舰开始行进
P_2	E_{v_2}：火力压制活动结束	P_8	E_{v_8}：登陆舰到达滩头障碍区边缘
P_3	E_{v_3}：破障部队开始行进	P_9	E_{v_9}：登陆舰开始通过滩头障碍区
P_4	E_{v_4}：破障部队到达滩头障碍区边缘	P_{10}	$E_{v_{10}}$：登陆舰通过滩头障碍区
P_5	E_{v_5}：破障部队开始破障	P_{11}	$E_{v_{11}}$：抢滩登陆作战任务结束

将时间约束不等式进一步转化成差分不等式如表 7-9 所示。

表 7-9 时间约束的差分不等式表示

约 束	不 等 式	约 束	不 等 式	约 束	不 等 式	约 束	不 等 式
c_0	$P_0-P_1\leqslant0$	c_5	$P_4-P_3\leqslant16$	c_{10}	$P_2-P_7\leqslant0$	c_{15}	$P_{10}-P_9\leqslant15$
c_1	$P_1-P_2\leqslant-10$	c_6	$P_4-P_5\leqslant0$	c_{11}	$P_7-P_8\leqslant-13$	c_{16}	$P_6-P_9\leqslant0$
c_2	$P_2-P_1\leqslant15$	c_7	$P_5-P_6\leqslant-11$	c_{12}	$P_8-P_7\leqslant15$	c_{17}	$P_{10}-P_{11}\leqslant0$
c_3	$P_2-P_3\leqslant0$	c_8	$P_6-P_5\leqslant15$	c_{13}	$P_8-P_9\leqslant0$	c_{18}	$P_0-P_{11}\leqslant0$
c_4	$P_3-P_4\leqslant-11$	c_9	$P_6-P_{11}\leqslant0$	c_{14}	$P_9-P_{10}\leqslant-10$	c_{19}	$P_{11}-P_0\leqslant30$

根据约束不等式可以构建 STN 距离图，如图 7-21 所示。

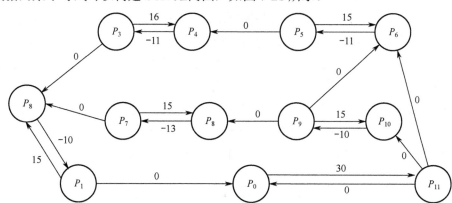

图 7-21　抢滩登陆作战任务对应的 STN 距离图

在时间冲突检测部分提到过可以利用 Johnson 算法搜索 STN 距离图中所有的环，找出权重和为负数的环即为负环，如表 7-10 所示。

表 7-10　抢滩登陆作战任务对应的 STN 距离图中的所有的环

STN 距离图中的环	环中弧的权重和	公共负环弧的数量
$P_0 \rightarrow P_{11} \rightarrow P_6 \rightarrow P_5 \rightarrow P_4 \rightarrow P_3 \rightarrow P_2 \rightarrow P_1 \rightarrow P_0$	−2	7
$P_0 \rightarrow P_{11} \rightarrow P_{10} \rightarrow P_9 \rightarrow P_6 \rightarrow P_5 \rightarrow P_4 \rightarrow P_3 \rightarrow P_2 \rightarrow P_1 \rightarrow P_0$	−12	9
$P_0 \rightarrow P_{11} \rightarrow P_{10} \rightarrow P_9 \rightarrow P_8 \rightarrow P_7 \rightarrow P_2 \rightarrow P_1 \rightarrow P_0$	−3	5
$P_1 \rightarrow P_2 \rightarrow P_1$	5	0
$P_3 \rightarrow P_4 \rightarrow P_3$	5	0
$P_5 \rightarrow P_6 \rightarrow P_5$	4	0
$P_7 \rightarrow P_8 \rightarrow P_7$	2	0
$P_9 \rightarrow P_{10} \rightarrow P_9$	5	0

由表 7-10 可知，该抢滩登陆作战任务规划 STN 距离图中存在 3 个负环，可知存在 3 个导致抢滩登陆作战任务时间冲突的约束集合，因此需要进行时间冲突消解，其顺序由公共负环弧的数量确定，负环弧数量越多的约束集合冲突消解优先级越大，由此，第二个负环应该被优先消解。

STN 距离图中存在 14 条弧，对应约束集合的 14 个约束，通过专家给出的约束之间的相对重要关系，利用层次分析法得到约束的重要程度系数，另外，时间冲突消解要考虑作战活动之间的严格逻辑关系，如火力打击之后才可以破障和登陆。根据这两个规则来计算优先调整的约束。各个约束的时间约束重要程度系数 imp_i 以及作战逻辑关系约束下的调整优先系数 prio_i 如表 7-11 所示。

表 7-11　时间约束重要程度系数 imp_i 以及作战逻辑关系约束下的调整优先系数 prio_i

约束	c_0	c_1	c_3	c_4	c_6	c_7	c_9	c_{10}	c_{11}	c_{13}	c_{14}	c_{16}	c_{17}	c_{19}
imp_i	0.95	0.34	0.93	0.35	0.94	0.35	0.94	0.88	0.45	0.88	0.63	0.91	0.89	0.23
prio_i	0	1	0	1	0	1	0	0	1	0	1	0	0	1

根据时间约束重要程度系数imp_i以及作战逻辑关系约束下的调整优先系数prio_i来寻找优先调整的约束，重要程度越小的、调整优先系数越大的越应该具有更高的被调整优先级。在prio_i不为零的时候，可根据$k_i = \mathrm{imp}_i / \mathrm{prio}_i$求解约束消解优先级（值小者优先），当$\mathrm{prio}_i$为零的时候，可以直接比较时间约束重要程度系数$\mathrm{imp}_i$（值小者优先）。根据计算，约束$c_{19}$应被优先最大程度松弛，令灵活度因子$\varepsilon = 1$。又由表 7-10 可知，第二个负环环中弧的权重和$W_2 = -12$。所以，令约束c_{19}权重值增加$-W_2 + \varepsilon$即可。也就是说，约束c_{19}对应的不等式变为$P_{11} - P_0 \leqslant 43$，完成整个抢滩登陆计划的时间修改成不超过 43 分钟。更新约束后，如图 7-22 所示，STN 距离图显示不存在负环，时间冲突消解完毕。

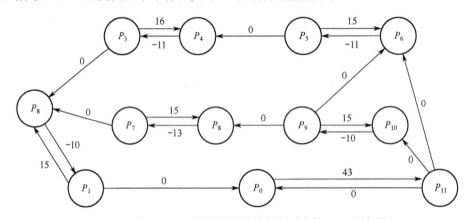

图 7-22　冲突消解后抢滩登陆作战任务对应的 STN 距离图

3）空间冲突检测与消解

在抢滩登陆作战活动中，由于使用了舰炮火力压制与航空兵火力压制，在规划飞行器路径时有可能未考虑火力轨迹，需要进行三维空间冲突检测（二维空间冲突检测与三维空间冲突检测类似，此处只分析三维空间冲突检测），此处由于篇幅原因只选取两段航迹进行分析，在笛卡儿坐标系下，给定飞行器路径点集合L_1和舰炮路径点集合L_2：如式（7-22）和式（7-23）所示。

$$L_1 = \{(10,10,0),(35,35,20),(67,70,45),(100,90,70),(122,118,100),(162,143,100)\} \qquad (7\text{-}22)$$

L_1分别包括 5 个路段：

$$r_{11} = \{(10,10,0),(35,35,20)\}$$
$$r_{12} = \{(35,35,20),(65,70,45)\}$$
$$r_{13} = \{(65,70,45),(100,90,70)\}$$
$$r_{14} = \{(100,90,70),(122,118,100)\}$$
$$r_{15} = \{(122,118,100),(162,143,100)\}$$

$$L_2 = \{(18,202,0),(69,191,20),(110,173,40),(137,141,100),(177,116,100),(219,96,100)\} \qquad (7\text{-}23)$$

L_2分别包括 5 个路段：

$$r_{21} = \{(18,202,0),(69,191,20)\}$$
$$r_{22} = \{(69,191,20),(110,173,40)\}$$
$$r_{23} = \{(110,173,40),(137,141,100)\}$$
$$r_{24} = \{(137,141,100),(177,116,100)\}$$
$$r_{25} = \{(177,116,100),(219,96,100)\}$$

为了便于分析，假设每个路段占用的时间段为元时间区间，假设 L_1 和 L_2 有 5 组存在可能时间交叠区间的路段组合： $g_1 = (r_{12}, r_{21})$、 $g_2 = (r_{13}, r_{21})$、 $g_3 = (r_{13}, r_{22})$、 $g_4 = (r_{14}, r_{22})$、 $g_5 = (r_{14}, r_{23})$，两组存在绝对交叠的路段组合： $g_6 = (r_{15}, r_{23})$，$g_7 = (r_{15}, r_{24})$。设定安全距离 $d = 4$，定义 d_c 和 d_s 的计算方法如式 7-24 与式 7-25 所示。

$$d_c = \sqrt{(x_{c1} - x_{c2})^2 + (y_{c1} - y_{c2})^2 + (z_{c1} - z_{c2})^2} \tag{7-24}$$

$$d_s = \sqrt{(d + d_1/2)^2 + (\sqrt{2}*d)^2} + \sqrt{(d + d_2/2)^2 + (\sqrt{2}*d)^2} \tag{7-25}$$

式中， d_1、 d_2 为对应相应组别路段的长度。

可以求得每个路段对应的 d_c 和 d_s，由 $d_c \geq d_s$ 则不会出现空间冲突的判定结果，如表 7-12 所示。

表 7-12　每个路段对应的 d_c 和 d_s 值以及判定结果

路　段	g_1	g_2	g_3	g_4	g_5	g_6	g_7
d_c	145.9	131.7	105.9	97.7	56.5	32.0	15.1
d_s	63.1	60.7	58.3	57.8	68.7	69.1	56.3
$d_c \geq d_s$	成立	成立	成立	成立	不成立	不成立	不成立

由此可知， g_1、 g_2、 g_3、 g_4 不会出现空间冲突， g_5、 g_6、 g_7 可能存在空间冲突，可以进一步构造 r_{14}、 r_{15}、 r_{23}、 r_{24} 的包络长方体 c_{14}、 c_{15}、 c_{23}、 c_{24}，分别对 c_{14} 和 c_{23}、c_{15} 和 c_{23}、c_{15} 和 c_{24} 进行 OBB 包围盒的碰撞检测，可知 c_{15} 和 c_{24} 发生交叠，由此，路径 L_1 在路段 r_{15} 与路径 L_2 在路段 r_{24} 发生冲突。空间冲突难以自动消解，需要将该空间冲突检测结果报告指挥员，调整路径规划。

4）资源冲突检测与消解

抢滩登陆作战案例中各作战活动需要的武器数量即为作战活动中的资源约束，本案例有 5 个需要用到某作战武器的作战活动，该作战武器的数量为 50。表 7-13 对抢滩登陆作战活动需要作战武器数量进行了说明，由于 A_{c_2} 和 A_{c_3} 是同一个作战单元的作战活动，所以其拥有的武器数量是一样的， A_{c_4} 和 A_{c_5} 同理。

表 7-13　抢滩登陆作战活动需要作战武器数量

作战活动 A_{c_i}	A_{c_1}	A_{c_2}	A_{c_3}	A_{c_4}	A_{c_5}
某作战武器的数量 q_i	12	22	22	34	34

对作战任务规划方案进行资源冲突检测时，首先应该判断作战活动的时间区间之间的

交叠形态，为此需要计算出 STN 距离图中各个时间点到作战任务开始时间点的最短距离和作战任务开始时间点到各个时间点的最短距离，可以得到各时间的执行时间区间如表 7-14 所示。

表 7-14　抢滩登陆作战活动的执行时间区间

事件	E_{v_1}	E_{v_2}	E_{v_3}	E_{v_4}	E_{v_5}	E_{v_6}	E_{v_7}	E_{v_8}	E_{v_9}	$E_{v_{10}}$
区间	[0,1]	[10,11]	[10,11]	[21,22]	[21,22]	[32,33]	[10,20]	[23,33]	[23,33]	[33,43]

其中，抢滩登陆作战行动与事件的对应关系如表 7-15 所示。

表 7-15　抢滩登陆作战活动与事件的对应关系

	活动 A_{c_0}	活动 A_{c_1}	活动 A_{c_2}	活动 A_{c_3}	活动 A_{c_4}	活动 A_{c_5}
开始事件	E_{v_0}	E_{v_1}	E_{v_3}	E_{v_5}	E_{v_7}	E_{v_9}
结束事件	$E_{v_{11}}$	E_{v_2}	E_{v_4}	E_{v_6}	E_{v_8}	$E_{v_{10}}$

根据以上两表，可得到作战活动的最早开始时间、最晚开始时间、最早结束时间、最晚结束时间，如表 7-16 所示。

表 7-16　活动的最早开始时间、最晚开始时间、最早结束时间、最晚结束时间

时 间 类 型	活　　动				
	A_{c_1}	A_{c_2}	A_{c_3}	A_{c_4}	A_{c_5}
最早开始时间	0	10	21	10	23
最晚开始时间	1	11	22	20	33
最早结束时间	10	21	32	23	33
最晚结束时间	11	22	33	33	43

由表 7-16 可以得到活动时间区间的交叠状态，其中抢滩登陆作战活动的 PIG、DIG 如图 7-23 所示。

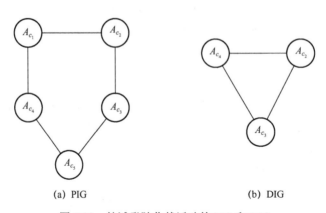

(a) PIG　　　　　　　(b) DIG

图 7-23　抢滩登陆作战活动的 PIG 和 DIG

在 PIG 中，$\{A_{c_1}, A_{c_2}\}$、$\{A_{c_1}, A_{c_4}\}$、$\{A_{c_2}, A_{c_3}\}$、$\{A_{c_4}, A_{c_5}\}$、$\{A_{c_3}, A_{c_5}\}$ 这 5 个极大团各个活动存在次序约束关系，不需要进一步处理；在 DIG 中，需要对 $\{A_{c_2}, A_{c_4}\}$、$\{A_{c_3}, A_{c_4}\}$（绝

对交叠）两个极大团的冲突进行消解。由于 A_{c_2} 和 A_{c_3} 是同一个作战单元的作战活动，所拥有的作战资源是一样的，故只需要对 $\{A_{c_2}, A_{c_4}\}$ 进行资源约束冲突消解。假设 A_{c_2} 对应的资源约束为 c_{21}，A_{c_4} 对应的资源约束为 c_{22}，根据专家打分求得约束的重要程度系数 $\text{imp}_{21} = 0.7$，$\text{imp}_{21} = 0.8$，调整优先系数两者相等均为 1，此时，应该优先调整约束 c_{21}。此时调整该约束依据其作战活动，A_{c_2} 与 A_{c_4} 作战活动中，目前所需要的武器数量和为 56，超过了实际拥有武器数量，则调整之后，令 A_{c_2} 作战活动武器数量为 22−（56−50）=16 即可。冲突消解后的资源分配方案如表 7-17 所示。

表 7-17　冲突消解后的资源分配方案

作 战 活 动	A_{c_1}	A_{c_2}	A_{c_3}	A_{c_4}	A_{c_5}
武 器 数 量	12	16	16	34	34

4．实时重规划协同

实时重规划协同，是指在作战行动过程中发生作战单元失联或毁伤，以及协同行动对象发生变化等重大变化情况，导致原协同方案下包含多个协同作战行动的协同作战任务失效，需要实时、快速地进行协同作战任务重规划以保证及时达成作战协同目标。

实时重规划协同的基本思想和主要过程是：首先，针对当前重规划作战任务开展预处理策略[18]，搜索冲突作战行动以及重构行动模型，并实时更新相关行动参数；然后，通过一系列快速、有效的实时冲突化解策略和规则（如时间回溯迭代策略和时间冗余启发式规则[18]），得到不存在约束冲突的重规划结果；最后，实时更新作战协同行动网络计划图。

1）实时重规划任务预处理策略

预处理策略包含两部分：首先对与重规划任务存在冲突的正在执行的作战行动进行搜索，再根据作战行动的连续性对冲突行动相关参数进行实时更新，并构建冲突行动重构模型。

（1）冲突行动搜索。根据前述重大变化情况发生时刻，搜索此时正在执行的作战行动，依次判断此时在时空以及资源上的作战约束要求是否满足，若不满足则将优先级最小的作战行动暂停执行并放入重构集合，循环判断直至无约束冲突存在。

（2）冲突行动模型重构。研判重构集合中作战行动的连续性质，若行动为禁断型，则直接取消该行动，并宣布行动执行失败，放入不可执行行动集合；若行动为允断型，则根据未执行情况更新该行动相关参数信息；若行动为重复型，则不考虑已执行情况，直接将该行动整体推迟并放入重规划集合。

2）实时冲突化解策略和规则

针对实时重规划任务下各作战行动进行重规划时，可采用以下策略和规则以快速、高效地获得相关实时重规划结果。

（1）时间回溯迭代冲突化解策略。重规划任务由多个作战行动组成，不同行动间存在一定的约束关系，在冲突化解过程中，由于作战行动执行时间调整可能会产生新的约束冲突的情况。因此，时间回溯迭代冲突化解策略按照一定步长在时间线上推进，判断每一个时间节点上正在执行作战行动的时空以及资源等约束条件，如果存在约束冲突，则将正在执行中优先级最小的作战行动推迟一个步长，同时返回到行动的开始时刻进行回溯迭代，重新判断每个时间节点上的约束情况，直至无约束冲突存在。

（2）时间冗余启发式规则。为了尽量减小重规划任务对原协同方案执行计划的影响，应尽可能地将重规划任务下各作战行动安排在允许执行的时间范围内占用作战资源冗余量最大的时间段里。也就是说，遍历作战行动占用资源，在时间线上找出每种资源冗余量最大时间段，取几个时间段中最短的时间范围，将重规划作战行动首先安排在该时间段的起始时刻，并用时间回溯迭代冲突化解策略对所有作战行动进行约束冲突化解，以得到新的满足约束条件的作战行动执行计划。

7.3.2 临机自主协同技术

在联合战场环境下，特别是在"马赛克战"等新型作战概念[19-20]中，由于敌我博弈对抗、通信阻断与降级，各域作战单元相互之间以及与指控中心之间可能难以及时通联。若缺乏临机自主协同，不仅可能会丧失决胜战机，也可能会因为反应迟缓而造成重大损失。临机自主协同技术，是针对这一问题，支持在分散作战单元间通过自主决策建立临机协同关系的一种技术。临机自主协同是提高特殊环境条件下联合作战行动能力的重要手段和途径，其运行框架如图 7-24 所示。

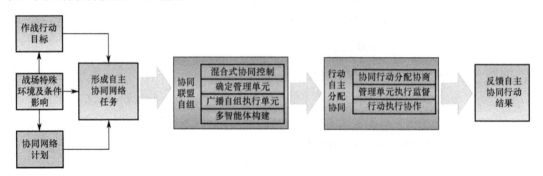

图 7-24　临机自主协同运行框架

在临机自主协同框架下，一般由位于战术边缘的指控节点（边缘指控节点）依据联合作战行动目标、边缘战场特殊环境条件影响，以跨域协同网络计划为基础形成自主协同行动任务；然后，边缘指控节点可以采取协同联盟自组形式构建完成自主协同行动任务的作战单元群体；作战单元群体则可依据行动自主分配协同机制，完成相应的协同行动，最后反馈自主协同行动的结果。下面，将从协同联盟自组和行动自主分配两个方面阐述实现临机自主协同的核心方法。

1. 协同联盟自组

如上所述，由于在联合战场中临时发现战机时通联条件并不一定完备，因此需要相关作战单元根据当前环境条件自行组织形成联盟，以抓住作战时机高效地完成作战任务。

在自组形成协同联盟时，主要考虑以下前提条件。

（1）作战单元需要在最短时间内完成自主协同任务，且完成任务后联盟中作战单元则立即投入协同网络计划图中下一个行动项中去，以减少整体时间消耗。

（2）协同联盟包含最少数量的作战单元，以减少对协同网络计划图中其他协同行动项的冲突影响。

（3）协同联盟中作战单元的行动应满足完成协同任务的时空和资源约束需求。

协同控制结构是协同联盟组织构建的基础。对于协同联盟自组的协同控制结构，一般有集中式控制结构、分布式控制结构和混合式控制结构三种，如图 7-25 所示。

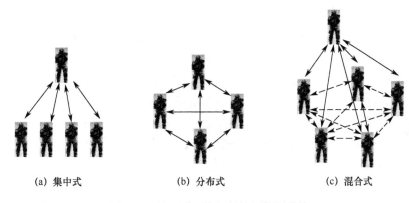

（a）集中式　　　　　（b）分布式　　　　　（c）混合式

图 7-25　协同联盟自组的协同控制结构

在集中式控制结构下，协作组织的顶层存在集中控制作战单元进行统一的作战指挥，各底层作战单元将态势信息发给集中控制作战单元后，经集中控制作战单元统一决策，将决策结果以指令形式发给底层作战单元执行。分布式控制结构，将信息、计算、决策等功能分散到各底层作战单元，通过局部协商完成全局问题的解决。混合式控制结构，则集成了上述两种控制结构的优点，即拥有集中式控制结构在决策效率上的优势，同时考虑了分布式控制结构在稳健性、伸缩性和通信需求上的优势。

集中式控制对于顶层控制单元没有冗余设置且可靠性不强[21]，而分布式控制对于每个行动单元通信、管控与计算条件要求过高[21]，因此混合式控制结构进行了针对性设计。在此结构下有一个协同管理单元，其他单元则为协同行动执行单元，如图 7-25（c）所示。混合式控制结构中的"混合"包含时、空两方面含义：（1）在时间方面，"混合"是指联合作战过程中时而集中、时而分布；（2）在空间方面，"混合"是指底层分布、上层集中。采用混合式控制结构也为适变的自主决策实现提供了基础，作战协同管理控制单元根据战场态势对底层执行单元进行动态赋权，从而最大限度地实现协作联盟组织的柔性。

案例：有人/无人机协同指挥控制

随着无人机的自主水平不断提高，未来有人/无人机协同作战控制结构将更趋向分布式，但当前的无人机自主水平难以实现完全自主，无人机在态势感知与认知、任务决策与控制等方面的能力与有人机指挥员仍然存在一定差距,指挥员仍然是有人/无人机协同指挥控制的关键。因此,为实现无人机有限自主决策能力和有人机指挥员决策能力的优势互补,提高作战系统稳健性、伸缩性,提高作战体系决策效率和决策质量,并降低作战体系通信负载,可以考虑采用混合式协同控制结构。

在有人/无人机协同作战混合式控制结构中,有人机与无人机构成协同作战编组。在各有人/无人机编组内部,由有人机对配属无人机进行战术级指挥控制,开展协同作战决策。无人机通过机载传感器获取战场情报数据,在编组内各无人机之间进行情报共享,各无人机进行情报数据融合后形成战场态势上报有人机;有人机指挥员通过智能辅助决策系统对编组内无人机执行任务情况进行监督控制,无人机采用自主分布式协商机制进行任务分配决策,有人机仅在需要时收回决策权。

在上述协同联盟控制结构的基础上,协同联盟自组的决策流程如图 7-26 所示。首先,在联合战场环境中搜寻满足自主协同任务管理角色要求的作战单元;在确立协同任务管理单元后,再由管理单元广播协同任务执行单元的要求,并接收其他作战单元反馈信息、自行组建自主协同联盟,当达到组建联盟最小作战单元数量要求时广播组建成功结果,否则广播组建失败结果。对于收到广播协同任务执行单元要求的作战单元,首先从时空和资源角度检查自身是否达到参加联盟的要求,若达到要求则反馈自身时空以及资源条件等信息,

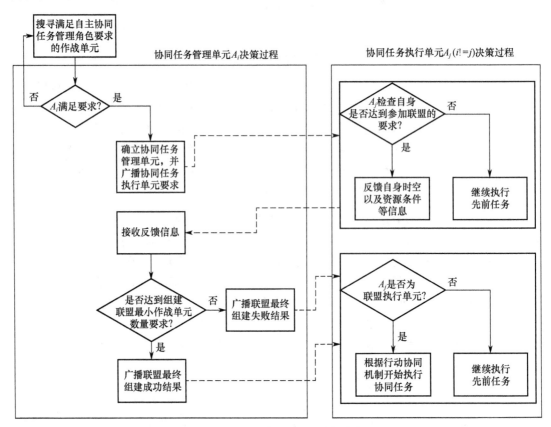

图 7-26 协同联盟自组的决策流程

否则继续执行先前任务。当作战单元收到联盟组建成功结果的广播信息时，先判断自身是否为联盟执行单元，若是则根据行动协同机制开始执行协同任务，否则继续执行先前任务。当作战单元收到联盟组建失败的广播信息时，则继续执行先前作战任务。

联合作战环境下作战单元联通性不断增强、作战功能多样化，同时共享态势感知能力和指挥控制速度也不断提升，使得在边缘分散条件下各作战单元的协同可以更为灵活有效地进行，其主要具有以下特征。

（1）协同作战单元自主性增强，即在指挥员统一意图指引下，各作战单元围绕统一作战目的，在不同作战时空下实施独立、自主的作战行动，不需要指挥员对其进行直接控制。

（2）协同手段多样化，从控制手段看，除主要采用的时间节点控制外，还可以以任务、目标、阶段及空间等为准则进行控制应用；从协同方式看，计划协同和临机协同是边缘分散条件下作战协同的基本方式，两者结合的方式也是其有力的补充。

（3）协同内容广泛，边缘分散环境条件下作战行动协同涉及相关作战要素多元、空间多维、环境条件多样，使得作战系统协同的内容广泛、复杂性更强，组织难度也更大。

考虑上述特征，基于多智能体的协同技术，可以在边缘复杂的分散动态环境中协同多个分散的作战单元在最短的时间内有效地完成作战目标任务。

直观地讲，多智能体协同是由一定数量、分布、自主的个体（智能体，Agent）通过相互合作和自组织，在集体层面上呈现出有序的协同运动和行为。这种行为可以使整体系统实现一定的复杂功能，表现出明确的集体"意向"或"目的"。与传统的单一系统应用相比，多智能体的分布协同工作能力提高了分布任务的执行效率；多智能体的冗余特性提高了任务应用的稳健性；多智能体易于扩展和升级，也能完成单个个体无法完成的分布式任务。多智能体是多个智能体组成的集合，智能体间一般采用分布式控制策略。每个智能体是自主的，并具有相对简单的功能及有限的信息采集、处理、通信能力，经过局部个体之间的信息传递和交互作用后，整体上表现出高效的协同能力及工作水平，从而实现单个智能体所不能完成的各种艰巨、复杂的任务。

2．行动自主分配

在执行自主协同行动任务的过程中，作战单元首先需要通过一定的协同关系和机制自主地交换共享信息、进行任务行动和资源的分配、协调矛盾冲突，以此构建协同任务行动执行的基础。协同任务行动自主分配机制主要包含协商机制、黑板机制和市场机制等。

1）协商机制

协同任务行动一般可以通过协商而达成，合同网协议（Contract Net Protocol，CNP）[22-23]是协商机制的典型代表，其主要可以解决任务行动分配、资源冲突等问题。合同网协议实质上是一种协作过程，用于分布式环境下求解各个体单元之间的任务分配，其中个体单元间任务的发起者和参与者构成合同关系。

合同网协议机制，其思想源自人们在商务过程中用于管理商品和服务的合同机制。在合同网协议机制中，所有主体单元分为两种角色：管理者（Manager）和工作者（Worker）。

管理者职责：

（1）对每一待分配任务建立任务通知书（Task-Announcement），将任务通知书发送给有关的工作者单元；

（2）接收并评估来自工作者的投标；

（3）从投标中选择最合适的工作者，并与之建立合同（Contract）；

（4）监督任务的完成，并综合结果。

工作者的职责：

（1）接收相关任务通知书；

（2）评价自己的资格；

（3）对感兴趣的子任务返回任务投标；

（4）如果投标被接受，则按合同执行分配给自己的任务；

（5）向管理者单元报告任务分配结果。

在合同网协作方法中，一般不需要预先定义单元角色：任何主体单元通过发布任务通知书而成为管理者；任何主体单元通过应答任务通知书而成为工作者。这一灵活性使任务能够被层次地分解和分配，形成一个动态柔性的组织管理控制结构。

2）黑板机制

黑板机制由三个基本模块构成。

（1）知识源：应用领域根据求解问题（如任务分配问题）专门知识的不同划分成若干相互独立的专家，这些专家称为知识源。每个知识源独立完成一个特定专门知识方向的工作。

（2）黑板：共享问题求解的工作空间。它主要存放知识源所需要的信息和求解过程中的解方案状态数据，如初始数据、部分解、替换解、最终解等。在问题求解过程中，知识源不断地修改黑板。知识源之间的通信和智能交互均是通过黑板进行的。

（3）监控机制：根据黑板上的问题求解状态和各知识源的求解技能，依据某种控制策略（如顺序型、偏好型等），动态地选择和激活合适的知识源，使知识源能实时地响应黑板的变化。黑板机制将局部信息存放在可存取的黑板上，实现局部数据共享。

3）市场机制

市场机制的基本思想是针对分布式任务或资源的分配问题，首先建立相应的经济化计算目标，使主体单元之间通过最少的直接通信来协调多个主体单元之间的活动，并达到整体经济利益的最大化。系统中只存在两种类型的主体单元：生产者和消费者。主体单元以各种价格对商品（任务或资源）进行投标，但所有的商品（任务或资源）交换都以当前市场价格进行，每一主体单元通过投标以便获得最大利益和效用。在开放的市场环境中，主体单元应该可以自由地选择自己的贸易策略，其行为不一定合乎常规。市场机制假定主体单元所给予的偏好与主体单元获得行动结果的知识一致，因此主体单元行为就是最大化它自身的偏好和利益。

下面以合同网协议构建行动自主分配机制为例进行说明。本质上，行动自主分配机制的构建是基于合同网协议、模拟商业活动中采取的市场招投标机制，以快速、有效地实现在作战单元间协同行动的分配协商与执行协作，具体行动自主分配过程如图 7-27 所示。协

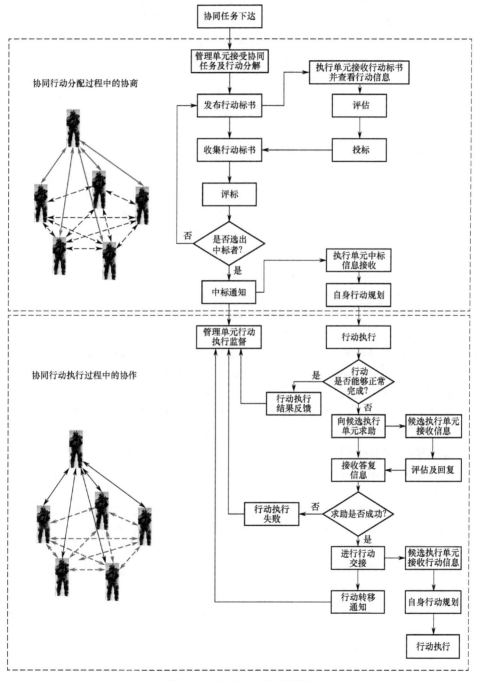

图 7-27　行动自主分配过程

同管理单元接受协同任务后，对其进行行动分解，并同时给各协同执行单元发布行动标书；每个执行单元必须至少接收一项行动标书，并进行评估和投标；管理单元对每项行动的标书进行评标并选取中标者，若无合适中标者则进行重新发布行动标书直至找到行动中标者。对于中标执行单元，管理单元将对其进行行动执行监督，而执行单元在接收中标信息后进行自身行动规划。执行单元在协同行动执行过程中，判断行动是否能够正常完成，若不能则向候选执行单元进行求助，否则进行行动正常执行并返回执行结果。候选执行单元在接收到求助信息后，进行评估并回复当前执行单元。若当前执行单元求助成功后，则将行动转交给候选执行单元执行，否则向管理单元返回行动执行失败结果。

参 考 文 献

[1] 中国人民解放军军事科学院. 中国人民解放军军语[M]. 北京：军事科学出版社，2011.

[2] 王小军，张修社，胡小全，韩春雷. 跨域作战要素协同中的联合行动控制概念浅析[J]. 现代导航，2021，8(4)：235-241.

[3] 卜先锦. 军事组织协同的建模与分析[M]. 北京：国防工业出版社，2009.

[4] 魏从刚. 网络化协同制造项目进度管理技术研究[D]. 西安：西北工业大学，2006.

[5] 路铁军，刘宝贵. 工程项目施工进度动态控制[J]. 石家庄铁道学院学报，2003，16：155-157.

[6] GOLDRATT E M. Critical Chain [M]. New York：The North River Press，1997.

[7] 林晶晶. 考虑资源可替代性的关键链识别与缓冲设置方法研究[D]. 成都：西南交通大学，2011.

[8] GUTIERREZ G，KOUVELIS P. Parkinson's law and its implications for project management [J]. Management Science，1991，37(8)：990-1001.

[9] HERROELEN W S，LEUS R，DEMEULEMEESTER E L. Critical chain project scheduling: do not oversimplify [J]. Project Management Journal，2002，33(4)：48-60.

[10] 乞建勋. 网络计划优化新理论与技术经济决策[M]. 北京：科学出版社，1997.

[11] 王锐. 基于网络计划图的联合作战方案建模与分析[D]. 北京：国防科技大学，2018.

[12] 谭跃进，陈英武，罗鹏程，等. 系统工程原理（第二版）[M]. 北京：科学出版社，2017.

[13] 李崇. 面向联合作战任务规划的冲突检测与消解方法研究[D]. 南京：南京理工大学，2021.

[14] KIM P K. Model-based planning for coordinated air vechicle missions [D]. Massachusetts Institute of Technology，2000.

[15] 刘柏林. 战略实施中多项目资源冲突消解研究及应用[D]. 重庆：重庆大学，2012.

[16] 王红卫，刘典，赵鹏，等. 不确定层次任务网络规划研究综述[J]. 自动化学报，2016，42(5)：655-667.

[17] 郭笃瑞，牛彦杰，罗晨，等. 基于Petri网的战场搜救C2组织效能分析[J]. 指挥与控制学报，2015，1(4)：444-447.

[18] 牟帅，卜慧蛟，张进，等. 面向突发任务的空间站任务重规划方法[J]. 航空学报，2017，38(7)：320793.

[19] 阳东升，张维明. 边缘崛起：边缘C2背景、概念与模式机理分析[J]. 指挥与控制学报，2020，6(2)：113-122.

[20] 黄松平，闫晶晶，张维明，等. 从重心到边缘：指挥控制的历史及进程[J]. 指挥与控制学报，

2020，6(4)：341-348.

[21] 王晓晖. 动态不确定环境下深空探测器自主任务规划方法研究[D]. 南京：南京航空航天大学，2017.

[22] 姚亚宁，杨风暴，吉琳娜，等. 基于迭代寻优策略合同网协议的任务分配算法[J]. 指挥控制与仿真，2020，42(4)：51-56.

[23] 刘刚，王瑛，张发，等. 合同网协议协商机制收敛性与收敛速率分析[J]. 控制与决策，2014，29(6)：1027-1034.

反侵权盗版声明

电子工业出版社依法对本作品享有专有出版权。任何未经权利人书面许可，复制、销售或通过信息网络传播本作品的行为；歪曲、篡改、剽窃本作品的行为，均违反《中华人民共和国著作权法》，其行为人应承担相应的民事责任和行政责任，构成犯罪的，将被依法追究刑事责任。

为了维护市场秩序，保护权利人的合法权益，我社将依法查处和打击侵权盗版的单位和个人。欢迎社会各界人士积极举报侵权盗版行为，本社将奖励举报有功人员，并保证举报人的信息不被泄露。

举报电话：（010）88254396；（010）88258888

传　　真：（010）88254397

E-mail：　dbqq@phei.com.cn

通信地址：北京市万寿路 173 信箱
　　　　　电子工业出版社总编办公室

邮　　编：100036